Karl Schlögel

MARJAMPOLE

oder Europas Wiederkehr aus dem Geist der Städte

Carl Hanser Verlag

1 2 3 4 5 09 08 07 06 05

ISBN 3-446-20670-1

Satz: Fotosatz Reinhard Amann, Aichstetten
Druck und Bindung: Friedrich Pustet, Regensburg
Printed in Germany

INHALT

ORTSBESCHREIBUNG ALS ZEITDIAGNOSE

EUROPÄISCHE ZEITSCHICHTEN

LEBENSWEGE, DENKRÄUME

DER LANGE WEG NACH OSTEN

ORTSBESCHREIBUNG ALS ZEITDIAGNOSE

Ortsbeschreibung ist auch Zeitdiagnose. Geschichte spielt nicht im luftleeren Raum, sondern hat einen Ort. Europa war 1989 die Bühne all jener »historischen Augenblicke«, in denen das 20. Jahrhundert zu Ende gegangen ist, und der Schauplatz, auf dem die Akteure des neuen Europa ihren Auftritt hatten. Geschichtsschreibung, auch eine »Geschichte der Gegenwart«, trägt dieser Einheit von Ort, Zeit und Handlung Rechnung. Die Europäer, die solange voneinander getrennt waren, machen sich endlich vertraut mit dem Schauplatz ihrer Geschichte und mit dem Gelände, auf dem sie fortan miteinander auskommen müssen. Europa wird neu erkundet und neu vermessen. Die Städte spielen darin eine besondere Rolle, denn dort hatte sich jene kritische Masse akkumuliert, die die Umwälzung in Europa ausgelöst und getragen hat. Ihre Plätze und Straßen wurden zum öffentlichen Raum, in dem sich das große unbekannte Wesen, der Bürger, zurückgemeldet hat. Im Verkehr und Austausch zwischen ihnen wird sich das Kraftfeld des neuen Europa entfalten. Was Europa ist, ist es durch seine Landschaften und Städte. In ihnen kristallisiert sich seine Geschichte, seine Kultur, seine Vitalität. An ihnen läßt sich am besten ablesen, was mit Europa geschehen ist und wie es heute um Europa steht. Es gibt kaum etwas Aufregenderes als den Text der Städte zu dechiffrieren. So viele Schichten überlagern sich dort, so viele Idiome und Stile sind hier ineinander verwoben, so viele Perspektiven stehen hier miteinander in Konkurrenz, so viele Lesarten sind möglich. Vor allem aber: an diesem Text wird weitergeschrieben.

MARJAMPOLE ODER: DIE STILLE VERFERTIGUNG EUROPAS

Kaum jemand kennt Marjampole. Marjampole ist das, was man eine Provinzstadt nennt. Es liegt auf der litauischen Seite des Suwalkigebietes, inmitten einer hügeligen, wald- und seenreichen Landschaft. Die Stadt hat ungefähr 50 000 Einwohner. Ihre Geschichte begann eigentlich erst in dem Augenblick, als im Jahre 1829 die Straße von Sankt Petersburg nach Warschau fertiggestellt und erst recht als die Eisenbahnlinie von Kazlų Rūda nach Šeštokai gebaut wurde. Auch heute noch ist der in einem verspäteten Jugendstil errichtete Bahnhof von 1926 ein Beweis für die Bedeutung der Eisenbahn. Ansonsten gibt es eine strahlend weiße Kathedrale, alte Schulgebäude, einen Betonklotz aus den Siebzigerjahren, der die Verwaltung der Stadt beherbergt. Das gewaltigste und von weitem schon sichtbare Bauwerk ist die Batterie von Getreidesilos in der Nähe des Bahnhofs. Man merkt der Stadt am Suspe-Fluß an, daß sie das Zentrum der ganzen Region bildet: Hier gibt es Kliniken, Anwälte, Behörden, Schulen, eine große Buchhandlung. Es gibt auch Hinweise darauf, daß Marjampole einmal eine Stadt der litauischen Judenheit war: mit einer Gemeinde von rund 3000 Juden, mit guten Schulen, einigen Zeitungen, zahllosen Vereinen. Die jüdische Gemeinde ist komplett ausgerottet worden gleich in den ersten Wochen der deutschen Besatzung – im September 1941. Die Umgebung von Marjampole ist punktiert von Orten der Massenexekutionen. Aber kaum jemand kommt dieser Vergangenheit wegen nach Marjampole. Orte wie Marjampole gibt es zu Hunderten, zu Tausenden im östlichen Europa. Sie sind so gewöhnlich in diesem von Gewalt verheerten Gelände, daß sie kaum der Rede wert sind. Und daß Nikolaj Jeschow, der Exekutor des großen Terrors der Dreißigerjahre, aus Marjampole kommt, möchte man lieber verschweigen. Aber wir sprechen von Marjampole nicht, weil es ein Ort mit Vergangenheit ist, sondern ein Ort in der Gegenwart. Marjampole ist so etwas wie ein Mittelpunkt Europas, wenn auch nicht im geographischen Sinne.

Eine andere Mitte Europas

Der geographische Mittelpunkt Europas liegt litauischen Patrioten und Tourismus-Experten zufolge etwas weiter östlich, auf 25° 19' Länge und 54° 54' Breite, an der Autostraße von Vilnius nach Moletai. Die Zeichen Europas Centras weisen den Weg. Nicht weit davon gibt es sogar ein Museum des Centrums Europas – Europas Parkas – mit Skulpturen und allerlei Installationen. Aber das wirkliche Zentrum Europas, wo die Fäden Europas zusammenlaufen und wo sich der Knoten des neuen Europas schürzt, liegt in Marjampole. Marjampole ist der größte Autobasar des Kontinents. Man kann Marjampole sogar vom Flugzeug aus erkennen. Wenn man von Westen nach Vilnius fliegt, sieht man bei gutem Wetter unten eine riesige Fläche, vollgestellt mit Autos. Ein gigantischer Parkplatz wie die Stellplätze für die Produktion von General Motors oder Ford in Detroit. Tausende von Autos. Die Erdoberfläche mit Autos gepflastert oder ausgelegt. In Marjampole laufen die Verkehrswege von Nord nach Süd und von Ost nach West zusammen. Marjampole liegt dort, wo sich die Via Baltica mit der A 7 kreuzt. Bis zur polnischen Grenze und bis zum Gebiet Kaliningrad sind es jeweils nur etwa 40 Kilometer. Durch Marjampole führt die lebenswichtige Eisenbahnstrecke Kaliningrad – Moskau, eine Breitspurbahn, während die Strecke nach Šeštokai europäische Normalspur hat. Marjampole liegt nahe an einem früher schon heißen Punkt europäischen Verkehrsgeschehens: nicht weit von Eydtkuhnen/Wirballen, wo einmal die Grenze zwischen Deutschem und Russischem Reich verlief und wo man Zug und Spurbreite zu wechseln hatte. In Marjampole begegnen sich die Verkehrsströme, die von Helsinki, Sankt Petersburg, Tallinn, Riga, Kaunas nach Süden gehen: nach Warschau, Lodz, Prag, Budapest, oder nach Westen, nach Posen, Berlin, Westeuropa, mit denen, die von der baltischen Küste ins Innere Rußlands, zum Schwarzen Meer und nach Zentralasien führen: von

Kaliningrad nach Vilnius, Minsk, Moskau, Kiew, Odessa, Astrachan, Alma-Ata.

Ganz Westeuropa liefert seit einem Jahrzehnt seine Autos – Gebrauchtwagen aller Jahrgänge und Klassen – in Marjampole ab, und der ganze Osten Europas hat sich auf dem Basar von Marjampole mit Autos eingedeckt. Marjampole ist ein Zentrum der osteuropäischen Modernisierung, die zunächst und vor allem Automobilisierung war und in einigen Zonen immer noch ist. Marjampole ist einer der Knotenpunkte, an denen das Netzwerk des neuen Europa geknüpft wird. Man muß nicht viel von Geographie verstehen, um Marjampole zu finden. Man muß nur den Verkehrsströmen folgen, sich dem Sog der nicht abreißenden Konvois der Trucks aussetzen, und man gerät unweigerlich in die Stadt, die, benannt nach dem Gründer der litauischen Kommunistischen Partei, zwischen 1955 und 1990 Kapsukas hieß. Seit der Wiedergewinnung der Unabhängigkeit Litauens hat die Stadt ihren alten Namen wieder, der nun eine Station auf dem Weg ins neue Europa geworden ist.

Die Stadt beherbergt den größten Autobasar des östlichen Europa, die Stadt lebt vom Auto. Wer durch die Stadt geht, merkt sofort, daß sich alles ums Auto dreht: Ersatzteile, Reifen, Spoiler, allerlei Reparaturbetriebe, Autoversicherungen, Anhänger, Autoausrüstungen, Aufbauten. Alles für das Auto, alles durch das Auto. Wo sonst Gewerbeflächen sind, findet man hier Standplätze und Reparaturwerkstätten. Die Stadt selbst ist voll von Autos westlicher Provenienz. Ganz Litauen scheint nicht nur komplett mobilisiert, sondern übermobilisiert. Alles ist in ständiger kreisender Bewegung. Durch die Straßen der Stadt rollen die Trailer, die auf zwei Stockwerken Autos transportieren. Überall findet man Hinweise auf freie Zimmer in Privathäusern, in denen man preiswert Kost und Logis finden kann.

Marjampole: der Auto-Basar

Das wahre Zentrum der Stadt liegt außerhalb. An den Wochentagen ist es ein Standplatz nicht weit vom Bahnhof, von Donnerstagabend bis Sonnabend wird ein riesiger Parkplatz im Gewerbegelände weiter draußen vor der Stadt zum Dreh- und Angelpunkt allen städtischen Lebens. Ab Donnerstagabend füllt sich die Stadt mit Käufern und Verkäufern. Die Trailer fahren auf den großen Platz und laden die Autos ab. Der eigentliche Markt findet Freitag statt, bis Samstagmittag sind die Geschäfte abgewickelt, und der Platz, der vollgestellt war mit Autos aller Marken und Klassen, wird wieder leer sein wie zuvor, bis er sich am Donnerstag erneut füllen wird. Die Geschäfte gehen Tag und Nacht im Schein der Flutlichtscheinwerfer. Das Areal ist gesäumt von Kiosken, in denen Papiere beglaubigt, Kopien hergestellt, Versicherungen abgeschlossen, Autokennzeichen ausgewechselt, Accessoires erworben werden können. Aber auch für das leibliche Wohl ist gesorgt: Schaschlik- und Dönerbuden, Limonaden, Tee. Zwischen 1000 und 1500 Autos wechseln derzeit an anderthalb Tagen den Besitzer. Die Kundschaft kommt aus ganz Litauen.

Aber Litauen selbst ist nur die Drehscheibe. Früher kam der größte Teil der Käufer von jenseits der Grenzen, aus dem Kaliningrader Gebiet, aus Belarus, und vor allem aus Rußland selbst. Seit die russischen Zölle für importierte westliche Wagen so weit angehoben worden sind, daß der Zoll den Kaufpreis des Autos erreicht, ist die Zahl der Käufer aus Rußland schlagartig zurückgegangen. Das Privileg Marjampoles – die Lage an der Grenze zur Exklave Kaliningrad und an den Strecken, die nach Rußland und Weißrußland führen – zahlt sich nicht mehr aus: für den Augenblick jedenfalls. Das kann sich mit der russischen Zollpolitik ändern. Dann würde Marjampole wieder zum Zentrum der um das Auto kreisenden östlichen Welt werden. In Litauen, wo die Arbeitslosigkeit groß ist und ein beträchtlicher Teil der arbeitsfähigen Männer im Autobusineß und im Speditionswesen sein Auskommen findet, verfolgt man mit Spannung die russischen Import- und Zolldebatten. Als die Bilder von den Wladiwostoker Autobasaren über die Fernsehschirme flimmerten, wußten alle Bescheid. In Wladiwostok hatten aufgebrachte Händler und Kunden russische Autos – Shiguli, Moskwitsch, Lada – in Brand gesteckt, um gegen die Erhöhung der Importzölle für die Wagen aus Japan und Südkorea zu protestieren. Der Autobasar von Wladiwostok ist das Pendant zum Autobasar von Marjampole. Von dort aus wird Rußland, die eurasische Macht, automobilisiert. Von dort aus sickert der Strom der Gebrauchtwagen ins Landesinnere, und der Ural bildet fast so etwas wie eine Scheidelinie auch in der Belieferung mit Autos. Vom Pazifik dringen Honda, Mitsubishi, Daewoo bis zum Ural vor. In vielen Städten sieht man Wagen mit dem Steuer auf der rechten Seite. Der Westen Eurasiens hingegen gehört VW, Ford, Renault, Mercedes, BMW. Der Rückgang der russischen Kundschaft in Marjampole wird im Augenblick ausgeglichen durch die Kundschaft, die aus Zentralasien anreist: aus Kasachstan, Kyrgistan, Turkmenistan.

Überall auf dem Markt sieht man Guppen von jungen Autoeinkäufern. Sie sind per Auto oder per Flugzeug nach Vilnius und Kaunas gekommen, besichtigen die eingegangene Ware und ordern – entweder individuell oder in größeren Partien. Autos werden inspiziert. Man dreht zuweilen in atemberaubendem Tempo mit aufheulendem Motor und quietschenden Bremsen eine Runde um die Pavillons und Kioske in der Mitte des Platzes. Man nimmt Platz, probiert, ob alles stimmt, prüft den Lack und alles, worauf nur Leute zu achten pflegen, die von Autos etwas verstehen. So muß es früher auf den Pferdemärkten zugegangen sein: eine Ansammlung von gespanntem Interesse, Sachkundigkeit, ruhiger Routine. Es wird in bar bezahlt. Überall sieht man Leute, die Dollarnoten gegen die Sonne oder gegen das Scheinwerferlicht halten und auf ihre Echtheit prüfen. Die Fahrt mit dem neu erworbenen Auto nach Almaty dauert dann fünf bis sieben Tage. Wenn eine ganze Waggonladung verschickt wird – vom Bahnhof Marjampole aus –, dann dauert es gut einen Monat, bis die Wagen eintreffen. Dort wiederum finden sie ihren Weg zum Kunden über weitere Autobasare. Alle großen Städte Zentralasiens haben ihre Tolkutschki und ihre Autobasare. Auf ihnen berühren sich die Ströme der Via Baltica mit denen der alt-neuen Seidenstraße. Das Auto ernährt den Basar, die Stadt, das Land und alle, die an den großen Arterien des euro-asiatischen Verkehrs hängen. Zwar ist die große Zeit der Automobilisierung vorüber, der Markt ist in vieler Hinsicht erst einmal gesättigt. Anfang bis Mitte der 90er Jahre fuhren Hunderte, Tausende von Litauern nach Westen und verdienten ihr Geld mit der Überführung von Gebrauchtwagen. Mittlerweile lohnt sich das Überführunsgeschäft nur noch, wenn man eine ganze Trailer-Ladung mit 6 bis 10 Autos transportiert. Pro Wagen verdient der Unternehmer an die 240 Euro. Das ist mehr als die monatliche Pension, die der Ex-Milizionär, der ins Autogeschäft gegangen ist und gerade mit einem Kasachen einen VW-Passat, Baujahr 1999 umkreist, derzeit bekommt. In der Nacht von Freitag auf Samstag geht der Markt zu Ende. Die asphaltierte Fläche leert sich, Samstagmittag sind alle wieder abgereist. Marjampole hat dem östlichen Europa wieder ein paar Dosen Bewegung, Mobilität verpaßt und das Netz des Verkehrs fester verknüpft.

Marjampole ist wie eine europäische Pump- oder Meßstation. Seine Funktion ist die Vermittlung. Hier wird von der einen Seite der Grenze etwas auf die andere Seite geschafft. Der Ort lebt von der Ausbeutung der Differenz. Er wird ernährt von der Grenze und von der Spannung, die überall entsteht, wo es Gefälle gibt. Hier sieht man das Gesetz von Angebot und Nachfrage in Aktion. Wie jeder Basar ist er nicht nur Ökonomie, sondern eine Welt für sich, ein Ort, an dem Welten aufeinandertreffen. Die hohe Kultur will davon nichts wissen. Es ist, als schäme sie sich der Trivialität, ja Schmutzigkeit des Busineß, erst recht des Busineß mit Gebrauchtwagen. Kultur will mit so etwas nichts zu tun haben. Aber die Händler von Marjampole haben nicht weniger mit der Verfertigung Europas zu tun als die Schriftsteller, Künstler, Maler und Interpreten, die Litauen vor zwei Jahren zur Buchmesse nach Frankfurt entsandt hatte. Die Händler von Marjampole haben vielleicht keine »zivilisatorische Mission«, aber sie arbeiten an etwas, was Europa als zivilisatorischen Zusammenhang überhaupt erst wieder entstehen läßt. Sie sind keine Sprachkünstler und keine Linguisten, aber eine gewisse Mehrsprachigkeit ist eine Grundvoraussetzung ihres Jobs. Sie sind nicht die Vertreter jener kosmopolitischen Kultur, die der Liebling des arrivierten Kulturbetriebes ist, aber dafür kennen sie sich in der Welt aus. Weltläufigkeit ist eine Grundbedingung ihres Jobs. Die »Grenzüberschreitung« ist für sie keine intellektuelle Mode, die man auch bleiben lassen kann, sondern tägliches Brot im Überlebenskampf. Sie stehen 17 Stunden in Kalvarija an der litauisch-polnischen Grenze und noch einmal so viele Stunden in Świecko/Frankfurt (Oder) an der polnisch-deutschen Grenze. Sie kennen Europa nicht vom Hörensagen und nicht nur als Gemeinschaft von Werten und Prinzipien, sondern als Raum, den sie dutzendemale von einem Ende bis zum anderen durchmessen haben. Sie sind keine Romantiker, sondern müssen auf die Ausschläge auf ihrem Fahrtenschreiber achten und sind ganz und gar der Diktatur der Zeit unterworfen. Aber die meisten von ihnen ziehen das Abenteuer auf den Straßen Europas dem Hockenbleiben und Abwarten zu Hause vor. Sie sind Aktivisten nicht einer Bewegung, sondern der Fortbewegung. Fernfahrer arbeiten an der Verkürzung von Distanzen, sie sind Spezialisten bei der Herstellung von Nähe.

Sie gehören zu dem Personal, das das Europa nach 1989 hat entstehen lassen, die Helden und Heldinnen der Mühen der Ebene, die Aktivisten der Herstellung von Normalität. Marjampole ist der Durchgangspunkt, an dem ein wacher Beobachter, nähme er nur endlich das Thema ernst, seine Wunder erleben könnte. Die Autohändler von Marjampole bringen Erfahrungen zusammen, die man macht, wenn man Autos von den Gebrauchtwagenhändlern aus Frankfurt-Niederrad oder Wuppertal oder Fürstenwalde (Spree) nach Sowjetsk/Tilsit oder Kaluga oder Duschanbe vermittelt. Sie alle haben ihre Reviere, sie kennen die Inseratenteile und das Kleingedruckte der hessischen oder brandenburgischen Lokalzeitungen. Sie pflegen ihre Kontakte zu den türkischen, albanischen oder moldauischen Zwischenhändlern. Sie kennen die Vor- und Nachteile des Transports über See: aus Antwerpen, Bremerhaven, Rostock nach Kaliningrad oder Klaipeda.

Marjampole ist der Haltepunkt inmitten eines Stroms, der nicht mehr abreißt. Und er ist nur einer unter vielen Haltepunkten an den vielen Strecken, an denen Europa neu zusammenwächst. Wer, sagen wir, die Strecke Tallinn – Berlin oder Kaunas – Prag zurückgelegt hat, bekommt eine Ahnung von der Wucht der Kräfte, die das neue Europa tragen. Der Strom der Trucks reißt nicht ab, geht Tag und Nacht. Besonders nachts, wenn der Berufs- oder individuelle Reiseverkehr ruht und die Straße ganz den Trucks gehört, wird dies sinnfällig. Es sind schmale Korridore, durch die sich der Strom der Lastwagen zwängt. Er verläuft streckenweise über Autobahnen oder autobahnähnliche Straßen – zwischen Riga und Daugavpils/Dünaburg oder zwischen Klaipeda/Memel und Kaunas oder zwischen Konin und Poznań. Aber der größte Teil der Strecke führt durch Städte und kleine Marktflecken, deren Straßen in einem Jahrhundert angelegt wurden, das noch keine Trucks kannte. Überall gibt es Nadelöhre, an denen sich die ungeheure Bewegung verlangsamt, staut, zum Stillstand kommt: in den Umgehungen der großen Städte – Riga, Warschau, Posen mit ihren zum Teil phantastischen Umleitungen und Straßenführungen – vor allem aber an den Grenzorten. Iwangorod/Narwa an der russisch-estnischen, Ainaži an der estnisch/lettischen, Eleja an der lettisch-litauischen oder Kalvarija an der litauisch-polnischen Grenze sind Orte des Stillstands, des Staus. Grenzen sind unberechenbar, sie werfen – wie jetzt die Installierung einer Röntgenkontrolle in Kalvarija an der litauisch-polnischen Grenze – alle Planung über den Haufen. Die

Konvois stehen in einer Länge von 10 bis 20 Kilometern. Wartezeiten bis zu 20 Stunden sind ganz gewöhnlich. Die Abwicklung der Übergänge, die Paß- und Zollkontrollen bestimmen den Rhythmus. Das Tempo ist vorgegeben – 75 Kilometer pro Stunde. Jede Überschreitung kostet Geld, sehr viel Geld, über jede Überschreitung gibt die Tachonadel auf dem Fahrtenschreiber Auskunft. Die Ruhezeiten müssen auf die Minute genau eingehalten werden. So bewegt sich dieser große Treck Tag für Tag, Woche für Woche, Jahr für Jahr in einer unerhörten Disziplin von einem Ende Europas zum anderen und zurück. Die Bewegung hat sich ihre Umgebung geschaffen: den Korridor mit allem, was dazu gehört: Rastplätzen, Tankstellen, Raststätten, Hotels und Motels, Parkplätzen, Imbissen, Bars, Werkstätten, Straßenmeistereien, Polizeistationen. Der Troß der Trucks hat die Ortschaften verändert, durch die er ununterbrochen rollt: Städte wie Suwałki, Augustów, Ełk, Grajewo, Łomża, Wyszków, Sochaczew, Komin. Tag für Tag rollt die Parade der internationalen Speditionen durch die Kleinstädte. Sie werden passiert. Der Korridor ist nachts, wenn Litauens Haine und Fluren im Dunkel versinken, hell erleuchtet. Hier herrscht die grelle Rhetorik der *bill boards*. LKW-Fahrer interessieren sich nicht für Sehenswürdigkeiten, sondern für den Zustand der Fahrbahnen, für die Enge zwischen den Alleebäumen, für Baustellen und Umleitungen, für die Spurrillen, die ihre Ungetüme in den sommerlich aufgeweichten Asphalt gedrückt haben. Glücklicherweise sind die Zeiten der Wegelagerei auf bestimmten Teilstrecken vorbei. Anfang der Neunzigerjahre hatten Banden mit Schutzgelderpressung, Entführungen und Überfällen weite Strecken – vor allem in Polen und Weißrußland – unsicher, ja gefährlich gemacht. Chauffeure verschwanden und tauchten bis heute nicht wieder auf. Die alte Wegelagerei ist vorbei, aber ein anderes, einträgliches und für die Fahrer kostspieliges Geschäft hat Platz gegriffen: Radar- und alle möglichen anderen Kontrollen. Die LKW-Fahrer zwischen Tallinn, Kaunas, Posen und Berlin kennen die Ortsausgänge, die Kurven und Brücken, an denen man mit Blitzern rechnen muß, und sie geben sich, wie es sich gehört, per Funk Warnungen oder Entwarnungen durch. So stellt sich eine neue Vertrautheit mit einem fremden Kontinent ein. Es gibt ein Europa, das wächst: lautlos, fast unbemerkt, unspektakulär. Es wird kaum abgebildet, hat kaum Resonanz, weil es von Selbstverständlichkeiten handelt, mit denen sich Berufseuropäer und Konferenzprofis nicht abgeben. Dieses Europa hat kaum eine

Stimme, weil es von Berufs wegen mit anderen Dingen beschäftigt ist: nicht mit Literatur, Visionen und politischen Projekten, sondern mit der Bewältigung des Alltags und den Routinen, die ein normales Leben erst möglich machen. Dieses Europa findet man in der Regel nicht auf Kongressen, sondern auf Autobahnen, in Zügen, auf Basaren, an den Grenzübergängen. Sie sind Spezialisten in den Bereichen Logistik, Speditionswesen, Marketing, Immobilien, Einrichtung von Infrastrukur. Sie sind die Konterbandisten des Ausgleichs. Sie haben noch nie einen der vielen Preise für Europäertum bekommen, obwohl sie die Pioniere des neuen Europas sind: Die Spediteure, die Leiter der Filialen internationaler Unternehmen, die Händler auf den Basaren, die berufsmäßigen Grenzüberschreiter. Könnte man sie alle einmal zusammenbringen, hätten sie etwas zu erzählen: von den Kriechströmen, von deren Energie sich das neue Europa speist und von denen erst die Rede sein wird, wenn sie ihre Arbeit getan haben. »Europa von unten« bringt Menschen zusammen, die sich sonst eher nicht begegnen und die von Erfahrungen berichten, die man häufig als exotisch bezeichnet, obwohl sie mehr über das neue Europa sagen als Verlautbarungen aus Brüssel, Paris oder Berlin.

Eine neue Karte Europas

Marjampole führt in ein anderes Europa, nicht bloß in das östliche, das exotische, sondern in das Europa, das im Entstehen begriffen ist. Marjampole liegt im toten Winkel des alten Europa und ist nun zu einem Knotenpunkt des neuen geworden. Es ist eine der vielen neuen Hauptstädte des neuen Europa. Wir interessieren uns nicht für Marjampole als exotischen Ort – »ubi leones« –, sondern als eine der Werkstätten für die Verfertigung des neuen Europa. Marjampole ist ein Punkt auf der Landkarte, die gerade neu gezeichnet wird. Es liegt in einem Europa, aus dem die Große Grenze verschwunden ist, an deren Stelle viele kleine Grenzen getreten sind – an einigen Stellen aber auch der Verlauf von Schützengräben und Bürgerkriegsfronten. Solche Orte gibt es viele. Man muß sich nur umsehen.

Das können alte, traditionsreiche Städte sein, die für Jahrzehnte aus dem europäischen Horizont herausgefallen sind und nun zu neuem

Leben erwacht sind. Das können alte Hauptstädte sein wie Vilnius/Wilna, das können alte kulturelle Zentren sein, die plötzlich wieder zu strahlen begonnen haben und zu Magneten des internationalen Tourismus geworden sind – wie Krakau oder Prag –, so daß man ihnen fast wünschen möchte, sie mögen verschont werden vor noch mehr Massen. Das können Städte sein, die auf den *mental maps* immer nur als Orte der Herrschaft und der Macht aufgetaucht waren, die nun aber als glitzernde Metropolen von schier unglaublicher Dynamik von sich reden machen: wie Moskau, der einst grauen Hauptstadt des Weltkommunismus, das nun aber wie Las Vegas zu leuchten begonnen hat – eine Boomtown, ein wahres Babylon, die größte Stadt auf dem europäischen Kontinent. Aber es können auch Orte sein, die jahrzehntelang im Schatten oder im Schutz der Grenze ein beschauliches Dasein geführt hatten und nun aufgeschlossen haben – Orte wie Nida/Nidden auf der Kurischen Nehrung zum Beispiel. Wenn nicht alles täuscht, wird auch die Krim bald sich ihres Zaubers wieder innewerden und auf die Karte der europäischen Traumlandschaften eingezeichnet werden.

Hier ist mehr von den Orten die Rede, an denen die Zirkulation von Gütern, Geld, Ideen, Menschen wieder in Gang gekommen ist, von den Relais des Ost-West-Verkehrs, von den Karawansereien im Europa nach der Wende, von den Verschiebebahnhöfen und Brückenköpfen, auf denen das einst geteilte Europa mit sich in Verbindung tritt, von den großen Kontakthöfen, auf denen die Euopäer ihre altneue Nachbarschaft erproben. Diese Orte sind nicht identisch mit den politischen Entscheidungsorten, an denen Verträge ausgehandelt oder unterzeichnet werden, sondern es sind Orte, die sich aus ganz verschiedenen Gründen zur Verfügung stellen: als Orte der Wiederverknüpfung, der Wiedervereinigung, des Ausgleichs, des Schmuggels und der Konterbande. Solche Orte haben sich in den Hohlräumen gebildet, die die alte Macht hinterlassen hat, und wo die Bedingungen für raschen Gelderwerb gut waren. Dafür eigneten sich die großen Plätze, auf denen nun keine Aufmärsche mehr stattfanden, die großen Stadien, die nach neuen zahlungskräftigen Kunden Ausschau hielten. So bildeten sich in den großen Stadien von Moskau in Luschniki oder in Dynamo oder im großen Stadion von Warschau-Praga die größten Märkte des mittleren und östlichen Europa, die selber aber nur wieder Zentren eines den ganzen Kontinent erfassenden Netzes von Märkten, Basaren und Messen waren. Auf diesen Märkten und Basaren tritt das

Land, das auseinandergefallen ist, mit sich in Beziehung. Die Vergesellschaftung, die früher über Plan und Bürokratie veranstaltet worden war, ruht nun auf den Schultern von Hunderttausenden von Menschen, die sich in Bewegung gesetzt haben, um miteinander Austausch und Handel zu treiben – nicht aus Abenteuerlust, sondern aus schierer Notwendigkeit, des Überlebens wegen. Die Welt der Basare erstreckt sich von der Ostsee bis zum Schwarzen Meer, von der Westgrenze des alten Imperiums bis zum Pazifik und zur chinesischen Grenze. Die Basare verknüpfen den eurasischen Kontinent, der sonst auseinandergefallen wäre. Es gibt auf diesen Basaren alles: Möbel, Hochzeitskleider, Badewannen, fertige Wohnungseinrichtungen, Handwerkszeug, Bücher, Papierblumen, High-Tech und Raubkopien aller westlichen Luxusmarken, falschen georgischen Wein, chinesische Teppiche. Sie sind weit mehr als nur ökonomische Veranstaltungen. Auf ihnen werden Sprachen erlernt und geübt. Hier kann man Land und Leute studieren. Hinter jedem Markt steht der Überlebenswille von Hunderttausenden, die Intelligenz, die aus der kleinsten Differenz Profit zu schlagen vermag und die unbeschränkt erscheint, wenn es um die Beschaffung noch des exotischsten Gegenstandes geht.

Man muß über die Basare vom »Siebten Kilometer« bei Odessa, bei Chmelnitzki oder in Czernowitz gewandert sein. Man muß durch die Buden- und Container-Städte in der Budapester Josefsstadt gewandert sein, um etwas von der Kraft dieser Basare zu verstehen. Eine weitreichende und ausgeklügelte Logistik wirkt im Hintergrund – auf den Gleisen rollen die Container aus Shanghai bis in die Josefsstadt, also in die Budapester Innenstadt. Jeder dieser Märkte hat ein bedeutendes, Hunderte von Kilometern weit reichendes Einzugsgebiet und Hinterland. Auf dem Chinesenmarkt von Budapest hört man Slowakisch, Ukrainisch, Polnisch, Kroatisch, Slowenisch, Rumänisch. Viele der Chinesen und Vietnamesen haben ungarische Angestellte, viele von ihnen sprechen jenes knappe Berufsungarisch, Berufsukrainisch, das man erlernt, wenn man erfolgreiche Geschäfte machen will. Und so ist es in Belgrad, in Bukarest und anderswo. Das östliche Europa, das so lange abgeschottet war, scheint auf eine schon wieder fast beängstigende Weise entgrenzt, grenzenlos, offen, ungeschützt. Eigentlich ist erstaunlich, wie wenig bisher die neue Vermischung zu Komplikationen geführt hat. Solche Punkte haben noch alle etwas Provisorisches, aber schon ist klar, daß sie dauerhafte Effekte haben. Die *communities* zählen nach Zehntausenden, das *ethnic business* breitet sich zielstrebig aus. Es bildet Netzwerke, schafft sich seine eigene Öffentlichkeit mit eigenen Restaurants, Radiosendern, Zeitungen und Heiratsmarkt. Europa, im 20. Jahrhundert dem Wahn der ethnisch homogenisierten Gesellschaft verfallen, fängt an, sich neu zu vermischen. Man steht staunend auf den Boulevards von Kiew und beobachtet, daß die Stadt dabei ist, eine vielsprachige, gemischte, multiethnische Stadt zu werden. Jeder kann so seine Studien treiben: in den slowakischen oder tschechischen Städten, auf deren Baustellen Ukrainer und Russen arbeiten; in den Hotels, Pensionen und Restaurants der griechischen Ägäis-Inseln, in denen Russen, Moldawier und Ukrainer arbeiten; auf den Baustellen von Berlin und Leipzig und München, wo man neben Portugiesen und Iren auch Polen und Tschechen hört. Man muß nur am Wochenende in den Zügen Berlin-Posen oder Stettin-Berlin unterwegs sein, um zu verstehen, daß Berlin und der Westen Polens längst aufeinander angewiesen sind. Ähnliche Pendelbewegungen gibt es – dank des modernen Luftverkehrs – über größere Distanzen hinweg. Im Flugzeug von Zürich nach Bukarest trifft man auf Arbeiter und junge Mädchen, die auf der Rückreise sind nach Moldawien oder in die Bukowina, wo sie mit ihrem gerade verdienten Geld anfangen Häuser zu bauen – nicht anders als die italienischen oder portugiesischen Gastarbeiter in Deutschland oder Holland vor zwei, drei Jahrzehnten auch. Auf den Fähren zwischen Tallinn und Helsinki, zwischen Riga und Stockholm, zwischen Danzig und Malmö ist längst der Berufsverkehr und der Wochenendverkehr zur Routine geworden. Niemand wundert sich mehr darüber, wo vor etwas mehr als einem Jahrzehnt noch alle Grenzüberschreitung unterbunden war. Wie alles hat auch diese Bewegung lange vor der Wende angefangen, und auch hier scheinen die Polen eine Pionierrolle gespielt zu haben. Sie waren schon in den Sechziger- und Siebzigerjahren unterwegs im Fernen Osten, in Nordkorea und in der Mongolei. Sie haben eine Kolonie in Istanbul aufgebaut, lange vor dem Fall der Mauer, und viele der später erfolgreichen Unternehmungen der Nachwendezeit beruhen auf dieser frühen urspünglichen Akkumulation von Kapital. Der Shopping- und Busineß-Tourismus der späten 80er und 90er Jahre wartet noch auf seine Rechercheure und Analytiker. Zeit- und Augenzeugen gibt es genug. Es waren Hunderttausende, die unterwegs waren: von Riga und Tallinn nach Istanbul, von Noworossijsk, Sotschi und Batumi nach Trabzon, von Odessa und Kiew nach Istanbul, Beirut, Alexandria und Athen, von Jekaterinburg nach Tientsin, von Taschkent und Duschanbe nach Tel Aviv. Aus dem zerfallenden Reich des Realsozialismus ist eine neue Geographie hervorgegangen: mit neuen Entfernungen, neuen Distanzen und neuen Nachbarschaften. Die Analytiker der Transformationsperiode, die sich vielleicht zuviel mit Statistiken befassen, die doch das am wenigsten zuverlässige sind, hätten sich besser an die Spuren der Shopping-Touristen halten sollen, um die Pfade der Entwicklung, der Vernetzung und der Globalisierung zu studieren. Es gäbe auf dieser Karte einige bevorzugte Routen: Moskau – Delhi, Moskau – Singapur, Moskau oder Kiew nach Abu Dhabi und den Vereinigten Emiraten. Aber auch im kleinen kann man studieren, wie das gerissene Netz neu verknüpft wird. Man glaubt es gar nicht, daß wöchentlich zwei Mal ein Bus vom Hauptbahnhof Kaliningrad/Königsberg nach Bremerhaven abfährt – vom Bahnhofsvorplatz –, daß es einen regelmäßigen Bus nach Erfurt gibt. Daß man von fast allen Städten an der Wolga – Saratow, Samara, Astrachan – direkt die meisten großen Städte in Deutschland ansteuern kann.

Es ist schade, daß es keine Europa-Preise für Leistungen gibt, an denen unsere Zivilisation nicht weniger hängt als an guten Büchern oder guten Filmen. Ein solcher Preis müßte vergeben werden an EUROLINES, die inzwischen alle Städte des Kontinens miteinander verbinden und die die Stagnation, wenn nicht die Regression des nationalen und internationalen Bahnsystems mehr als wettgemacht haben. Es ist eine Lust in den *Timetables* von EUROLINES zu blättern, sich zurechtzulegen, wie rasch Europa durchmessen werden kann: Kaunas – London, Lodz – Paris, Berlin – Bukarest, Minsk – Amsterdam. Wir sind keine Eisenbahnromantiker, wir wissen wohl, daß Geschwindigkeit im 21. Jahrhundert sich nicht über Eisenbahnstreckenkilometer, sondern über die Leistungsfähigkeit der Datenbahnen in den metropolian corridors definiert. Und doch ist das Ingangkommen der traditionellen, alten Verkehrswege ein wichtiger Indikator für das Comeback Europas, das seine schon 1914 verlorene Einheit in einem hohen Maße seinem Eisenbahnnetz verdankt hat. Keine europäische Kultur, kein Fin de siècle ohne Eisenbahn – freilich auch kein totaler Krieg und keine Generalmobilmachung und keine Deportationen ohne sie.

Verkehr ist eine Form menschlicher Vergesellschaftung, und nicht die unbedeutendste. Die neuen Wege, die neuen Netzwerke studieren, heißt sich ein Bild machen von der Kohäsion, von den Zentrifugal- und Zentripetalkräften Europas nach dem Fall der Mauer, sich einen Eindruck verschaffen von den Kräften, die Europas Einheit herstellen, sie tragen, an ihr arbeiten. Mir scheint, daß die Pfade der Ameisenhändler, der Tschelnoki, der Weberschiffchen, die unentwegt seit über einem Jahrzehnt am Werke sind, der wichtigste, spontanste, kraftvollste Beitrag zur Wiedervereinigung des Kontinents gewesen ist – jedenfalls nicht weniger bedeutsam als die großen Proklamationen und Festtagsreden des offiziösen Europa.

Europa als Erfahrung, Europa als Wille und Vorstellung

Mancher ist vielleicht enttäuscht darüber, wie wenig hier die Rede davon ist, was Europa alles ist: ein System von Werten, ein Ensemble von Traditionen, vor allem: eine Einheit der Kultur. Mancher wird sich fragen, warum hier soviel von Trucks gesprochen wird und nicht vom Humanismus, der Reformation, den Errungenschaften der europäischen Aufklärung, des Bürgertums, der liberalen Demokratie – kurz: von allem, worauf Europa stolz ist und sich etwas einbilden kann. Es gibt gute Gründe, auf der Spezifik und dem Zauber der europäischen Kultur zu bestehen, wenngleich sich das meist relativiert, wenn man draußen gewesen ist und sich etwas umgesehen hat in der Welt. Europa ist ein fast endloses, immer wieder neu einsetzendes Gespräch, fast so wie über Gott und die Welt. Was Europa alles ausmache in seinem Wesen: Selbstreflexivität, Skepsis, Pluralität, Toleranz, so daß man fast ein Problem bekommt zu verorten, wo und in wessen Namen sich eigentlich die Zivilisationsbrüche des 20. Jahrhunderts abgespielt haben könnten. Dem Europa-Diskurs sind Tagungen gewidmet, Seminare, Museen, Reden. Es gibt Berufs-Europäer und eine Europa-Rhetorik, die man erkennt, noch ehe der erste Satz gesprochen ist. Und es gibt eine gewisse Müdigkeit, die nicht unbedingt etwas mit der Müdigkeit der Europäer, sondern mit der Erschöpfung eines alt gewordenen Diskurses, den Stereotypen des Europabildes, der Erfahrungslogkeit und der Begriffsfixiertheit des Europa-Diskurses zu tun hat. Das ist immer ein Zeichen dafür, daß etwas zu Ende gekommen und die Sprache schal geworden ist. Und es ist ein Zeichen dafür, daß neue Erfahrungen erst noch zu machen sind, für die sich dann auch die Sprache einstellen wird. Viele Europa-Diskurse sind überflüssig, erübrigen sich, weil sie Selbstbestätigungen anstelle des Erzählens der verschiedenen Erfahrungen sind, eher ein Gespräch auf kleinstem gemeinsamem Nenner als die Entfaltung verwirrend vieler Geschichten, die sich nicht auf einen Nenner bringen lassen. Warum soll man sich mit jemandem über Serbien unterhalten, der nie die Klöster im Kosovo gesehen hat? Warum soll man sich über Rußland und Europa unterhalten, wenn der Betreffende keine Ahnung hat, was Petersburg ist? Warum soll man sich über Kulturgefälle von West nach Ost unterhalten, solange man Krakau oder Odessa nicht zur Kenntnis genommen hat?

Es gibt gute Gründe eine gewisse Sorte von Europa-Diskurs wenigstens für eine gewisse Zeit zu unterbrechen. Westeuropa hat sich verausgabt, es ist an der Zeit, innezuhalten, sich erst einmal umzusehen, in einen Prozeß der ursprünglichen Akkumulation von Erfahrung einzutreten, Bilder zu sammeln. Vor aller Besserwisserei geht es erst einmal um Wissen, Wahrhaben, Wahrnehmen, sich umsehen, sich die Geschichten erzählen, zu denen man fünfzig Nachkriegsjahre keine Zeit oder keine Gelegenheit hatte.

Es ist daher nicht ganz zutreffend, von Europamüdigkeit zu sprechen, aber die Erschöpfung eines alt gewordenen Diskurses ist nicht zu bestreiten. Die Themen dieses Diskurses sind hinreichend bekannt: Europa als Traum oder als Alptraum? Die Grenzen Europas – wo verlaufen sie? Es ist kein Verlust, wenn dieser Diskurs für eine Weile ruht und wir die Zeit nutzen, um hinauszugehen und uns umzusehen. Man wird belohnt. Man bekommt etwas zu sehen, worauf man nicht gefaßt war: daß es Städte von geradezu unwahrscheinlicher Schönheit gibt. Daß es eine Einheit Europas gibt, die weiter zurückreicht als 1945 oder 1938 oder 1914. Daß es die Landschaften, von denen wir nur aus alten vergilbten Photographien wußten, in Wirklichkeit gibt. Daß Czernowitz nicht nur ein Name der Literaturgeschichte ist, sondern der Name einer wirklichen Stadt, die man durchaus besuchen kann. Wenn nicht alles täuscht, ist das Interesse an diesem Europa ohne Grenzen groß, vielleicht nicht so groß, wie es Enthusiasten der ersten Stunde sich gewünscht haben, aber doch größer und wuchtiger als jene glauben, die das Interesse für Europa am Interesse für Beitrittsdaten messen. Europa ist Pilsen, wo Škoda/Volkswagen produziert wird. Europa ist das Hotel Gellert, wo die wohlhabenden Pensionäre aus Österreich oder den Niederlanden im Thermalbad herumschwimmen. Europa ist die Europa-Universität Viadrina, wo etwa ein Drittel der Studenten aus dem Ausland kommt, meist aus dem östlichen. Europa ist, wenn Berliner Studenten sich entschließen, nach Lemberg oder Lodz zu fahren. Europa ist, wenn Zivildienstleistende alte Leute in Sankt Petersburg oder Kasan betreuen und zurückkommen mit einer Kenntnis von Sprachen und Land, die in meiner Generation nicht einmal ein fertiger Professor hatte. Europa ist, wenn Zeitgleichheit hergestellt wird zwischen den Buchhandlungen auf dem Boulevard Magheru in Bukarest, auf der Andrássy út in Budapest und bei Biblioglobus in Moskau. Europa ist, wenn sich die Leute am Strand von Benidorm so vermischen wie am Strand von Varna oder Jalta. Europa ist freilich auch das feige und hilflose Wegsehen von Vukovar, Sarajevo und Grozny. Europa ist, wenn Räume gemeinsamer Erfahrung produziert werden und wenn Generationen anfangen, sich in Begriffen und in einer Sprache zu verständigen, in der es keine Übersetzungprobleme gibt. Europa ist auch, wenn es Luxushotels mit einheitlichen Standards gibt. Europa ist, wenn es den Euro gibt und wenn man sich nicht zu helfen weiß, die großen Probleme des Alltags zu lösen: Arbeitslosigkeit, Desindustrialisierung, Abwehr der Fremden von draußen. Das heißt: Europa hat im Guten wie im Schlechten bereits mehr miteinander zu tun als in Beschwörungsritualen und Zukunftsszenarien zugegeben wird. Es gibt mehr Anhaltspunkte für *Europe in the Making* als die Propheten wahrhaben wollen. Kassandra war noch nie eine gute Diagnostikerin. Sie hat es von Berufs wegen mit der Zukunft zu tun, die doch niemand kennt. In den Gemengelagen und Unübersichtlichkeiten der Gegenwart, die Ernst Bloch das »Dunkel des gelebten Augenblicks« genannt hat, hat sie nicht viel zu sagen. Real-Europa ist weiter als das Europa, das in den Lehrbüchern vorkommt. Real-Europa ist aufregender als alle Träume, die der Betrieb aus gegebenem Anlaß veranstaltet.

Gewiß ist das Interesse an Europa im Osten stärker als im Westen. Hunderttausende, ja Millionen haben sich in den letzten Jahren und Jahrzehnten umgesehen. Wichtiger als alle Lektüre und alle Bücher war die unmittelbare Anschauung: Sich ein Bild machen von Europa. Alles in Augenschein nehmen. Auch hier ging es weniger um die Besichtigung von Sehenswürdigkeiten, sondern darum, eine Lebensweise in Augenschein zu nehmen: Wie alle Erfahrung, ist auch diese Erfahrung eine der Ernüchterung. Aber bekanntlich ist Desillusionierung eine Form des Zuwachses von Erkenntnis, eine Form der Selbstaufklärung. Nimmt man die massenhaften, alltäglichen Formen des Wissenserwerbs in Sachen Europa, so hat es im letzten Jahrzehnt geradezu eine Explosion des Wissens in und von Europa gegeben. Das entgeht einem, wenn man nur auf die Besucherzahlen von Buchmessen, verkaufte Auflagen, die Verbreitung von Literatur und Fachzeitschriften blickt.

Es gibt eine neue Europa-Literatur. Sie wird eifrig gekauft, gelesen, aber nicht rezensiert. Sie taucht in keinem Feuilleton und keiner Bestenliste auf. Dabei erreicht sie hohe Auflagen, ist nützlich, ja unersetzbar. Das neue Europa will wissen, *who's who*, wer die Ansprechpartner sind, wie die Straßen heute heißen, nachdem sie umbenannt worden sind, was man jetzt für sehenswürdig hält. Zur neuen Europaliteratur gehören Reiseführer, Landkarten, Autoatlanten. Europa wird neu vermessen. Alles soll darin vorkommen: Geschichte, Geographie, Zeitgeist, die *events* der Transformationsperiode. Ein neues Genre entsteht. Rasch, nicht betulich, nicht bildungsüberladen, sondern knapp. Es sind weniger Bücher als Broschüren mit einem Verfallsdatum, das dem Tempo der Übergangszeit Rechnung trägt. Das sind Zeitschriften oder Booklets wie *The City-in-your-pocket* oder *Who is where in Warsaw. City-in-your-pocket* gibt es inzwischen für: Bukarest, Budapest, Krakau, Riga, Tallinn, Vilnius, Gdańsk, Kaliningrad, Kaunas, Klaipeda, Minsk, Pärnu, Transsylvanien, Helsinki, Riga, Poznań, Warsaw, Wrocław, Kraków, Prague, Bratislava, Zagreb, Sarajevo, Tirana, Belgrade, Chisinau. In wichtigen Städten gibt es englischsprachige Zeitungen: *Moscow Times*, *St. Petersburg Times*, *Prague Post*, *Lithuania Weekly*, auch deutsche Zeitungen sind im Angebot: die *Prager Zeitung*, *Der Neue Pester Lloyd*, die *Deutsche Moskauer Zeitung*. Viele von ihnen gibt es auch online. Sie bieten Grundinformationen zu Geschichte und Sehenswürdigkeiten, aber ihr Hauptzweck ist die Orientierung in der Gegenwart. Sie haben eine Schwäche für die alten Cafés und für die Vergangenheit, aber ihre Stärke sind die Informationen über das Heute. Sie sind Indikatoren für Normalisierung. An jeder neuen Ausgabe kann man Fortgang und Tempo der Entwicklung ablesen: an der Zahl neu eröffneter Restaurants oder neuer Flugverbindungen. Man kann sie lesen als Protokolle des Übergangs, die die akademische Transformationsforschungsindustrie des letzten Jahrzehnts kaum zur Kenntnis genommen hat. An ihnen zeigt sich das Weltläufigwerden von einmal provinzialisierten großen europäischen Städten.

Wo Krieg herrscht, gibt es keine *City-in-your-pocket*. Sie verraten keine Geheimnisse, aber machen die Städte zugänglich, durchsichtig. Ihr Beruf ist, wie bei aller wahren Aufklärung, die Schaffung von Transparenz: man erfährt, wo man asiatische Gewürze bekommen kann, wo man Babysitter findet, wo man Christbäume, Sprachunterricht, PC-Spezialisten, Sicherheit-Service, Zahnärzte, Augenärzte, im Ernstfall: Apotheken findet. Sie sind eine Enzyklopädie von Restaurants. Sie dienen der Lebensorganisation und der Organisation des Aufenthaltes. Es muß alles darin enthalten sein: das Fitness-Center, die Bank, die Büros der Luftlinien. Sie stellen die Verbindung her, sie bahnen die Wege: Buslinien, Fluglinien, Fährverbindungen. Sie bringen den Leuten das Minimalwissen bei, das man haben muß, wenn man sich im neuen Europa zurechtfinden will. Europa nimmt Sprachunterricht. Es wird in einer Art von *crash*-Kursen unterwiesen in Aussprache, Zahlen, Wochentage in der jeweiligen Landessprache: Wie geht es Ihnen, Mein Name ist – im Lettischen – *Mani sauc*. Wie spät ist es: *Cik ir pulkstenis*? Wie teuer ist das? *Cik tas maksa*? Europa lernt den Mindestwortschatz: Straße/*ulica*, Avenue/*alleja*, Platz/*plac*, Marktplatz/*rynek*. Absolut notwendiges Vokabular: *Gdzie są toalety – Where are the toilets? Czy mówi pan/pani po angielsku? Do you speak English?*

An einer beliebigen Ausgabe von *City-in-your-pocket* kann man diese Form der Verbreitung von Grundwissen studieren: Sie enthält wichtige Grundinformationen zur Bevölkerungszahl, die von Ausgabe zu Ausgabe aktualisiert wird. Sie stellt das Grundvokabular in der jeweiligen Landessprache vor: Wie heißt Straße, Platz, Boulevard, Autobahn, Brücke auf litauisch, lettisch, rumänisch, polnisch usf. Man erfährt das Notwendigste zu Geographie und Klima, zu Land und Leuten, zu den heute aktuellen nationalen Feiertagen – auch sie haben sich ja durchweg geändert. Es gibt Sektionen wie *Essential Bucharest, Essential Warsaw*, über das, was man gesehen haben muß – Historisches Zentrum, Königsschloß, Kulturpalast, Wilanów-Palast, Łazienki – einschließlich der *Execution Sites*, von denen es über 300 in Warschau gibt. Es findet sich auch eine Einführung in Triviales: polnische Biersorten: Lech, Żywiec, Okocim. Man findet überlebenswichtige Angaben zur persönlichen Sicherheit: welche Städte gefährlich sind – in Warschau wurden 1999 80 Morde, 5 760 Überfälle und 32 979 Diebstähle registriert – davon 13 923 Autodiebstähle. An der Gara de Nord in Bukarest wird vor Taschendieben gewarnt. Man wird darüber informiert, daß es nur eine einzige saubere Toilette in Bukarest gebe, und zwar in der Unterführung unter der Piata Universitati gleich an der Apotheke, während McDonald's dort keine Toiletten habe. Man erfährt etwas über Verkehrsgebaren – Autos halten nicht an Fußgängerübergängen – und die Situation an den Grenzen: zwischen Ungarn, Serbien und Rumänien geht es *City-in-your-pocket* zufolge schnell, während es über die ukrainische und moldawische Grenze heißt: *Queues can be astronomical and border officials tend to be crooked (more on their side). It could be a nightmare.* Im Transsylvanien-Heft erfahren Hitch-hiker, wo man sich aufstellen muß, um weiterzukommen: zum Beispiel die Endstation von Bus 16 in Kronstadt, wenn man einen *lift* nach Schässburg bekommen will; man erfährt, daß man bei Lipps in Kronstadt Maultaschen essen kann und das Bier nach dem Bayerischen Reinheitsgebot gebraut wird.

Man wird auf dem laufenden gehalten über die je aktuellen Debatten vor Ort. Eine Zeitlang war die dringendste Frage in Bukarest, was mit den sich epidemisch ausbreitenden Hundehorden werden soll. Die Hefte enthalten Glossarien, Angaben über die Preise der wichtigsten Lebensmittel, lokale Mythen wie Graf Dracula, über die rauchfreien Zonen in Riga, über die Häufigkeit von Erdbeben in Bukarest, die unterschiedliche Spannung der Elektrizität, die Situation in den Apotheken, Berichte über die »Zigeunerfrage« in Rumänien. Die Restaurantführer berichten über den Internationalisierungsgrad der Gastronomie. Es gibt alles: American Food, Belgian, Brazilian, Chinese, French, German, Indian, International, Italian, Japanese, Lebanese, Mediterranean, Mexican, Moroccan, Romanian, Seafood, Spanish, Turkish, Vietnamese, Catering Services. Weihnachtsfeiern bieten das

Athenee Palace Hilton, das Bucharest Marriott Grand Hotel, das Crowne Plaza Bucharest an. Bukarest ist an die globalen Ketten angeschlossen, und ihre Filialen heißen wie überall auf der Welt: Everest, Gregorys, Hungry Dragon, Kentucky Fried Chicken, Killer Chicken, McDonald's.

Man erfährt in der Sektion *Bucharest by Night*, daß das postkommunistische Bukarest auf dem Weg zurück zum Paris des Ostens ist: Die Etablissements nennen sich Opium Studio, Cotton Club, Bar Food, Blue Moon, Casino Bucharest, Casino Paris, Palace Casino, Café Einstein, Cafe Royal Bistro, La Vie en Rose, Segafredo, Vienna Café. Der Anschluß an die globalisierte Welt ist hergestellt, wenn Rentcar oder Hertz zur Stelle sind, wenn in den Hotels CNN zu empfangen ist und e-mail-Anschlüsse, Mobil-Phones, Karten-Telephone zum Standard gehören.

Die alten Vielvölkerstädte, die im Zweiten Weltkrieg und in den Vernichtungsorgien zugrunde gegangen sind, setzen sich neu in Szene: in Vilnius/Wilna gibt es eine Zeitung »Jerusalem of Lithuania« in Englisch, Litauisch, Russisch, Jiddisch, zahlreiche lokale Fernsehprogramme, eine internationale Küche: darunter britisch, chinesisch, georgisch, russisch, griechisch, litauisch, japanisch, jüdisch. Neu hinzugekommen sind die Designermarken der zweiten Globalisierung, deren Schriftzüge in der Nacht leuchten: Lagerfeld, Vogue, Baltman, Cartier, Benetton, Bliss, Dada, Mango, Max Mara, Morgan, Raffaelli, Stefanel, Steilmann, die Supermärkte von Maxima und Minima. Die Journale des Luxus und der Moden verweisen auf Antiquitäten, Kunstgalerien, Souvernirläden, Parfümerien, Juweliere, CD-Geschäfte, Beauty Centers und Sportclubs. Eine Reinigungsfirma trägt den schönen Namen *Immaculate cleaners*: makellose, unbefleckte Reinigung.

Sprachenlernen

Ein besonders schönes Beispiel für die neue Entschlossenheit, sich der Welt zuzuwenden, hinauszugehen, Sprachen zu lernen, findet sich in den Gewölben der Universitätsbuchhandlung in Vilnius. Dort gibt es einen Titel *Internationale Frachtbeförderung – Fahrerhandbuch,* erschienen bei Alytus 2001. Im Vorwort dieses viersprachigen Handbuches lesen wir: »Lieber Fernfahrer, wir geben Dir hiermit das Fahrer-Handbuch und die dazugehörigen Tonträger in die Hand, auf die Du schon lange gewartet hast. Das Buch und die Tonträger sollen Dich auf den Straßen Europas begleiten, um Dir bei der Verständigung unterwegs zu helfen.« Entsprechend geht es um die Bereiche Transport, Technik, Gesundheit, Verkehrsüberwachung, europäisches Zollwesen. Was findet man darin alles: Verzeichnis der Botschaften, die im Notfall kontaktiert werden können. Wie man Telefonate führt, wie man das Notruf-Telefon bedient. Es geht um das Wichtigste: *Schicken Sie bitte einen Notarzt, ich bin überfallen worden. Ich werde verfolgt. Ich bin in Gefahr.* Man braucht Zahlwörter, man muß die Zeit kennen, man muß die Hinweisschilder und Bezeichnungen lesen können. *Nicht auf den Rasen treten, Frisch gestrichen, Gefährlicher Hund, Umleitung, Hotel, Pension, Autobahnrasthof, Guten Morgen, Guten Tag. Wo ist die litauische Botschaft/Kur yra Lietuvos ambasada? Ich bin Autohändler/As prekiauju automobiliais/I'm a car trader/Je vends des voitures. Ich habe Heuschnupfen. Bitte, hier ist mein Krankenversicherungsschein. Eine Speisekarte bitte. Ich habe eine Kreditkarte. Geben Sie bitte Ihre persönliche Geheimzahl (PIN) ein. Nurodykite savvo slapta numeri. Die Wartezeit an der Grenze beträgt eine Stunde/Prie pasienio perejos reikia valanda laukti/You have to wait at the border for an hour/Vous aurez une heure de queue a la frontière. Die Straße ist gesperrt/Kelias uzdarytas/The road is closed/La section d'autoroute est fermé/ Ich habe mich verirrt/As pasiklydau/I'm lost, I have lost my way/Je me suis perdu.*

Auf der Fähre: *Ich möchte für den neunten September ein LKW-Ticket/einen Stellplatz/eine Passage für einen LKW buchen/As noreciau uzsisakyti krovininio automobilio perkelimo bilieta regsejo devintai dienai/I would like to book a ticket for the ninth of September for a lorry/Je voudrais faire une réservation pour un camion pour le 9 septembre.*

Man erfährt etwas über die spezifische Zusammensetzung der ost-westlichen Warenwelt mit den Fragen: *Was transportieren Sie?* Man findet dann: Möbel, Ersatzteile, automatische Türen, Textilien, Chemikalien, Schnaps, Getränke, Wein, Motoren, Dieselmotoren, Elektromotoren, Torf, Gabelstapler, Komputer, Sperrholz, Kameras, Lager, Gummi, Gummiartikel, Kaviar, Industrieanlagen, Felle, Hanf, Keramik, Bücher, Süßwaren, Konserven, Lebensmittel, Altpapier, Maschinen, Honig, Holz, Holzartikel, Baumwolle, Eisenträger, Gifte, Leder, Häute, Reifen, Paletten, Ausstellungsgut, Klaviere, Polyethylen, Papier, Geräte, Rosinen, Nüsse, Garn, Sportartikel, Schnecken, Werkbänke,

Baumaterialien, Glas, Käse, Schweißgeräte, Butter, Sekt, Patronen, Traktoren, Kaninchen, Frösche, Hähnchen gefroren, Hühner, Wildbret.

Sehr wichtig für die Frage der Abfertigung an der Grenze, weil sie über Warten oder Durchlaß entscheidet, ist: »Ich transportiere ein verderbliches Gut«. Die Welt der Verpackungen wird in allen Details entfaltet: Kisten, Büchsen, Container, Fässer, Kartons, Säcke, Ballen, Lattenkisten, Lattenverschläge, Stahlfässer, Trommeln, Packpapier, Wellpappe, Schaumstoff-Formteile, Folien.

Es werden Dialoge durchgespielt wie: *A: Ich habe eine Sendung von Kiel nach Paris. Können Sie den Auftrag entgegennehmen? B: Gerne, ich benötige aber einige Angaben. Ist das ein Gefahrgut, eine leicht verderbliche Ware, ein wertvolles Gut, ein überbreites Gut, eine Schwerlastsendung? Ich bin Frachtführer Morkus. Mein LKW hat das amtliche Kennezeichen DAC 456.*

Wichtig sind alle Aspekte der Ladungssicherung mit Gurt, Drahtseil, Kette, Strick, Netz, Plane, Befestigungsstele, Befestigungspunkt. *Vor der Weiterfahrt muß man die Ladung sichern. Die Verpackung ist aufgerissen, eingedrückt, gebrochen, beschädigt, durchgefeuchtet.*

Es geht, das ist offensichtlich, vor allem um Autotransporte: *Wo handelt man mit gebrauchten Wagen?, Baujahr, Besitzer. Ich möchte einen Gebrauchtwagen kaufen/As noreciau naudoto automobilio. Wie ist die Gesamtfahrleistung des Autos?, Zulassung, Ist der Wagen zugelassen?/Ar automobiliui duotas leidimas naudoti. Zulassungsstelle, Unfallschaden, Probefahrt, Darf ich eine Probefahrt machen?, Bargeld/grynieji pinigai. Ich bezahle in bar/As moku grynaisiais. Wir müssen einen Kaufvertrag aufsetzen. Springt der Motor gut an? Der Wagen ist preiswert. Ist der Wagen fahrbereit? Die Karosserie ist verrostet. Die Reifen sind abgefahren. Könnten Sie bitte für den Wagen Transitkennzeichen besorgen?*

Für professionelle Grenzüberschreiter ist alles wichtig, was mit Paß und Zollkontrolle zu tun hat: *Grenzübergangsstelle, Sie dürfen die Grenze nicht passieren. Vorlegen/Vorzeigen/Anmelden/Deklarieren.*

Welche Papiere muß ich vorzeigen? Legen Sie bitte vor den Paß, die Zollerklärung, den Frachtbrief, das Visum, das Einreisevisum, das Ausreisevisum, das Veterinärzeugnis, den Ursprungsnachweis, den Lieferschein, die Kfz-Dokumente, die Fahrzeugpapiere. Was haben Sie in Ihrer Reisetasche? Wieviel Gepäckstücke haben Sie? Wieviel ausländische Währung haben Sie bei sich? Haben Sie die Geldmenge angegeben? Wieviel Kraftstoff haben Sie? Öffnen Sie das Handschuhfach. Öffnen Sie die Haube. Öffnen Sie den Kanister. Zeigen

Sie den Werkzeugkasten. Wir müssen den Benzintank prüfen. Nehmen Sie die Sitzbezüge ab. Zeigen Sie den Verbandskasten vor. Beschlagnahmen. Ihre Ware ist beschlagnahmt. Sie wollten schmuggeln/Jus noreijote ivezti kontrabanda. Ich wollte nicht schmuggeln/As nenorejau jvesti kontrabandos. Ich habe vergessen, es anzugeben/As pamirsau deklarruoti. Sie müssen eine Strafe bezahlen/Jus turite moketi bauda.

Man bekommt mit der Polizeikontrolle zu tun. Dann geht es um: Gefahrguttransporte: *Ich befördere Chemikalien, Explosivstoffe, ätzende Stoffe, giftige Stoffe, giftige Gase, giftige Flüssigkeiten. Die Dokumente stimmen mit den Waren nicht überein. Wegen der Überladung bekommen Sie eine Anzeige zusammen mit dem Wiegeprotokoll. Das Fahrzeug darf nicht weiterfahren. Der Weitertransport ist verboten. Die Polizei beschlagnahmt Ihre Nummernschilder.*

Ein Abschnitt behandelt das Regime der Zeit, die Disziplinierung auf den europäischen Verkehrswegen, deren Mittel der Tachograph ist: *Wir prüfen die Tachographenscheibe. Einige Scheiben fehlen. Sie haben die Eintragung auf den Scheiben nicht gemacht. Die Strukur des Tachographs ist rechtswidrig/unerlaubt geändert. Sie haben die vorgeschriebenen Lenkpausen nicht eingehalten. Wir erlauben Ihnen nicht zu fahren, bis Sie sich erholt haben.*

Andere Verstöße sind: *Sie haben die Vorfahrt nicht beachtet.* Eine beispielhafte Sequenz lautete: *Ich gebe zu, ich bin schuld. Die Strafe ist mir aber zu hoch. Dürfte ich Sie um Ermäßigung der Geldstrafe bitten/Dürfte ich Sie um eine geringere Geldstrafe bitten? Ich verdiene nur 500 Litai pro Monat. Ich habe zwei Kinder/As turiu du vaikus. Meine Frau ist arbeitslos/Mano žmona bedarbe.*

Die Sprache der Kontrolle: *Wir führen bei Ihnen einen Atemtest durch. Die Lenkung funktioniert nicht. Panne auf der Autobahn/Gedimas Greitkelyje/Breakdown on the Motorway/en panne sur l'autoroute.*

An der Unfallstelle: *Der andere Wagen ist aus der Nebenstraße gekommen. Er ist zur Seite gerutscht. Er war zu nahe. Er hat nicht gehalten. Er hat plötzlich/auf einmal gebremst. Er ist zu schnell gefahren. Er hat kein Zeichen gegeben. Er ist auf meinen Wagen aufgefahren. Er ist bei Rotlicht losgefahren. Der Reifen meines Wagens ist geplatzt. Die Straße war naß. Der Wagen überschlug sich. Ist Ihr Wagen versichert? In der Reparaturwerkstatt, an der Tankstelle: Den Tank voll bitte/Prasom pilna baka.* Das Vokabular des Autos: *Fahrzeug und seine Bestandteile, Fahrerhaus, Instrumententafel, Warnblinkleuchtenschalter/avarines signalizacijos jungiklis/hazard flasher switch/la commande des signaux (feux) de détresse, Beleuchtung, Sicherungen, Lenkung,*

Motor, Fahrgestell, Bremsanlage, Funken/kibirkstis, Schalldämpfung/garso izoliacija, Austauschmotor/standartinis pakaitinis variklis.

Grenzüberschreitungen sind mit viel Papierarbeit verbunden. Mit Dutzenden von Formularen, Frachtbriefen, Warenpässen und anderen Dokumenten, carnet TIR.

Das Vokabular der Steuerung, Orientierung, Kontrolle, des Kommandos, des Verkehrs und der Vehikel, der Regeln ist das Vokabular der Herstellung eines gemeinsamen Verkehrsraumes, gemeinsamer und nach Möglichkeit konfliktfreier Verkehrsformen. Es zeigt sich daran, wieviel die Europäer noch lernen müssen – fachsprachlich wie allgemeinsprachlich – um sich möglichst ohne Zusammenstöße auf dem Kontinent zu finden.

Aber es geht um Sprache noch in einem anderen Sinne. Die Sprache der Verwischung, der Oszillation, die beide Erfahrungen bedient, die semantisch doppel- oder sogar mehrdeutig ist, die Sprache eines Kontinents der doppelten und mehrfachen Erfahrung. Europa wird mehrsprachig oder gar nicht. Es ist nicht nur ein Problem in Brüssel und Straßburg und der enorm steigenden Budgets für Übersetzungen und Dolmetscher, sondern ein Alltagsproblem. Auch das ist in vielem nur eine Rückkehr zu einer Komplexität, die es in Europa vor den großen Katastrophen des 20. Jahrhunderts schon einmal gegeben hatte, ja geradezu selbstverständlich gewesen war – bei den Bürgern von Czernowitz ebenso wie bei den Einwohnern von Wilna/Wilno/Wilne/Vilnius oder bei den Marktfrauen im galizischen Lemberg oder Brody.

Europa wird neu vermessen: die Produktion eines neuen Raumes

Wer wissen will, wie es um die Welt steht, muß nicht nur Kursbücher lesen, sondern die *timetables* der internationalen Fluggesellschaften. Die Reise nach Mallorca, die noch zu Beginn des letzten Jahrhunderts, für die Generation der Großväter ausnahmsweiser Luxus, ein Ereignis fürs Leben war, ist nur noch ein Katzensprung. Unmassen von Menschen pendeln: zwischen Bielefeld und Köln, zwischen London-Heathrow und Boston, zwischen Karatschi und Dubai, nun auch zwischen Chişinău und Zürich, zwischen Riga und Berlin, zwischen Helsinki und Tallinn. Wer die Ströme des Verkehrs im derzeitigen Europa sichtbar machen könnte, könnte etwas über Europa sagen, gewichtiger als alles, was in Brüssel beschlossen und veröffentlicht worden ist. Die Kriechströme der Trucks, der Eisenbahnen, der Billigbusse, der Billigflieger sind die Linien, entlang derer sich Europa vereint, vergesellschaftet, neu konfiguriert. Räume bilden sich neu – um das Baltische, um das Schwarze, um das Ägäische Meer herum oder um die Säulen des Herkules, wo Europa in Afrika übergeht. Ein dichtes Netz ist über Europa geworfen: Die Schiffahrtslinien zwischen Odessa, Istanbul, Piräus, Beirut, Alexandria, die Fährverbindungen von Riga nach Karlshamn und Rostock, die Charterflüge nach Funchal, Las Palmas, Teneriffa. Die Sickerbewegungen der Flüchtlinge und Migranten aus Tunis und Benghasi nach Sizilien, aus Ceuta und Tanger nach Cadiz und Alicante, aus Świebodzin nach Frankfurt an der Oder. Die Festung Europa hält nicht stand, auch nicht mit ihren mit Infrarotkameras und Sensoren aufgerüsteten Grenzen im nahen europäischen Osten. Das neue Netz ist zur Routine geworden, in *timetables* gefaßt mit Ankunft und Abfahrtszeiten. Der Slogan von Eurolines lautet: *Eurolines – we've got Europe covered with over 460 destinations*. Allein von London aus ist das in alphabetischer Reihenfolge: Arad, Belgrad, Braşov, Bratislava, Brno, Košice, Marjampole, Ploieşti, Prag, Riga, Rijeka, Sarajevo, Sibiu, Split, Tallinn, Timişoara, Vilnius, Zagreb. *Euro Explorers* ruft zur Entdeckung Europas auf: *Visit some of the most exciting destinations in Europe for one low price. Poland Eurolines* bedient mehr als 30 Destinationen, darunter so entlegene Orte wie Brzesko, Bytom, Zamość, Puławy. Es gibt kein Ende der Welt mehr.

In der Phantasie und der Rhetorik, wie sie sich in Konferenzsälen zu entfalten pflegt, wähnen sich die Politiker als Herren des Verfahrens »europäische Einigung«. Sie sprechen vom Europa der verschiedenen Geschwindigkeiten, aber in Wahrheit machen nicht sie das Tempo. Wie groß unsere Bewunderung für die Arbeitskraft und Gestaltungskraft der großen Männer und Frauen auf der europäischen Bühne auch sein mag, sie sind nicht die Schöpfer Europas, sie können bestenfalls befördern, was im Gange ist, oder im schlimmeren Fall, es stören. Das heißt nicht, Brüssel und den Idealismus und Heroismus der Brüsseler Arbeiter geringzuschätzen, es bedeutet nur, sich Rechenschaft abzulegen über die wahren Kräfteverhältnisse. Wir können daher optimistischer sein, wo die anderen pessimistisch sind: Es hängt nicht an der

Verabschiedung einer Verfassung, ob Europas Einigung vorankommt, sondern eher an der Konstitution der lebendigen Kräfte.

Wir können aber auch den Euphemismus der politischen Rhetorik nicht mitmachen, der von »zwei verschiedenen Geschwindigkeiten« spricht und gar nicht weiß, was in Europa im Gange ist. In der Tat gibt es zwei verschiedene Geschwindigkeien: die rasende Geschwindigkeit in den *metropolitan corridors* mit CNN-Zeit, Plastikgeld, Internet, Fax und Handy und der Stillstand und das Zurückfallen in jenen weiten Landstrichen und Zonen, die nicht mithalten können. Eine neue Teilung geht durch Europa, nicht die von Ost und West, sondern die zwischen den Korridoren der Globalisierung und den Provinzen, die abgehängt werden. Was an den Bruchkanten sich abspielen wird, weiß niemand, nicht einmal der Erfinder des Terminus *Clash of civilizations*, der die alten Kulturen im Sinne hatte, nicht aber die Reibungshitze der Gegenwart. Andererseits: Wir brauchen nicht in Panik zu verfallen, wenn es bei irgendwelchen Europa-Gipfeln diesmal nicht geklappt hat. Die Arbeit wird sowieso getan oder geht weiter. Chaosresistenz, Krisenfestigkeit, Gelassenheit und ein wenig mehr Inspiration durch *Europe in the Making*, das bei aller Schwäche schön und großartig ist. Aber vom Zauber Europas kann nur sprechen, wer sich auf den Weg gemacht hat, ihn zu erkunden.

Februar 2004

NEWA-EXPRESS: DIE DAVONSTÜRZENDE ZEIT

Auf der Strecke Sankt Petersburg – Moskau übt Rußland den Übergang in eine andere Zeit. Am 11. Juni 2001 ging – ziemlich unbemerkt – der erste russische Hochgeschwindigkeitszug an den Start. Der von der Twerer Waggonfabrik gebaute Newa-Expreß unter dem Typennamen ER 200 ist eine neue Generation von Zügen, die bis zu 200 Kilometer pro Stunde zurücklegen können. Für die Strecke zwischen Sankt Petersburg und Moskau braucht der Newa-Expreß nicht mehr sechs Stunden wie der »Aurora-Expreß« oder der ganz auf Fin de siècle stilisierte Nikolai-Nachtexpreß, sondern nur noch viereinhalb Stunden. Wer um sieben Uhr früh am Moskauer Bahnhof in Sankt Petersburg in den Zug steigt, erreicht noch gegen Mittag Moskau, wer am Abend um halbsieben losfährt, kommt kurz nach 11 Uhr in Moskau an. Geplant ist die Verkürzung der Fahrtzeit zwischen den beiden russischen Hauptstädten mit dem neuen Zug »Sokol 250« auf zweieinhalb bis drei Stunden. Es wird noch eine Weile dauern, bis es so weit ist, denn die Technik muß weiter verbessert, Brücken, Gleisbett und Bahnhöfe auf den dafür notwendigen Stand gebracht werden. Und doch ist jetzt schon klar: Das ist nicht nur ein weiteres Zugmodell, nicht nur eine längst fällige Fahrplanänderung, nicht bloß ein neues aerodynamisches Design. Damit ändert sich vieles: der Rhythmus, der Raum, die Wahrnehmung der Zeit. Damit werden Petersburg und Moskau zur Doppelstadt. Es ist fast so, als würden Chicago und New York aufeinander zurücken. Auch in Rußland geht mit den Hochgeschwindigkeitszügen ein Kapitel Eisenbahn-, und das heißt: Bewegungsgeschichte zu Ende. Die Strecke Sankt Petersburg-Moskau ist wie immer, seit sie am 1. November 1851 erstmals in Betrieb genommen wurde, nur Vorreiter. Neue Expreßlinien gibt es seit 1999 auch auf anderen Strecken: zwischen Moskau und Rjasan, zwischen Moskau und Tula, zwischen Moskau und Vladimir – mit Air Condition und einem Personal in Uniformen, die denen von Stewardessen nachempfunden sind. Das Eiserne Zeitalter geht zu Ende, ein anderes hat begonnen.

Kochender Samowar, Sandwich zellophanverpackt

Am ER 200 ist alles neu: das Design, das Tempo, der Rhythmus. Wer mit dem Zug aus Murmansk oder Archangelsk kommend in Sankt Petersburg eingetroffen ist und dort auf den Newa-Expreß umsteigt, steigt in eine andere Zeit um. Er hat auf der Murmansk-Bahn einen ganzen Tag und eine ganze Nacht verbracht, nun steigt er in den Expreß und wird schon in wenigen Stunden die 650 Kilometer nach Moskau hinter sich haben. Alle russischen Züge waren bislang auf lange Distanzen eingestellt, auf Tag- und Nachtfahrten, der Newa-Expreß ist ein Sprinter. Wer will, bewältigt die Strecke Petersburg-Moskau hin und zurück sogar an einem Tag. Der Newa-Expreß hat etwas von einem Flugzeug: mit seiner Stromlinienform, wie er, einem abhebenden Flugzeug gleich, tief auf den Gleisen liegt und die weiß-blau-rote Lackierung der Außenhaut, die an die Maschinen von »Aeroflot« erinnert, setzt sich schon äußerlich ab vom Tannengrün, der Standardfarbe aller russischer Eisenbahnen. Auch sonst ist im Newa-Expreß fast alles anders.

Man lebt nicht mehr im Zug, man richtet sich nicht mehr ein für eine längere Zeit, man macht sich nicht mehr bekannt mit seinen Mitreisenden. Der Passagier neuen Typs ist für sich und legt keinen Wert auf Reisebekanntschaften oder Unterhaltung. Er nimmt Platz in einem der von ihm vorab reservierten, verstellbaren Sessel des Großraumwagens, der wiederum an einen Flugzeugsitz erinnert. Er hat sein Bündel Zeitungen, seine Lektüre für den kurzen Trip dabei, oder auch seinen Walkman oder Laptop. Man sitzt hintereinander. Man spricht nicht mehr mit seinem Gegenüber, sondern über das Handy mit dem Partner in der Ferne. In der 1. Klasse können die Passagiere auf Displays Nachrichten und Filme sehen, Konferenz- und Arbeitsabteile mit Fax und E-Mail-Anschluß aufsuchen und ein Essen einnehmen. Die Reise, die bisher Zeit jenseits der Arbeit war, ist nun gemäß der neuen Devise der Geschäftsleute Bestandteil der Arbeitszeit geworden. Man sieht es schon am Bahnsteig, daß dies die Bewegungsform einer neuen Klasse von Menschen ist. Sie hat kein großes oder schweres Gepäck bei sich, von dem man nie wußte, wie und wo es wohl verstaut werden sollte. Niemand führt große Koffer oder Kisten mit sich. Der Zug ist nicht länger Transportmittel für knappe Waren, die nach Hause oder in die Provinz geschafft werden müßten. Jetzt, da es alles überall gibt, besteht ein solcher Bedarf nicht mehr. Die Menschen tragen mit sich, was sie für Geschäftsreisen und Stippvisiten brauchen: den Diplomatenkoffer, die Umhängetasche, das Notebook. Allenfalls ein paar Touristen schleppen Koffer. Reisen ist kein Zustand mehr, auf den man sich einlassen muß, sondern ein zeitliches Intervall, das, wenn irgend es geht, minimiert werden muß. Die Trainingsanzüge, in denen die Passagiere in den alten Zügen es sich bequem zu machen pflegen, gibt es hier natürlich nicht mehr. Hier werden keine Hühnchen, kein Trockenfisch, keine Tomaten oder Gurken ausgepackt – das wäre nur peinlich, vor allem aber: Die Zeit reicht nicht mehr, um eine solche Mahlzeit zu zelebrieren. Statt dessen gibt es Sandwiches, in Zellophan verpackt, vom Servierwagen einer Zugbetreuerin. Der Tee wird in einem Plastikbecher serviert und das Wasser dafür aus einer Thermoskanne. Verschwunden ist der Samowar, der allzeit vis-à-vis vom Abteil der Schaffnerin kochte. Und verschwunden ist der leichte und aromatische Kohlegeruch, der einem, noch bevor man den Zug bestiegen hatte, auf russischen Bahnsteigen entgegenschlug.

Der Newa-Expreß ist gut besetzt. Es ist nicht schwierig, ein Ticket zu bekommen. Man muß nicht mehr wie in alten Zeiten lange vorher kaufen, wenn man sichergehen wollte. Die Schalter sind computerisiert. Die Zeit des Schlangestehens, des nervenaufreibenden Wartens und Gekeifes ist vorbei. Dafür hat Reisen nun seinen Preis, und für viele ist es zu einem Luxus geworden.

Der Zug hält nicht mehr zwischen Petersburg und Moskau. Er kann es sich leisten, so wichtige Stationen wie Twer und Klin zu ignorieren und in alten Knotenpunkten wie Bologoje einfach durchzufahren. Der Passagier des ER-200 nimmt von der Landschaft, die mit 200 Stundenkilometern durchquert wird, kaum Kenntnis. Die Konturen verschwimmen, und im übrigen ist der Passagier mit sich selbst beschäftigt. In Hochgeschwindigkeitszügen wird die Welt anders wahrgenommen als in Zügen, die mit 50 bis 100 Stundenkilometern durch die Landschaft rollen.

Russische Geschichte ist Eisenbahngeschichte

Rußland ist bis auf den heutigen Tag Eisenbahnland, und russische Geschichte im 19. und 20. Jahrhundert ließe sich entlang der Geschichte seiner Eisenbahnlinien erzählen. Das kann man in jedem Eisenbahnmuseum, von denen Rußland mehr besitzt als irgendein anderes Land der Welt, studieren. Wenn es ein Russisches Reich gab, dann weil es eine Eisenbahn gab; wenn es eine Sowjetunion gab, dann nicht zuletzt dank ihres Eisenbahnnetzes. Das Imperium ist ohne die Eisenbahn, den großen Raumbewältiger, sowenig denkbar wie die Erschließung Nordamerikas ohne die großen transkontinentalen Eisenbahnlinien. Ihr Funktionieren war das Unterpfand für die Stabilität des Reichszusammenhangs. Expansionen waren dauerhaft erst abgesichert, wenn neue Linien gelegt und Bahnhöfe errichtet waren. Das Imperium reichte so weit wie die Breitspurgleise. Sie stellten den Zusammenhang her in einem Raum, der sonst auseinandergefallen wäre. Die Eisenbahn war wie überall auch, aber noch mehr als anderswo sonst Staatsangelegenheit und der Bedeutung, dem Status, der Zahl der Beschäftigten nach wohl, wie Zar Alexander III. einmal gesagt hat, die drittwichtigste Säule des Imperiums nach Militär und Flotte.

Sie war die Schule administrativer und industrieller Disziplin in einem Land, das noch ganz in agrarischen Zyklen dahinlebte. Wer dort beschäftigt war – ob als Beamter, Stationsvorsteher oder Arbeiter in einer Eisenbahnwerkstätte – konnte sich zu einer Art von Elite zählen, fast als Angehöriger eines Staates im Staat. Mit eigenen, fein abgestuften Unifomen, einem soliden System von Gratifikationen, hohem Prestige und eigenem Ethos. Die Institute, an denen die Zivilingenieure ausgebildet wurden, waren Eliteschulen, und die Eisenbahningenieure gehörten zu den wahren Pionieren der Modernisierung Rußlands. Meisterwerke der Ingenieurkunst – etwa die 1880 gebaute Eisenbahnbrücke über die Wolga bei Sysran – sind bis heute Ikonen der technischen Moderne geblieben. Rußland auf seinem Weg in die Moderne verdankt den Ingenieuren nicht weniger als den weit mehr bekannten

Financiers oder Ministern. Was den Enthusiasmus für die Eisenbahn anging, gab es kaum einen Unterschied zwischen Staatsmacht und Revolutionären. Die Eliten des alten und des neuen Imperiums hatten ihre technischen Phantasien und technokatischen Träume. Wer immer Rang und Namen hatte – von Sergej Witte bis Konstanin Pobjedonoszew, von Alexander Herzen bis Leo Trotzki –, sie alle haben schwelgerisch über die Eisenbahn philosophiert: als Instrument ungeheurer Machtentfaltung, als Synonym für die Revolution, die im Jargon der Revolutionäre seit jeher ja als »Lokomotive des Fortschritts« firmiert hatte. Ohne die Eisenbahn erschien das Riesenreich als jener schwerfällige und impotente »Koloß auf tönernen Füßen«, der in sich zusammenstürzt, wenn er nur kräftig angestoßen wird. Mit der Eisenbahn hingegen warf es seine ungeheuren Ressourcen an gleich welche Front und war gleichsam unbesiegbar. Eisenbahnlinien waren so etwas wie »Arterien«, »Sehnen«, die einem Körper Zusammenhalt und Kraft verliehen. Wer über sie gebot, gebot über das Reich und entschied über Sieg und Niederlage. Über die Eisenbahnen war der Zusammenhang mit der Welt hergestellt. Über sie gelangten Getreide und Holz via Odessa, Riga und Sankt Petersburg auf den Weltmarkt und banden das Reich von nun unauflöslich an dessen Zyklen an. Über die Eisenbahnen kam Europa nach Rußland: walisische Kohle, Turbinen von der AEG, Seife aus England, Blumen aus Nizza, Gustav Mahler auf Gastspielreise oder aus der Schweiz im »plombierten Zug« mitten im Weltkrieg: Lenin und der harte Kern der Revolution. Die Eisenbahn, die das Reich in Friedenszeiten zusammenhielt, wurde in Zeiten von Krieg und Revolution zum Medium seiner Zersetzung, zum Motor seiner Desorganisation. Über sie wanderte die ermüdete graue Soldatenmasse von der Front in die Heimat zurück, um bei der Verteilung des Bodens dabei zu sein. Wer über Knotenpunkte, Stellwerke, Bahnhöfe und Telegraphen gebot, hatte das ganze Land in der Hand. Die Eisenbahnlinien wurden zu den Wegen der Revolution. Die Wege der Mobilmachung für den Großen Krieg wurden zum Vehikel für die in Bewegung geratenen Massen. Eisenbahnknotenpunkte waren die archimedischen Punkte, von denen aus das ganze Reich aus den Angeln zu heben war. Die Lokomotive, der Eisenbahnwaggon gehören zum Inventar der Russischen Revolution wie keiner je zuvor: als Panzerzug, der die strategische Linie besetzt; als futuristisch bemalter Agitzug, auf dem die Agitatoren der Revolution durchs Land reisen, um die

Masse mitzureißen; die Transsibirische Eisenbahn als die Via Dolorosa des Russischen Bürgerkriegs; als Züge, auf denen selbst auf dem Dach kein Platz mehr frei ist, weil es Hunderttausende aus den hungernden Städten zu Hamsterkäufen ins Umland treibt. Der Zusammenbruch der alten Ordnung manifestiert sich am vollkommensten im Bild von den Eisenbahnfriedhöfen, auf denen Abertausende von außer Gefecht gesetzten Lokomotiven zu wahren Gebirgen zusammengeschoben waren. Rußland nach fast einem Jahrzehnt der Großen Wirren: paralysiert, zum Stillstand gekommen, auseinandergefallen in unendlich groß scheinende Entfernungen. Doch das Land kam erstaunlich rasch wieder zu Kräften, um bald und mit aller Gewalt in eine zweite Modernisierung getrieben zu werden. Für sie steht die Realisierung von Strecken, die noch das alte Regime geplant hatte – etwa die Turksib. Für sie steht der Bau der schon im Elektrifizierungsplan von 1920 vorgesehenen neuen Magistralen, die einen neuen und autarken Wirtschaftsraum UdSSR schaffen sollen. Für die stalinistische Industrialisierung waren die Bewegungsmetaphern des Einholens, Überholens zentral. Die Fellow Travellers aus dem Westen, die nicht viel vom Land gesehen hatten, waren begeistert vom Komfort des neuen Expreßzuges »Roter Pfeil«. Etwas von der Wucht und der Beschleunigung spiegelt sich in den in den 30er Jahren neu entwickelten Lokomotiven des Typus FD und JF – benannt nach Felix Dsershinski, dem Begründer der Tscheka und Volkskommissar für Verkehrswesen, und nach Joseph Stalin selbst –, die auf der Pariser Weltausstellung 1937 großen Eindruck machten und die noch heute fast wie ein Prototyp des TGV wirken. Auch die dunkle Seite der gewalttätigen Modernisierung des Landes hat sich unauflöslich in mit der Eisenbahn verbundenen Bildern niedergeschlagen: in den Schubkarren, mit denen die Gulag-Häftlinge unvorstellbare Erdmassen bewegten, im Wahnsinn der mit Sklavenarbeit errichteten Bahnstrecke nach Salechard im Norden oder in den Waggons, in denen Hunderttausende von Bauern und später ganze Völkerschaften deportiert worden sind. »Desorganisation des Transportwesens« durch »Schädlinge, Saboteure und Agenten« – das war eine der häufigsten und tödlichen Anschuldigungen, die in den Jahren des Großen Terrors denn auch vorgebracht werden konnten.

Aber wahrscheinlich ist das grandioseste Kapitel in der Geschichte der russischen Eisenbahnen mit dem Zweiten Weltkrieg, dem Großen Vaterländischen Krieg verbunden, als ganze Städte, Fabriken, Bevölkerungen trotz der Schläge von Wehrmacht und deutscher Stukas nach Osten evakuiert wurden und das ganz Land unter der Losung »Alles für die Front« zu arbeiten begann. Im ersten Augenblick, als die großen Knotenpunkte von Orscha, Welikie Luki, Bologoje getroffen waren, sah es so aus, als würde das Land in archaische Wegelosigkeit zurückgebombt und damit auseinanderfallen. Doch dann wurde die sowjetische Eisenbahn zum logistischen Rückgrat des großen Gegenangriffs und der Befreiung. Am Ende des Krieges führten ihre Breitspurgleise in den Schlesischen Bahnhof in Berlin.

Ein großes Land, das seinen Zusammenhalt so sehr der raumbewältigenden Kraft der Transportmittel verdankt und in dem jede politische Macht ihre Legitimation zu einem nicht geringen Teil aus ihrer Fähigkeit, diesen Zusammenhang immer wieder herzustellen, gewinnt, ist das Eisenbahnwesen fast zwangsläufig Staatsangelegenheit, Staat im Staat. Dies gilt für die Initiative, die das Herrscherhaus bei der Errichtung der ersten Eisenbahnverbindung zwischen Sankt Petersburg und den Residenzen in Zarskoje Selo und Pawlowsk im Jahre 1837, aber auch bei der Einrichtung der Verbindung Sankt Petersburg-Moskau im Jahre 1851 an den Tag legte. Dies gilt bei dem säkularen Projekt der Transsibirischen Eisenbahn in den Neunzigerjahren des 19. Jahrhunderts. Das gilt erst recht für die Produktion des sowjetischen Raums in den Zeiten Stalins. Minister oder Volkskommissar für Verkehr und Kommunikation zu sein, war immer ein ganz besonderes Amt. Dies gilt auch heute, wo die Entflechtung und Privatisierung der Staatlichen Russischen Eisenbahnen vielleicht zum Schwierigsten gehört, was auf dem Wege der Entstaatung überhaupt zu bewältigen ist.

Und doch ist die Eisenbahn in Rußland nicht so sehr eine Staatsangelegenheit, sondern fast möchte man sagen: eine Verkehrsform, eine Sache der Lebenswelt. So war es immer, so ist es bis heute, und daher ist das Umsteigen auf den Newa-Expreß nicht eine Lappalie, sondern ein Bruch innerhalb jener longue durée, nach der man Epochen mißt. Nirgends ist die Eisenbahn ein so fester und wohl etablierter Topos wie in der russischen Literatur: von Tolstois Anna Karenina, die sich vor den Zug wirft, über Wsewolod Iwanows »Panzererzug 14-69« bis Solschenizyns Fahrt in den sog. »Stolypin-Waggons« in den Archipel Gulag. Die russische Literatur ist voll von dem, was Fjodor Stepun »musikalische Eisenbahnschwermut« genannt hat. Im 20. Jahrhundert mit seinen Erschütterungen wird sie zum Vehikel massenhafter und meist erzwungener Wanderung, die der britische Historiker Peter Gatrell im Titel seines Buches »A Whole Empire Walking« zusammengefaßt hat. Die Eisenbahnen waren das Vehikel im Zeitalter der Generalmobilmachungen und der Massenevakuierungen, der Deportationen und der Massenmigration. Sie waren das Fortbewegungsmittel der Millionen durch die Kollektivierung entwurzelter Bauern und des zum Tode verurteilten Dorfes, der große »Conveyor« (Förderband), auf dem die sogenannte »agrarische Überbevölkerung« in die Städte und auf die Baustellen des Sozialismus geschafft wurde. Was der Highway und das Automobil für Amerika waren – selbst noch in den Zeiten der Depression, da die Helden John Steinbecks nach Westen zogen –, das waren die Züge, die Bahnhöfe, die grandiosen Gleislandschaften der Knotenpunkte für Rußland und die Sowjetunion. »On the road« auf Russisch spielte vermutlich irgendwo auf der Transsib oder der Baikal-Amur-Magistrale (BAM). Die Bahnhöfe waren die großen Umschlagplätze des eurasischen Raums. Sie waren wie überall in Europa auch »Kathedralen des Fortschritts« und noch ein wenig mehr: Zentren der Kultur. Es waren in einem ganz elementaren Sinne die Orte, an denen das Vielvölkerreich sich selbst begegnete und sich in jene Verkehrsformen einübte, ohne die Reiche dieser Größenordnung nicht funktionieren würden.

Das Eisenbahnabteil war und ist ein sozialer Ort par excellence. Es war jener Raum, in dem selbst in den finstersten Zeiten, da niemandem vertraut werden konnte, Nachrichten über die wahre Lage im Lande zirkulierten und einer der wenigen Orte, an dem frei gesprochen wurde. Freiheit und Offenheit en passant, zwischen Abreise und Ankunft. Das Zugabteil als der Ort der Wahrheit, nicht gerade die idealtypische »bürgerliche Öffentlichkeit«, aber immerhin ein gewisses Äquivalent, ein Freiraum von großer Intensität und großem Ernst. Wer im Zug durch das Land reiste, konnte immer auf die tollsten Überraschungen gefaßt sein und auf Menschen treffen, auf die er im »normalen Leben« nie getroffen wäre: Funktionäre auf Dienstreise, Händler, Kriminelle, Jugendliche auf dem Weg zurück vom wilden Camping auf der Krim, Veteranen, die bei der Erstürmung der Seelower Höhen dabei waren, Intellektuelle, die nicht wußten, ob sie das Leben in der Provinz noch weiter ertragen würden, Tausendsassas, Ingenieure, die die Welt von internationalen Kongressen kannten, Journalisten, die wußten, was im Donbass los war, Kolchosniki, sibirische

Ölarbeiter auf Heimaturlaub in der Ukraine. In den Abteilen der russisch-sowjetischen Züge erfuhr man mehr über das Land und von dem, was vor Ort geschah, als aus der Presse oder irgendwelchen Statistiken – das gilt noch heute. Und fast jedesmal fand sich wie in einem Brennglas ein Stück »Gesellschaft« von einer Komplexität, die wenig mit dem zu tun hat, was Lehrbuchautoren sich so unter »totalitärer Gesellschaft« vorzustellen pflegten. Bahnhöfe waren die Zentren des Menschenumschlags.

Daß die Bahn solche Freiräume bot – und vielleicht auch noch bietet – hat viele Gründe. Man ist sich fremd und weiß, daß jeder wieder seiner Wege gehen wird, und doch ist man für eine ziemlich lange Zeit zusammen – einen Tag, manchmal viele Tage – so daß man sich bekanntmacht und erfährt, mit wem man es zu tun hat. Hinzukommt jenes fast häusliche Ambiente des russischen Waggons selbst: von den Vorhängen und Stores an den Fenstern bis zu den echten Geranien auf dem Korridor, von den beruhigenden Ritualen des Aufbettens und Aufweckens, die über viele Generationen von Zugreisenden eingeübte und zur zweiten Natur gewordene Diskretion, die sich einander fremde Menschen, die für eine bestimmte Zeit den engen Raum eines Coupés miteinander teilen müssen, zu eigen gemacht haben. Diese Diskretion wird von allen Schichten gleich gut und gleich souverän beherrscht und scheint die Antwort auf jene unvermeidliche »Tyrannei der Intimität« zu sein, die mit dem Zusammenleben auf engstem Raume gegeben ist. Man könnte das fast das gemeinsame kulturelle Erbe einer Nation von Eisenbahnreisenden nennen. So ist das russische Abteil in gewissem Sinne der Raum für die »ideale Gesprächssituation«, schwerelos, frei, taktvoll. Das Regime der Schaffnerin beruht auf natürlicher Autorität. Die Landschaften, die durchquert werden, und die Stationen, an denen der Zug hält, sorgen für Abwechselung und unendlich viel Gesprächsstoff. Auf solchen Reisen lernt man etwas über Verkehrsverhältnisse, das Gefälle von Preisen, die Eigenheiten eines Gouverneurs oder Bürgermeisters, die Situation an den örtlichen Schulen, die Qualität von Pilzen und Konfitüren, die man während der Aufenthalte auf den Bahnsteigen kaufen kann.

Die Eisenbahn als Teil der russischen Kultur findet ihr Echo gerade dort, wo es sie nicht mehr gibt. Für den im Exil lebenden Fjodor Stepun ist der Eisenbahnwagen gleichsam Rußland im kleinen. »Wenn ich an meine Fahrten durch Rußland zurückdenke, erinnere ich mich vor allem der russischen Eisenbahnwagen. Der Rhythmus ihrer rollenden Räder und die in ihnen herrschende Stimmung waren ganz anders als Rhythmus und Stimmung der Eisenbahnwagen im westlichen Europa. Einer der zeitgenössischen russischen Religionsphilosophen hat den Gedanken ausgesprochen, daß die russische Seele einen fest gegründeten Hausstand wenig schätze, da sie jegliche Behausung in diesem Leben nur als Station auf dem Wege zum Jenseits empfinde ... Die Seele der Eisenbahnhäuslichkeit war, wie bekannt, der Tee ... Seinerzeit staunte niemand über diesen Samowar. Wie war ich aber gerührt – man verzeih mir diese Emigranten-Sentimentalität –, als ich im Jahre 1928, auf dem Wege nach Dwinsk, in einem der Staatszugehörigkeit nach lettischen, der Stimmung nach aber noch typisch russischen Eisenbahnwagen den heimatlichen Samowar wiedersah! Wahrlich, er erschien mir nicht als Samowar, sondern als der gute Geist des heimatlichen Herdes. Heimatlich erschien mir auch der Heizer, der mir und meiner Frau je ein Glas starken, heißen, duftenden Tees brachte, wie man ihn in Westeuropa nur selten bekommt. Das Nickeltablettchen in der wie eine Kohlenschaufel schwarzen Hand, das Zitronenscheibchen auf einer Untertasse: all dies vor langer Zeit Eingeführte und von der neuen lettischen Regierung nicht Abgeschaffte im Fernzug rührte uns beide fast zu Tränen. Das Teetrinken im Eisenbahnwagen mit reichlichem Imbiß und endlosen Gesprächen dauerte stundenlang. Imbiß und Gespräch waren sehr verschieden. In der ersten Klasse anders als in der zweiten, im Schnellzug anders als im Personenzug; anders, wenn der Zug nach Warschau und von dort aus weiter ins Ausland, als wenn er in die Kaukasischen Kurorte oder in die Wolgaländer fuhr.«

Freilich hatte es immer Zeiten der Unsicherheit und Verwahrlosung gegeben, in denen Reisen nicht ohne Risiko waren: auch Anfang der 90er Jahre, als die Sowjetunion zerfiel, neue Grenzen entstanden, die Preise außer Kontrolle geraten waren und der Zustand der Toiletten für die Verwilderung der Sitten gestanden hatte. Das ist vorbei. Das nachsowjetische Rußland scheint seine Grenzen gefunden zu haben. Man weiß jetzt, daß es Grenzen gibt, und man hat sich daran gewöhnt, daß man zu ihrer Überschreitung einen Paß oder ein Visum braucht. Es gibt, von bestimmten Routen abgesehen, eine neue Routine und – trotz allem – eine neue Übersichtlichkeit.

Die Trasse des Newa-Expresses ist in etwa identisch mit der Route, auf der Alexander N. Radischtschew, einer der »Väter der russischen Aufklärung«, 1790 seine »Reise von Sankt Petersburg nach Moskau« unternahm. Er hatte darin von der »Verderbnis der Unfreiheit« gesprochen und von den Wundern geträumt, die die Abschaffung der Leibeigenschaft bewirken würde. Radischtschew bezahlte bekanntlich seine freimütige Darstellung der Verhältnisse mit Zensur, Verbannung und Flucht in den Selbstmord.

Vielleicht zeigt uns der Newa-Expreß, mehr als 200 Jahre nach Radischtschew, wohin heute in Rußland die Reise geht. Wer im Spätsommer dieses Jahres den Expreß besteigt, bekommt vom Land, das er durchquert, kaum etwas zu sehen. Der Newa-Expreß hält nirgends. Man steigt gleichsam nur um – von der Metro auf den Expreß – und bleibt in derselben Zeit. Hauptstadtzeit, CNN-Zeit, *global time*. Moskau tickt anders als der Rest des Landes. In Moskau strömen 70 Prozent des Kapitals Rußlands zusammen. In Moskau erscheinen 90 Prozent aller in der Russischen Föderation publizierten Zeitungen, Zeitschriften und Bücher. Moskau stemmt Jahr für Jahr in atemberaubendem Tempo neue Bank- und Wohntürme in den Himmel. Die Hochhäuser der Stalinära sind illuminiert wie gigantische Theaterkulissen, und der Himmel über Moskau wird auch nachts nie dunkel. Dies gilt, wenn auch in ungleich geringerem Grade, auch für Petersburg, das sich anschickt, sich wieder in Form zu bringen.

Rußland ist irgendwo draußen, außerhalb, jenseits des Korridors, der die beiden Städte verbindet. Im Korridor zwischen den beiden Städten zirkuliert eine Intelligenz, die nur wenig weiß und nur wenig mit dem zu tun hat, was jenseits und außerhalb davon passiert. Im *metropolitan corridor* bleibt man unter sich. Von den illuminierten Prospekten Moskaus und bald auch Petersburgs ist es näher nach Berlin, Stockholm oder Istanbul als in irgendeine mittlere und gar nicht so kleine Stadt in der russischen Provinz. Moskau liegt auf einem anderen Stern. Moskau ist ein anderes Land. Moskau ist fast schon ein Staat im Staat. Man kann den *metropolitan corridor* vom Flugzeug aus sehen, vor allem nachts, wenn die Stadt in der weiten, dunklen Ebene glitzert. Im Spätsommer dieses Jahres brannten die Torfmoore und Wälder der Umgebung. Wo es um diese Jahreszeit gewöhnlich nach herbstlichen Laubfeuern duftet, zwangen diesmal schwarze Rauchwolken und Smog aus dem Umland die Bewohner von Moskau und Petersburg zum Tragen von Atemschutzmasken.

Man muß blind sein, um die Kluft, die sich zwischen dem *metropolitan corridor* und dem Rest des Landes auftut, nicht zu bemerken. Im Korridor zwischen Moskau und Petersburg gibt es alles: große Malls mit allem, was dazugehört, Basare, Heimwerkermärkte, Motels, Do-it-yourself-Geschäfte, eine IKEA-Filiale, Drive-Inns, aus dem Boden schießende Datschen- und Villensiedlungen, die nicht abreißende Kette von Containerzügen und die eindrucksvolle Parade überdimensionaler *billboards*, die Anfänge von Las Vegas in Rußland. Im *metropolitan corridor* gibt es Geldautomaten, Tag und Nacht durchgehend geöffnete Geschäfte, Internet-Cafés, eine Metro, deren Züge im Abstand von eineinhalb Minuten einfahren, und achtspurige Straßen, auf denen in Stoßzeiten nichts mehr geht. Seine Ränder sind flankiert von den Masten der Mobilfunkgesellschaften und den Reklametafeln, auf denen die Sonne über den Stränden von Zypern und Miami aufgeht. Die Ränder der neuen Zeit sind markiert durch die Reichweite der Handys und die Dichte der Tankstellen. In der Zone der Beschleunigung gelten andere Gesetze, andere Bewegungsformen, ein eigenes Zeitmaß. Jenseits dieses hellerleuchteten Korridors breitet sich eine Zone aus, von der man nur wenig weiß. Sie hat keine eigene Stimme, sie liegt im Dunkel, sie hat keine Kraft, sie ist erschöpft und ausgepowert. Alles geht dort mühsam, schwer und langsam. Der Korridor der beschleunigten Zeit stößt auf die Zone, in der alle Bewegung sich verlangsamt hat. Wäre nicht die eine oder andere Kuppel in neuem Gold zwischen den Bäumen zu sehen – es gäbe keinen Hinweis darauf, daß sich auch dort etwas tut.

Es ist, als wären es zwei verschiedene Welten, zwei verschiedene Zeitalter. Es ist, als würde ein ganzes Land abgehängt von der davonstürzenden Hauptstadt. An der Stelle, wo die beiden Welten aufeinanderprallen, brüten Resignation und Haß, Ressentiment und Neid. Rußland hat seine Erfahrungen mit der Gleichzeitigkeit der Ungleichzeitigkeit. Der Philosoph Nikolaj Berdjajew hat einmal die Russische Revolution als den Zusammenstoß von 16. und 20. Jahrhundert auf russischem Boden interpretiert. Es ist bekanntlich in diesem Zusammenstoß der Zeitalter in einer Zeit der Großen Wirren fast zugrundegegangen. Nun werden wir am Anfang eines neuen Jahrhunderts wiederum Zeugen einer neuen Runde in diesem eigentümlichen *clash of civilizations*. Kein Land hält auf Dauer das Nebeneinander solcher Ungleichzeitigkeiten aus. Nicht einmal ein so krisenerfahrenes und im Bewältigen von Katastrophen so erprobtes Land wie Rußland.

Sommer 2001

WIEDERSEHEN MIT CZERNOWITZ

Achtzehn Stunden Fahrt im Zug von Odessa nach Czernowitz sind kein Klacks. In Odessa herrschten trotz ständiger Brise vom Schwarzen Meer her Temperaturen von fast vierzig Grad im Schatten. Aber Czernowitz liegt in der Bukowina, am nördlichen Abhang der Karpaten, wo es kühl ist und wo über den Buchenwäldern und Bergwiesen Tau und Nebel liegt, wenn am Morgen die Sonne aufgeht. Wer in Czernowitz angekommen ist, hat die in dieser Jahreszeit glühende pontische Steppe hinter sich und ist zurück in den gemäßigten Breiten Mitteleuropas. Er ist angekommen in einer Stadt mit einem magischen Klang. Mit Czernowitz sind die Namen von Paul Celan und Rose Ausländer, Selma Meerbaum-Eisinger und Alfred Margul-Sperber, Gregor von Rezzori und Erwin Chargaff verbunden. Es war der Geburtsort einer einzigartigen, vielstimmigen und vermischten Kultur, aber auch der Schauplatz ihrer Zerstörung im 20. Jahrhundert.

Als ich Ende der Achtzigerjahre zum ersten Mal nach Czernowitz gekommen war, kannten allenfalls Liebhaber von Celans Poesie den Namen der Stadt oder eben jene, die von dort stammten: die Alt-Czernowitzer, die in Wien lebten, die Bukowina-Deutschen, die in Südwestdeutschland eine neue Heimat gefunden hatten, oder die Czernowitzer Juden, die in großer Zahl seit den 1970er Jahren Tschernowzy/Tscherniwzy – wie die Stadt im Russischen und Ukrainischen heißt – Richtung Tel Aviv, New York oder Westberlin verlassen hatten. Czernowitz war wirklich, wie es bei Rose Ausländer heißt, »eine versunkene Stadt, eine versunkene Welt«. Es ging mir wie Gregor von Rezzori, der in seiner »Heimkehr nach Tschernopol« von den Schwierigkeiten berichtet, die er hatte, sich nach langer Abwesenheit in seiner eigenen Vaterstadt zurechtzufinden. Seither hat es zahllose Konferenzen gegeben über das »Paradigma Czernowitz«, über die »Kulturlandschaft Bukowina«, Ausstellungen über die Czernowitzer Moderne und einen zauberhaften Film mit Ureinwohnern dieser für Westeuropäer so weit abgelegenen Stadt.

Ende der Achtzigerjahre Czernowitz zu besuchen, war fast so etwas wie eine archäologische Tour in eine untergegangene und aus dem Horizont herausgefallene Stadt. Man fuhr damals, in den spätsowjetischen Zeiten, in der Regel mit der staatlichen Reiseorganisation Intourist. Man reiste über Kiew, manchmal sogar über Moskau an, weil alles Reisen eben über das Zentrum ging und sogar Hotelbuchungen zentral in Moskau erfolgen mußten. Eine Reise nach Czernowitz in spätsowjetischen Zeiten erregte Verdacht und löste Mutmaßungen aus. Was konnte man dort nur wollen, in dieser Stadt in der sowjetischen Provinz an der rumänischen Grenze! Nicht einmal ein Stadtplan ließ sich auftreiben. Am besten war dran, wer den Baedeker für Österreich-Ungarn von 1913 oder einen Plan aus der Zeit zwischen 1918 und 1940 hatte, als Czernowitz zu Rumänien gehörte und Cernauti hieß. Aus den Erläuterungen der Intourist-Reiseleiterin von damals erfuhr man viel über die Steigerung der Maschinenproduktion, über die Ausdehnung der Neubaugebiete und die Absolventenzahlen der Universität – aber kaum etwas über die Geschichte der Stadt, als ihr Ruhm begann und sie die elegant-vornehme Gestalt gewann, die bis heute ihre Besucher in Bann schlägt. Man stieß in der Stadt auf gußeiserne Kanaldeckel mit der deutschen Aufschrift »Stadtmagistrat Czernowitz« oder fand in den Höfen ein Emailschild »Stiege III«, aber für das offizielle Selbstbildnis der Stadt hatte dies keine Konsequenzen. Niemand half einem, den großen Tempel der Czernowitzer Juden oder einige der achtundachtzig Synagogen, die es vor dem Krieg einmal gegeben hatte, zu finden; man mußte sich ganz auf sein eigenes Wissen oder Gespür verlassen. Damals gingen die Uhren in der Sowjetunion anders, und ganz besonders in diesem hintersten Winkel der sowjetischen Welt, der von Europa vergessen worden war. Wie würde dieses Czernowitz nun, nach mehr als zehn Jahren, aussehen? Was ging in einer Stadt vor sich, die in Karl Emil Franzos' »Geschichten aus Halbasien« eine so große Rolle spielte, die allgemein als »Klein-Wien« apostrophiert worden war und die nun wieder Kontakt aufnahm mit einem Europa, von dem sie solange abgeschnitten gewesen war? Der Zerfall der Sowjetunion hat den Eisernen Vorhang weggezogen. Die Grenze zu Rumänien, die nur 40 Kilometer von der Stadt entfernt verläuft, ist durchlässig geworden. Andererseits ist ganz in der Nähe eine neue Grenze entstanden – die zu Moldawien –, was zwar in der Regel kein großes Hindernis darstellt, aber immerhin Grenzkontrollen und neue Verkehrsführungen mit sich bringt und den kürzesten Weg nach Odessa über Chişinău/Kischinjow teilweise versperrt. Czernowitz liegt nun eingeschlossen von Grenzen in einem Dreiländereck Ukraine/Rumänien/Moldawien, was für die Entwicklung des Handels freilich auch ein Vorteil sein kann.

Czernowitzer Toleranz

Der 1908 errichtete Bahnhof von Czernowitz, zu Recht eines der wichtigsten Postkartenmotive aus der k.u.k-Zeit, liegt wie früher imposant da, wie ein am Karpatenabhang gestrandeter Ozeandampfer des Fin de siècle, aber der Vorsteher der Gepäckaufbewahrung, der in die zweistündige Mittagspause geht und sich nicht erweichen läßt, dem Reisenden das schwere Gepäck abzunehmen, meint boshaft-spöttisch, daß wir eben im »sogenannten Klein-Paris« angekommen seien. Aber dann, als wir in die Stadt hinaufgehen, weicht die Befürchtung, daß wir weiteren Demütigungen, wie sie die Sowjetzeit für den Kunden bereitzuhalten pflegte, ausgesetzt sein würden. Czernowitz wird seinem alten Rufe, eine Stadt der Höflichkeit zu sein, gerecht. Czernowitz bringt sich wieder in Form. Stellenweise sind die Trottoire, deren Zustand immer ein untrügliches Zeichen der Sorge um die Stadt ist, schon erneuert und ausgebessert. Kein Straßenzug, in dem nicht Häuser instand gesetzt und Fassaden erneuert werden. Das historische Czernowitz, das grau geworden war, weil alle Mittel in die Plattenbauten am Stadtrand geflossen waren, beginnt wieder zu leuchten: weiß, ockergelb, blau. Es ist vielleicht kein Bauboom wie in anderen Zentren der postsowjetischen Welt, aber doch eine eindrucksvolle Bewegung. Die bedeutenden Bauten am Ringplatz sind restauriert – das Rathaus, das gerade seinen 150. Geburtstag gefeiert hatte, der Schwarze Adler, das bekannteste Hotel am Ort, die Ecke, an der einmal das Café Habsburg gewesen war. Das Deutsche Haus, ein Jugendstilbau von 1910 mit neogotischen Zügen, ist mit österreichischer Hilfe restauriert worden –

einschließlich des Hirschgeweihs im Hof. Das einst imposante Hotel Bristol, in sowjetischen Zeiten ein Studentenwohnheim, ist wenigstens äußerlich wieder in Ordnung gebracht. Das Sparkassengebäude mit einem farbenprächtigen Majolikafries an der Straßenfront, ein Bau der Wiener Architekten Helmer und Fellner, vor zehn Jahren noch Sitz der Kommunistischen Partei und damals nicht zugänglich, beherbergt nun eine Kunstgalerie. Man kann dort nicht nur interessante bukowinische Kunst sehen, sondern auch ein weitgehend unversehrtes Interieur, wie es für Bankgebäude des Jahrhundertbeginns typisch war: mit floral gestalteten Geländern, viel Gold und wunderschönen Jugendstilfenstern. Für den Tresorraum – »wirklich feuerfeste, einbruchsichere Geld-, Bücher- und Dokumentenkasse Karl Palzer, V. Bezirk Wiengasse Nr. 65« – gibt es keine Verwendung mehr. Es scheint, daß in Czernowitz nicht so sehr die Privatisierung, sondern die öffentliche Hand zum Hauptmotor der Instandsetzung und Renovierung geworden ist. Es sind vor allem Schulen, Krankenhäuser, Ämter und sogar das alte Gefängnis im Stadtzentrum, die in neuem Glanz leuchten, während viele bedeutende private »Objekte« offenbar noch ohne Besitzer und entsprechende Mittel sind – etwa das alte Kinotheater »Scala« und vor allem die zauberhaften Jugendstilvillen, die sich in großer Zahl mitten in der Stadt an der Längsseite des 1870 angelegten Volksgartens hinziehen. Einige der Synagogen feiern ein merkwürdiges *comeback*. Die Synagoge in der Türkischen Straße ist vollständig und ausgezeichnet restauriert, nachdem sie jahrzehntelang als Sport- und Kulturclub der Eisenbahner gedient hatte; nun dient sie der zu neuem Leben erwachten Czernowitzer Adventistengemeinde des Siebten Tages als Bet- und Gemeindezentrum. Eine Synagoge in der Nähe des alten Brunnenplatzes wird nun von evangelischen Christen genutzt. An der berühmten, schon von weitem her erkennbaren alten Synagoge, die vor zehn Jahren als Werkstatt des Theater- und Kinostudios gedient hatte, scheint sich nichts geändert zu haben. Kaum etwas geändert hat sich auch am ehemaligen Tempel der Czernowitzer Juden, der beim Einmarsch der Rumänen und Deutschen am 8. Juli 1941 in Brand gesteckt worden war. Vor zehn Jahren war der immer noch mächtige Bau ein Kino mit Namen »Oktober«, heute heißt es »Czernowitz«. Lediglich eine Gedenkplatte erinnert daran, daß in diesem 1877 errichteten Bau einmal die größte und prächtigste Synagoge untergebracht war und daß hier Joseph Schmidt, der »deutsche Caruso der Bukowina« gesungen hatte. Im Kino, dem alten Betsaal, läuft gerade »American Pie«, und unten in der Vorhalle bearbeiten Jugendliche in einem seltsamen Ambiente aus Jukebox, Aquarien, Billardtischen und kalifornischen Dreamboys einarmige Banditen und Computer. Während der große jüdische Friedhof in Czernowitz selbst nach und nach in Ordnung gebracht wird, weiden unweit von Czernowitz in Sadagora, einem Zentrum der Bukowinaer Chassidim, Kühe auf dem Friedhof, auf dem sich Grabmäler der bedeutenden Sadagorer Wunderrabbis befinden. Die neogotisch-maurische Residenz des Sadagorer Zaddik, versteckt hinter Bäumen, ist äußerlich erhalten und läßt etwas von der Strahlkraft der chassidischen Bewegung ahnen. Bis vor kurzem war darin eine Maschinenfabrik untergebracht. Das Dach ist teilweise eingestürzt, die Wände sind verrußt von der Schmiede, aber an einigen Stellen kann man doch unter den abblätternden Farbschichten Spuren der einmal prächtigen Bemalung ahnen.

Vor zehn Jahren konnten Reisende in Czernowitz kein Buch, nicht einmal eine Broschüre über die Stadt und ihre Geschichte finden, erst recht keinen Stadtplan, der diesen Namen verdiente. Heute gibt es in der zentralen Buchhandlung Kobsar am Ring zwar wiederum keinen Stadtplan, aber nur, weil er gerade ausverkauft sei. Aber einiges Material findet sich doch: historische Ansichtspostkarten, eine Photomappe zur Architektur der Stadt. Zwei Stadthistoriker, Olexandr Masan und Igor Tschechowskij, haben zum Stadtjubiläum ein reichbebildertes Buch »Czernowitz 1408-1998« vorgelegt, das vor allem versucht, das österreichische Erbe angemessen zu würdigen und die weißen Flecken der Czernowitzer Geschichte – die Zwanziger- und Dreißigerjahre und die Zeit der Judendeportationen nach Transnistrien, aber auch die Deportationen des NKWD 1940 und 1944 – zu behandeln. Viele Czernowitzer haben so zum ersten Mal überhaupt von den Adressen Paul Celans und Rose Ausländers, vom deutsch-österreichischen Historiker der Bukowina Raimund Kaindl erfahren. Das Buch mit seinen zahlreichen Illustrationen hilft, eine Vorstellung von der Czernowitzer Topographie zu gewinnen und sich zurechtzufinden im Chaos der Umbenennungen von Straßen und Plätzen, die so charakteristisch für diese Stadt an der Grenze geworden sind. Was einmal Austria-Platz war, dann Sowjetplatz, ist heute Kathedralplatz. Was einmal Siebenbürgerstraße war und dann Leninprospekt hieß, heißt heute ganz trivial Hauptstraße. Verändert hat sich auch etwas am jüdischen Haus am alten Elisabeth-Platz, wo vor zehn Jahren noch ein Kulturpalast untergebracht war. Dort hat die jüdische Gemeinde nun Büros. Aushänge am Schwarzen Brett klären über die Prozedur der Gewährung deutscher Entschädigungszahlungen für Zwangsarbeiter auf. Bei meinem ersten Besuch waren die Zacken der Davidsterne im Treppengeländer abgesägt, inzwischen sind sie wieder hergestellt. Auch am Geburtshaus Paul Celans in der Saksaganski-Straße Nr. 5, dessen Fenster von metallischglänzenden Jalousien verhüllt sind, ist inzwischen eine Gedenkplakette angebracht worden: »Paul Celan, geboren am 23.11.1920, gestorben in Paris 28.4.1970. Gestiftet von der Österreichischen Gesellschaft für Literatur«. Und auf einem kleinen Platz an der Hauptstraße, über die fast alle Buslinien der Stadt rollen, ist eine Reliefskulptur des berühmtesten Sohnes der Stadt aufgestellt.

Wenn man durch die Bezirke außerhalb des Stadtzentrums fährt, vor allem durch den sich über die Hänge erstreckenden Ortsteil Rosch, der bis zur Aussiedlung der Bukowina-Deutschen 1940 Zentrum der »Schwaben«, also der Bukowina-Deutschen gewesen war, dann ist man nicht nur beeindruckt von der Anmut der von Weinreben umrankten Häuser und schattigen Höfe, nicht nur beeindruckt von dem gut gepflegten Friefhof, auf dem die Gräber neben ukrainischen auch deutsche, polnische, rumänische Namen tragen, sondern von den allenthalben errichteten Neubauten. Man sieht sofort, daß hier nicht herumimprovisiert wurde, sondern alles solide und in, wie man hier sagt, »Euroremont« ausgeführt worden ist. Große Steinhäuser mit Veranden, Fenstern und Türen mit Eisen und Plastikrahmen. Da hat der Westen geholfen, sagt man hier. Das heißt: hier arbeitet das Geld, das die neuen ukrainischen Gastarbeiter aus Polen, Griechenland, Portugal, Spanien und Italien mit nach Hause gebracht haben. Deutschland steht ganz oben in der Liste der Zielländer dieser neuen Arbeitsmigration. Sehr, sehr viele sind es inzwischen, die ins Ausland gehen, um das Geld zu verdienen, das sie für die Ernährung ihrer Familien und für die Einrichtung ihres Lebens aufbringen müssen. Es gibt ganze Dörfer in der Umgebung, in der es keine Männer oder keine Frauen im arbeitsfähigen Alter mehr gibt, weil alle im Ausland ihr Geld verdienen.

Aber die größte Veränderung, die mit Czernowitz vor sich ging, seit ich die Stadt zum letzten Mal gesehen habe, entdeckt man erst, wenn man Czernowitz und seine Mythen verläßt. Man muß mit dem Bus am Bahnhof und der von der Donaumonarchie für ihre Beamten errichteten Siedlung vorbei, in das Industriegebiet auf der anderen Seite des Pruth. Diese Zone sieht so aus wie Industrie- und Gewerbegebiete überall sonst in der Welt, besonders dann, wenn die Industrie gestorben und die Betriebe stillgelegt sind. Auf den Wiesen am Ufer des Pruth erstreckt sich, was Czernowitz in den letzten zehn Jahren neue Kraft und nicht wenig Geld zugeführt hat: der Kalinowsker Basar. Er ist so eindrucksvoll wie der Czernowitzer Stadtmythos selbst, denn an jedem Tag sammeln sich hier aufs neue an die hunderttausend Menschen aus allen Himmelsrichtungen. Der gibt der Stadt Arbeit, die sie im Zusammenbruch der sowjetischen Industrie verloren hat. Der neue Basar ernährt das alte Czernowitz, das seinen Lehrern nicht einmal mehr als umgerechnet 20 Dollar Monatsgehalt zahlen kann, wenn überhaupt.

Man kann das Riesengelände, das er einnnimmt, nur von einem erhöhten Punkt aus übersehen. Es gleicht einem Riesenbiwak. Es ist darin alles zu finden: Badewannen, Parfums, Schuhe, CDs, Staubsauger, Lebensmittel, Plastikpalmen. Aber alles hat seine Ordnung wie in der mittelalterlichen Stadt, in der es eine Seiler-, Kramer-, oder Färbergasse gab. Alles hat seinen Platz – die Unterhaltungselektronik, die Baumarktartikel, Autozubehör, italienische Schuhe und moldauisches Obst. Alles findet unter freiem Himmel statt, aber es ist an alles gedacht: den Spiegel zum Anprobieren, die Verpflegung. Über Lautsprecher wird die Abfahrt der Busse mitgeteilt: es gibt noch Plätze nach Warschau (30 US-Dollar) und Odessa (15 US-Dollar). Die Miliz hat in ausrangierten Eisenbahnwaggons ihre Station eingerichtet. Es gibt eine Telefonzentrale. Eine große Sektion ist für Autos und Autozubehör reserviert. Eine ganze Armada von Caravans und Lastkraftwagen, an denen noch die Schriftzüge ihrer ursprünglichen deutschen, niederländischen oder belgischen Besitzer sichtbar sind, steht zum Verkauf.

Diese Stadtgründung auf den Wiesen am Pruth hat nichts Zufälliges. Mit dem Verschwinden des Eisernen Vorhanges verschwand auch die periphere Existenz von Czernowitz. Die Stadt, die ganz im Schatten der Grenze gestanden und vor sich hinvegetiert hatte, war plötzlich zum Schnittpunkt neuer Handelsrouten geworden: zwischen Lodz und Istanbul, zwischen Odessa und Prag, zwischen Kiew und Budapest. Czernowitz, die magische Stadt, die verschwunden ist, kehrte wieder als Kreuzungspunkt des neuen Nord-Süd und Ost-West-Handels.

Czernowitz ist heute eine ukrainische Stadt. Aber noch immer sind die Volksgruppen und religiösen Gruppen zahlreicher als anderswo. Man spricht in Czernowitz noch immer in vielen Sprachen: ukrainisch und moldauisch, russisch und rumänisch und sogar noch deutsch mit Vorkriegs- und Wiener Akzent. Czernowitz hat eigene Schulen für seine Volksgruppen. Man fängt wieder an, von der »Czernowitzer Toleranz« zu sprechen, und man hat wieder Kontakt aufgenommen mit der Welt draußen (Partnerstädte sind unter anderen Salt Lake City, Nazareth und Augsburg). Die Stadt hat einen Bürgermeister, der die alten Tugenden der Stadt wieder zur Geltung bringen möchte. Die Urbanität, die im Café Habsburg zelebriert worden war; das Selbstbewußtsein einer städtischen Enklave, wie sie nur Kolonialstädten eigen ist – all das mag auf den ersten Blick dahin sein. Das städtische Publikum der Vorweltkriegszeit hätte sich im Stadttheater (auch dieser Bau stammt vom Wiener Büro Helmer und Fellner) kaum vorstellen können, daß dereinst Volkstanz-, Ziehharmonika- und Trachtengruppen dort auftreten würden. Aber das Potpourri, das man dort heute aus Anlaß der Unabhängigkeitsfeiern der Ukraine zu sehen und zu hören bekommt, zeigt, wie reich auch dieses veränderte Czernowitz noch immer ist. Es traten auf eine Sängerin mit einer jiddischen Schmonzette, eine würdige Vertreterin der russisch-sowjetischen Estrade, ein Mädchen der polnischen Volksgruppe, das das Publikum zu Beifallstürmen hinriß, moldawische und rumänische Volkstanzgruppen, ein Zigeunerorchester und ein russischer Opernsänger. Darüberhinaus zeigt das Konzert aber etwas viel Wesentlicheres: daß die Stadt aus Nicht-Czernowitzern Czernowitzer zu machen versteht. In Czernowitz wird, wie in fast allen ukrainischen Städten, jeden Tag für ein paar Stunden das Wasser abgeschaltet, oft auch die Elektrizität. Die Elementarfunktionen, auf denen die entwickelten Formen der städtischen Zivilisation basieren, scheinen damit bedroht, und manchmal sieht es so aus, als müßte am Ende des 21. Jahrhunderts die Infrastruktur erst wieder installiert werden, die es am Beginn des 20. Jahrhunderts schon einmal gegeben hat.

DAS NEUE NISHNIJ
ODER
DIE ARBEIT RUSSLANDS
AN SEINEM STIL

Rußland ist groß, und Rußland hat nicht nur eine Hauptstadt. Es hat eine Hauptstadt der Nostalgie, des Phantomschmerzes und des russischen Traums von Europa: Sankt Peterburg, Piter. Es hat Moskau, wo die Reichtümer Eurasiens zusammenströmen, wo ein Wolkenkratzer nach dem anderen in den Himmel schießt und ein babylonischer *Tower of Russia* die Phantasie der Planer beflügelt. Rußland hat Hauptstädte der Peripherie und des Verfalls, weit vorgeschoben in heroischen Zeiten, gegründet in einer Zeit der Überspannung der Kräfte, nun nicht mehr zu halten und – ja, man muß es sagen: zum Tode verurteilt. Und Rußland hat Zentren, die ihr eigenes Leben leben, ohne die Spur eines Minderwertigkeitskomplexes. Hauptstädte des Dazwischen, Hauptstädte der Provinz. Nishnij Nowgorod, die drittgrößte Stadt Rußlands, vor der Revolution legendärer Messeort und »Geldbeutel Rußlands«, von 1932 bis 1991 in Gorki umbenannt und lange geschlossen für Ausländer, ist eine solche Stadt. Seit kurzem ist sie noch etwas mehr: eine Hauptstadt der russischen Architektur. Dort passiert offenbar, was in Moskau unmöglich ist, da der Druck der Investoren und die Gier nach schnellem Profit übermächtig sind, und dort gelingt etwas, wozu Petersburg, das ganz und gar von der Rettung seiner Substanz okkupiert ist, nicht kommt: die Arbeit an einer Form, ohne die ein neues Rußland auf Dauer nicht auskommt.

Es war den ersten Besuchern Nishnijs in der zweiten Hälfe der Neunzigerjahre sehr rasch klar, daß etwas Besonderes geschehen sein mußte. Man bekam dort etwas zu sehen, was man bis dahin nirgends sonst in Rußland zu sehen bekam. Gleichsam über Nacht war etwas aufgetaucht, worauf niemand vorbereitet war. Wie ein Blitz aus heiterem Himmel, unangekündigt, voraussetzungslos. Es war das 1995 fertiggestellte Gebäude der Bank »Garantija« in der Malaja Pokrowskaja Straße im historischen Zentrum der Stadt. Es war ein Neubau, der sich mit seinen runden und organischen Formen, mit den ovalen Fenstern und den Kerbungen in der Fassade, mit dem wie eine Lotosblüte sich öffnenden Turm von allem absetzte, was man an sowjetischen und postsowjetischen Neubauten zu sehen bekam. Die »Diktatur des Rechtecks« war hier elegant und ironisch außer Gefecht gesetzt. Andererseits: auch der erste Eindruck eines Déjà vu, daß man es hier einfach mit der Kopie eines Jugendstil-Gebäudes zu tun habe, trog. Das Bankgebäude spielte mit Zitaten des russischen »stil modern«, wie hier Art nouveau oder Jugendstil genannt werden, mit der provozierenden Weiße der Secession, mit der Majolika über dem Portal und Iwan Bilibins altrussischen Motiven von Pfau und Feuervogel, und doch war es etwas anderes: symmetrisch und auf der Längsseite mit einer strengen, fast klassizistischen Fassade. Ein Jugendstil nach dem Jugendstil, kein *remake*, sondern etwas ganz Neues. Auch im Inneren ergab sich ein ähnlicher Eindruck: die Stufen der Treppen »fließen« gleichsam herab, und doch sind Räume und Grundriß gänzlich funktional. Das Gebäude hat die Züge einer Skulptur und erinnert an eine Truhe für die Aufbewahrung von Kostbarkeiten. Der Bau, leicht zurückgesetzt von der Straßenfront, fügt sich vollständig in die historische Umgebung ein – und die ist interessant: alte Kaufmannsvillen, ein konstruktivistisches Wohnhaus – das sogenannte Haus der Tschekisten – klassizistische Gebäude an der Hauptstraße des alten Nishnij Nowgorod. Wer war auf so etwas gefaßt: gleichsam Josef Maria Olbrichs Gebäude der Secession, hundert Jahre später und weitab von Wien, in einer Stadt an der Wolga!

Das »Garantija«-Gebäude ist nicht das einzige. In der Frunse-Straße ist ein 1996 fertiggestelltes Bürogebäude zu besichtigen, in dem eine Bank, eine Pensionskasse, ein Standesamt untergebracht sind. Auch hier die Verbindung fließender, organischer Formen mit den Erfordernissen der modernen Organisation, wuchtige Konturen, gemildert durch die Halbbögen der Fenster, ein Majolikaband und ein Mosaik mit historischen Motiven über dem Eingang. Auch hier werden Konturen und Linien aufgenommen, die in der nächsten Umgebung – im Gebäude der Staatsbank von 1913 – zu finden sind. Dort, an einem der Musterbauten des Jugendstil des vorrevolutionären Nishnij Nowgorod, ist ein gelungener Erweiterungsbau zu sehen, der auf vollkommene Weise die Verbindung über ein Jahrhundert hinweg herstellt.

Wer sich in der Stadt bewegt, hat an verschiedenen Stellen jenes Aha-Erlebnis, mit dem man auf unvermutete und irritierende Sensationen reagiert. Es handelt sich dabei nicht nur um Banken oder Bürogebäude, sondern auch um eine mittlerweile stattliche Zahl von Wohn- und Geschäftshäusern, Hotels, Kinos und Cafés, sogar Kirchenbauten.

Die neuen Arbeiten in Nishnij Nowgorod beziehen sich indes nicht nur auf den Jugendstil. Inzwischen finden sich auch herausragende Beispiele für einen erneuerten Konstruktivismus – in Gestalt von Geschäfts- und Bürohäusern, Schulen und Sportanlagen – und selbst an die Erbschaft der 30er Jahre haben sich die Architekten von Nishnij herangewagt: in unmittelbarer Nachbarschaft zu den monumentalen Wohnanlagen in Sozgorod, den Vierteln, die in den 30er Jahren für die Arbeiter der Gorkier Autowerke errichtet worden sind, sind Wohnhäuser errichtet worden, die die Übermächtigkeit und Strenge des Stalinschen Empire auf souveräne Weise auflösen, indem sie sich seiner Formen abmildernd bedienen.

Die Arbeiten der Nishnij-Nowgoroder Architekten sind von der Architekturkritik zunächst etwas verdutzt und überrascht aufgenommen und dann enthusiastisch gefeiert worden. Bank »Garantija«, das Bürogebäude in der Frunse-Straße, das Wohnhaus in Sozgorod sind in ganz Rußland bekannt geworden. Die Arbeiten ihrer Architekten sind vielfach ausgezeichnet worden mit nationalen Architekturpreisen. Sie sind den Kennern in ganz Rußland und mittlerweile auch darüber hinaus – etwa den Besuchern der Biennale in Venedig – geläufig: Alexander Charitonow, Jewgeni Pestow, Valeri Nikishin, Sergej Tumanin, Sergej Timofejew, Alexander Chudin, Olga Orelskaja, die Mitglieder des Büros Archstroj und andere. Alexander Charitonow, der Spiritus Rector und unermüdliche Promotor der Nishnijer Avantgarde, wurde 1998 von Boris Jelzin mit dem Nationalpreis ausgezeichnet. Der Tod dieses von Kraft strotzenden und immer um sein »Team« bekümmerten Architekten, der seit 1991 auch Chefarchitekt von Nishnij Nowgorod war, bei einem Autounfall im Jahre 1999 war für alle, die ihn kannten, ein großer Schock. Es war wesentlich das Verdienst dieser Gruppe von Architekten und Stadtplanern, die das »Wunder von Nishnij« zustande gebracht haben, das darin bestand, die Arbeit an der Form, die irgendwann abgebrochen war, wieder aufzunehmen, und die dabei behutsam vorgingen, mit äußerstem Takt und ohne von einem Extrem ins andere, aus der Monotonie der Sowjetmoderne in die Exaltationen der Postmoderne, umzukippen. Sie haben sich nicht in nostalgischen Retrospektivismus und neorussischen Kitsch geflüchtet, von dem das postsowjetische Moskau strotzt. Die Nishnij-Nowgoroder Schule – und um eine Schulbildung handelt es sich zweifellos – hat einen Takt und eine Diskretion an den Tag gelegt, die in einer Zeit politischer Wirren und ästhetischer Verunsicherung keineswegs selbstverständlich sind, und über eine Inspiriertheit verfügt, die im Zustand der Erschöpfung, in dem das Land sich befindet, bewunderungswürdig ist.

Reichtum der Provinz, glückliche Zeit

Das Aha-Erlebnis in Nishnij hat viel von einem *Déjà vu.* Die Bauten von Charitonow und Pestow knüpfen scheinbar an die große Zeit Nishnij Nowgorods um die Jahrhundertwende an. Hundert Jahre zuvor, im Sommer 1896, war in Nishnij Nowgorod die Allrussische Industrie- und Kunstausstellung eröffnet worden. Die Stadt, die alljährlich die große Messe abhielt, zu der ganz Rußland zusammenströmte, bereitete sich auf den Ansturm der Besucher, auf den Zaren und die kaiserliche Familie vor und brachte sich in einem einzigartigen Bauboom in Form. Die Pavillons der Ausstellung kann man heute nur noch im Katalog oder zerlegt und umgebaut in verschiedenen Städten Rußlands sehen – in Petersburg, in Kislowodsk, in Moskau. Sie waren Wunderwerke der Ingenieurkunst und ein Experimentierfeld für Architekten. Die Ausstellung hat die Stadt beflügelt. Sie wuchs in den zwei Jahrzehnten vor dem Ersten Weltkrieg fast auf das Doppelte. Was Nishnij heute ist, ist es – nach der Primärschicht des Kremls, der Klöster und Kirchen aus dem 14. und 15. Jahrhundert – in jenem Boom der Jahrhundertwende geworden. Da sind das große Messehaus im neorussischen Stil, die Gebäude der Wolga-Kama-Bank und das Bankhaus Rukawischnikow, die Passagen, die Kontore der Wolga-Flußschifffahrts-Gesellschaft, das Gebäude der Stadtduma, die Alexander-Newskij-Kathedrale, die Staatsbank, das Stadttheater und die zahlreichen Villen, die sich die reichen Nishnijer Kaufleute und Fabrikanten auf dem Wolga-Hochufer hatten bauen lassen. Der Boom der Jahrhundertwende war zusammengefallen mit der Suche nach dem neuen Stil, und so kam es, daß Nishnij in den zwei Jahrzehnten zwischen 1896 und 1914 ein Jugendstilgesicht bekam: vieles davon ist erhalten, selbst die Villen aus Holz mit ihren Erkern, Vordächern, Balkonen, bei denen man staunt, wie überaus plastisch mit diesem Material gearbeitet werden konnte. Vieles ist – neben der älteren Substanz der Kirchen – Abriß, Sprengung, Vernachlässigung zum Opfer gefallen, vieles hat sich aber erhalten und mußte als eine Schule des Geschmacks, des Taktes, des Respekts für die nachwachsenden Generationen fungiert haben. Die Stadt war damals attraktiv auch für hauptstädtische Architekten, und so kam es, daß Pioniere des russischen Jugendstil wie Fjodor Schechtel und Wladimir Pokrowski bedeutende Bauten in Nishnij entworfen haben.

Dies ist aber nicht die einzige Schicht, bei deren Anblick der Besucher noch heute elektrisiert ist. Auch die Revolutionsarchitektur, der Konstruktivismus hat in Form von Wohnhäusern, einigen sogenannten Kommunehäusern, einem großen Hotelbau, Kulturpalästen und Arbeiterklubs, eine eindrucksvolle Spur hinterlassen. Die meisten von ihnen sind heute grau, unansehnlich, in schlechtem Zustand. Und doch ist unschwer zu erkennen, daß hier eine äußerst begabte und engagierte Generation von Baumeistern am Werk gewesen ist. Die Brüder Wesnin haben die Sirotkin-Villa, Ilja Golossow hat in den Dreißigerjahren einen großen Wohnkomplex entworfen, ein bedeutender regionaler Vertreter des Konstruktivismus – Alexander Grinberg – hat das »Haus der Sowjets« gebaut. Und der amerikanische »Funktionalist« Albert Kahn hat bekanntlich an den Planungen für das Gorki-Autowerk in Kanavino mitgewirkt.

Gewiß hat diese Umgebung ihren Anteil an der Herausbildung der Nishnijer Schule ebenso gehabt wie die Ausbildung am renommierten Architektur- und Bau-Institut der Stadt. Bis auf den heutigen Tag ist zu spüren, daß Nishnij eine Stadt mit großer Vergangenheit ist und daß dies im Augenblick der Wende ein unschätzbar großes kulturelles Kapital war. Die Stadt mußte nicht neu erfunden werden. Es gab ein Vorbild. Der Mythos des Großen Jahrmarkts, auf dem sich einmal im Jahr ganz Rußland begegnete, war irgendwie lebendig geblieben – über die Literatur Maxim Gorkis, über die Photographien Maxim Dmitriews und Andrei Karelins, über Ausstellungsstücke im Museum. Man erinnerte sich an die Bürgermeister und Gouverneure, die Bedeutendes geleistet hatten, an die Formen der Selbstverwaltung und das lebhafte geistige Leben, das es schon einmal gegeben hatte. Man wußte, was die reichen Kaufmannsfamilien – von den Stroganows bis zu Rukawischnikow – als Mäzene für die Stadt getan hatten. Und schließlich war die Stadt anders als viele andere alte Städte vom Großen Krieg nicht berührt worden. Die schwersten Verluste gab es in den Jahren 1929-1936, als Kirchen und Glockentürme niedergerissen und gesprengt wurden.

Der Rang der Stadt zwischen den Dreißiger- und Neunzigerjahren beruhte auf den Gorkier Autowerken (GAZ), nicht mehr auf der Messe. Markenzeichen der Stadt war nun nicht mehr das Messehaus, sondern die Anlage, die sich die Werke Fords in Detroit zum Vorbild genommen hatte. Gorki belieferte die Sowjetunion seit der Inbetriebnahme der Werke 1932 mit rund 16 Millionen Autos, deren bekanntestes der »Wolga« war. Doch die Verwandlung der einstigen Kaufmannsstadt in eine Industriestadt, gar in eine der Schwerindustrie, hatte auch ihre depravierenden Folgen: die Stadt wurde wegen des militärisch-industriellen Komplexes zur geschlossenen Stadt, gesperrt für Ausländer – ob Tourist, Wissenschaftler, Schauspieltruppe oder Orchester. Sie wurde zum bevorzugten Verbannungsort, zum Beispiel für Andrej Sacharow, und fiel so für lange Zeit aus der weiten Welt heraus. Das änderte sich erst mit der Perestrojka Ende der Achtzigerjahre. Die Rückkehr der Stadt in die Welt ging erstaunlich rasch vor sich, und Nishnij brachte einige politische Aktivisten hervor, die – wie Boris Nemzow oder Sergej Kirijenko – später auf der Moskauer Bühne eine Rolle spielten. Die Messe wurde wiederbegründet. Die Stadt beging festlich ihr Gründungsjubiläum. Große internationale Firmen und Organisationen fanden sich in der Stadt ein. Nishnij wurde zu einem gesuchten Ort für Kulturinstitute und Stiftungen. Alljährlich im Herbst findet das internationale Sacharow-Festival statt. Nishnij Nowgorod wurde zum

Vorposten, an dem ein anderes Rußland gedacht wurde: weniger zentralistisch, weniger hierarchisch, ein Rußland der Regionen, nicht der Statthalterschaften.

Die Zukunft Rußlands und seine Provinzen

Viel von der Aufbruchstimmung der späten 80er und Anfang der 90er Jahre ist verflogen. Die politischen und wirtschaftlichen Erschütterungen haben einen hohen Preis gefordert. Die Konversion, also die Verwandlung einer Stadt des militärisch-industriellen Komplexes in eine Stadt der zivilen Produktion, ist außerordentlich schwierig. Große Teile der Riesenwerke in Sormowo, die für die Rüstung gearbeitet haben, stehen heute still, Zehntausende von Arbeitern haben ihre Arbeit verloren. Die Umstellung einer Stadt, die in so hohem Maße an der Autoindustrie hängt, erwies sich ebenfalls als weitaus schwieriger als gedacht, da die Modernisierung des Autogiganten nur langsam vorankommt und der Kunde den gebrauchten Audi oder Daewoo dem neuen Wolga oder Gasel (Gazelle) vorzieht.

Aber auch die Zeit der tiefsten Depression scheint vorüber. Wenn man auf dem Hochufer über der Wolga steht, auf den mächtigen Strom und das weite Land blickt, bemerkt man eine eigentümliche Belebung des Verkehrs. Es gab Sommer in den Krisenjahren, da war weit und breit kein Schiff zu sehen; nun reihen sie sich fast in dichter Folge. An der Anlegestelle ist wieder stärkerer Betrieb, und in der Stadt sieht man Touristen. Die Gegend um den Bahnhof ist belebt wie immer, aber neue High-Tech-Bauten – wie der Pavillon von McDonald's – sind hinzugekommen. Der Bahnhof ist modernisiert, auf »westlichen Standard« gebracht. In der Bolschaja Pokrowskaja, der Hauptstraße, die Fußgängerzone ist, sind alle internationalen Marken vertreten. Die Atmosphäre in den Straßencafés ist angenehm. In den Banken, auf der Post, in den Geschäften geht es rasch und geschäftsmäßig zu. Man hat Zeit zu verlieren. Es gibt eine *rush hour*, das untrüglichste Kennzeichen für den Rhythmus einer halbwegs intakten Stadt. Überall wird renoviert, gepflastert, verschönert. Die Buchhandlung »Dirigeable« steht mit ihrem Sortiment dem der hauptstädtischen Buchhandlungen nicht nach. Die Abteilung »Regionales« zeigt, daß die Arbeit an der Geschichte des eigenen Ortes in Gang gekommen ist. Man kann auch online bestellen. Das Inventar der alten Sowjetunion – Abakus, Taxofon – ist spurlos verschwunden. Nur eines gibt es immer noch: die krachend zufallende Tür, die, wie in Sowjetzeiten üblich, niemand auf- oder festhält. Cafés tragen vorzugsweise französische Namen, und ihre Interieurs sind nach Möglichkeit postmodern. Alles scheint leichter zu gehen: die Kommunikation, die Fortbewegung, der Konsum. Nishnij ist kein Einzelfall. Auch Kasan baut. In Samara gibt es sogar so etwas wie eine eigene Schule, und manche sagen, sie sei noch subtiler als die von Nowgorod. So etwas wie in Nowgorod, wo alljährlich ein Forum »Die Zukunft Rußlands« stattfindet, gibt es auch in anderen Städten an der Wolga. Die Region hat sich zusammengeschlossen im Verbund der »Großen Wolga«, die freilich sich bis Orenburg und zum Ural erstreckt. Jährlich ist eine der Städte »Kulturstadt«. In diesem Jahr ist es Wjatka mit einem eindrucksvollen Programm im Sommer und Herbst, mit Konzerten, Workshops, Foren zu Themen wie »Russische Elite heute«, »Modernisierung und Intelligenzija«. Alle sagen, man müßte nach Tscheboksary fahren, um zu sehen, was sich in der russischen Provinz tut: Der Gouverneur Fjodorow habe es geschafft, Tscheboksary zur ersten komplett vernetzten russischen Stadt zu machen, mit Internetzugang für jedermann. Ein eigentümlicher Wettstreit ist entlang der Großen Wolga, dem »Russischen Nil«, wie Wassili Rosanow den Strom genannt hat, in Gang gekommen. Es kann sein, daß man in eine Vernissage gerät, wo unter dem Titel »Sieben Töne« die Geschichte der Stadt Nishnij Nowgorod im letzten Jahrhundert musikalisch präsentiert wird. Es kann sein, daß man – es ist Beginn des akademischen Jahres – bei solcher Gelegenheit die Intelligenz der Stadt auf einem Punkt versammelt findet. Der eine war zu einem Kongreß in Edinburgh, die andere in Paris oder Berlin. Es gibt keine Provinzialität im alten Sinne mehr.

Nicht überall in Nishnij ergeht es einem so wie bei der Vernissage oder im »Haus der Architekten« oder im Fernsehstudio. Es gibt Bezirke der Stadt, die alten Arbeiterbezirke von Kanawino oder Sormowo, wo man merkt, daß der Rhythmus des industriellen Alltags außer Tritt geraten ist, wo sich eine Kluft auftut zwischen den aggressiven Jeep-Fahrern und denen, die weiterhin auf den Trolleybus angewiesen sind, und wo man spät am Abend an den Kiosken, wo Bier ausgeschenkt wird, merkt, daß ganze Viertel und Rayons abgehängt werden von der Entwicklung im Zentrum der Stadt.

Rußland wird ohne Städte wie Nishnij als Zentren der Vermittlung, der Akkumulation von Kräften und der Innovation nicht auskommen. Die Blüte der russischen Provinz um 1900 ist ein gutes Beispiel für eine Modernisierung, die nicht punktuell geblieben ist. Moskau, das allen Reichtum des Landes auf sich zieht, ist kein Vorbild. Moskau ist schon jetzt so etwas wie ein fremder Planet. In Städten wie Nishnij geht das Experiment einer Modernisierung, die sich selber trägt und nicht außer Kontrolle gerät, in die zweite Runde. Seine Garanten sind anders als in den Enklaven der Globalisierung eine irgendwie noch überschaubare städtische Öffentlichkeit, eine Elitenbildung auf engstem Raum und die Bildung von lokalen Zusammenhängen, die tragfähig und belastbar sind. Nur dort sind Sätze denkbar, aus denen die Zuversicht spricht, daß nicht alles Naturprozeß ist und daß eine Zivilisierung der Kräfte des Marktes möglich ist. Nishnij Nowgorods Stadt- und Stararchitekt Alexander Charitonow glaubte an die Erziehung, auch an die Erziehung der Investoren. Vor seinem Tode sagte er in einem Interview: »Der Investor muß erzogen werden. Manche Leute glauben, daß es die Neuen Russen sind, die diese Architektur bestellen. Genau das Gegenteil ist der Fall. Die Architekten diktieren die Architektur. Wenn der Investor ein gutes Projekt hat, dann ist es einfacher, es durchzubringen. Andererseits verstehen die Investoren allmählich die Bedeutung von Architektur. Nach und nach entwickelt sich eine eigenständige zeitgenössische Architektur, es bildet sich eine gewisse kritische Masse. Oder sie wird sich eines Tages finden. Ich spüre es. Alles ist dabei, sich zu verändern.« Charitonow hatte recht. Und das ist sehr wichtig. Denn Sicherheit in Stilfragen sagt über die Lage eines Landes nicht weniger aus als Wirtschaftsdaten.

ARCHIPEL EUROPA

Das Europa des Kalten Krieges hat sich aufgelöst. Anstelle eines einst homogenen Raums – »der Osten«, »der Westen« – finden sich jetzt Fragmente, Enklaven, Inseln. Für manche ist das nur Stückwerk, aber in Wahrheit sind es die Teile, aus denen das neue Europa sich zusammenfügt. Der Zerfall ist die Form der Erneuerung, für einen Augenblick wenigstens. Es bringt mehr, sich an die Fragmente zu halten – sie sind reell – als an das Ganze, das vorerst doch nur ein Versprechen ist. Die offizielle Rhetorik hat dem nachgegeben, wenn sie die Fragmentierung, den Zerfall als Pluralisierung, als »Vielfalt in Einheit« feiert. Der Zerfall ist die Stunde der Desillusionierung, also der Aufklärung. Es zeigen sich dann auch die Kräfte, die ins Spiel kommen müssen, wenn etwas Neues entstehen soll.

Rotterdam, Europort, Mouth of Europe. Europa hat seine eingebildeten Hauptstädte und seine wahren. In den eingebildeten laufen die Inszenierungen der Macht, die Rituale der Selbstdarstellung. Von dort kommt der Hintergrund der Pressekonferenz, auf der die Mächtigen sich erklären. Aus den wahren Haupstädten kommen keine Presseerklärungen. Sie drehen sich um Alltagsgeschäfte, nicht um Haupt- und Staatsaktionen. Rotterdam ist eine Hauptstadt Europas, von der alle leben, von der aber kaum jemand Notiz nimmt. Über Rotterdam wendet sich Europa den Weltmeeren, der Welt zu. Im Delta von Schelde, Maas und Rhein ergießt sich der größte Strom des westlichen Europa ins Meer. Über das Delta nimmt die Welt Kontakt auf mit Europa. Alle großen europäischen Verkehrslinien führen nach Rotterdam, von Rotterdam führen die Wege nach ganz Europa, vor allem den Rhein hinauf: Ruhrgebiet, Köln, Frankfurt, Straßburg, Basel, Lyon, Marseille, Barcelona, Mailand. Rotterdam ist der Endpunkt der »Blauen Banane«, jener Hochenergie- und Hochleistungszone, die zu einer der Hauptachsen Europas geworden ist. Die angemessenste

Form, sich mit dieser Hauptstadt Europas vertraut zu machen, ist eine Rundfahrt im Rotterdamer Hafen, wenn das Schiff durch die Hafenbecken gleitet, zwischen den Abertausenden, turmhoch gestapelten Containertürmen hindurch, jenen Städten, die ständig in Bewegung sind, bald emporwachsen und bald abgetragen und anderswohin transportiert werden. Sie haben noch alte Namen, die etwas vom alten, vom kolonialen Europa erzählen, von Batavia, Sumatra und anderen fernen Regionen. Wer wissen will, was hier zusammenläuft, muß sich die Aufschriften auf den Containern ansehen, die Flaggen auf den Schiffen, den Tankern, muß sich die Namen der Reedereien und Speditionen notieren. Rotterdam ist die Stadt des großen Erasmus, aber vor allem der Ort, an dem Europa gedacht, gemacht wird: jeden Tag, Stunde für Stunde. Käme die Rotterdamer Bewegung zum Stillstand, würde der Mund und die Mündung Europas für einen Augenblick auch nur geschlossen, der ganze Kontinent würde sich in Konvulsionen winden, die Bewegung auf den Autobahnen käme zum Stillstand, die Anzeigetafeln in den Börsensälen würden verrückt spielen. In Rotterdam wird das Tempo Europas gemacht. In Rotterdam beginnt jedes Stückgut seine Reise nach Europa. Europa hängt an Rotterdam, wo diese Bewegung beginnt. Und Rotterdam ist eine neue Stadt. Die Stadt, die samt ihren Werften und Kaianlagen durch die deutschen Luftangriffe in Schutt und Asche gelegt war, ist ein großer Neubau, wie Europa nach 1945.

Heathrow: Die Kreisbewegungen im Himmel über London. Kein Ort in Europa ist so nah an der Welt wie London. Fast immer hat man eine halbe Stunde Zeit, darüber nachzudenken, wenn das Flugzeug sich London-Heathrow nähert, aber in der Warteschleife ausharren muß. Das Flugzeug schraubt sich hinab, im Verbund mit den anderen Flugzeugen, die auch noch nicht an der Reihe sind. Man hat Zeit, das Stadtbild zu studieren, wenn man mehrmals über dieselben Stellen hinwegfliegt: Greenwich, Canary Wharf, Tower-Bride, das Parlament, Hyde Park, Windsor Castle, ein Schwenk nach Norden und Osten und das ganze noch einmal. Mit den Terminals streckt sich London der Welt entgegen, versucht Ordnung in das Chaos der Bewegungen zu bringen, sie zu kanalisieren, zu ordnen. Welche Masse der unentwegt Bewegten. Welche Geduld der Bewegungserfahrenen. Wie sie sich versiert, erfahren, unaufgeregt durch die Tunnels, die Lifte, die Umleitungen, die Treppen hinauf und hinab bewegen. Ein Relais, ein Scharnier des Weltverkehrs. Ein Tor zur Welt, das mit seinen Labyrinthen eher unter der Erdoberfläche liegt. Europa und die Welt: das ist die Prozedur: Check-In, Paß-Vorzeigen, Security, die geübte Geste, das Lächeln, die Routine. Die eingeübte, gelernte, zur zweiten Natur gewordene Weltläufigkeit. In der sich hinabschraubenden Bewegung im Himmel über London ist etwas vom Sog Europas und von der Attraktion der Welt draußen zu spüren. In der Verbindung zur Welt, die täglich, stündlich, auf die Sekunde genau hergestellt wird, ist mehr Kraft, mehr Evidenz als in den Löwen, die das Empire symbolisieren, und mehr Plausibilität als in den Imperial Archives. Diese Schraubenbewegung, die Warteschleifen im Himmel von London, verbinden Europa mit der Welt. Stau, Potenz, Andrang.

Die Schwimmer im Thermalbad des Hotel Gellert, Budapest. Im Gellert, das seiner Übernahme durch eine starke Aktiengesellschaft entgegensieht, schwimmen noch immer die Gäste. Man tritt gleichsam auf die Veranda hinaus, hat vor sich die Budaer Berge und im Rücken die Stadt, genießt die heißen Quellen und ist doch im Zentrum einer Metropole. Das Publikum besteht – winters wie sommers – aus älteren Herrschaften. Die jungen Leute bevorzugen Gyms und Fitneß-Center. Die Schwimmer im Bassin des Gellert kommen aus Österreich, Deutschland, Holland, Italien. Sie waren die Gewinnler der europäischen Einigung schon vor der EU-Erweiterung und wenigstens noch für die Zeit, da die Luxussanierung noch nicht abgeschlossen ist. Die wohlsituierten Gäste, die mit Bussen in die Stadt gekommen sind, füllen die großbürgerlich-feudalen Kulissen. Auch das Europa der Rentiers hat seine Orte: das Thermalbad des Gellert, die Hotelanlagen auf den Balearen, die Überwinterungszentren an der türkischen Riviera. Aber die Inwertsetzung, die sich vorerst der Rentner bedient, wird dem Rentiersaufenhalt bald ein Ende setzen – oder hat es schon. Die luxuriöse Geselligkeit der Alten, die meist aus dem Westen kommen, ist durchaus der Rede wert. Es macht einen Unterschied in Europa, ob man alt wird oder Senior ist.

Edward Hoppers Tankstelle: LUKOIL, ORLEN, BP, SHELL. Das neue Europa hat eine neue Farbe. Sie sticht gegen den Nachthimmel. Sie ist grell. Sie ist unverwechselbar wie das Zeichen. Der Schriftzug der Ölgesellschaft ist ein Signal, das man schon von Ferne erkennt. Er ist die Signatur des mobil gewordenen östlichen Europa. Das neue Europa ist mobil. Das mobile Europa ist Tankstelleneuropa. Tankstellen haben einen bestimmten Stil, eine eigene Ästhetik, ein spezifisches Design. Es erinnert an die trostlos-lakonischen Bilder von Edward Hopper. Zum Tankstellendesign gehören: daß sie neu sind, daß sie transparent sind, daß sie leuchten in allen Neonfarben, vorzugsweise in den Farben der Company – Shell, BP, Aral –, daß sie den ganzen Regenbogen des standardisierten Sortiments an Getränken, Magazinen, Zigaretten führen. Sie waren die Pioniere der Digitalisierung und des alltäglichen bargeldlosen Zahlungsverkehrs. Die elektronischen Preistafeln geben die leiseste Schwankung auf dem Erdölmarkt weiter, egal wo wir sind. Die Welt, die einmal feststand, die Preise, die so sicher waren wie die Staatsmacht, schwanken nun so zart und sensibel wie ein Lufthauch oder ein Schmetterlingsflügel. Alles geht nun schnell. Der Übergang zur neuen Routine ist spurlos vollzogen, das Umrechnen geht vor sich, als hätte es niemals zuvor fremde Währungen und Verdacht gegeben. Die Tankstellen im neuen Europa sind Zentrifugen der wachsenden Routine und der Normalisierung. Wie überall in der Welt finden sich Leute ein, die dort nur ihren Kaffee oder ihr Bier trinken wollen. Sie wirken wie Fossile in einer Welt, in der alles neu geworden ist. Die Internationale der Tankstellen macht das Leben leicht, schnell, unbedenklich. Man kann sich auf Wichtigeres konzentrieren.

IKEA an der Leningrader Chaussee. Europäisierung ist Herstellung einheitlicher Standards: im Design, im Service, in den Routinen der Logistik, im Rhythmus von Arbeiten und Freizeit. Ganz Europa ruht auf der Erwartung, daß die Routinen unverrückbar und unerschütterlich sind. IKEA ist eine komplette Welt, ein internationales Netz von Filialen. Das erstaunlichste daran sind nicht die Lampen oder die Regale, sondern die Homogenität der Standards. Sie sind so einheitlich wie das Design der Möbel. Institutionen wie IKEA verkaufen Präzision, Verläßlichkeit. IKEA ist identisch, wo immer eine Filiale eröffnet. IKEA an der Leningrader Chaussee im Moskauer Norden, nun auch an der Warschauer Chaussee und an anderen Stellen weitet das Imperium der identischen Maßstäbe und des identischen Designs aus. Es wird zum Maß anderer Dinge.

Hochgeschwindigkeitstrassen. Europa wird Jahr für Jahr, Monat für Monat, Tag für Tag hergestellt. Die Bewegung, die es zusammenhält, ist sein Grundmodus. Würde die Bewegung auch nur für einen Augenblick aussetzen, Europa fiele in seine Bestandteile auseinander. Die Verfertigung Europas kann man bevorzugt an bestimmten Plätzen studieren: auf Flughäfen, Autobahnen, Hochgeschwindigkeitstrassen. Die Hochgeschwindigkeitsverbindungen machen das große Europa zu einem kleinen Kontinent. Die Grenzen der einzelnen Staaten sind überschritten, noch bevor der TGV so richtig in Fahrt gekommen ist. Der Nationalstaat ist zu klein für Hochgeschwindigkeitszüge.

Kiew: Verschiebung der Geographie. Am Rande Europas tauchen plötzlich goldene Kuppeln auf. Europa ist noch immer im Fluß, unfertig. Vom Zentrum aus übersehen wir kaum, was sich an den Rändern tut. Wir wissen nicht einmal, wo die Grenze verläuft. Die Grenze ist dort, wofür sich niemand interessiert. Und dann ändert sich die ganze Landkarte mit einem Mal, von heute auf morgen. Wie bei einem Beben, wie bei einer tektonischen Verschiebung hebt sich plötzlich der Boden, etwas taucht aus den Fluten auf. Zunächst sind es nur Meldungen im Fernsehen über Unregelmäßigkeiten bei irgendeiner Wahl in der Ferne, dann deuten sich Konflikte, Einmischungen, Unannehmlichkeiten an. Die Menge versammelt sich alltäglich, allnächtlich auf dem größten Platz der Stadt, im Rund eines monumentalen Platzes, wie er nur nach einem großen Krieg in einer Stadt angelegt werden konnte, deren Zentrum vollständig zerstört war. Die Menge ist freudig gestimmt, die Augen der Menschen leuchten, die Menge trägt orange, sie ist erfinderisch bei der Belagerung der alten korrupten Macht, sie vertreibt sich die elend kalten Nächte mit Lagerfeuern. Die ganze Stadt bringt Tee, heiße Getränke, belegte Brote. Und irgendwann tauchen hinter den Bildern von den Demonstranten die goldenen Kuppeln der Sophienkathedrale und des Höhlenklosters auf. Über sie hinweg geht der Blick weit ins Land hinaus, über den Dnjepr hinweg. Die »Stadt der Städte« ist wieder da, genau an der Stelle, wo vor mehr als 1000 Jahren »der Weg von den Warägern zu den Griechen« verlief. Kiew ist auf die Landkarte Europas zurückgekehrt.

Europa am Strand. Es verläuft zwischen Rimini und Bari. Seine Abschnitte heißen Costa Brava und Algarve. Sie verteilen sich über Rhodos und Kreta. Ihre Ausläufer sind in Eilat und Sharm-el-Sheikh. Ihre fernsten Ableger findet man auf Martinique. Die türkische Südküste gehört schon lange zu Europa. Sie sind angekoppelt an die großen Städte und jederzeit leicht erreichbar, fast wie ein Vorort. Von Manchester nach Alicante, von Düsseldorf nach Adanya, von Berlin nach Mallorca, von Moskau nach Dubai, von Wien nach Benghasi, von Warschau auf die Kanarischen Inseln. Sie entdecken keine neue Welt, sondern bauen sich ihre eigene. Sie kommen nicht zusammen, sondern liegen jeder für sich im Sand oder veschwinden in der Disco. Europa bildet sich im Rhythmus des Jahresurlaubs, in dem Europas Aktivität für ein paar Wochen erstirbt. Europa durchläuft dieselben Prozeduren: Check-in, Verstauen im fliegenden Container, Ankunft in einer südlichen Luft, Unterbringung in bezahlbaren Hotels, Gang zum Meer, Bestaunen des Sonnenuntergangs, Einstimmung auf das Ende des Urlaubs, das unvermeidliche Ritual des Abschieds. Auf den Bildern der Digital- und Videokameras entsteht das neue Bild Europas, so bildet sich der neue Erfahrungshorizont ab. Man vergleicht von nun an keine unterschiedlichen Traumwelten mehr, sondern das Preis-Leistungs-Verhältnis.

Feuilleton. Die Produktion des Referenzrahmens in kulturellen Dingen ist in ein neues Stadium eingetreten. Hinzugekommen zur Kulturberichterstattung aus London, Paris, New York, Mailand ist – ab und zu wenigstens – der Bericht aus Petersburg, Moskau, Budapest, Krakau, Thessaloniki. Mit jeder Vernissage, die Eingang findet in das Feuilleton der großen europäischen Zeitungen, verschiebt sich der Rahmen der Wahrnehmung, erst nur für einen Augenblick und leicht revidierbar, dann mit einer gewissen Kontinuität und dauerhaft. Ein neuer Kulturraum wird produziert. Darin gibt es Echos. Europa ist ein großer Resonanzraum. Darin sind jetzt so viele Stimmen, daß man leicht die einzelne überhört. Weißes Rauschen. Was einmal neu, ja sensationell war, wird gewöhnlich. Sich an etwas gewöhnen, gewöhnlich werden ist der Gradmesser der Integration. Die europäische Kulturszene erscheint nun Tag für Tag. Es ist ein unendlicher Teppich von Diskursen, Debatten. Wir wissen Bescheid über die Inszenierungen in Moskau und die Nuancen des Festivals von Glyndebourne, wie Bayreuth in diesem Jahr ist und was das Haus Wagner Neues zu bieten hat. Tag für Tag wird der Kulturraum neu aufgebaut. Europa ist ein Kunstraum, ein Musikraum, eine große Ausstellungshalle, und das Feuilleton ist das große Logbuch, das uns hilft, darin nicht den Überblick zu verlieren.

Europa auf Rädern. Ferienzeit. Europa macht immer noch Ferien, vor allem im Sommer. Es entdeckt seine alte grenzüberschreitende, abendländische Synchronizität wieder, die über Jahrhunderte vorbereitet und implantiert worden ist. Kein neuer Festtags- und Feiertagskalender hat daran etwas ändern können. Der europäische Zyklus ist stärker als der Kalender der nationalen Feiertage. Synthetisierung von Zeit, Produktion eines europäischen Rhythmus. Herstellung von Zeitgleichheit. Es ist die Eingewöhnung in die Praktiken des Reisens, die Effizienz und Geruchlosigkeit der Raststätten mit ihren europaweit immer gleichen Wickelräumen, Duschen und sonstigen facilities. Im Sommer bewegen sich Millionen von Europäern von einem Ende Europas zum anderen. Völkerwanderung. Millionen im Transit. Bewegung ohne wechselseitige Kenntnisnahme.

Billigflieger. Easyjet, Ryan-Air. Europa ist nur ein Name, das Abenteuer, zu dem Easyjet, Ryan Air und all die anderen Billigfluggesellschaften einladen, ist real. Ryan Air hat Irland vom Rand Europas fast in die Mitte geholt. Stansted ist ein Umsteigebahnhof von Berlin nach Kapstadt geworden. Die Diminutive, mit denen man die Passagiere lockt – Krakaulein, Baselein, Bratislavalein – haben jenseits der Einschmeichelei, die unangenehm ist, etwas Wahres. Europa wird zu einer Sache der Nähe, etwas fast Intimes. Europa will nicht warten, bis das Gleisbett, das aus dem 19. Jahrhundert stammt und im 20. Jahrhundert von hin und her wogenden Armeen, Fronten, Panzern, Truppenaufmärschen, Fluchtbewegungen zerrüttet worden ist, auf die Höhe des 21. gebracht wird. Mit Easyjet dauert es von Berlin nach Krakau nicht zehn, sondern eineinhalb Stunden und kostet denselben Preis. Damit verändert sich vieles. Es entsteht ein neuer Stand: Leute, die in Mainz leben, aber in Turin arbeiten; Schriftsteller, die zu Lesungen in Deutschland von ihrer Arbeitswohnung in Irland anreisen; Shopping-Touristen, die mitternachts aus Moskau in Berlin ankommen, tagsüber im KaDeWe einkaufen gehen und mit der Nachtmaschine tags darauf wieder zu Hause sind; Pendelbewegungen, die kaum aufwendiger sind als die Fahrt mit der S-Bahn vom einen zum anderen Ende der Stadt.

Das Handy im Großraumwagen. Das Handy hat ein neues Geräusch, einen neuen Ton in unsere Welt gebracht. Es zeigt an, daß die Person, die neben uns steht oder in der Reihe hinter uns sitzt, lebhaft gestikuliert und auf jemanden einredet, der nicht sichtbar ist, vielleicht in Beziehung steht zu jemandem am anderen Ende der Welt. Das Mädchen in der U-Bahn in Berlin fragt in ihr Handy nach dem Wetter in Jerusalem. Lebhaft Sprechende und Gestikulierende stehen neben, aber sprechen nicht mit uns. Sie blicken uns nicht einmal an. Das Geräusch des Handys ist die Begleitmusik eines Epochenwandels. Wir sind jederzeit an jedem Punkt der Erde mit jedem anderen, gleich wo er sich aufhält, verbunden. Das Handy ist von nun an immer dabei: bei den Toten in der Metro, die vom Attentat zerrissen worden sind und nicht mehr antworten können; bei der Auslösung des tödlichen Mechanismus; bei der Kontaktaufnahme mit den Erpressern; bei einer x-beliebigen Verabredung.

Scharniere. Brücke über den Belt. Brücken produzieren neue Konfigurationen. Brücken über einen Sund machen zwei Küsten zu Ufern an einem Gewässer. So entstehen Doppelstädte in Sichtweite. So werden zwei sich ferne Landmassen zu einem Kontinuum. Kristallisationen als Ausgangspunkt für folgenreiche Agglomerationen. *Metropolitan Area* über das Meer hinweg. So ist es zwischen Kopenhagen und Malmö oder Istanbul und Üsküdar. Dieselbe Funktion hat der Tunnel unter dem Pas de Calais; er schmiedet Südengland und Nordfrankreich zusammen und macht London und Paris zu Nachbarstädten. Eine ähnliche Funktion haben Fährverbindungen wie die zwischen Tallinn und Helsinki oder zwischen Pillau/Baltijsk und Danzig/Gdańsk. Was wird aus der Schweiz, wenn erst die neuen Tunnels durch die Alpen fertig sind?

ZVAB. Abebooks. Amazon. Der Gang durch die Antiquariate ist abgelöst durch die Suchbewegung auf dem Bildschirm. Jeden Abend können wir die Welt der käuflichen Bücher durchwandern – von der Winterfeldstraße in Berlin über die Seine-Quais, vom Tübinger Marktplatz, in die Wollzeile am Wiener Stephansdom, von Charing Cross zu Strands am Broadway. ZVAB steht für 10 Millionen antiquarische Bücher, Abebooks für mehr als 5 Millionen. Das Verschwinden eines Vergnügens, das Ende einer Lust und der Beginn einer neuen Leidenschaft. Die

Transformation des alten Jagdtriebes, der haptisch, visuell trainiert war, in einen Instinkt, der es bloß auf Titel, Autoren und Preisvergleiche absieht. So pendelt der nächtliche Sucher dann zwischen dem Antiquariat am Kollwitzplatz in Berlin und dem in Brighton, zwischen Vancouver und Adelaide/Australien hin und her. Er hat kein Buch gesehen, keines in der Hand gehabt, keinen Buchhändler zu Gesicht bekommen. Eine ungeheure Erweiterung des Suchradius.

Security. Die Tür, durch die wir früher einfach gingen, ist jetzt eine doppelte, die traditionelle, physische und die elektronische. Der öffentliche Raum ist aufgerüstet. Kameras an Schwenkarmen werden automatisch bewegt. Sie blicken auf den Leerraum, der in Scheinwerferlicht getaucht ist, das Feld, das ab und zu von Menschen durchkreuzt wird. Die Tore sind bewacht. In den Lobbys haben sich dezent-demonstrativ die Kontrolleure aller Bewegung, die Inspektoren von Gesichtern, Taschen und Ausweisen niedergelassen. Keine Bewegung ohne Prüfung. Security Check ist zur Routine geworden. Wir haben uns an das Vorzeigen der Ausweise, den Blick in die Kamera, das Öffnen von Taschen und Aktenmappen gewöhnt. Überall wo Security ist, ist etwas Wichtiges. Das Wichtige ist in den Zentren. Die Apparaturen der Security sind Monumente der Wichtigkeit. Securitylose Zonen zeigen an, daß noch nicht alle Räume erfaßt sind. Security ist grenzüberschreitend und einer der wichtigsten Indikatoren für das Tempo der europäischen Einigung.

Money Machines in der Sofioter Universität. Mitte der Neunzigerjahre des letzten Jahrhunderts sah ich zum ersten Mal Geldautomaten in der Eingangshalle der Kliment-Ochrid-Universität in Sofia. Zu dieser Zeit gab es noch nicht viele Geldautomaten, schon gar nicht an Universitäten. Selbst in Deutschland war das noch nicht allgemein verbreitet. *Money Machines* stand plötzlich für jederzeitige Zugänglichkeit von Geld. Ausländer konnten einfach Geld abheben, wo man früher oft stundenland herumirrte, weil man keine Wechselstelle mehr fand. Welche Tricks mußte man oft anwenden, um diese triviale, aber überlebenswichtige Operation zu bewältigen. Nun stehen sie überall im ehemaligen Ostblock. Sie sind gleichsam auf einen Schlag installiert worden, fast ohne Übergangszeit. Sie funktionierten ohne Probe- und Eingewöhnungszeit. Sekundäre Modernisierung im Handstreich, ohne Reibungsverlust. Die Etablierung von Standard und Selbstverständlichkeit. Der Mensch muß nicht an der Hand geführt werden. Man darf ihm ruhig viel zutrauen – so wie den russischen Babuschkas, die von heute auf morgen mit dem Anblick von nackten Mädchen, manchmal auch Männern in den Auslagen der Zeitungskioske fertig wurden.

Kanaksprak. In der Interferenzzone der großen Städte, wo die Ströme der Migranten sich mit den Wohnarealen der Einheimischen berührt haben, wächst ein neuer Ton, eine neue Sprache, eine neue Gestik. Sie ist cool, sie arbeitet mit dem understatement, sie setzt sich ab vom Allgemeinverständlichen, aber ist doch so international wie mtv, an dessen Zeichenvorrat sich die neuen Sprachen geschult haben: Kanaksprak in Deutschland, Kurdisch-Schwedisch in Stockholm, Maghrebinisch an den Rändern von Paris. Überall in Europa gibt es Quellgebiete neuer Dialekte, Laboratorien neuer Sprachen und Idiome.

Wanderdünen aus Plastikmüll. Im Nachtzug Sofia-Bukarest. Die Erde in Rumänien ist irgendwie immer schwarz, tiefschwarz – weil es wirklich die Farbe der Erde hier ist oder weil die Stimmung so bedrückend ist. Die Sonne geht auf, aber nicht glühend, sondern eher wie bei einer chemischen Reaktion, wenn Stoffe eine Verbindung eingehen und sich alles verflüssigt. Bukarest liegt hinter den Dünen von Plastikmüll, die der Wind vor sich hertreibt, die alles unter sich begraben, die wie die schwarzen Vögel, Raben oder Krähen, ich kann es nicht unterscheiden, über die verwüsteten Felder flattern, getrieben werden. Der Müll, der Plastikmüll: klebrig, sich nicht auflösend, hart, stärker und länger als ein Menschenleben, über den Tod hinaus, was sich niemand vorstellen kann, er lagert sich überall ab, er setzt sich überall fest. Wir durchfahren einen Kreis von stillgelegten oder nur heruntergekommenen Industriebetrieben. Sie gleichen Kadavern, mit ausgeschlagenen Scheiben, die niemand je erneuern wird. Sie werden einfach in der Landschaft liegenbleiben, in ihrer ganzen Größe rosten, verfallen, herabstürzen, von Staub und Asche bedeckt. Hat es je Landschaften von so großer Verwilderung und so gigantischer Verwahrlosung gegeben? Der Nachsozialismus wird begraben unter den Dünen des Abfalls, des Plastikmülls, von chemischem und nuklearem »waste«. Die Gesellschaft hat kaum Widerstandskraft gegen diese neue Form des

Mülls, der unverderblich ist, nicht in Dekomposition übergeht. Die Gesellschaft hat noch nicht verstanden, daß das keine Sonnenblumenkerne sind, die man einfach auf den Boden spuckt. Es ist ein fremder, feindlicher, harter, zäher Stoff, den zu beseitigen ungeheure Kraft und Mittel kosten wird. Der Wind treibt die Plastikmüllwellen vor sich her wie der Wind die Dünen am Strand, auf Bukarest zu.

Dritte Sprache. Lingua Franca. Die dritte Sprache, die alles zusammenhält, ist Englisch, jenes Englisch der äußersten Reduktion, in seiner Ökonomie reduziert bis zur Armseligkeit, aber unverzichtbar. Auf Englisch sagen sich die Nachbarn, die ihre Sprachen nicht sprechen und nicht verstehen, das Allernotwendigste. Die dritte Sprache hilft ihnen sich zu verständigen, wenn sie sich nichts mehr zu sagen haben. Sie rückt in gewisser Weise an die Stelle des Jiddischen, das ausgerottet worden ist; an die Stelle des Deutschen, das durch die deutschen Herrenmenschen in Verruf gebracht und in der Folge aus dem Verkehr gezogen worden ist; an die Stelle des Russischen, das trotz Puschkin und Tolstoj doch die Sprache der Besatzer war. Das Englische ist an die Stelle des Lateinischen getreten, das Europa in der frühen Neuzeit zusammengehalten hatte. An seiner Verbreitung wird täglich, stündlich, Minute für Minute gearbeitet: *CNN, Moscow Times, Baltic Independent, Prague Post*; die Rezeption des Hotels, die Ansagen im Flughafen, die Sicherheitsanweisungen im Flugzeug, die Sprache der Geldautomaten. Das Universum spricht Englisch, auch das europäische.

Codes, Sound. Im ausgehenden 20. Jahrhundert breitet sich ein neuer Sound aus, ein Geräusch, das nun nie mehr verstummen wird. Das Summen der Rechner, das Klicken der Tastatur, wenn die Nummer auf dem Handy eingegeben wird, der Standard-Text der Mailbox. Dazu gehört eine neue Sprache, die die Älteren noch erlernen müssen, die die Jüngeren, vor allem die Jüngsten wie von selbst, im Nebenher sich zu eigen machen. Ihnen ist geläufig, wie man sich einloggt, wie man auf die Maschine antwortet, wenn man mit ihr in Kontakt tritt.

Eurolille. Die neue Stadt am Tunnel. Der Eurotunnel unter dem Kanal hat London und Paris zu Nachbarstädten gemacht mit Eurolille als Zwischenstation und Abzweig. Rem Kolhaas hat den neuen Bahnhof gebaut. Um den Bahnhof herum entsteht eine neue Stadt. So ist es immer in Europa gewesen. Wenn eine neue Brücke über einen Fluß geschlagen wurde; wenn ein neuer Paß geöffnet wurde; wenn eine neue Karawanserei eingerichtet wurde – immer wieder und immer wieder aufs neue werden Städte gebildet. Andere zerfallen, vergehen. Die neuen Städte im Europa nach 1989 sind auch: Narwa an der estnisch-russischen, Kalvarija an der litauisch-polnischen Grenze, Ruse an der Donaubrücke zwischen Rumänien und Bulgarien, Rostow am Don an der neuen russischen Südgrenze, die Containerstädte an der finnisch-russischen Grenze.

Brüsseler Anthropologie. Brüssel ist ein Name, aber auch ein Ort. Brüssel gibt es wirklich. Es ist eine der Hauptstädte des neuen Europa. Brüssel ist die Heimat für Abertausende von Europäern geworden. Wer dort gewohnt und gearbeitet hat, kehrt verändert wieder. Er findet sich nicht mehr leicht zurecht in der kleinen Welt jenseits von Brüssel. Er blickt auf die Welt anders als zuvor. Sie ist ihm kleiner geworden. Er befleißigt sich einer Bi- oder Trilingualität, wo andere in ihren Heimatsprachen festsitzen. Er hat die Prozeduren verstanden, die man verstanden haben muß, wenn ein Gebilde von mehr als 25 Staaten zusammengefügt ist. Prozedurales Wissen. Wissen um die Kanäle, auf denen etwas auf den Weg gebracht werden kann. Brüssel soll zauberhaft sein, an bestimmten Orten. Es ist die Stadt Victor Hortas, des legendären Justizpalastes und vielem anderen. Aber wir bräuchten, wenn wir das wachsende Europa verstehen wollen, vor allem eine Feldstudie, eine Brüsseler Anthropologie, entstanden aus teilnehmender Beobachtung und distanzierter Analyse. Brüssel ist ein Europa im kleinen. Wir können gespannt sein auf die Entdeckung dieser Stadt.

Sankt Petersburg/Baden-Baden. Festspiel-Europa. Baden-Baden hat ein neuen Festspielhaus. Es muß bespielt werden, wenn es sich rentieren soll. Baden-Baden ist Festspielstadt geworden mit einem Einzugsbereich, der von Zürich bis Luxemburg, von Nancy bis Frankfurt/Main, von Stuttgart bis Basel reicht. In Baden-Baden sind die Petersburger unter ihrem Stardirigenten Valeri Gergijew besonders häufige und besonders gern gesehene Gäste. Gergijew hat neues Tempo und neuen Glanz nach Petersburg gebracht und Petersburg aus der Provinz herausgeführt. Gergijew hat Petersburg wieder an die internationalen Festspielrouten angeschlossen, auf der sich die Stardirigenten bewegen. Die Russen in Salzburg, an der Met, in Covent Garden, in Berlin. Und umgekehrt: Pierre Boulez in Moskau, Riccardo Muti in Petersburg. Die Europäisierung des Festspielwesens ist vollzogen. Europa ist wieder dort angekommen, wo es um 1900 schon einmal war: mit Richard Strauss in Petersburg, Gustav Mahler in Budapest und Djagilew in Paris.

Love Parade. Die Autokennzeichen am Vorabend der Love Parade auf der Straße des 17. Juni in Berlin kommen aus ganz Deutschland, aber auch von weiterher: Poznań, Wrocław, Gdańsk, Sczeczin, Katowice, Kraków, Warszawa. Mit den Bussen sind auch Jugendliche angereist: aus Riga, Kaunas, Vilnius, Prag, Amsterdam. Der Sound, die Exstase, die nächtliche Tour, die auf sie folgt. Alles, was dazugehört: das *outfit*, der Jargon, der Kult. Die Love-Parade-Erfahrung ist grenzüberschreitend und wird in der Erinnerung derer, die in den 1990ern dabeigewesen sind, Baustein der Lebenserinnerung sein. Die jungen Leute, die da von weither anreisen, bleiben unter sich. Es macht keinen großen Unterschied, ob die Parade durch Zürich, Köln oder Wien führt. Die Lust an der Bewegung des Körpers, das Spiel mit den Sprüchen, die Bereitschaft zur vollständigen Erschöpfung, das Ausarbeiten der Aggressionen, überall dasselbe – Dionysos ist zurück in den Städten.

Planet Moskau. Moskau verschlägt auch dem regelmäßigen Besucher immer wieder den Atem. Man kommt nicht mehr mit, nicht mehr hinterher. Die Türme wachsen im Halbjahresrhythmus in den Himmel. Der Strom der Autos wälzt sich wie Lava durch Straßen, die einmal überdimensioniert waren, nun aber den Verkehr nicht mehr fassen. Stalins Hochhäuser haben Konkurrenz bekommen, aber nachts, wenn sie illuminiert sind, leuchten sie wie Cesars Palace am Strip von Las Vegas. Man wundert sich nicht darüber, daß die Entscheidung über den Bau des Tower of Russia, des höchsten Gebäudes Europas, schon gefallen ist. Mit dem Bauboom kann nur die Abrißwut, die Orgie der Zerstörung mithalten. Ikonen der Moskauer Architekturgeschichte sind gefallen: die Manege am Alexandergarten, das Jugendstilkaufhaus Wojentorg, Schtschussews Hotel Moskwa aus den 1930er Jahren. Man weiß nicht, wie es möglich war, daß ganze Straßenzüge, ganze Viertel binnen kürzester Zeit instandgesetzt, renoviert, illuminiert worden sind – aber es ist keine Illusion, sondern eine Tatsache. Man weiß nicht, wie es kommt, daß in der Stadt so viele Luxuslimousinen rollen, aber sie rollen, unbestreitbar und nicht zu Reklamezwecken. Moskau, die alte graue, gelbgraue Stadt, ist grell und bunt geworden. Moskau, die Stadt des Schlangestehens von einst, ist rasend schnell geworden. Sie ist so teuer geworden wie London oder Tokio, und man fragt sich hier wie dort, wie man leben und überleben kann. Aber zwölf Millionen Einwohner tun es, ohne daß es bisher zu einem großen Knall gekommen ist. Moskau hat mühelos die Zeiten, die hier aufeinandertreffen, synchronisiert: die Zeit der Provinz, die mit den Zügen und den Arbeitsmigranten in die Stadt einsickert, und die Zeit der *global player*, die Zeit von CNN und des Plastikgeldes. Aber Moskau ist näher an London als an Kostroma oder Tula. Es gibt zwar noch die Moskauer Zeit, die von MEW um eine, von GMT um zwei Stunden differiert, doch die Moskauer Uhren ticken nicht anders als die in Berlin oder Paris, eher hektischer. Moskau ist der Planet, der sich davon gemacht und Rußland hinter sich gelassen hat. Moskau ist im 21. Jahrhundert angekommen, das Land weit draußen kommt nicht mehr mit und fällt vielleicht zurück ins 19. Jahrhundert.

Neue Landmarks. Hat das neue Europa Bauten hervorgebracht, die gleichsam zu Symbolen, Ikonen eines neuen Anfangs, eines glücklichen Endes eines im großen und ganzen katastrophischen Jahrhunderts geworden sind oder werden könnten? Mir fällt kein solcher Bau ein. Die Millenniumsbauten waren alle irgendwie ausgedacht, Spielerei, Laune des Augenblicks. Es gibt Gehrys Museumsbau in Bilbao, es gibt die Bibliothèque Nationale und das Centre du Monde Arabe in Paris, es gibt ein Olympiastadion in Athen und einen Parlamentsbau in Straßburg – aber schwerlich würde man sagen, daß sie Marken einer Wende, eines Endes und eines Anfangs sind. Anders ist es mit Silhouetten, die ganzen Städten ein neues Aussehen geben: die wachsende Skyline von Frankfurt/Main und London, die Türme in der Warschauer Innenstadt, die Stalins Kulturpalast einkreisen und so disziplinieren, die neuen Hochhäuser in Vilnius und Riga, auch die Gipfel und Türme am Potsdamer Platz in Berlin. Und Rekonstruktionen und Neubauten: die mächtige Kuppel der Christ-Erlöser-Kathedrale in Moskau hat die ganze Skyline verschoben; die Frauenkirche in Dresden; das in neuem Glanz strahlende Gresham Palace am Roosevelt-Platz in Budapest; die wiederhergerichtete Nationalbibliothek in Sarajevo. Aber einen Bau von der Art, mit der das 20. Jahrhundert sich angekündigt hatte: Gustave Eiffels Turm zur Pariser Weltausstellung – so etwas hat das Europa hundert Jahre später nicht zu bieten.

Skyline von Tallinn/Reval. Seit Estland wieder ein unabhängiges und freies Land ist, nähert man sich seiner Hauptstadt nicht nur per Bahn oder per Flugzeug, sondern von der See her, auf einer der stündlich verkehrenden Fähren aus Helsinki. Seit Estland eines der Boomländer des postsowjetischen Kapitalismus ist, wachsen neue Türme empor. Zur Silhouette von Sankt Olai, des Rathausturms und der Türme auf dem Domberg sind in den letzten 10 Jahren neue Türme hinzugefügt worden: Hotels, Geschäftshäuer, vor allem aber Banken. Sie wachsen verdichtet in der Neustadt, in der noch in sowjetischer Zeit die Hotels Viru und Olympia gebaut worden waren. Nun aber wächst dort eine Art Tallinn City aus verspiegeltem Glas, mit angeschnittenen Fassaden, aufgesetzten Antennenmasten, silbriger Haut und nachts in posphoreszierender Beleuchtung. Das ist eine andere Stadt. Reval hatte eine Silhouette, die seit dem ausgehenden Mittelalter fertig, fixiert war. Nur einmal war ein mächtiges Zeichen gesetzt worden: die Alexander-Newski-Kathedrale auf dem Domberg, wo sie noch heute steht, von manchen gehaßt als Symbol russisch-sowjetischer Herrschaft, von anderen hingenommen als zusätzlicher Reiz in der etwas eintönigen Farbigkeit der nördlichen Hansestadt. Nun aber die Türme, aus denen im Winter die Dampfschwaden der Heizungs- und Klimaanlagen aufsteigen, ein Hauch von City of London. Anschluß ans Jahrhundert der Hochhäuser. Es steht Tallinn gut, und es ist nur die Fortführung der Linie des Turm der Kirche des heiligen Olai.

Wetterkarte. Die Zeitungen und das abendliche Fernsehen bringen ausführliche Wetterberichte mit Angabe von Temperaturen, Windrichtung, Feuchtigkeit an wichtigen Punkten in Europa und in Übersee. Neapel, Istanbul, Kiew, Glasgow, Helsinki. So etwas muß nur ein Publikum wissen, das heute hier und morgen da ist. Einst, in Zeiten des Kalten Krieges und als Europa noch geteilt war, stand Europa nur auf der Wetterkarte als ganzes vor Augen. Nun bildet die Wetterkarte das erreichbare Europa ab, Europa in Reichweite.

Berlin. Europe's Pleasure Ground. Berlin folgt irgendwie nicht den Zukunftsperspektiven, die die Verantwortlichen für die Stadt entworfen haben: Drehkreuz Europas, Schnittstelle der Vereinigung, Herz Europas. Berlin hat seinen eigenen Kopf und geht seinen eigenen Weg. Vieles spricht dafür, daß es zum privilegierten Erholungspark in Europa, zu Europe's Pleasure Ground wird. Berlin ist geräumig. Die Straßen sind breit. Sie bieten allen Raum. Man hat nie Schwierigkeiten beim Einparken. Man kann ohne Skrupel in der Stadt unterwegs sein. Der Himmel ist weit, weil die Traufhöhen eingehalten werden und den Horizont nicht begrenzen. Es gibt von allem genug: von Straßen, Parks, Seen, Wohnfläche, Trottoiren, Kneipen, Terrassen, Abständen zwischen den Häusern. Es gibt drei Opernhäuser, drei erstklassige Symphonieorchester, mehrere erstklassige Sprechbühnen, Museen im Überfluß. Die Luft ist besser geworden, seit Betriebe geschlossen wurden und die Stadt desindustrialisiert worden ist.

Berlin ist immer noch damit beschäftigt, die Leere, die ein Regime, ein Krieg und eine lange Teilung erzeugt haben, wieder aufzufüllen. Daher gibt es mitten in einer Stadt, die auch Hauptstadt ist, Dinge, die man sich anderswo nicht leisten kann. Einen Sandstrand im Sommer inmitten des Regierungsviertels, Gärten und Brachen, wo anderswo Autos gestapelt sind, Planungen für Golfplätze dort, wo einmal drei U-Bahn-Linien sich kreuzten. Berlin hat von allem: Seen, die man in 20 Minuten leicht erreichen kann, Konzerthäuser, zu denen man per Fahrrad gelangen kann. Berlin ist eine der wenigen Metropolen, die sich den Luxus leisten, in der Hauptsaison sein Zentrum zur Spielfläche zu machen: kein Wochenende, an dem die City nicht für das Vergnügen gesperrt wäre: Karneval der Kulturen, Love Parade, Christopher Street Day, Berlin-Marathon, der Kurfürstendamm als Laufsteg, die Museumsinsel als Freiluftkino, Feuerwerke am Pariser Platz. Alles findet an zentraler Stelle statt, dort, wo sonst Staatsgäste auftreten. Hier gibt es Kneipen, die keine Sperrstunde kennen, Schiffe, die über Kanäle und Grachten gleiten. »Kino & Kneipen«, »Pleasure & Wellness« machen den Hauptteil der dicken Stadtmagazine aus. Darüber hinaus ist Berlin im Vergleich zu anderen Städten wie London oder Moskau spottbillig. Die Billigflieger haben Berlin längst entdeckt. Wem die Weite Berlins nicht genügt, kann auch ins brandenburgische Umland hinausziehen. In einer halben Stunde ist man draußen in einer menschenleeren Landschaft. Man hat sogar Anschluß ans Meer, Usedom nennt sich die Badewanne von Berlin. Im Sommer sind Ahlbeck, Kühlungsborn, Swinemünde, Misdroy Vororte von Berlin. Berlin ist etwas für jüngere Leute, die von anderen deutschen Städten die Nase vollhaben, aber auch für ältere, für Pensionäre, für Diplomaten im Ruhestand, die es zur Oper, zum politischen *brain trust*, zur Stiftung genauso nah haben wollen wie zur Terrasse am See. Es wird einem nie langweilig in Berlin, das dabei ist, ein Themenpark des 20. Jahrhunderts zu werden, mit verschütteten Tunnels, verlassenen Gleisen, Topographien des Terrors, wirklichen Schreckensorten und inszenierten.

Rettungswagen. Moskau, Istanbul, Madrid. Auf der Karte Europas, die neu gezeichnet wird, tauchen neue Symbole auf. Der Krieg ist dabei, wieder in die Städte zurückzukehren. Explosionen, Flammenzeichen, Druckwellen. In ihrer Nähe sind Scharfschützen und Sprengstoffspezialisten postiert. Gepanzerte Fahrzeuge. Bewaffnete Männer in schwarzen Monturen. Die Viertel, in denen es geschehen ist, sind abgeriegelt. Krankenwagen und Feuerwehrwagen rasen mit Blaulicht und Sirenen dorthin. Eine Fassade ist eingestürzt. Die Fensterscheiben in der ganzen Umgebung sind herausgeflogen. Das Straßenpflaster ist von Glassplittern bedeckt. Neben der Aktentasche eine abgerissene Hand. Davonstürzende Passanten, die sich den blutenden Kopf halten. Andere, die weggeführt werden. Auf dem Asphalt liegen Tote. Scheinwerferlicht. Aufnahmen aus dem Helikopter. Zerfetzte Waggons, ausgebrannte Züge im erleuchteten U-Bahntunnel. Eine Aufnahme aus der Kamera, die den Bahnsteig überwacht hat. Die Orte haben einen Namen: Antocha in Madrid, Musical-Theater Nordost in Moskau, britisches Konsulat in Istanbul, Schule in Beslan. So entsteht eine neue Karte Europas.

Jahrestage. Synchronisierung. Europa wird alt. Europa wird gemeinsam alt. Das geteilte Europa hatte seine Jahrestage gegeneinander gefeiert, Europa nach 1989 feiert zusammen. Jahrestage und Jubiläen sind: Die Befreiung von Auschwitz, Stalins Todestag, Aufstand in der DDR, Warschauer Aufstand, Landung der Alliierten in Omaha Beach, Kriegsbeginn, Kriegsende. Angenehmer sind die Feiern um die großen Europäer: Mozart. Erasmus. Dvořák. Gombrowicz.

Das Verschwinden der Post, das Verschwinden des Briefs. Wir nehmen Abschied von einem ganzen Kapitel unserer Kultur, die im Briefeschreiben lag. Auch die Aufmerksamsten unter uns, die das Briefeschreiben nicht preisgegeben haben, schreiben e-mails, weil es schnell, zweckmäßig, zeitökonomisch ist. Sie werden keine Spur hinterlassen. Nicht einmal Schnipsel, die man wieder zusammensetzen kann. Allein das Verdächtige wird bleiben und gespeichert von den dafür zuständigen und dazu ausgerüsteten Institutionen. Es wird alles verändern: die Vorstellung von Nähe und Ferne, von Anrede und Gruß, von Intimität und Diskretion. Man vertraute einst seine Briefe nach Moskau oder Warschau nicht der Post an. Der Kontakt war beschwerlich. Der Brief war die Kommunikationsform unter Freunden. Ein Maß der Verbindlichkeit. E-mail ist Allerwerts-Kommunikation. Die fremdesten Leute haben Zutritt. Der Osten hat die Phase der Modernisierung der guten alten Post übersprungen. Er ist gleich zur elektronischen Post übergegangen.

Das Du. Familientreffen auf höchster Ebene. Staatsmänner des ausgehenden 20. Jahrhunderts oder jedenfalls viele von ihnen, sind untereinander per Du. Sie reden sich an als Tony, Gerd, Jaques, Fred, Vladimir, Aleksander. Sie befleißigen sich in aller Öffentlichkeit einer Gestik der Intimität, fassen sich an, kneifen sich in den Oberarm, umarmen sich zuweilen, tauschen auch Küsse aus. Der Kuß wandert aus dem Osten in den Westen. Auch ihre Ehefrauen und Freundinnen machen sich miteinander bekannt, verbringen miteinander Feiertage wie Weihnachten, die bisher als Familienfeste galten. Sie unterhalten sich darüber, wie ihre Kinder geraten sind und wie man Spaghetti zubereitet. So etwas hat es noch nie gegeben, es sei denn innerhalb der europäischen Aristokratie. Doch war man damals unter sich und behielt es für sich.

Es gibt keinen Ersatz für Genf. Genf ist ein Ort, der aus internationalen Beziehungen gewebt ist. Der ganze Ort – die Palais des Völkerbundes, die Museen, die Hotels, die Residenzen, die Botschaften – ist auf Empfang der Welt, auf Verhandlung von Problemen planetarischen Zuschnitts ausgerichtet. Seine Existenzberechtigung scheint in der Organisation eines Platzes der Vermittlung zu bestehen. Jede dritte Hausnummer verweist auf die international-globale Dimension des Ortes.

Die Welt scheint sich hier niedergelassen zu haben. Dazwischen gibt es auch türkische Kebab-Restaurants, libanesische und thailändische Restaurants. In Genf hat sich die Diplomatie des 19. und frühen 20. Jahrhunderts kondensiert. Was Genf einmal war, ist heute das Gebäude am East River in New York.

Schwarzes Loch Belarus. Es gibt Orte, die sind herausgefallen aus dem neuen Europa. Sie haben Zeit und Kraft verloren. Es sind große, bedeutende, einmal vibrierende Städte, die im Haß, in der Selbstisolation und schließlich im Krieg verkümmert sind: Belgrad ist ein solcher Fall – eine Stadt, einst Treffpunkt Europas, ist nicht mehr wiederzuerkennen. Aber es kann auch ganze Landstriche, Länder und Staaten treffen. Dieser Fall ist mit Belarus gegeben, obwohl durch das Land die Haupttrasse des ost-westlichen Verkehrs verläuft. Der Sog der Umwälzung in der nächsten Nachbarschaft – in Polen, Litauen, Ukraine, selbst in Rußland – hat nichts bewirkt, nicht einmal eine Milderung des Regimes. Unser Bild von Europa wäre unvollständig und ganz falsch, wenn wir die Augen verschlössen vor der Möglichkeit, ja vor der Existenz »schwarzer Löcher« mitten in Europa.

Peregrinatio academica. Vor dreißig Jahren war ein Studienjahr im Ausland fast noch die Ausnahme, Ergebnis einer spezifischen Anstrengung eines besonders energischen und weltzugewandten Studenten. Die europäischen Austausch- und Studienprogramme mit den europäischen Namen Erasmus oder Sokrates haben das Studium im Ausland zur Selbstverständlichkeit, zur Routine gemacht. Unmerklich, unspektakulär sind wir wieder auf die Pfade der akademischen Wanderung aus der Zeit vor den Nationalstaaten eingeschwenkt. Salamanca, Bologna, Heidelberg, Krakau, Tartu stehen nicht für historische Reminiszenzen oder Abenteuer, sondern sind schlicht Stationen in einem akademischen Werdegang.

Piazza Garibaldi, Neapel – Hauptbahnhof, Kiew. Auf Neapels verkehrsreichstem Platz vor der Stazione Centrale gehen auch die Überlandbusse ab. Aus dem Herzen Neapels geht es direkt und ohne umzusteigen nach Przemysł, Katowice, Lublin, oder weiter in die baltischen Städte. Täglich gibt es eine Direktverbindung über Schitomir nach Kiew, und täglich gibt es eine Flugverbindung von Neapel nach Lemberg. Man merkt es abends in der Stadt, wie nah die Ukraine, vor allem die westliche, Galizien also, ist, wenn man in den Gassen um die Via Tribunali die ukrainische Sprache aufschnappt oder an den Kirchenportalen dazu eingeladen wird, an den Gottesdiensten im unierten Ritus teilzunehmen. Auch ukrainische Kindergärten gibt es. Das deutet darauf hin, daß Ukrainer in Neapel längst seßhaft geworden sind. Ähnliche Beobachtungen können in fast allen anderen großen westeuropäischen Städten angestellt werden: am Zentralen Omnibusbahnhof in Hamburg oder am Funkturm in Berlin. Dutzende von Bussen stehen in den Abendstunden zur Abfahrt bereit. Die Große Wanderung ist längst im Gange, und niemand wird sie aufhalten oder rückgängig machen können. Europa ist längst ein Kontinent der Pendler und Migranten geworden.

EUROPÄISCHE ZEITSCHICHTEN

Zu dem neuen Bild, das die Europäer sich von Europa machen, gehört auch eine neue Geographie der Kunst, eine neue Geographie der Kultur. Auf den Karten des Kalten Krieges war kein Platz für die alten Zentren Europas. Mitteleuropa gab es nicht mehr. Nun, da Europa sich neu zusammenfügt, können wir herumgehen, wohin wir wollen. Europa und seine Landschaften sind ein großes Geschichtsbuch, in dem man lesen kann und in dem Zusammenhänge sichtbar werden, die lange ignoriert worden sind. Für die älteren Geschichten scheint das klar: es gibt das Europa der Romanik und der Gotik, das Europa der Renaissance und des Barock, des Rokoko und des Klassizismus. Die Wirren des 20. Jahrhunderts haben den Blick auf die Zusammenhänge des 20. Jahrhunderts getrübt. Aber es gibt sie: es gibt das Europa des Aufbruchs in den Jugendstil und in die Bauhaus-Moderne, es gibt das Europa des monumentalen Stils und der verwüsteten Städte, es gibt eine Nachkriegsmoderne, die am schwierigsten zu erkennen ist, weil sie uns noch allzu nahe ist. Eine Neuvermessung Europas, das aus dem Schatten und den Befangenheiten des Kalten Krieges heraustritt, wird seine Einheit neu entdecken und definieren.

ORADEA ODER DAS WUNDER DER GLEICHZEITIGKEIT – JUGENDSTIL IM ÖSTLICHEN EUROPA

Oradea liegt, wenn man mit dem Zug aus Budapest kommt, nur zehn Kilometer hinter der ungarisch-rumänischen Grenze. Rein entfernungsmäßig liegt die Stadt näher an Budapest als an Bukarest. Auf ungarisch heißt sie Nagyvárad, auf deutsch Großwardein. Vor Trianon, in dem Ungarn zwei Drittel seines staatlichen Territoriums verlor, gehörte die Stadt zu Ungarn. Und auch heute noch sind die Hälfte der Einwohner Ungarn. Das erste, was es gleich hinter der Grenze von der Stadt zu sehen gibt, sind: der Moloch eines Industriekombinates aus Hochöfen, Röhren, Hallen, die alle trotz ihres lädierten Zustandes Rauch und Geräusche von sich geben, also noch arbeiten; ein Ring von Plattenbauten, um den herum die Gleise auf die Stadt zulaufen; und schließlich: große Mengen von Müll, Plastikmüll, der offensichtlich nicht eingesammelt und verarbeitet werden kann und nun vom Wind in gewaltigen Dünen vor sich hergetrieben wird. Auf die Stadt zu. Fast befürchtet man, sie könnte von ihm begraben werden. Aber dann, hinter den Gebirgen aus Müll und Eisen, finden wir eine Stadt, die damit nichts zu tun hat. Sie stammt aus einer anderen Zeit, sie wurde von anderen Menschen bewohnt. Sie gibt uns eine Vorstellung davon, wie reich und wohl auch glücklich Europa vor den großen Katastrophen des 20. Jahrhunderts einmal gewesen ist. Man findet in Oradea, das im Jahre 1113 erstmals urkundlich erwähnt wird und heute rund 225 000 Einwohner hat, die Schichten vieler Jahrhunderte: zahlreiche barocke Kirchen aus der Zeit Maria Theresias, wie die des Heiligen Lászlo, die Basilika mit dem erzbischöflichen Palais von Franz Anton Hillebrandt, die Kanoniker-Kolonnaden oder die einducksvollen

Überreste des Vaubanschen Festungsbaus der Zitadelle Großwardein aus dem 16. und 17. Jahrhundert, die nicht einmal von dem Ring der Plattenbauten verdeckt werden können. Aber die große Zeit, in der Oradea wurde, was es zu einem Punkt auf der Landkarte der europäischen Moderne hat werden lassen, ist eine andere – die Zeit um 1900 oder die zwei letzten Jahrzehnte vor 1914, vor dem Ausbruch der »Urkatastrophe«. Oradea ist eine Stadt des Jugendstils und damit eine Schwesterstadt von Brüssel und Barcelona, von München und Wien – nur daß man über sie wenig, wenn überhaupt etwas weiß. So ähnlich wie dem Oradea des Jugendstils geht es auch anderen Städten, darunter sogar so große Metropolen wie Lodz, Riga, Istanbul, Moskau. Auch die Topographie der Moderne, die wir im Kopf haben, ist asymmetrisch. Das östliche Europa kommt darin kaum vor.

Nur in wenigen Städten Europas findet man eine bis auf den heutigen Tag so gut erhaltene und dichte Jugendstilbebauung. Die Straße der Republik, die zur Brücke über den Schnellen Krisch und den beiden Hauptplätzen der Stadt führt, ist Fußgängerzone, und man schreitet sie ab wie eine Ausstellung über Sezessionsarchitektur. Meist sind es Geschäfts- und Wohnhäuser wie das Palais Moskowitz, die Palais Stern und Apollo an der Kreuzung Straße der Republik/Mihai Eminescu. Dazu gehören Hotels wie das Astoria, dessen Inneres ganz und gar im Stil des Sechzigerjahre-Sozialismus umgebaut worden ist, und das Hotel Transsilvania. Weil Oradea Finanz-, Ausbildungs- und Verwaltungszentrum einer großen agrarischen Provinz war, gibt es große Bankgebäude wie das der Neuen Österreich-Ungarischen Bank, der 1895 von Kálmán Rimanoczy Jr. gebaute Finanzpalast (heute Poliklinik Nr. 1), das Rathaus aus den Jahren 1902-1903, die Realschule und eine riesenhafte Residenz des griechisch-katholischen Bischofs, errichtet in den Jahren 1903-1904. Natürlich hat auch hier das Wiener Büro von Fellner und Helmer seine Spur hinterlassen: in dem in seinem Auftrag von József Guttman und Vilmos Rendes 1899-1900 gebauten Stadttheater. Sogar Industriebauten findet man – die Betriebe des Fabrikanten und Mäzens Kálmán Rimanoczy. Der eindrucksvollste und über Oradea hinaus bekannteste Bau ist der Hotel- und Geschäftskomplex »Schwarzer Adler«, an zentraler Stelle gelegen: an der Brücke über den Schnellen Krisch, in Sichtweite der 1878 errichteten orthodoxen Synagoge und der barocken St. Lászlo-Kathedrale. Der Komplex wurde zwischen 1907 und 1909 nach Plänen von Marcell Komor und Jakob

Dezsö errichtet. Im Hotel gibt es bis heute schöne Art-Nouveau-Glasfenster in den Treppenhäusern, das bemerkenswerte ist aber die Passage, die durch den Komplex hindurchgeführt ist. Der Schwarze Adler ist eine große, großstädtische Anlage, eine kleine Stadt in der Stadt mit Geschäften, Boutiquen, Cafés – auch wenn davon im Augenblick nur noch das Gehäuse sichtbar ist. Die Renovierungen, die allenthalben in der Stadt im Gange sind und die die Sezessionsfarben neu zum Leuchten bringen, werden gewiß auch den Schwarzen Adler erreichen. Was an all diesen Bauten ins Auge sticht ist: die Bauzeit – fast alles zwischen 1902 und 1909; die knappen Bauzeiten auch bei großen Projekten – fast immer nur ein bis drei Jahre; die handwerkliche Solidität der Ausführung, dank derer den Gebäuden die Zeit bis heute, obwohl sie nie grundlegend renoviert worden sind, offensichtlich nichts hat anhaben können; die Leidenschaft für Details: Gestaltung von Türen, Fenstern, Treppenhäusern, Balkonen, an den Fassaden angebrachten Friesen. Und schließlich: die auf engstem Raum konzentrierte Vielfalt der Formen, Materialien, technischen und künstlerischen Lösungen. Man wäre vielleicht nicht erstaunt, Bauten solchen Umfangs und solcher Qualität in den großen Städten der Monarchie zu finden, in Wien, Prag, Budapest, Lemberg. Aber dies hier ist Oradea/Nagyvárad/Großwardein. Und Begegnungen dieser Art, weitab von den Metropolen, konnte man überall im östlichen Europa haben: ob in Novi Sad, in Subotica, in Varna und Ruse oder in den Städten an der Wolga.

Epochenzeichen: Der Schock der Wiederentdeckung, das Glück des Wiedererkennens

Der Jugendstil hat mich seit meinen ersten Reisen ins östliche Europa fasziniert: Nicht bloß als wissenschaftliches Sujet, sondern als Signatur, als Emblem, als Zeichen einer untergegangenen Epoche und Kultur in einem eminenten Sinne, fast als Anrufung einer anderen Wirklichkeit, und als Maß, an dem sich unsere Gegenwart zu messen hat. Der Jugendstil war in der Region, die früher einmal »Ostblock« hieß, ein Ornament der Vorgeschichte, die zum Verschwinden gebracht, eine Schicht, die fast gänzlich getilgt war, die aber hier und da doch noch zum Vorschein kam und dem 20. Jahrhundert, das über ihn hinweggegangen war, zeigte, was große Form, ja Form überhaupt, einmal gewesen war. Der Jugendstil als »der stilisierende Stil katexochen« (Walter Benjamin) war mehr noch als alle anderen Stile in der Umgebung das Fremde, der Fremdkörper schlechthin. Die Begegnung mit dem Jugendstil im Ostblock war Begegnung mit den Symbolen des Bürgerlichen und Verfemten, dem Charme der Bürgerlichkeit, ein Schock der Wiedererkenntnis, gepaart mit dem Glück des Wiedererkennens einer großen, aber untergegangenen, verwitterten, verwahrlosten Form. Das hatte es also einmal gegeben: harte, gearbeitete, der Verwitterung und Verwahrlosung trotzende Form, ein Dementi und ein Angriff auf eine Umgebung, in der die Form an sich als das »bloß Formale« für Jahrzehnte und ganze Generationen diskreditiert und desavouiert worden war. Jugendstil, anders als die Neoklassik, auch anders als die stalinsche Moderne, tanzte aus der Reihe, hier gab es keinen Vorgänger, an den man anschließen konnte. Die Existenz eines Jugendstil-Details in der grauen und nivellierten Welt des Realsozialismus, die sich zuweilen gar nicht so sehr von der Uniformität der westlichen Nachkriegsmoderne unterschied, setzte einen Referenzpunkt, der alles relativierte.

Jugendstil im ehemaligen Ostblock. Was war das? Ideologisch war er der Inbegriff des Bürgerlich-Dekadenten, des Verfalls, der Kraftlosigkeit, des Ästhetizismus. Die Todsünde wider Realismus, Optimismus, Heroismus schlechthin. Die Anti-Jugendstil-Rhetorik des etablierten Sozialismus läßt sich nur mit der neoklassizistisch-aristokratischen Reaktion auf den Jugendstil vergleichen, wie sie beispielsweise von Alexander Benois und anderen Mitgliedern der Gruppe »Mir iskusstwa« in Sankt Petersburg nach 1900 – freilich ungleich kultivierter – vertreten worden war. Es bedürfte einer gesonderten Aufarbeitung der kommunistischen Rezeption des Jugendstil, und es würde sich dabei vermutlich herausstellen, daß es darin einen polemischen Überschuß gibt, der möglicherweise ein Moment von Selbsthaß enthält. Die Generation der bolschewistischen Revolutionäre hatte ihre formativen Jahre in eben jener Zeit »um 1900« erlebt, und es ist ein seltsames Erlebnis mit Lew Dawidowitsch Trotzki durch die Säle der Sezession in Wien zu gehen und seine Ausstellungsberichte aus den Jahren 1909, 1911 und 1913 zu lesen, seine Kritiken des *Erdgeistes* von Frank Wedekind oder mit ihm im *Simplicissimus* zu blättern. Man merkt daran schnell: da ist jemand, der selbst hingerissen ist, und da wird eine Schicht sichtbar, die älter ist als das Jahr 1917.

Der Jugendstil in realsozialistischer Umgebung war eine Provokation, das Ornament einer untergegangenen Epoche. Wo immer es auftauchte, war es ein Affront, ein Protest, eine überlegene Wortmeldung, eine inspirierte Geste in einer Welt, in der alles von Gleichgültigkeit niedergemacht worden oder einfach verschwunden war, weil die Kraft, die man für Form immerhin braucht, sich erschöpft hatte. Ein ganzer Kontinent, der eigentlich keine eigene, prägende Form hervorgebracht hatte, sieht man von dem kurzen Augenblick der konstruktivistischen und frühstalinschen Moderne ab, war besonders anfällig für die Wiederkehr und Wiederentdeckung der Bedeutung der »Form an sich«.

Es traf einen, wenn man unterwegs war im östlichen Europa, immer unerwartet: als Schriftzug in den Zeitschriften der Jahrhundertwende – wie immer sie auch hießen: *Nyugati, Mir iskusstwa, Wersty, Solotoje Runo* – in den Prager oder Moskauer Antiquariaten: man hatte es also einmal verstanden, Bücher zu machen, Lettern zu setzen, soviel Sorgfalt auf ein Buch zu verwenden, als hinge daran ein Menschenleben. Es konnte sein der Schriftzug »Proletarier aller Länder, vereinigt Euch« oder »Wer nicht arbeitet, soll auch nicht essen«, der – immerhin nach der Oktoberrevolution – in den geschwungenen Lettern des Fin de siècle am Hotel Metropol oder am Eingang der Passage in der Petrowka in Moskau angebracht worden war. Es konnte die Majolika am Sitz der Stadt-Parteiorganisation in Czerniwzy sein, die sogleich sagt: Aha, in dem Sparkassengebäude, das Hubert Gessner im Jahre 1900 am Ring in Czernowitz errichtet hatte, hat sich also die Partei niedergelassen. Oder es konnten die Trinkhallen und Musikpavillons in Marienbad, Herkulesbad, Bad Ischl oder auch in Pjatigorsk sein, die ein eindeutiges Zeichen gaben. Es konnten aber auch Rahmen eines Schaufensters in Samara an der Wolga sein oder Türbeschläge einer Hochschule in Odessa – sie alle waren Zeichen, daß es eine Zeit davor gegeben hatte und daß sie auf wunderbare Weise überlebt hatten, zwar abgerieben und abgescheuert, aber nach wie vor benutzt: ausdauernder und dauerhafter vielleicht als die Handwerker und Baumeister von 1900 im Sinne gehabt hatten. Das konnte ein Eckhaus in Szeged sein; da stand es, und wir wußten, daß wir in der weiten pannonischen Ebene nicht verloren, sondern mitten in Europa, in Rufweite zu Wien oder Budapest waren. Wir waren wie vom Schlag getroffen, als wir zum ersten Mal im Witebsker Bahnhof in Leningrad standen, mit den im Jugendstil gehaltenen Lettern zu den Gemälden, die nach der Revolution stilsicher eingefügt worden waren, mit den Holzbänken und den getäfelten Wänden, den eleganten Messinggriffen an den Türen und den Lampen an der geschwungenen Treppe. Die Form hatte sich behauptet, sie hatte alles überstanden: den Bürgerkrieg, den Strom der Millionen bäuerlicher Immigranten, die Kälte der Blockadewinter und die Abnutzung durch den Alltag nach dem Krieg. Wir entdecken seine Zeichensprache in dem Bahnhofsgebäude des gottverlassenen Medweshegorsk an der Bahnstrecke nach Murmansk, im eleganten Gebäude des Jachtclubs der Leningrader Universität oder an der Schiffsanlegestelle am Ufer der Kama mit den unverwechselbaren Ornamenten und Schnitzereien an der Glasveranda; es kommt uns in den unerwarteten Rundungen der Fenster des Rathauses von Kecskemét und in den Villen in den Vororten Istanbuls entgegen; im Gorki-Museum in Moskau, das in Wahrheit die Villa »Schwarzer Schwan« des Unternehmers und Mäzens Nikolaj Rjabuschinski war und dessen als Welle geformter Treppenaufgang jeden Band über Jugendstil in Rußland ziert. Wir sind sprachlos, wenn wir den geschwungenen Helm des Jaroslawler Bahnhofs in Moskau sehen, aber auch den am anderen, am pazifischen Ende der Bahnstrecke in Wladiwostok. Wer zum Konzert in die Liszt-Musik-Akademie in Budapest geht, sieht im Foyer nicht nur die Allegorie auf das »Goldene Zeitalter«, sondern etwas, was es in unseren von Bomben und Nachkriegswiederaufbau abgeräumten Städten nicht mehr gibt: Bauten, Interieurs, die vom Reichtum und vom Formwillen einer städtischen Gesellschaft zeugen, von deren Kraft wir kaum noch eine Vorstellung haben. Es ist aber gut zu wissen: Das war einmal Europa. Man könnte kurz sagen: wer das so abgelegene Oradea/Nagyvárad/Großwardein noch nicht gesehen hat, kann vom Glanz und Abstieg Europas kaum eine zutreffende Vorstellung haben.

Die Intaktheit der Form steht für Gediegenheit. Die Arbeit steht für Interesse und Hingabe ans Detail. Das Material für die Lust an überraschenden Einfällen, das Interieur dafür, daß es jemanden gibt, der hinter oder in allem steht: einen Hausherrn oder eine Hausherrin, die nicht nur wohlhabend waren, sondern wo aus Wohlstand auch etwas wie Verantwortung nach außenhin gefolgt war. Der Jugenstil und das, was von ihm geblieben ist, ist das denkbar energischste Dementi einer Zeit, in der es auf all diese Dinge nicht mehr angekommen ist. Der Kommunismus war Anti-Jugendstil schlechthin, er war pathetisch, anti-ästhetizistisch, wenngleich viele Züge des Kommunismus sich wie selbstverständlich aus dem Jugendstil, der sich selber ja als umfassende Erneuerungsbewegung verstand, ableiteten: Julian Marchlewskis aus den Münchener Jahren stammende Ästhetik, die Schriftzüge am Moskauer Hotel Metropol, das nach 1918 zum ersten Haus der Sowjets wurde, die Interieurs der Villa Kseshinskaja in Petrograd, dem Hauptquartier der Bolschewiki 1917, Georg Lukács, der in seinem Elternhaus in der Andrássy út mit dem legendären Bild des Roten Reiters von Károly Kernstok an der Wand aufwuchs, die Maifeiern und Plakate der Sozialdemokratie, der Jugend- und Prometheuskult der Arbeiterbewegung. Auf diese aufs Ganze zielenden, lebensreformerischen Züge der Epoche um 1900 und auch des Jugendstils verweisen Ausstellungen in jüngster Zeit, etwa die beiden großen Ausstellungen »1900«, die im Pariser Grand Palais, und »Art Nouveau«, die im Jahre 2000 im Victoria and Albert Museum in London zu sehen waren, sowie die eindrucksvolle Centenar-Ausstellung »Lebensreform« im Jahre 2001 auf der Darmstädter Mathildenhöhe.

Die Bedeutung des Jugendstils hat sich für mich zunächst aus dem Heute ergeben, aus dem Kontext des realsozialistischen östlichen Europa, in dem er als Fremdkörper, als etwas Feindseliges und Provozierendes, aber auch als etwas Verachtetes hervortrat. Ist das nicht eine Übertreibung? Auch »wir« »im Westen« haben unseren Jugendstil, aber er erscheint anders, in einem anderen Kontext. Selbstverständlich kennen wir die Villen, Kaufhäuser, Banken und Bahnhöfe, die Bauten von Joseph Hofmann, Adolf Loos, Josef Maria Olbrich oder Victor Horta. Wir pilgern zur Mathildenhöhe, um das Ernst-Ludwig-Haus, das Behrenshaus und den Hochzeitsturm zu besichtigen. Wir kennen die Bahnhöfe von Eliel Saarinen in Helsinki, die Chemnitzer Villen, die Metroeingänge von Hector Guimard in Paris. Sie scheinen aber im Kontext der gebauten Umgebung des »westlichen« Europa eine andere Bedeutung zu haben. Sie sind hier Moment eines Ensembles, in dem die Formen ziemlich kontinuierlich weitergeschrieben worden sind, sie sind aufbewahrt, eingerahmt, Moment unter anderen, nicht Wortmeldung aus einem ästhetischen Jenseits. Im östlichen Europa, das vom Realsozialismus überformt worden ist und in dem für lange Zeit »die Geschichte stillgestanden« hat, sind die Bauwerke »davor« – und das Datum ist in jedem Land des ehemaligen Ostblocks verschieden – ein eminentes und weithin sichtbares Epochenzeichen, Zeichen einer eingekreisten, einer überwältigten Epoche. Während die bürgerlichen Stilformen dort umgeben sind von einer harten und großen Distanz, sind sie »bei uns« eher eingeschmolzen, integriert, auch weniger sichtbar und weniger auffällig. Die Geschichte der Stile und Moden ist hier, »im Westen«, weitergegangen. Es hat immer einen individuellen Hausherren oder eine Hausherrin gegeben, die sich haben kümmern können. Es gab immer potente Liebhaber, Sammler, die sich etwas leisten konnten, es gab Abriß, aber nur selten im so grandios-großmaßstäblichen Sinne wie in den Ländern des Plans und der Zentralverwaltungswirtschaft. Der Jugendstil als Epochenzeichen sticht in der planierten und zentral geplanten Welt noch mehr ins Auge als in einer pluralen.

Aber es gibt auch eine interessante Paradoxie des Überlebens. Dort, im östlichen Europa, hat vieles überlebt, weil es kein Geld gab und die Not groß war, weil man sich Abriß nicht leisten konnte und weil der Tod in der Regel als langandauernde Verwahrlosung daherkam. Vieles hat überlebt in verwandelter Gestalt, in der Verpuppung, in der Metamorphose. Fjodor Schechtels Villa der Deroshinskaja als australische Botschaft; Rjabushinskis Villa »Schwarzer Schwan«, in dessen Räumen später die denkwürdige Begegnung Stalins mit den Sowjetschriftstellern stattfand und das Wort vom »Schriftsteller als dem Ingenieur der menschlichen Seele« fiel, als Literaturmuseum; die Don-Asow-Bank Fjodor Lidwals als Zentrales Telegraphenamt in Leningrad; Banken als Cafés, Millionärs-Villen als Erholungsheime für Gewerkschaftsmitglieder und Kinderheime; Stadtvillen oder Börsen als Hochzeitspaläste (so in Astrachan), als Stadt- und Landesmuseen oder Konservatorien; Stadtwohnungen der Reichen von einst als Gemeinschaftswohnungen der ins Stadtzentrum verpflanzten Proletarier; Verwaltungsgebäude wie das der Singer Company in Sankt Petersburg als »Haus des Buches« – so taten sie ihre Dienste, blieben irgendwie in Form und wurden gerettet.

Jetzt treten sie wieder hervor, gewinnen, glänzend restauriert, ihre Farbe zurück, oft auch ihre ursprüngliche Funktion. Man hält wieder auf die Form, und jetzt muß man um etwas anderes fürchten: daß sie im Prozeß der sog. »Euroremont«, also der Sanierung und Renovierung nach westlichem Vorbild, doch noch vernichtet werden: derzeit wandern in den großen Städten des östlichen Europa Abertausende von Interieurs mit ihren Messingbeschlägen, Leuchtkörpern, Fliesen, Treppengeländern, Balkongittern, Vitragen und Fensterrahmen in die Container der Entrümpelungs- und Abrißfirmen. Wie ein Wirbelsturm fegen Erneuerung und Abriß durch das frühere Ostblock-Europa, und vieles von dem, was bisher in der Unscheinbarkeit überlebt und überdauert hatte, wird erst jetzt wirklich vernichtet. Statistiken besagen, daß im letzten Jahrzehnt achtzig Prozent der Moskauer Interieurs, die irgendwie noch vorhanden waren, ausgewechselt, d.h. in der Regel durch »Rekonstruktion« vernichtet worden sind.

Aber da, wo die Gebäude, Treppenhäuser, Fenster, Balkone wieder in Form gebracht werden, da traut man seinen Augen kaum: das Gresham-Palace am Roosevelt ter in Budapest, die Passage in Odessa, die Hotels Metropol und National in Moskau, das Astoria und Europe in Sankt Petersburg, der Witebsker Bahnhof, zahllose Wohnhäuser in den mittel- und osteuropäischen Metropolen. Es ist, als würden leuchtende Steine unter dem Geröll hervortreten, freigewaschen.

1900 – Momentum, Gleichzeitigkeit

Dolf Sternberger hat in seinem Jugendstil-Aufsatz den Moment, der mit 1900 gemeint ist, so beschrieben: »Die Produktivität dieser Jahre um die Jahrhundertwende ist hinreißend, die Epoche leuchtet und glitzert vor Zuversicht und Selbstgefühl, und doch rührt uns inmitten solcher Schönheit, die überall regieren soll, die Ahnung des Verfalls an, die ihr mitgegeben scheint. Denn das Schöne ist nichts als des Schrecklichen Anfang, in manchem Sinne, auch hier.« Für diese Erfahrung eines plötzlichen Aufblitzens eines gänzlich Neuen stehen zwei Beobachtungen von zwei prominenten und sensiblen Zeitgenossen: Boris Pasternak und Thomas Mann. Boris Pasternak schreibt in seinen Memoiren: »Mit dem Beginn des neuen Jahrhunderts, so wenigstens sah ich es in meiner kindlichen Vorstellung, veränderte sich alles wie durch Zauberschlag. Auch Moskau war auf einmal wie besessen vom Geist des Handels und des Geschäfts, der die bedeutendsten Hauptstädte der Welt regierte. Immobilienhändler, die auf raschen Profit spekulierten, ließen im Handumdrehen große Mietshäuser errichten, die sich gut verzinsten. So wuchsen denn in allen Straßen unversehens gigantische Ziegelbauten in den Himmel. Moskau, nicht mehr St. Petersburg, rief im selben Augenblick eine neue russische Kunst ins Leben, die Kunst einer jungen modernen, lebendigen Weltstadt«. Einen ähnlichen Satz wie bei Pasternak finden wir bei Thomas Mann, der offensichtlich August Endells Hofatelier Elvira gesehen hatte: »Manchmal tritt ein Kunstbau aus der Reihe der bürgerlichen hervor, das Werk eines phantasievollen jungen Architekten, breit und flachbogig, mit bizarrer Ornamentik«.

Man kann, so Dolf Sternberger, den Beginn des Jugendstils sehr genau bestimmen. »Die beiden Jahre 1895 und 1896 enthalten alles, was für diesen Beginn nur irgend von Bedeutung ist: vor allem die Gründung der Zeitschriften, welche die Bewegung trugen und verbreiteten, des *Pan* in Berlin, der *Jugend* in München, der *Deutschen Kunst und Dekoration* in Darmstadt; weiter die »Sezessionen« innerhalb der Künstlerschaft in einer ganzen Reihe von Städten und die Ausstellung des berühmten van der Veldeschen Zimmers zuerst in Paris, dann in Dresden – um von den literarischen Ereignissen dieser Jahre gar nicht zu reden. Freilich kommen zu diesem Effekt auch frühere, von länger her wirkende Tendenzen zusammen, worunter vor allem die englische Linie der präraffaelitischen Brüderschaft und der kunstgewerblichen Reformen der Morris und Crane erinnert werden mußte; aber auch in England fällt die dem Jugendstil ganz eigentlich kongruente Gründung der Zeitschrift Aubrey Beardsleys – »The Savoy« – in dieses gleiche Jahr 1896. Es ist mehr als ein zufälliges Kuriosum deswegen, weil sich in dieser Bestimmtheit des Datums die vollkommene Bewußtheit einer absichtsvollen Stilgründung kundgibt.« In diesem sehr kurzen Moment vollzieht sich ein Ausbruch aus der Kultur der ersten Gründerzeit der Siebziger- und Achtzigerjahre des 19. Jahrhunderts. Um 1900 war dieser Stil immer noch vorherrschend, *main stream*; man muß nur Photos vom Paris der Weltausstellung des Jahres 1900 ansehen.

Die Einheitlichkeit des Jugendstils war aber nicht allein durch das auffällige zeitliche Zusammentreffen bedeutender künstlerischer *events* gegeben, sondern durch die Einheit des Stils selbst: »Der Begriff Jugendstil kann daher nur als physiognomischer Begriff verstanden werden, als ein Hinweis auf gewisse Gesichtszüge der Epoche, die wir in vielen Zeugnissen und Erzeugnissen vieler Bereiche der Kunstübung wiederfinden, und als ein Instrument solchen Wiederfindens, solcher physiognomischen Erkenntnis des Bildens, Dichtens und Denkens. Die Intention, das ganze Leben mit Stil zu umfangen, ist selber auch nicht mehr als ein Merkmal, wenn auch ein fundamentales. Das Ziel ist nicht erreicht worden, ganze Gebiete blieben brach liegen, Konventionen anderer Herkunft wirkten fort, die Kraft der Stilgründer erlahmte, die Wege gingen auseinander und in andere Richtungen, die gemeinsame Prägung verlor sich, und am Ende sollten wir bei dergleichen historischen Schilderungen und Erörterungen auch nie die Rechnung ohne den Tod machen. Jugendstil ist also auch kein Epochenbegriff, aber er bezeichnet doch ein epochales Phänomen« (Dolf Sternberger). Aufgrund ihrer physiognomischen Ähnlichkeit oder Verwandtschaft konnten ganz unterschiedliche, ja sich extrem ferne Künstler diesem Epochenphänomen zurechnen: Mackintosh und Guimard, Munch und Klimt und andere. Zahlreiche Motive einer neuen Lebensführung – Jugend, Echtheit, Frühling, Landschaft, Nacktheit, Tanz und freie Bewegung – laufen in ihm zusammen und bringen ein weit verbreitetes und tiefgehendes Lebensgefühl zum Ausdruck. Der Jugendstil versteht sich wie alle anderen als Wende, »als absoluten Neubeginn, als Frühling, als Jugend, als Floreal, als Ver sacrum – und damit als neue Utopie« (Sternberger). Er weicht nicht in einen romantischen Antikapitalismus aus, er will alles erfassen: die Gebrauchsgegenstände, Formen des Wohnens, des Zusammenlebens. Alle Form sollte aus dem Material und aus der Funktion heraus entwickelt werden. »Im einzelnen hieß das: ein Stuhl sollte wieder eine Sitzgelegenheit, eine Lampe wieder ein Leuchtkörper, eine Vase wieder ein Blumenbehälter sein, statt durch aufgemalte, aufgenietete oder aufgeklebte Renaissancemuster ins Ornamentale entfremdet werden. Das zenrale Schlagwort dieser Bewegung war daher lange Zeit der Begriff der Eigenform, den man allem Imitierten, Zusammengeleimten, Überladenen, Dekorierten und damit – im Sinne des Jugendstils – Sinnlosen als Kampfslogan der Moderne entgegensetzte. Gerade die Dinge des täglichen Gebrauchs sollten wieder das sein, was sie wirklich sind, nämlich Dinge des täglichen Gebrauchs – und nicht Grandeur, Highlife und neureiche Eitelkeit demonstrieren. Das Positive am Jugendstil ist also erst einmal sein Kampf gegen den gründerzeitlichen Historismus, gegen Parvenutum und geschmacklose Protzerei.« (Jost Hermand)

Jugendstil wurde zum Katalysator für vieles andere. Jugendstil wird zu einer façon de parler für eine kräftige und allumfassende Strömung, in der es um Gartenstadtbewegung, gesunde Lebensführung, Natürlichkeit, Echtheit, Einfachheit, Wahrheit, Reinheit, Helligkeit oder Nietzsche-Kult gehen konnte.

Der Jugendstil war europäisch. Die Stilrichtung hat einen internationalen Namen: secesja in Polen, secesija in Kroatien, szecesszió in Ungarn, modern in Rußland, Sezession und Jugendstil im deutschsprachigen Mitteleuropa, art nouveau im Westen Europas. Der Jugendstil war nicht nationalistisch eingestellt, nicht so leicht empfänglich für Regression und Chauvinismus. Es gab natürlich eine materiell-praktische Basis dieser Europäizität und Gleichzeitigkeit: die Herstellung eines europäischen Verkehrs- Kommunikations- und Kulturraumes durch Eisenbahnen, Telegraph, Warenverkehr und Tourismus, wenn man so will: der Jugendstil als europäische Bewegung ist denkbar nur im Zusammenhang der ersten Globalisierung.

Heute gibt es eine neue Erfahrung der Gleichzeitigkeit. Vieles, was heute im mittleren und östlichen Europa geschieht, erinnert an die Zeit um 1900, nur daß es diesmal nicht die floralen Linien des Jugendstil sind, sondern die Postmoderne.

Jugendstil ostwärts

In der Regel wissen wir Bescheid über die Zentren des Jugendstils: Brüssel, Glasgow, Barcelona, München, Wien, aber nur selten fügen wir hinzu: Helsinki, Riga, Budapest, Oradea, Varna, Konstantinopel. Wir kennen in der Regel »unsere Architekten«: Antoni Gaudí, Victor Horta, Charles Mackintosh, Joseph Hoffmann, Adolf Loos, Peter Behrens, aber was ist mit: Eliel Saarinen, Fjodor Schechtel, Fjodor Lidwal, Béla Lajta, Ödön Lechner, Raimondo d'Aronco. Wir kennen in der Regel die Netzwerke dieser nervösen Kunst: Darmstadt, Worpswede, Monte Verita, aber schon weniger das Krakau Wyspiańskis, das Abramzewo Mamontows. Wir kennen die Mäzene Harry Graf Kessler, Großherzog Ernst Ludwig von Hessen und bei Rhein, aber schon weniger die anderen: Mamontow, Rjabuschinskij, Morosow, Schtschukin. Uns sind die Titel der Journale geläufig: *Jugend, Ver Sacrum, Der Architekt* –

aber schon weniger: *Solotoje Runo/Goldenes Vlies*, *Młoda Polska* oder *Nyugat*.

Für die bis heute so auffällige Sichtbarkeit des Jugendstils im östlichen und mittleren Europa gibt es einen einfachen Grund: Den wirtschaftlichen und kulturellen Boom der Jahrhundertwende, in dem die Städte dieser Region binnen kürzester Zeit ihr Gesicht veränderten. In den Jahren rasanter und expansiver Bautätigkeit wurden nicht nur einzelne Gebäude aufgeführt, sondern ganze Straßenzüge und Viertel. Nicht nur einzelne Villen, sondern Villen- und Gartenkolonien: Kaiserwald in Riga, Rosenhügel oder Am Stadtwäldchen in Budapest, Grunewald in Berlin. Die Modernisierung der Infrastruktur produzierte allenthalben bestimmte Gebäudetypen: Bahnhöfe, Schulen, Kliniken, Wasser- und Pumpwerke, Schlachthöfe. Zunehmende Selbstverwaltung und Autonomie schufen eine Nachfrage nach neuen öffentlichen Gebäuden. Die neue Klasse der Unternehmer – aber auch der Arbeiter – suchte nach ihrem eigenen Stil. Die Präsenz des Jugendstils in den östlichen Städten dokumentiert bis auf den heutigen Tag den spezifischen Modernisierungsschub der Jahrhundertwende, und den Jugendstil als Ornament lesen, heißt: ihn als die Entwicklungsform der Zivilgesellschaft lesen. Das gilt zwar auch für Europa im Ganzen, für das östliche Europa als *late comer* gilt es aber ganz besonders.

Die Hauptgründe für die verspätete, dafür aber fast fieberhafte Entwicklung des Kapitalismus sind: der Druck des entstehenden Weltmarktes, die Konfrontation mit dem Vorbild der »fortgeschrittenen und entwickelten« Nationen, das Vorfinden der schon entwickelten sozialen, kulturellen und künstlerischen Formen, die nun frei Haus geliefert werden und nicht erst neu erfunden werden müssen. Leo Trotzki hat es in seinen Betrachtungen zur Russischen Revolution von 1905 so festgehalten: »Das europäische Kapital warf seine hauptsächlichen Produktionszweige und Verkehrsmittel in dieses ökonomisch zurückgebliebene Land und versklavte es; dabei übersprang es eine ganze Reihe technischer und ökonomischer Zwischenstadien, die es in seiner Heimat zu durchlaufen hatte.« Diese verspätete, aber um so durchschlagendere Entwicklung nennt Trotzki »amerikanisch« und meint damit, daß sie, ohne den mühsamen Prozeß vom Handwerk bis zur Großindustrie durchlaufen zu haben, gleichsam in einem Sprung im Hochkapitalismus gelandet seien. Dies drücke sich nicht nur in der

Größenordnung der Betriebe aus – man denke nur an die Baltische Werft und die Werke der Brüder Nobel in Petersburg, die Werke von Geyer und Poznański in Lodz oder die Fabriken der Familie Weiß in Budapest –, sondern auch in der Form des Reichtums und seiner Repräsentation: nirgendwo sonst in Europa gab es eine derart hypertrophe Selbstdarstellung des Reichtums, allenfalls das Amerika der Morgans, Rockefellers, Duponts und Carnegies konnte hier als Vergleichsmaßstab dienen.

Gerade die Voraussetzungslosigkeit und »Jungfräulichkeit« der kapitalistischen Entwicklung, die spezifische Umgebung, an der sie sich reibt und in die sie implantiert wird, die Großmaßstäblichkeit und der Enklavencharakter – all das verleiht auch den gebauten Formen spezifische, hypertrophe Züge. Der Jugendstil im östlichen Europa repräsentiert einen in gewisser Weise seiner selbst nicht ganz sicheren Kapitalismus, eine Bourgeoisie mit einem kurzen Stammbaum und ganz frischen Appetiten und Erfahrungen, einen Frühling, in dem man schon den Herbst spürt, kurzum: die Form einer von Anfang an prekären und gefährdeten Blüte und damit auch einer gewissen Übernervosität. All das verleiht dem Jugendstil dort bis heute etwas Überprägnantes, Überdeutliches. Das 20. Jahrhundert steht hier in unmittelbarer Nachbarschaft zum 19. oder 18. Jahrhundert. Die bauliche Gestalt steht für eine krasse Gleichzeitigkeit der Ungleichzeitigkeit.

Am sichtbarsten drückte sich die Dynamik jenes late-comer-Kapitalismus in der Geburt der modernen Großstadt, im Übergang von den Residenz- und Hauptstädten zu industriellen und kulturellen Metropolen aus. Otto Wagner hat in dieser Hinsicht recht, wenn er sagt: »Das Modernste des Modernen in der Baukunst sind wohl unsere heutigen Großstädte«. Das kann man ablesen an der Zunahme der Bevölkerung in den zwei Jahrzehnten um 1900. Die Bevölkerungszahlen explodierten, die Immigranten vom Land drückten auf die aus allen Nähten platzenden Städte. Nach Berlin waren es Städte wie Budapest, Lodz, Riga, Odessa, Sankt Petersburg, die am raschesten wuchsen. Budapest galt als europäisches Chicago. Die Hauptstädte der Vielvölkerreiche waren die dynamischen Laboratorien der Moderne, die Schulen, in denen die neue Stil- und Architektursprache ausprobiert und vorgeführt wurde.

Die Städte wurden von den symbolischen Kämpfen der Vielvölkerreiche gezeichnet. So heißt es in einer bedeutenden Studie zum »Mythos Großtadt« in der Donaumonarchie: »Die Städte, deren urbane Bourgeoisie in der jeweiligen Region die Angehörigen der »geschichtsträchtigen Nationen« stellte, wurden zum umkämpften Raum. Für jene ethnischen Gruppierungen, die Angehörige von Kulturnationen ohne eigene unabhängige Natioalgeschichte (die sogenannten »geschichtslosen Nationen«) waren und nach nationaler Selbstbestimmung strebten, erschien die Stadt nicht nur als Produkt von Geschichte, sondern als der privilegierte »Schauplatz« der Geschichte – der Ort, an dem Geschichte stattfand und stattfinden konnte. Folgerichtig gründeten urbanisierte Volksgruppen – besonders in Böhmen und Mähren, wo der tschechisch-deutsche Sprachenstreit gegen Ende der 1890er Jahre zu schier revolutionärer Heftigkeit eskalierte – konkurrierende Kulturinstitutionen und schufen damit Aufgaben für Architekten: Nationaltheater, Universitäten, Bibliotheken, Museen (für Kunstgewerbe), die z. B. in Prag oder Brünn parallel zu den alten, seit langem bestehenden deutschen Institutionen existierten.«

Zur Ausbildung dieser Sprache gehört die Spannung zwischen Zentrum und Peripherie, zwischen Metropole und Reichsprovinzen, zwischen der imperial-kosmopolitischen Tendenz und der Suche nach lokal-nationalen Stilen. Für beide Tendenzen gibt es entsprechend Repräsentanten. Otto Wagner etwa sprach von einem Reichsstil, als er 1906 schrieb: »Der künstlerische Ausdruck architektonischer Werke muß in jedem kulturellen Zentrum ähnlich sein, da die Lebensart und das Regierungssystem ähnlich sind. Wenn wir dieses Argument gelten lassen, sollten wir einsehen, daß es einen Nationalstil nicht geben kann.« Auf der Gegenseite argumentierte der führende Vertreter eines national-magyarischen Stils Ödön Lechner 1906: »Wir müssen die Suche nach einer ungarischen Formensprache ernst nehmen. Rasche technische Entwicklungen, neue Errungenschaften im Ingenieurwesen haben in der Architektur großes Aufsehen erregt. Dieser neue Wandel der Evolution verschafft uns die großartige Gelegenheit, unseren Nationalcharakter in eine neue Formensprache und Architektur einzubringen.«

Die Architektur bildete alle Tendenzen der in die Moderne stürmenden Vielvölkerreiche ab, ihre sozialen Hierarchien, die ethnischen Rivalitäten und Selbstunterscheidungen, die antizentralistischen und meist gegen die Titularnationen gerichteten sezessionistischen Strömungen. Das Register ist so weit wie das Spektrum der sozialen, ethnischen, kulturellen Kräfte. Man kann noch heute die Städte der alten, untergegangenen Reiche lesen als sichtbare Kodierungen oder Instrumentierungen der *social fabric* der Imperien. Die Hauptstadt mit ihren Ringstraßen, Bossenquadermauern der Banken, öffentlichen Gebäuden und dem ockerfarbenen Hausanstrich wird nachgebaut. Dieser Prozeß der baustilistischen Vereinheitlichung und Differenzierung funktionierte nur, weil es dafür funktionsfähige Träger und Netzwerke auf allen Ebenen, in allen Milieus, in allen Regionen gab. Dazu zählt schon die Europäizität der Herrscherhäuser. Die Krone fungierte häufig als Auftraggeber und ist wichtiger Agent der Modernisierung durch Infrastrukturausbau. Es gibt vor 1914 und vor 1917 so etwas wie eine Internationale der europäischen Herrscherhäuser: »Es versteht sich von selbst, daß ein von England über Skandinavien und Deutschland bis nach St.Petersburg reichendes Netz von Verwandtschaften Europa gut tat, Vertrauensverhältnisse, gemeinsame Sprache und Interessen schuf und feindliche Gegensätze der Staaten wenigstens milderte, solange es überhaupt wirken konnte. Zusehends geschwächt durch die neuen Mächte der Demokratie und des Nationalismus, hat es 1914 zu wirken aufgehört« (Golo Mann). So gesehen führt eine direkte Linie von der Darmstädter Mathildenhöhe zum Witebsker Bahnhof in Sankt Petersburg. Dazu gehörten zweitens die europäischen Netzwerke der Künstlerkolonien von Monte Verita, Gödöllö bei Budapest, Abramzewo bei Moskau, das Dornacher Goetheanum, Worpswede. Dazu gehörte das Netz von Zeitschriften – von *The Studio* bis *Ver Sacrum* und *Mir Iskusstwa*. Dazu gehört die Internationalisierung der Ausbildungswege mit den Technischen Hochschulen, den Kunsthochschulen, Ingenieurschulen und entsprechenden Schulbildungen im Zentrum – Béla Lajta hatte bei Alfred Messel gearbeitet. Bis heute kann man die Spuren von Otto Wagners »Talentschmiede der Monarchie« verfolgen. Hinzu kommt das Netz großer europäischer Kultur-Impresarios wie Sergej Djagilew und Mäzene, die als Vermittler und Sammler fungierten. Es wäre reizvoll, einmal eine Ausstellung mit Porträts dieser großartigen europäischen Mäzenatsgestalten zu organisieren – man denke hier nur an die Porträts Sawwa Mamontows (Michail Wrubel 1897), Sergej

Djagilews (Valentin Serow 1904), Harry Graf Kesslers (Edvard Munch 1906), des Großherzogs Ernst Ludwig (Franz von Stuck 1907), Iwan Morosows (Valentin Serow 1910). Herauskäme die Physiognomie einer Zentralgestalt der europäischen Moderne und eines im 20. Jahrhundert untergegangenen Kulturtyps.

Dieses dichte Netz hat künstlerische Transfers beschleunigt, Verbindungen geknüpft, Bewegungen gefördert – dies ist ebenso eine Bedingung für »Gleichzeitigkeit« wie die entstehende moderne Infrastruktur aus Eisenbahn, Dampfschiffen, Telephon, Zeitungswesen. Oft hat man den Eindruck, daß in diesem Europa die alte Provinzialität zu ihrem Ende kommt. Die bisherigen Provinzstädte treten in unmittelbare Beziehung zu den Metropolen, auch bauen nicht wenige Architekten aus den Haupstädten draußen im Land. Jeder, der in Szeged, Subotica, Oradea, Novi Sad, Timişoara gewesen ist, weiß, daß sie zum Teil bevorzugte Experimentierplätze für führende Architekten waren – in Kecskemét das Rathaus und das Gymnasium von Ödön Lechner; in Timişoara etwa das Palais Lloyd mit der Landwirtschaftsbörse und dem Café Lloyd von Lipot Baumhorn 1910-1912, vor allem aber die unglaublichen, das Bauhaus antizipierenden Wasserwerke von János Lenarduzzi und Richard Sabathiel (1910-1914) und das Wasserkraftwerk von László Székely an der Bega (1907-1910); in Prag der Franz-Josephs-Bahnhof von Josef Fanta (1901-1909), das Repräsentationshaus von Antonín Balšanek und Osvald Polívka (1903-1912) und Bedřich Bendelmayers Hotel Erzherzog Stephan; in Czernowitz Hubert Gessners Sparkassengbäude von 1900; die Theaterbauten des Wiener Büros Helmer und Fellner; in Krakau der Ausstellungspavillon am Plac Szczepański von Franciszek Maczyński, das Alte Theater und das Gebäude der Technischen Gesellschaft.

Besonders eindrucksvoll ist Riga, das im Sommer 1901 eine Jubiläumsausstellung zum 700. Jahrestag der Stadtgründung organisierte. Riga, dessen Einwohnerzahl sich binnen fünfzehn Jahren verdoppelt hatte, wurde innerhalb eines Jahrzehnts zu einer Hauptstadt des europäischen Jugendstils, der die neuen Quartiere der Innenstadt dominierte. Es wurde solide gebaut und sehr rasch, die großzügigen Mietshäuser wurden in der Regel in einem Jahr, die öffentlichen Gebäude in zwei bis drei Jahren errichtet. Besonders auffällig ist hier das Heranwachsen einer eigenen Architektenschaft (K. Felsko, J. Alksnins, K. Peškens, M. Eisenstein u. a.), die freilich deutlich unter Einflüssen aus

Deutschland, Österreich, Finnland steht. Auch auswärtige Architekten haben viel in Riga gebaut: Peter Behrens das AEG-Gebäude (1912–1914), Henry van de Velde das Pfarrhaus der Petrikiche (1910). Für jedes Land könnte man eine Ikone des neuen Stils zitieren: Eliel Saarinens Villa bei Helsinki, Fjodor Lidwals Hotel Astoria in Sankt Petersburg, Fjodor Schechtels Villa »Schwarzer Schwan«, Raimondo d'Aroncos weiße Pavillons und Villen am Marmarameer.

Jugendstil und Civil Society

Aber es gibt noch eine weitergehende Frage. Charaktermaske von was, Stil, Symptom, Zeichen wofür war der Jugendstil eigentlich? In den späteren Urteilen über den Jugendstil wiederholt sich noch einmal die Ironie, der leichte, manchmal auch grobe Spott seiner Zeitgenossen. Selbst bei einem so genauen Beobachter wie Walter Benjamin ist der Jugendstil ein Vorschein der Schwäche, einer eigentümlichen Impotenz, von Anfang an prädestiniert für den Untergang. In seiner Zusammenfassung der Londoner Ausstellung des Jahres 2000 bemerkt Paul Greenhalgh («A Strange Death«), daß es leichter sei, den Aufstieg als den Niedergang eines Stils zu analysieren, aber er versucht es doch, und er stellt eine Parallelle her zwischen dem Niedergang des Liberalismus und dem des Jugendstils, der Polarisierung in die feindlichen Lager und das Verschwinden des dritten. Ich glaube, daß das zutrifft. Das östliche Europa ist zum Schauplatz einer doppelten Niederlage der bürgerlich-liberalen Lebensform geworden. Erst war es der Kommunismus, dann der Nationalsozialismus – oder umgekehrt. Beide haßten den Jugendstil. Die Nazis schlugen die Ornamente am Hofatelier Elvira in München ab, die Kommunisten verteufelten ihn als den Stil der Décadence schlechthin und machten Schechtels Villa zur Szene für den großen Auftritt des Diktators in Sachen »sozialistischer Realismus«, um später selber eine gewalttätige Synthese im Zuckerbäckerstil zu versuchen. Der bürgerliche Stil par excellence wurde zerrieben zwischen den forcierten, monumentalisierenden und auf Einschüchterung setzenden Bautypen. Jugendstil – das war der Stil des »Dritten Elements«, das fast überall im östlichen Europa als Platzhalter für eine zu schwache oder kaum vorhandene bürgerliche

Klasse fungierte. Der Jugendstil, in seinem inspirierten und schwungvollen Aufbruch ist zugleich ein fragiler, sich seiner Schwäche bewußter Stil – der Stil einer bedrohten Kultur, die Zeit und Ruhe brauchte. Die war ihr nicht vergönnt: 1914 wurde zum Starter einer Kettenreaktion, mit der alles ins Rutschen kam und in den Abgrund geriet. Kaum jemand hat das Gefühl dieses Aufbruchs, der schon zu einem Abschied wurde, besser ausgedrückt als Sergej Djagilew, vielleicht die faszinierendste Figur der europäischen Kultur in den 1910er Jahren. Djagilew, der große Anreger und Impresario, auf einem Empfang zu seinen Ehren in Moskau 1906, unmittelbar nachdem eine Welle der Aufstände und Unruhen über das Land hinweggegangen war: Er habe sich beim »Hauch des Sommerwinds«, bei seinen Fahrten durchs weite Rußland davon überzeugt, »daß die Zeit gekommen ist, Bilanz zu ziehen ... Verödet sind die Majorate, furchtgebietend in ihrer erstorbenen Pracht die Paläste, die seltsam bevölkert werden von den heutigen kleinen und mittleren Leuten, die die Bürde einstiger Paraden nicht ertragen ... Und von Stund an war ich überzeugt, daß wir in einer furchterregenden Zeit des Umbruchs leben; wir sind zum Sterben verurteilt, um einer neuen Kultur zum Auferstehen zu verhelfen, die von uns das übernehmen wird, was von unserer müden Weisheit übrigbleibt ... Und deshalb erhebe ich ohne Fucht und Unglauben das Glas auf die zerstörten Mauern der schönen Paläste wie auch auf die neuen Gebote einer neuen Ästhetik. Und der einzige Wunsch, den ich als unverbesserlicher Sensualist äußern möchte, lautet: Daß der bevorstehende Kampf nicht die Ästhetik des Lebens verletzen möge und der Tod genauso schön und strahlend sei wie die Auferstehung.«

Jugendstil ist Zerbrechlichkeit und Stärke, kraftvolles Ausholen und Reflexivität. Er gehört zu den glücklichsten Momenten der jüngeren europäischen Geschichte. Er zeugt von der Ingeniosität und dem Reichtum der »Welt von Gestern«, wie sie Stefan Zweig beschrieben hat. Wenn wir die Schicksale der zivilen Gesellschaft im 20. Jahrhundert studieren und vielleicht begreifen wollen, müssen wir die Ornamente des Stils um 1900 neu lesen. Der Stil um 1900 war eine Inkubationsphase, in der noch alles zusammengehörte, in der die Welt noch nicht in ihre Extreme auseinandergejagt war. Dieser Stil ist der Stil der Zwischentöne, der Komplexheit, der Eleganz, der Versenkung ins Detail, der Differenz, es ist der Stil, bevor die Epoche der Parolen und des Kampfgeschreis, bevor die Flucht nach vorn in den kurzen Prozeß und in die radikale Vereinfachung beginnt.

Diese eher stille und zurückhaltende Zeit hat allzu lange im Schatten der Moderne der Revolutionsepoche und der Avantgade der Zwischenkriegszeit gestanden. Wir sollten noch einmal einen Schritt zurück tun. Der Stil um 1900 verdient eine neue Aufmerksamkeit, wenn wir das 20. Jahrhundert verstehen wollen. Die Avantgarde der Zwischenkriegszeit, die mit ihren Exaltationen, ihrer Radikalität und ihrer Verzweiflung die Wahrnehmung bis heute beherrscht, gehört zum Europa des europäischen Bürgerkriegs, der Jugendstil zu dem Europa, das noch alles vor sich hat und das jetzt einen zweiten Anlauf unternimmt. Die Gegend, in der man das ganz erkunden könnte, wäre das von der Revolutions- und Weltkriegsepoche am meisten verheeerte Gelände des mittleren und östlichen Europa.

Dezember 2001

REISE NACH BRÜNN: EINE ARCHÄOLOGIE DER ZWISCHENKRIEGS-MODERNE

Mies van der Rohes zwischen 1928 und 1930 gebautes Meisterwerk »Villa Tugendhat« hat eine Adresse: Brno/Brünn, Černopolní ulice 45. Wenn man von der Straßenseite her kommt, kann man sich gar nicht recht vorstellen, daß es sich hier um eine Villa, geschweige denn »einen Meilenstein in der Architekturgeschichte des 20. Jahrhunderts« handeln könnte, neben dem Deutschen Pavillon auf der Weltausstellung in Barcelona 1928 um die bedeutendste Arbeit in der europäischen Schaffensperiode des Architekten. Das liegt daran, daß die Straße auf dem Grat des Abhangs verläuft, in den die Villa hineingebaut ist. Man kommt von oben, von der Straßenseite, und sieht dort nur die Ummauerung, das flache oberste Geschoß, den Durchgang auf die Terrasse und den Anbau mit Hausmeisterwohnung und Garage. Allein die weite Streckung und Flachheit deutet darauf hin, daß es sich um kein gewöhnliches Haus handelt. Man wird nur nach Voranmeldung eingelassen. Maximal 15 Personen haben gleichzeitig Zutritt, um das Gebäude und die Interieurs nicht allzu sehr zu belasten. Das kommt auch den Besuchern zugute: nur verteilt über die Räume, nehmen sie die Geräumigkeit des Hauses wahr, den größten Luxus, den Mies zu bieten hat. Unsere Gruppe wurde sonderbarerweise nicht durch den Flur eingelassen, sondern über die Schlafzimmer, von der Terrasse her, von der man einen atemberaubenden Blick über das große Hanggrundstück auf die im Tal liegende Stadt hat. Im obersten Stockwerk, wo sich der Eingang befindet, liegen die zwei Schlafzimmer, die beide auf die Terrasse und auf die Stadt hinausgehen. Dort ist auch das Badezimmer der Eltern mit Oberlicht, das automatisch geöffnet werden kann.

Das Bad ist überaus geräumig, Armaturen und Becken sind zwar neueren Datums, aber man hat sich beim Ersatz für die Originalausstattung bei den Heizkörpern, Bodenbelägen und Kacheln bemüht, die Nuance, den Ton zu treffen. Die Türen, die vom Flur in die Räume führen, sind aus Palisander und reichen vom Fußboden bis zur Decke. Der Fußboden ist durchgängig eben, es gibt keine Türschwellen. Auch das bestärkt die Idee von einem durchgehenden Raum, in dem die Türen nicht wirklich trennen. Die Griffe an Türen und Fenstern sind individuell und speziell für das Haus angefertigt. Die Milchglaswand des Flurs zur Straßenseite hin ist nicht aus Glas, sondern aus Plastik, ersatzweise – bis zur Generalrenovierung, die demnächst beginnen und zur Schließung des Hauses für mindestens zwei Jahre führen wird.

Aus dem Eingangsbereich führt eine geschwungene Treppe hinab ins Mittelgeschoß, welches die Hauptebene des dreigeschossigen Baues ist. Die Führerin lenkt uns nicht direkt auf den Höhepunkt, sondern verzögert. Sie leitet uns am Speiseaufzug vorbei in die Küche, die mit den cremeweiß bis zur Decke gekachelten Wänden wie ein Schlachtergeschäft aussieht, so groß, so geräumig und mit großen Fenstern, die aber keine Schaufenster sind, sondern Fenster, durch die man das Panorama von Brünn erblickt. Eigentlich ein zu großer Anblick für eine Küche. Über einen Zwischenraum erreicht man Garderoben, Bediensteteneingang, Magazine. Man kann von dort auch auf die Eßterrasse hinaustreten.

Aber endlich werden wir in den eigentlichen Mieseschen Raum gelassen. Es ist ein großer fließender Raum, mit drei, vier Modulen, die ineinander übergehen – zuerst etwas, was Eßzimmerfunktion hat, abgetrennt nicht durch eine Tür, sondern durch einen Halbkreis aus marmoriertem Makasar-Ebenholz in Gelb und Schwarz, in der Mitte steht ein Mahagonitisch, den man ausziehen kann. Von dort aus hat man bereits einen Blick hinunter ins Tal, aus dem die Türme von Brünn aufragen, zu jeder Jahreszeit vermutlich in anderer Beleuchtung und Stimmung, ein ständig sich veränderndes großes Panorama-Bild.

Das nächste »Modul«, der Wohn- und Gesellschaftsraum, wirkt schier unbegrenzt. Man blickt einerseits auf die Stadt hinab, auf der anderen Seite auf den Wintergarten und durch diesen hindurch auf den Hang. Man hat einen Blick wie von einem Balkon, von einer in den Hang hineingebauten Höhle. Es gibt keine Fensterrahmung, sondern nur Glas vom Fußboden bis zur Decke. Die Scheiben können automatisch im Fußboden versenkt werden (die Technik dafür lieferte die Firma Weimann in Teplitz). Es gibt keine Heizkörper, die irgendwie als störende Begrenzung auffallen könnten, Heizung und Kühlung erfolgt mittels Ventilation durch Öffnungen im Fußboden. Die Heizungs- und Klimamaschinen sind im Keller, im Erdgeschoß des Hauses untergebracht. Die Abtrennung dieses »Raums« erfolgt durch eine Onyxwand, marmoriert und wiederum vom Fußboden bis zur Decke, sie leuchtet bei jedem Lichteinfall anders. Davor ein Glastisch und nachgebautes Mobiliar: Schwingsessel und eine knallrote Liege. Wenn man um die Onyxwand herumgeht, ist man in dem eher dunklen, der Welt abgekehrten Teil des Raumes, im Arbeitszimmer, das eine Bibliothek und eine Musikecke umfaßt. In die Ecke mit der Bücherwand mag man sich zurückziehen, wenn man genug hat von den Bildern von draußen, von der Welt. Der Arbeitstisch ist groß. Dort kann man sich ausbreiten. Man sieht von dort aus nichts als die Pflanzen im Wintergarten und den steil abfallenden Hang. Selbstkonzentration. Hier kann man nur mit Beleuchtung sitzen und arbeiten. Die Aufteilung des großen Raumes geschieht allein durch die Onyxwand und eine Vitrine aus weiß und schwarz fourniertem Holz sowie einen großen Flügel. Von dort geht noch eine Tür in eine »Projektionskabine«, in dem der Sohn des Hauses seine Filme entwickelt und vorgeführt hat, sowie Waschräume und WC. Man sieht jetzt, wenn man herumgegangen ist, daß die Treppe aus dem Obergeschoß direkt in den wunderbaren Raum hineinführt und daß unser Weg über die Küche eine unnötige Erfindung und Ablenkung der Museumswärterin ist. Man ist überwältigt von der Großartigkeit des offenen, fließenden Raumkontinuums. Der Himmel über Brünn, die Weite des Tals, die Kraft des Abhangs mit den prachtvollen Bäumen reicht in den Wohnraum hinein. Es ist die Kostbarkeit und die Einfachheit des Materials. Die unifarbenen Böden – Linoleum? Die Chromsäulen teilen den Raum nicht, sondern machen ihn weit. Die Abtrennungen aus Palisander oder honigfarbenem Onyx aus dem Atlasgebirge bestehen aus exotischen und doch wieder sehr noblen Materialien. Der Raum, in dem es keine Fensteröffnungen, sondern Wände aus Glas gibt, ist wie eine Höhle, in die man sich zurückziehen kann, das Schönste, was eine Behausung zu bieten hat.

Die unterste Etage sehen wir nicht. Es ist wie auf einem Schiff, wo man auch nicht in den Schiffsbauch hinabsteigt. Dort ist der Maschinenraum mit Heizung, Ventilationsmaschine, Magazinen, Kellerräumen, Waschküche, Mehrzweckräumen. Wir spüren nichts vom Vibrieren der Heizung. Es ist ganz trockene und warme Luft, draußen liegt Schnee und es ist sehr kalt. Wir blicken auf die Stadt, die sich unten hügelig erstreckt. Woher die Transparenz, die Schwerelosigkeit? Wie kann man sich an den alltäglichen Anblick solcher Vollkommenheit und Schönheit gewöhnen? Welches Selbstbewußtseins bedarf es, um sich wie selbstverständlich dieses unüberbietbaren Komforts zu erfreuen, ohne daß Skrupel, Streß angesichts weitergehender Verantwortung aufkommen? Nur ganz freie und von Anfang an in Wohlstand lebende Menschen können sich so etwas erlauben.

Die Eheleute Grete Tugendhat, Tochter des Brünner Fabrikanten Alfred Löw-Beer, und Fritz Tugendhat, Mitbesitzer einer Wollfabrik, beschlossen 1927, noch vor ihrer Heirat, ein Haus zu bauen. Tugendhat fürchtete sich geradezu vor mit Figürchen und Deckchen vollgestopften Interieurs: »Wenn ich diese Räume und alles, was sich darin befindet, auf mich als Ganzes wirken lasse, dann sehe ich deutlich: dies ist Schönheit – dies ist Wahrheit. Die Wahrheit – wir können verschiedener Meinung über sie sein, doch jeder, der diese Räume sieht, erkennt früher oder später, daß das hier die wahre Kunst ist.« Grete Tugendhat hatte einige Jahre mit ihrem ersten Ehemann in Berlin gelebt, kannte Häuser der neuen Architektur in Zehlendorf. Die Tugendhats kannten auch das Haus von Erich Wolf in Guben. Die Zusammenarbeit von Auftraggeber und Architekt muß ideal gewesen sein. Die Eheleute arbeiteten an der Gestaltung der Inneneinrichtung mit – Klavierhocker, Liegen, Chromschwinger, Vorhänge, Markisen, die Leuchten, die von der Kopenhagener Firma Luis Poulsen geliefert wurden. Die Tugendhats bezogen das Haus im November 1930, mußten es aber schon 1938 verlassen, als sie nach Sankt Gallen emigrierten und später nach Caracas in Venezuela. Es wohnten dort erst der Verwalter und Hausmeister und Chauffeur Gustav Lössl. Seit 1939 wurde die Villa wegen der hohen Betriebskosten nicht mehr vermietet. 1940 wurde sie »arisiert«, von der Gestapo beschlagnahmt und stundenweise immer wieder von Louis Schobert, einem Soldaten und ehemaligen Architekturstudenten, aufgesucht. Später wohnte dort ein Walter Messerschmidt, Direktor der Klöcknerwerke in Brünn, später noch weitere Personen: ein Haus als Transitstation. Jeder hat daran etwas geändert, Zwischenwände eingezogen, die großen Räume verkleinert, die Glaswände zum Teil zugemauert. Die Villa bekam in den letzten Kriegstagen auch einen Granattreffer ab. Da sich die ursprünglichen Hausbesitzer nach der Befreiung von den Deutschen nicht gemeldet hatten, wurde das Haus vom tschechoslowakischen Staat übernommen. Die Schäden waren schwer. Heizkörper waren geplatzt, Mobiliar verschwunden, die Bibliothek aus der Wand gerissen und das Badezimmer zerstört, die Motoren zum Öffnen der Fenster waren entwendet, »überall Glas, Mist und Pferdeäpfel, denn in der ganzen Villa wurden auch Pferde beherbergt«. Für eine kurze Zeit war auch eine Rhythmikschule untergebracht. Die Restitutionsklage der Familie Löw-Beer wurde nach Machtübernahme der Kommunisten im Februar 1948 abgelehnt, der Nationalausschuß wies das Gebäude dem Staatlichen Institut für Heilgymnastik zu, wo es bis 1969 auch blieb. Es waren Einzelpersonen wie der Brünner Architekt František Kalivoda, die immer wieder auf den Rang des Gebäudes aufmerksam machten und für seine Rettung kämpften. Während des »Prager Frühlings« 1968 organisierte er eine Ausstellung und eine internationale Konferenz zum Werk von Mies van der Rohes. Es kam zu einer vorsichtigen Rekonstruktion, der Einbau einer Sauna und eines Swimmingpools wurden verhindert. Bis 1993 wurde die Villa als Gästehaus der tschechoslowakischen Regierung genutzt. Es ist eine Ironie der Geschichte, daß 1992 ausgerechnet in der Villa Tugendhat die Verhandlungen zur Teilung der Tschechoslowakei stattfanden. Seit 1994 ist die Villa Museum und der Öffentlichkeit wieder zugänglich. Sie steht unter dem Schutz der UNESCO.

Eine Hauptstadt der Weißen Moderne

Die Villa Tugendhat wirkt wie der Einschlag eines Meteoriten: man glaubt, alle nur denkbaren Räume schon einmal gesehen zu haben – und dann dies! Aber die Villa ist in Brünn kein Solitär, und Mies van der Rohe ist in Brünn kein exotischer Import, sondern ein Zeitgenosse. Dies wird schon klar im ersten Augenblick, wenn man aus Wien kommend am Bahnhof aussteigt. Gleich am Bahnhof stößt man auf das Bahnhofspostamt, äußerlich eher unscheinbar, innen aber mit einem komplett erhaltenen Interieur: Türen mit Messing- und Chrombeschlägen, lichten Schalterhallen aus Glas, alles nach draußen, auf den Gleisanschluß ausgerichtet, die Verbindung zur weiten Welt symbolisierend, eine Architektur der Kommunikation und des Tempos. In einer der oberen Schalterhallen stehen sogar noch Bänke aus geschwungenem Chrom, nur die beigen Kunstlederbezüge sind erneuert. Es stellt sich heraus, daß es eines der Hauptwerke von Bohuslav Fuchs aus der Mitte der 1920er Jahre ist. Der Post gegenüber sieht man einen langgezogenen, am Ende in eine Rundung auslaufenden Kiosk mit Fensterbändern und einem über drei Etagen führenden verglasten Treppenhaus, elegant wie Mendelsohns Ufa-Kino am Kurfürstendamm en miniature. Es ist der städtische Zimmernachweis, nach einem Entwurf von Oskar Pořiska 1927-1928 errichtet und bis heute dem nämlichen Zweck dienend. Der elegante Bau ist in dunklem Grau gehalten, der anderen Farbe der weißen Moderne. Das ist erst der Eingang in die Stadt.

Wenn man dann im Kern der Stadt herumgeht und über die Parks und Ringanlagen hinaus in die zentrumsnahen Vororte, dann kommen einem auf Schritt und Tritt die Linien, die Kanten, die gerundeten Eckhäuser, die Fensterbänder, das Glas und die Materialien der Brünner Glanzzeit entgegen: Travertin aus der Gegend oder aus Italien, Chrom, Glas, weitgespannte glatte Oberflächen, sparsame Ornamentierungen, Opalix in weiß und schwarz, hergestellt in einer einst weltberühmten Fabrik in Teplitz (heute muß der Ersatz der Platten in Frankreich geordert werden). Auf kürzester Strecke – den Stadtkern innerhalb des Rings durchquerend – treten einem alle Elemente dieser Hauptstadt der weißen Moderne entgegen. Hotels, Bürohäuser, Banken, Cafés, Kinotheater, Passagen. Alles in einer fast unversehrt scheinenden Formensprache des Neuen Bauens, alles in den Materialien der Brünner Moderne: Glas, Chrom, schwarze und weiße Kacheln.

Hotel Avion. Von außen eine mehr als schmale Fassade, eingezwängt zwischen die Nachbarhäuser, die Glasfassade heute zugekleistert mit Reklame für ein Internetcafé, Pizzeria usf. Was einmal durchsichtig, transparent, als Ausstellungsvitrine und Schaufenster im buchstäblichen Sinne gedacht war, ist zugeklebt. Die Interieurs heute: Kitschbilder von Neapel mit Vesuv und Golf, rustikales Holzmobiliar, grelle Farben. Dazwischen führt aber eine Treppe hinauf, aus rotem Granit, mit Geländern aus Chrom. Altes Material, Spur, die in ein Wunder führt: einen Raum, der über drei Etagen geht, mit geschwungenen Treppen, von unten wie eine Rolltreppe anzusehen. Es muß Oberlicht gegeben haben, das man mit weißer Farbe zugetüncht hat. Bohuslav

Fuchs, der geniale Brünner Architekt, hat auf einem denkbar winzigen Grundstück 1926/1927 einen ganzen Kosmos gebaut, der heute, wo er verstellt ist von Kneipentresen und Monitoren kaum zu erkennen ist.

Etwas weiter, am Freiheitsplatz, ist ein anderer exemplarischer Bau zu sehen: die Mährische Landesbank mit ihren hohen Fensterbändern, von Bohuslav Fuchs zusammen mit Arnošt Wiesner 1929 gebaut. Am Bau des Brünner Theaters, in einem Park gelegen, hängen Transparente mit dem Programm des Janáček-Festivals. Fast alles Opern von Janáček, dem großen mährischen Komponisten, der den größten Teil seines Lebens in Brünn verbrachte, stehen auf dem Programm: Katja Kabanowa, die Sache Makropoulos, das Schlaue Füchslein. Das Theater ist ein Bau von großer Wucht, fast ein Kongreßzentrum, stammt zwar erst aus der Nachkriegszeit (gebaut von Jan Víšek), man sieht ihm aber an, wie sich hier die Brünner Schule fortgesetzt hat. Nicht weit davon, noch in den Parkanlagen, die an Stelle des alten Festungsrings angelegt worden waren, das Café Josef Zeman, eine Arbeit von Bohuslav Fuchs aus dem Jahre 1925. Von außen gleicht es wiederum einer weißen Jacht. Wer das Café betritt, wird in seinen Bewegungen gleichsam sanft geleitet: man tritt ein, gelangt wie von selbst an die Garderobe im Keller, kehrt zurück und betritt einen großen, langgestreckten Saal, der zu beiden Seiten mit deckenhohen Fenster geschlossen, nein: nach draußen geöffnet ist. Die Scheiben lassen sich auch hier herunterdrehen und im Fußboden versenken. Man tritt dann auf die Terrasse und in den Park hinaus. Man sitzt an den Tischen wie in einem Pavillon oder auf einem Boot. Alles ist solide und edel: die Leuchten, die Fensterrahmen, die Türbeschläge und Griffe, die Treppengeländer, die Photogalerie an der Wand. Später erfahren wir, daß wir nicht in Bohuslav Fuchs' Cafés Zeman, sondern in dessen Replik gesessen und gegessen haben. Wir hatten uns schon über die Dauerhaftigkeit der Materialien, die Solidität der handwerklichen Ausführung gewundert. Nun, es ist eine Kopie, während das Original, da es dem Theaterneubau im Wege gestanden hatte, abgerissen worden war. Erst 1994, nach dem Ende des Sozialismus, hatte die Stadt beschlossen, Bohuslav Fuchs' berühmtes Café wieder aufzubauen.

Wir gehen über den Ring, der um 1860 an Stelle der alten Wehranlagen angelegt worden ist, und gelangen in ein Viertel, das großstädtischer nicht gedacht werden kann. Der dominierende Bautypus sind imposante Mietshäuser mit großen Wohnungen, wohl für Beamte und die gehobene Mittelschicht, aber auch schon eine Reihe von ins Monumentale gehenden Gebäuden, wie der Büro- und Wohnkomplex der Bezirkskrankenkasse in der Nerudová-Straße, die Jindřich Kumpost 1932-1934 errichtet hatte, dessen Haupteingang von Atlanten bekrönt ist. Dort finden sich auch andere bedeutende öffentliche Gebäude: die Militärakademie, Hospitäler, zahlreiche Sportanlagen, die städtische Badeanstalt, das Studentenwohnheim der Masaryk-Universität und nicht weit davon, in einem Viertel mit aufgelockerter, einer Gartenstadt ähnlichen Bebauung, die weißen Kuben der Einfamilienhäuser und Villen – nicht zuletzt die Villen, die die Brünner Avantgarde für sich selbst gebaut hat. Eine Siedlung, die es leicht mit der Stuttgarter Weißenhofsiedlung aufnehmen kann.

Ein drittes Zentrum der Brünner Zwischenkriegsmoderne ist das Ausstellungsgelände, das man mit der Straßenbahn leicht und schnell erreicht und das einen unvergleichlich eleganten und kraftvollen Komplex von Ausstellungshallen, gläsernen Pavillons, Kino, Theater birgt. Ein Weltentwurf aus Beton und Glas. Das ist die neue Tschechoslowakei, ihre Kraft und Eleganz. Das Areal der Brünner Messen und Ausstellungen, ursprünglich das Ständige Landesmessegelände, wurde im Jahre 1928 fertiggestellt. Aus dem Wettbewerb war der Prager Architekt Josef Kalous als Sieger hervorgegangen. Von Josef Kalous und Jaroslav Valenta stammt auch der an das Mittelschiff einer gotischen Kathedrale erinnernde Handels- und Industrie-Palast, der die Ausstellung der Zeitgenössischen Kultur 1928 – das 10-jährige Jubiläum der Republik – beherbergt hatte. An den mehr als 60 Ausstellungspavillons beteiligten sich fast alle führenden tschechischen und mährischen Architekten, und die Ausstellung wurde so zu einem Triumph der modernen funktionalistischen und konstruktivistischen Architektur nicht nur in der Tschechoslowakei. Der Pavillon der Stadt Brünn war von Bohuslav Fuchs entworfen, der daneben stehende Pavillon des Landes Mähren von Vlastislav Chroust. In der Nachbarschaft stehen Kinos und Cafés von Emil Králík und der von Josef Gočár entworfene Pavillon.

Zum Messegelände gehört auch die Nový dům/Neue Haus- Ausstellung mit 15 Muster-Einfamilienhäusern. Auch hier eine nur selten anzutreffende Konzentration anspruchsvollster moderner Architektur – wiederum vor allem von Jan Víšek, Arnošt Wiesner, Bohuslav Fuchs. Kein Zufall, daß zwei der Konferenzen des Congrès Internationaux d'Architecture Moderne (CIAM) in Zlin und Brünn (1938) stattgefunden haben. Kein Zufall auch, daß unter den tschechischen Architekten, die enge Beziehungen zur internationalen Szene hatten – Lubomir Slapeta war bei Adolf Rading und Hans Scharoun, Jaromir Krejcar bei Moissei Ginsburg in Moskau – auch Brünner wie Jiří Kroha waren, der bei Nikolai Kolli in Moskau gearbeitet hatte.

Warum Brünn?

Es mußte viel zusammenkommen, um Brünn zum Zentrum der Weißen Moderne zu machen: eine Akkumulation von Schule und Talent, eine Schicht von Industriellen und Unternehmern mit der Potenz und dem Willen zum Bauen, eine Verwaltung, die das Wohl der Stadt mit den Eigeninteressen der Auftraggeber verband, eine spezifische politische Konstellation, in der die kreativen Köpfe zueinander finden konnten. Dies war der Fall im ersten Jahrzehnt nach der Gründung der Tschechoslowakischen Republik im Jahre 1918 – das in vielem anders verlief als in den von Krisen und Instabilität erschütterten Staaten Mittel- und Ostmitteleuropas. Brünn war die zweitgrößte Stadt der Republik, Sitz von Zentral-, Landes- und Stadtbehörden, mit fünf Hochschulen, zahlreichen Fachschulen, Gymnasien, einer hochentwickelten Industrie, ein herausragender Handelsplatz und Zentrum der Kultur mit Ausstrahlung über Mähren hinaus.

Brünn war schon in der Donaumonarchie eine bedeutende und dynamische Stadt. Ob man durch das Stadtmuseum auf der Festung Spielberg geht, ob man sich die Postkartenserien vom »Alten Brünn« ansieht oder die neue und üppige Brünnliteratur in den gutsortierten Buchhandlungen durchblättert: alle Facetten der Geschichte einer mitteleuropäischen Metropole scheinen auf. Brünn im Schnittpunkt magyarischer, polnischer, tschechischer, deutscher Interessen; Brünn als Siedlungspunkt von Deutschen, Vlamen, Wallonen, Juden; Brünn als Ansammlung aller denkbaren Orden, Kongregationen, Konfessionen; Brünn, heimgesucht von Kriegen und Feldzügen, umkämpft von Reformation und Gegenreformation, schwer geschlagen im Dreißigjährigen Krieg, aber immer wieder zu Kräften gekommen. Die Festung, hoch über der Stadt und heute Museum, war später berüchtigtes Gefängnis, in dessen Kasematten die ungarischen Jakobiner, die italienischen Carbonari, die Rebellen des Krakauer Aufstandes von 1846 und während der deutschen Besatzung die Angehörigen des Widerstandes eingesperrt waren. Von der Festung Spielberg aus ist auch der Grundriß der Stadt gut zu übersehen. Die Klöster und Seminare der Benediktiner, Prämonstratenser, Dominikaner, Minoriten; das alte Rathaus mit dem gotischen Portal; der Krautmarkt mit den Bürgerhäusern, dem Barockspringbrunnen von Fischer von Erlach, dem monumetalen Bau der Kyrill-und-Methodius-Darlehenskasse von 1913; das Dittrichstein-Palais und der Peter-Pauls-Dom, der wie eine auf einem Felsen aufgelaufene Arche aussieht. Man kann das Dreieck des Freiheitsplatzes erkennen, des ältesten Brünner Platzes, umstellt von Palais der Jahrhundertwende, an dem einst die Fernstraßen zusammengelaufen waren. Aus der Höhe des Spielberg kann man die großen Blöcke der alten Macht ausmachen: den Justizpalast von 1909, die Handels- und Gewerbekammer, die Technische Hochschule, die Militärkommandantur und die zahlreichen Kasernen, das Mährische Kunstgewerbemuseum von 1882, die Turnhalle des Deutschen Turnbundes, den Großen Saal des Vereinshauses (entworfen von Theofil E. Hansen und eröffnet 1873). Erkennbar ist auch das Masarykviertel mit seinen komfortablen Villen für die nach Brünn beorderten Beamten. In der Ferne sieht man die in den 1970er und 1980er Jahren errichteten Neubausiedlungen.

Wer so vertraut mit Brünn wäre wie der aus Olmütz stammende Peter Demetz, der würde die übereinander gelagerten Schichten des multiethnischen und multikonfessionellen Brünn erkennen. Peter Demetz: »Die Sache ist die: Brünn war damals, vor »München«, eine national und religiös geprägte Stadt verschiedener Gruppen und Gesellschaften. Sie hatte nicht bloß eine, sondern zwei oder drei Topographien, deren Konturen wie in einer verwackelten Photographie auf den einen Grundriß kopiert waren. Es kam darauf an, ob man Tscheche, Deutscher oder Jude war, oder gar einer wie ich, der überall und nirgends hingehörte, und sich von den Ereignissen gedrängt fand, Partei zu ergreifen.« Peter Demetz lernte in den Dreißigerjahren, »wie sich die Brünner Topographie mit einem Male veränderte«. »Eine der frühen Erfahrungen, deren Ergebnisse ich viel später begriff, waren meine Samstagnachmittage in der Zweigstelle der Brünner tschechischen Gemeindebibliothek, die sich fast gegenüber dem Masaryk-Gymnasium befand. Ich lernte dort, daß es nicht *eine* Geschichte gab, wie meine Professoren zu glauben schienen, sondern verschiedene, aus verschiedenen Perspektiven. Die tschechischen Bücher, nach den deutschen gelesen, zeigten mit einer unvermuteten Plötzlichkeit, daß ich, je nach der Sprache meiner Lektüre, in zwei historischen Welten lebte, die kaum Zeiten und Orte gemeinsam hatten, und selbst die Auswahl der Fakten war immer eine andere.« Brünn trug alle Züge einer mitteleuropäischen Stadt. »Im Rathaus und in den Salons wurde deutsch gesprochen, auf den Märkten, in den Werkstätten der Handwerker und in den Stallungen tschechisch. Die Erfahrungen, Gebräuche, Sprachen und Mundarten, die die neuen Bewohner Brünns aus ihren ländlichen Heimatorten mitbrachten, das alles verwandelte sich in Wirtshäusern und Pawlatschen zum toleranten, in nationaler Hinsicht laxen Brünner und in das malerisch-häßliche Brünnerisch, mit dem sich Tschechen und Deutsche untereinander verständigten« (Jan Trefulka). Kein Jahrzehnt später wird diese schwierige, aber irgendwie funktionierende Kohabitation in »Janáčeks Brünn« gesprengt sein.

Brünn war eine der dynamischsten und modernsten Städte der Donaumonarchie, ein Zentrum der Textil- und Maschinenbauindustrie und der Lederverarbeitung. Seit dem Bau der Eisenbahnstrecke Wien-Brünn 1839 hatte sich die Stadt zu einem Verkehrsknotenpunkt entwickelt. Brünn war fast so etwas wie eine Vorstadt von Wien geworden. Alles, was für den Umbau in eine moderne Großstadt notwendig war, kam hinzu: Niederlegung der Festungsanlage und großzügige Neubebauung, Bau von Wasserleitung und Kanalisation, Einrichtung von Omnibussen und Straßenbahnen, Stadtbeleuchtung, Errichtung eines Gaswerks. 1882 gab es im neuen Gebäude des deutschen Stadttheaters die ersten Glühbirnen und 1897 das erste städtische Elektrizitätswerk. 1914 gab es an die 320 Fabriken, davon 70 Textilbetriebe, die meisten in deutscher und jüdischer Hand. Es sind jene wohlhabenden bürgerlichen Familien, die die Brünner Moderne möglich gemacht haben.

Mit der Ausrufung der Republik 1918 werden zahlreiche Nachbarorte eingemeindet. Groß-Brünn ist nun eine Großstadt von 210 000 Einwohnern. Von nun an ist die Stadt, die um 1910 noch mehrheitlich deutschsprachig gewesen war, mehrheitlich tschechisch: von den 265 000 Einwohnern bekannten sich 200 000, also etwa 77 Prozent, als Tschechen und 52 000, also etwa 20 Prozent als deutsch. Für Brünn bedeutete die Unabhängigkeit zunächst einen wirtschaftlichen Rückschritt, da der Brünner Textilindustrie der große Markt der Donaumonarchie verloren gegangen war. Aber Brünn war die zweitgrößte Stadt der Republik geworden und zog neue Funktionen auf sich, etwa die Einrichtung der Masaryk-Universität im Januar 1919. In Brünn entfaltete sich eine starke Bautätigkeit: allein 1927 wurden 1000 Häuser mit 2500 Wohnungen gebaut. Die Weltwirtschaftskrise 1929 löste eine starke staatliche Bautätigkeit aus, den Bau von Mietshaussiedlungen für unterschiedliche Ansprüche – eine ideale Situation für Architekten.

Brünn war in dieser Hinsicht gut gerüstet. Adolf Loos, der große Architekt der Wiener Moderne, war 1870 in Brünn zur Welt gekommen. In Brünn hatten Leopold Bauer und Hubert Gessner, führende Vertreter des Wiener Jugendstils, aber auch Josef Gočár aus Prag gearbeitet. Die Standards waren hoch und garantierten ein ununterschreitbares Niveau. Die Brünner Moderne war auch eine stilistische Kampfansage gegen den Stil der Monarchie, gegen den Prunk der neobarocken Fassaden. Bauformen hatten im Kampf um die nationale Unabhängigkeit auch eine ethnische Konnotation bekommen. Die Weiße Moderne war soviel wie die selbstbewußte Form der Republik.

Es war ein Glücksfall für die Stadt, daß sich eine einzigartig eindrucksvolle Gruppe von jungen begabten Architekten fand, die in den zwei Jahrzehnten zwischen den Kriegen das Gesicht der Stadt umgestalten sollten. An erster Stelle ist dies vielleicht das Verdienst von Architekten wie Jindřich Kumpost, dem es gelungen war, die jungen Brünner Architekten zusammenzubringen. Im Jahre 1919 wurde an der Tschechischen Technischen Hochschule in Brünn der Lehrstuhl für Architektur und Hochbau gegründet, wo zwei ebenfalls bedeutende Architekten – Emil Králík und Jiří Kroha – arbeiteten. Arnošt Wiesner, ebenfalls hoch begabt, gründete das erste Büro für Architektur in Brünn. Die meisten Architekten hingen einem soliden und feinen Funktionalismus an, was sich schlagend beim Bau des Messegeländes im Jahre 1928 zeigte. Deutsche und jüdische Architekten spielten eine große Rolle: Arnošt Wiesner, Otto Eisler, Heinrich Blum, Rudolf Baumfeld, Norbert Schlesinger. Andere Brünner Funktionalisten allerhöchsten Rangs sind: Josef Kranz, Mojmír Kyselka, Josef Polášek, Oskar Pořiska, Bedřich Rosehnal, Jan Víšek. Die führende Rolle aber fiel Bohuslav Fuchs (1895-1972) zu. Gemeinsam mit Karel Teige und dem Architekten Jaromír Krejcar trug er die tschechoslowakische

Avantgarde der Zwischenkriegszeit. Er war aus der »Mährischen Walachei« gekommen, hatte Architektur bei Jan Kotera – auch er ein gebürtiger Brünner – an der Akademie der bildenden Künste in Prag studiert. Im Frühjahr 1923 ließ er sich für immer in Brünn nieder und begann seine Karriere als Mitarbeiter der Abteilung Regulation und Architektur der Baubehörde der Stadt Brünn, wo er 1925 von Jindřich Kumpost abgelöst wurde. 1929–1945 betrieb er sein eigenes Projektbüro mit später berühmten Kollegen. Im Jahre 1945 leitete er das Institut für Städtebau an der Edvard-Beneš-Technischen Hochschule in Brünn. Er hinterließ nahezu 100 städtebauliche Entwürfe und rund 500 architektonische Projekte, von denen mehr als 150 realisiert wurden. Die wichtigste Phase ist die des »heroischen Funktionalismus«, die mit dem Café Zeman eingeleitet worden war. Es folgten der Pavillon der Stadt Brünn auf dem Messegelände, das Dreier-Haus in der Neues Haus-Wohnsiedlung, das Hotel Avion, die Mährische Bank, sein eigenes Wohnhaus, das Masaryk-Studentenheim, die Fachschule für weibliche Berufe Vesna und das Eliska Machova-Heim, die deutsche Volksschule, die städtische Badeanstalt in Zábrdovice. Ende der Dreißigerjahre realisierte er die schon ins Monumentale gehende Landesmilitärkommandantur. Es gibt vermutlich nur wenige Architekten, die mit ihrem so vielseitigen und kompakten Œuvre so sehr einen Ort geprägt haben.

Brünn als eine Hauptstadt der zentraleuropäischen Moderne

Brünn, diese Stadt der Weißen Moderne, ist nur ein, wenn auch ein besonders leuchtender Punkt auf der Karte Europas zwischen den Kriegen. Sie finden sich, vielleicht nicht in dieser Dichte und Prägnanz, fast überall in Mitteleuropa. Die Fensterbänder, die gerundeten Kanten, der Verzicht auf Ornamente, die gediegene Ausführung der Details sind so etwas wie die Formensprache, in der sich das mittlere und östliche Europa zwischen den Kriegen zu erkennen gab und sich über die Grenzen hinweg verständigte. Die Weiße Moderne war tatsächlich ein internationaler Stil, daher auch von Anfang an der Widerpart einer dezidiert nationalen oder volkhaften Formensprache. Die auffällige Synchronizität ist keine Mode, sondern hat zu tun mit den

Schubkräften, die wirksam waren, mit den Aufgaben, mit denen die aus dem Zerfall der Imperien hervorgegangenen neuen Nationalstaaten konfrontiert waren, und letztlich mit der Meisterschaft der Architekten und dem gemeinsamen, noch aus der Vorkriegszeit stammenden ästhetischen Erbe. Wie viele von ihnen, die nun in ihren unabhängig gewordenen Staaten an führender Stelle tätig waren, hatten an den Kunsthochschulen von Wien, Sankt Petersburg, Berlin, Paris oder Rom studiert! Wie ähnlich waren sich die Aufgaben und wie verwandt die Antworten! Die Zeichensprache der Weißen Moderne, der wir allenthalben begegnen und die bis heute sich hartnäckig gegen den grauen Hintergrund der sozialistischen Stadt abhob, war ein Idiom, das man überall verstand. Heute, nach Jahrzehnten der Teilung, sind wir in die Lage versetzt, den offenbaren, aber vergessenen oder verblichenen Zusammenhang wieder zur Kenntnis zu bringen. Das Ergebnis wird eine Neukartierung der europäischen Architekturlandschaft des 20. Jahrhunderts sein.

Am deutlichsten kann man dies in den Hauptstädten ablesen. Die Symbole und Zeichen der alten Mächte und Dynastien wurden gestürzt, die öffentlichen Plätze, Gebäude und Straßen umbenannt, vor allem aber mußten funktionsfähige und für die neuen Nationalstaaten repräsentative Haupstädte hergerichtet oder ganz neu errichtet werden. Es bestand ein enormer Bedarf an allen Gebäuden staatlicher Verwaltung, die durch Umbau- oder Neubau errichtet werden mußten. Helsinki und Belgrad, Warschau und Bukarest werden Großbaustellen der Nation. Städte hingegen, denen durch die Pariser Friedensverträge Territorien und Menschen abhanden gekommen waren – etwa Budapest und Wien –, stagnierten oder schrumpften gar. Der Stil der neuen Haupstädte setzt sich polemisch ab gegen den Stil der Anciens régimes: man will keine neorussischen, neoromanischen oder neogotischen Gebäude in Polen mehr haben, die für die Macht der Romanows oder der Hohenzollern standen. Im schlimmsten Fall wurden die Symbole der Macht gesprengt (etwa die Alexander-Newski-Kathedrale im Zentrum von Warschau). In noch drastischeren Fällen werden Hauptstädte einfach verlegt: so hört Sankt Petersburg/Petrograd auf, Hauptstadt zu sein, aber auch Istanbul, die Regierung nimmt ihren Sitz an einem anderen, manchmal sogar neuen, erst noch zu erbauenden Ort (wie in Ankara oder im Falle Litauens, das wegen der Besetzung von Vilnius durch Polen die Regierung nach Kaunas verlegt). Die Mythen der Nation werden zitiert: bei der Herrichtung der Prager Burg für die Republik schließt man eher an den Traditionen von Karl IV. an als am Barock, der angeblich habsburgischen Stilform schlechthin.

Große Infrastrukturmaßnahmen und Bauprojekte kamen auf die neuen Staaten zu. Die Territorien der neu entstandenen Staaten mußten zum Teil erst zu homogenen Wirtschafts- und Verwaltungsräumen zusammengefügt werden, wie im Falle der Zweiten Polnischen Republik, die aus den russischen, deutschen und österreichischen Teilungsgebieten hervorgegangen war. In all diesen Fällen ging es um große Projekte zur Herstellung eines einheitlichen Wirtschaftsraumes, den Bau von Eisenbahnen, Straßen, Kanälen, Seehäfen und Flughäfen. Die 1920er Jahre waren – jedenfalls in den »Siegerstaaten«– eine Hochkonjunktur für Architekten, Ingenieure, Designer, Planer.

Es ist nun klar, weshalb die Bauten der Zwanzigerjahre sich an manchen Orten so massiv ins Stadtbild eingeprägt haben. Wohin auch immer wir heute kommen, die Spur des Aufbruchs, der Neueinrichtung der staatlichen Ordnung, der Modernisierung ist immer noch deutlich ablesbar. Wer sich mit der Europa-Karte der Weißen Moderne vertraut macht, bewegt sich bald in einem vertrauten Kosmos. Er erstreckt sich zwischen Erich Mendelsohns expressionistischem Einstein-Turm in Potsdam und den Wasserwerken von Temesvár, zwischen den Villen von Evzen Linhart auf dem Baba Hügel in Prag und Le Corbusiers Villa in der Stuttgarter Weißenhofsiedlung, zwischen den Einfamilienhäusern im Warschauer Vorort Żolibórz und den Musterhäusern in der Pasareti Straße in Budapest. Der Bedarf an öffentlichen Gebäuden war enorm: so entstanden überall neue Bibliotheken, Archiv- und Museumsgebäude, nationale Akademien und Wissenschaftsinstitute, vor allem aber Hospitäler, Schulen und Studentenwohnheime. Überall finden sich die Gebäude, in denen sich eine neue Öffentlichkeit jenseits des alten aristokratischen oder bürgerlichen Salons etablierte: in den transparenten, mit Glas und Chrom gestalteten Cafés und Passagen von Brünn, Bukarest, Warschau und in den neuen Lichtspielhäusern von Budapest, Prag und Berlin. Der Slogan der Zeit – Licht, Luft, gesundes Leben – hat Wirkung gezeigt: in den Ministerien für Körperkultur in Warschau, den Vereinshäusern der nationalen Sportvereinigungen, in den Stadien, Sporthallen und Schwimmbädern. Erholung ist nicht mehr nur die Sache einer kleinen Minderheit, sondern neuer Schichten der Bevölkerung, oft als »Massen« vorgestellt. So entstehen Sanatorien für Werktätige, Beamte und Angestellte in den Beskiden, in der Hohen Tatra, an den Stränden von Pärnu und Zoppot, lange vor der kommunistischen Zeit. Für die neue Staatsklasse, für Beamte oder verdiente Legionäre werden Wohnungen gebraucht; überall entstehen Siedlungen im Stile von Gartenstädten in den Vororten von Warschau, Krakau, Tallinn, Prag, Belgrad. Neue Bautypen tauchen auf: Kaufhäuser aus Glas, Stahl und Beton, die ganze Gebäudefronten als Schaufenster und Reklametafel einsetzen.

Und als non-plus-ultra des Neuen Bauens: das Hochhaus, der Wolkenkratzer. Als Hochhauslandschaft ist gestaltet die ganze Nord-Süd-Achse des neuen Bukarest; als Solitär, der die bisherige Silhouette sprengte, wurde das 17-stöckige Gebäude der Prudential Insurance Company in Warschau oder der 12-stöckige Wolkenkratzer in Kattowitz, dem »polischen Amerika«, errichtet. Die nachholende Industrialisierung schlägt sich nieder in Industriebauten neuen Typs, weiß, funktional, mit großen Fensterflächen, hell und transparent wie die Werke und Niederlassungen des Bata-Schuhkonzers in Zlín und anderen Städten (auch in Brünn). In den unabhängig gewordenen Staaten kommen die religiösen Bekenntnisse zum Zug, die vorher unterdrückt waren, also ist die Zeit nach 1918 auch Boomzeit für den Bau von neuen Kirchen und Synagogen. Die Volkswirtschaften der neuen Staaten brauchten Plätze für die Demonstration ihrer Leistungskraft, also wird das Ausstellungs- und Messegelände – wie in Brünn oder Posen – zu einem Prototyp architektonischer Selbstdarstellung und Erprobung der neuen Formen.

Eine Archäologie der zentraleuropäischen Moderne

Die Topographie der Moderne in Zentraleuropa ist fast unkenntlich geworden. Sie gibt sich nur zu erkennen, wenn man sie durchstreift, von einem Ende zum anderen: von Helsinki über Tallinn und Riga und Kaunas nach Bukarest, Novi Sad, Belgrad und Ljubljana, von Gdingen über Brünn nach Triest und von Rotterdam über Berlin nach Warschau. Die Landschaft der Moderne ist über weite Strecken verwahrlost, verwittert, ruiniert, stellenweise sogar gänzlich gelöscht. Krieg und Nachkrieg haben das auf je spezifische Weise besorgt. So fiel der neue Warschauer Zentralbahnhof, eine Konstruktion aus Glas und Beton, den ersten Luftangriffen der Deutschen zum Opfer, so wurde das Prudential Insurance Gebäude in Warschau während des Warschauer Aufstands in Brand geschossen: Wolkenkratzer-Europa in Flammen!

Die Weiße Moderne wurde weitgehend mit der Republik und mit der Demokratie identifiziert. Viele ihrer herausragenden Baumeister – Gropius, Taut, Meyer, May, van Doesburg, Norwerth, Lachert, Syrkus, Kroha, Forbat, Hilbersheimer – standen auf der republikanischen, wenn nicht gar radikalen Linken. Das konservative Bürgertum verdächtigte sie der Bilderstürmerei, für die autoritären Regime der Zwischenkriegszeit war ihr Stil zu wenig repräsentativ und zu wenig monumental; mit ihnen ließ sich kein autoritärer Staat machen. Für die Nationalsozialisten war die Weiße Moderne identisch mit Kulturbolschewismus, Wurzellosigkeit, Judentum (auch hier gibt es wieder eine bemerkenswerte Differenz zum italienischen Faschismus, der in vieler Hinsicht die Weiße Moderne zu seinem Stil gemacht hatte). Das Netz der internationalen Beziehungen war dicht geknüpft: El Lissitzky war unterwegs zwischen Moskau und Berlin, Konstantin Melnikow war lange in Paris, Le Corbusier und Walter Gropius nahmen an sowjetischen Wettbewerben teil, Mendelsohn baute in Leningrad, Alfred Forbat in Berlin. In Sowjetrußland, wo der Konstruktivismus im nachrevolutionären Jahrzehnt sein kraftvollstes Zentrum hatte und von dort überall hin ausstrahlte, kam er unter die Räder eines neoklassizistischen und bald eklektizistischen Monumentalismus, der in den 1940er Jahren, in der Endzeit des Stalinismus, in den sogenannten Zuckerbäckerstil überging. Europa zwischen den totalitären Mächten war der Architektur der Weißen Moderne sowenig günstig wie den Formen des zivilen und republikanischen Lebens. Als »Bauhäusler« hatte man in den 30er Jahren keine großen Chancen, überdurchschnittlich viele von ihnen mußten ins Exil. Das wohlhabende jüdische Bürgertum, das für die Entwicklung der Moderne soviel getan hatte, verlor mit den »Arisierungen« sein Eigentum, mußte ins Exil oder wurde umgebracht. Die sozialistischen Regime, die im östlichen Europa auf die deutsche Herrschaft gefolgt waren, hatten mit den Eigentümern von einst nichts im Sinn. Viele Gebäude hatten ihre ursprüngliche Funktion eingebüßt: wofür brauchte es im Staat sozialistischer Planung und Umverteilung noch Banken, Hotels oder gar

Einfamilienhäuser! Sie wurden enteignet, umfunktioniert oder waren, wo es keine Verwendung für sie gab, der Verwahrlosung preisgegeben. Es war ein Glück, wenn sich eine (intelligente) Nach- oder Neunutzung fand für Bank- und Hotelgebäude, für Villen, die in Kindergärten, Kulturhäuser oder auch Hochzeitspaläste umgewandelt wurden. So litt das an vielen Stellen so kompakte Massiv der Weißen Moderne, zerfiel in seine Einzelteile. In einigen glücklichen Fällen wurde nach dem Krieg die konstruktivistische Linie wieder aufgenommen – in Brünn selbst kann man dies am Opernhaus von Jan Visek sehen. Doch das Bürgertum, das die Moderne getragen, sie gleichsam als den ihr eigenen Stil betrachet hatte, war untergegangen.

Was Brünn zwischen 1938 und 1948 erlebte, war die Auflösung einer über Generationen hin gewachsenen komplexen und gemischten Stadtgesellschaft. In einer sich steigernden Sequenz von Ausgrenzung, Verfolgung, Säuberung wird aus der gemischten Gesellschaft von Brünn/Brno die entmischte, sozial und ethnisch mehr oder minder homogene Stadt. Brünn, das in den 30er Jahren zum Zufluchtsort von verfolgten Hitlergegnern aus Deutschland und Österreich geworden war, ein Fluchtpunkt für verfolgte Sozialdemokraten, Kommunisten und Juden, wird nach dem Anschluß des Sudetengebietes und nach der Besetzung durch die Wehrmacht zum Ort der Säuberung, aus dem Tschechen und Juden entfernt werden. Am Ende trifft es die »Brünner Deutschen« selbst: in einem berüchtigten »Brünner Todesmarsch« werden die verbliebenen etwa 20000 Deutschen unter entsetzlichen Bedingungen über die Grenze nach Österreich geschafft. Und was an Bürgerlichem noch in der Stadt war, wird nach der kommunistischen Machtübernahme an den Rand der Gesellschaft gedrängt.

Eine Neuentdeckung und Neubewertung der Weißen Moderne ist im Grunde erst im Zusammenhang der zivilgesellschaftlichen Umwälzung, die in das Jahr 1989 einmündete, in Gang gekommen. Nicht zufällig, denn die städtische Gesellschaft, die einst die Weiße Moderne getragen oder wenigstens favorisiert hatte, war auf die Bühne zurückgekehrt. Eine Archäologie der europäischen Moderne würde das Relief freilegen, auf dem schon einmal der Aufbruch in ein ziviles Europa geruht hatte. In Brünn, wo das Feld am dichtesten bestellt war, läßt sich bis heute etwas von der Kraft und dem Glanz der Moderne erkennen.

BUKAREST, WEISSE STADT

Die Rückkehr Bukarests ins Bewußtsein der Europäer vollzog sich vor aller Augen, live. Sie läßt sich genau datieren. Es war der Augenblick, in dem der Diktator Nicolae Ceauşescu mit seiner Frau Elena am 21. Dezember 1989 auf dem Balkon der Parteizentrale an der Piata Gheorghiu-Dej – heute Piata Revolutiei – stand und von dort zu den aufgewühlten Massen zu sprechen versuchte. Die Demonstranten werden auf die Boulevards Magheru und Balcescu abgedrängt, die Polizei geht schließlich mit Schußwaffen vor. Um 23 Uhr wird der Universitätsplatz geräumt, es gibt Tote. Am nächsten Morgen, am 22. Dezember um 7 Uhr, sammeln sich die Demonstranten erneut. Ceauşescu spricht noch einmal auf dem Balkon des Zentralkomitees, er wird ausgebuht und beworfen. Die Demonstranten erstürmen das Gebäude. Ceauşescu entkommt per Helikopter im allerletzten Augenblick – genau um 12 Uhr – vom Dach aus. Am darauffolgenden Tag wird er vor ein Tribunal gestellt und einen Tag vor Heiligabend exekutiert. Alles ist von den Kameras festgehalten: der Platz vor dem Gebäude, die hilflosen Gesten des Diktators, die Schüsse der Securitate, die aus Industriestädten herangekarrten und über die großen Boulevards ziehenden Bergarbeiter, die mit Eisenstangen auf »Unruhestifter« losgingen und viele von ihnen tödlich verletzten, die Erstürmung des Gebäudes. Die Bilder aus Bukarest zeigten der Welt, daß ein weiteres Regime im Ostblock gefallen und die Karte Europas sich ein weiteres Mal verändert hatte. Danach fiel Bukarest wieder ins Abseits, ins Dunkel zurück. Doch in Wahrheit hatte Bukarest die Bühne gerade erst wieder betreten. Die Demonstranten, die sonst immer nur als Massen für irgendwelche organisierte Paraden aufgerufen waren, waren in den öffentlichen Raum, den die Ceauşescu-Diktatur ganz und gar für sich sich allein beansprucht hatte, vorgedrungen. Sie hatten die Stadt in Besitz genommen, die der Diktator nach eigenem Geschmack kommandiert und der Zerstörung preisgegeben hatte. Mit ihrem Aufstand hatten sie auch Bukarest vor der endgültigen Zerstörung gerettet, dem Ceauşescu, inspiriert durch seinen Besuch in Pjöngjang und die Umgestaltungsprojekte des nordkoreanischen Diktators Kim Il Sung, ein ähnliches Schicksal zugedacht hatte.

Bukarest als Schlachtfeld

Man hat den von Ceauşescu ins Werk gesetzten Umbau der rumänischen Hauptstadt die größte zu Friedenszeit veranlaßte Stadtzerstörung genannt. »Die Zeitspanne zwischen 1977 und 1987 war die dramatischste Zeit in der Geschichte der Zerstörung Bukarests«, schreibt der rumänische Architekturhistoriker Gheorghe Leahu. »Was scheinbar zaghaft begann, war in Wirklichkeit der Auftakt für die systematisch geplante physische Vernichung der Stadt. Kurz vor den großen Abrißaktionen wurden Hunderte von Architekten und Ingenieure, viele von ihnen Meister ihres Fachs, mobilisiert, um die alptraumartigen Visionen des »Führers« für das zukünftige Zentrum der Stadt und des Landes auf ihren Reißbrettern und in großmaßstäblichen Modellen baureif zu machen. Ungefähr ein Fünftel der ursprünglichen Fläche Bukarests wird für den Abriß freigegeben. Dann ist es soweit: Mehr als hunderttausend Bauarbeiter werden nach Bukarest abkommandiert. Funktionäre der Kommunistischen Partei und des Geheimdienstes kontrollieren die Erfüllung der Anweisungen »von oben«. Der Diktator persönlich wählt die »Schandflecken« der Stadt aus und veranlaßt die Vertreibung der Einwohner aus ihren Quartieren. »Der größte Teil von Bukarest ist ein einziges Schlachtfeld«, so weiter Gheorghe Leahu. »Wolken von Staub schweben über der Stadt. Das persönliche Hab und Gut der Bewohner in den zum Abriß bestimmten Gebieten wird eilig mit Lastkraftwagen der Armee in die neuen Wohnblocks an der Peripherie gekarrt... Architekturdenkmäler, Kirchen und Institutionen werden in Windeseile abgerissen, mit geradezu apokalyptischer Wut. Die Angestellten der Rathäuser und Planungsämter, die sich der Kommunistischen Partei fügen, erfüllen stumm ihre Befehle und werden dabei von Polizei und Armee unterstützt. Massive Polizeikordons werden um die Kirchen plaziert, die abgerissen werden sollen. Jeder mögliche Protest der Bvölkerung wird im Keim erstickt.« Ein ganzes Viertel wird aus der alten Stadt herausgebrochen. »Das neue Zentrum, das quer zur Nord-Süd-Achse der Hauptstadt verläuft, erzeugt einen brutalen Bruch in der historischen urbanen Struktur. Es erhebt sich wie eine riesige Mauer, die auf fast fünf Kilometer Länge den Stadtgrundriß zerstört, historische Quartiere zerstückelt und zu langen Umwegen zwingt. Unzählige Straßen enden abrupt an dieser Mauer, hier bildet sich eine Wunde, die wohl nie mehr verheilen wird.« Ein Fünftel des alten Bukarest verschwindet für immer, ausgelöscht von der Erdoberfläche. Manche Bauten werden Hunderte von Metern verschoben, meist hinter den neuen Wohnblocks. Die Geschichte der Stadt verschwindet gleichsam hinter dem Rücken der neuen Stadt. Gheorghe Leahu zählt die schlimmsten Verluste auf: »Abgerissen wurden die Gebäude auf dem Hügel Mihai Voda, auf dem der große rumänische Fürst Mihai der Tapfere am Ende des 16. Jahrhunderts ein Kloster errichtet hatte. In den ältesten Kupferstichen und Gravuren ist dieser Hügel als das Wahrzeichen Bukarests dargestellt. Die zugehörige Kirche Mihai Voda wird mit Hilfes eines ausgetüftelten Systems 289 Meter weit versetzt. Ebenso abgerissen wurden das Staatsarchiv und das Militärmuseum, das Institut für körperliche Erziehung und Sport, die Oper, das Brancoveneste-Krankenhaus mit 850 Betten, zwischen 1835-1837 erbaut, die Markthalle in der Piata Unirii, eine hochinteressante Gußeisenkonstruktion, und das Gerichtsmedizinische Institut Dr. Mina Minovici, eines der ersten Gebäude dieser Art auf der Welt, 1892 erbaut.« Die Zahl der zerstörten Kirchen, Klöster, Herbergen und Residenzen des Metropoliten auch außerhalb Bukarests ist Legion. Zu den wichtigsten Gebäuden, die abgerissen wurden, gehören die Klöster Antim und Vacarest, die Kirche Cotroceni und viele andere. Ceaușescu hatte nach dem Erdbeben von 1977, das große Verwüstungen angerichtet hatte, mit den Abrissen begonnen; man half gleichsam nach, so daß rund 10000 unbeschädigte spätklassizistische und Art-deco-Bauten mit insgesamt 70000 Bewohnern beseitigt wurden.

In knapp zehn Jahren wurde Bukarest ein neues »Centru Civil« implantiert, mit Ministerien, Wohnungen, Hotels, einem Haus der Wissenschaft, der Nationalbibliothek, Luxusgeschäften. Im Mittelpunkt steht das »Haus des Volkes« mit einer Nutzfläche von fast einer halben

Million Quadratmetern und Empfangshallen, die für Tausende von Menschen gedacht waren, Fluren, die länger als 250 Meter sind, und Proportionen, die jedes menschliche Maß sprengen. Die Säle schmükken Marmorfußböden, Stuckdecken, edelholzverkleidete Wände und prächtige Kristalleuchter. Nach dem Pentagon und dem Potala-Palast im tibetischen Lhasa soll es der drittgrößte Bau der Welt sein. »Niemals in der Geschichte der Menschheit wurde eine Stadt in Friedenszeiten so verwüstet wie Bukarest unter Ceauşescu. Die Bombardements im Zweiten Weltkrieg, die katastrophalen Erdbeben 1940 und 1977 haben zusammen nicht einmal fünf Prozent von der Substanz zerstört, die zwischen 1977 und 1987 vernichtet wurde. Das am Ort der historischen Stadt errichtete monströse neue Zentrum wird niemals die Erinnerung an das verschwundene Bukarest auslöschen können«. Und die rumänische Historikerin Dana Harhoiu schrieb in ihrer Bukarest-Studie: »Die Jahre der kommunistischen Macht haben die Stadt mit urbanen Projekten markiert, die durch ihre wahre Bedeutung wichtig sind und die nichts anderes sind als eine kulturelle Tragödie in doppeltem Sinne: die eine liegt in der Zerstörung der traditionellen Werte, die zum Gedächtnis der Stadt gehörten; die andere liegt zugleich in der Implantation einer gigantischen Gruppe von Gebäuden im sensibelsten Teil der Stadt, nur mit dem Ziel, die Macht, die dies getan hat, zu feiern. Die Züge dieser Gruppe unterstreichen ihre grundsätzliche Unvereinbarkeit mit der Gestalt und dem Geist der Stadt: willkürlich plaziert im Verhältnis zur natürlichen Topographie, zerbricht sie die Kontinuität der urbanen Struktur; es bringt die Ordnung durcheinander, blockiert die Wege, verändert den Maßstab der Architektur, zerstört die Kohärenz des städtischen Raums und oktroyiert dieses Symbol des Totalitarismus der Atmosphäre der Stadt. Die architektonischen Details, die angeblich postmodern sein sollen, zeigen nur die Mediokrität, die diesem Eingriff in die Stadt zugrundeliegt.«

Die Schneise, die mit dem Centru Civil durch das alte Bukarest geschlagen wurde, war mehr als nur ein Eingriff im Stile Haussmanns, und sie war mehr als nur eine technische Maßnahme zur Verbesserung der Infrastruktur. Es ging um die Zerstörung der Textur der Stadt und die darin aufgehobene Geschichte. Diese Textur war in Bukarest vielleicht empfindlicher als anderswo. Bukarest war als Handelsplatz an den Nord-Süd-Straßen und als Sitz der walachischen Fürsten unter dem Einfluß von Byzanz/Istanbul gewachsen. Bukarest kannte keinen Befestigungswall, keine scharfe Trennung von Stadt und Land. Das schlug sich bis ins 20. Jahrhundert nieder in den für Bukarest typischen Gärten und Höfen, in einer von Reisenden immer wieder bemerkten Ländlichkeit. Das organisierende Prinzip scheinen die Kirchen, die Kirchgemeinden, die Herbergen (Han), die Märkte und die fürstlichen Residenzen gewesen zu sein. Bukarest hatte kein Zentrum, Bukarests Grundriß ist polyzentrisch. Die Stadt erinnert an einen dicht geknüpften Teppich, durch den sich einige kräftige Linien ziehen, die etwas größeren Straßen und Arterien, die meist späteren Datums sind. So dehnt sich die Stadt über ein weitgehend ebenes Gelände, ohne je eintönig oder langweilig zu sein. Bukarest, so die Historiker Luminita Machedon und Ernie Scoffham, ist eine »horizontale Stadt«. Der städtische Raum wird von diesen Knoten aus Kirchen, Klöstern und Hans organisiert. Wo immer man sich in Bukarest bewegt, man stößt auf diese intime, nicht-pompöse Figur des städtischen Raumes. Die Kirchen, manche aus dem 16. und 17. Jahrhundert, fallen durch den sog. »walachischen Stil« auf: meist auf dem Grundriß einer byzantinischen Basilika, mit Kuppel auf einem Tambour, die Außenwände in gestreiftem Mauerwerk mit Ziegelleisten, das Innere mit Ikonostas und in Dunkel gehüllt. Man kann diese Textur studieren, wo sie durch Zufall unversehrt geblieben ist, wie im Lipscany-Viertel, das offenbar der Aufmerksamkeit Ceauşescus entgangen war. Es handelt sich um ein Quartier mit ein- bis dreistöckiger Bebauung. Auf seinem Areal, so dicht, daß es kaum Gärten und Parks gibt, wie sie sonst für Bukarest typisch sind, finden wir die Überreste eines großen Han und des alten Fürstenhofes. Hier war der Knotenpunkt der Handelsstraßen.

Zur Bukarester Textur gehören aber auch ganz anders geartete Viertel. Bukarest ist viele Städte in einer, nicht übereinander gelagert, sondern nebeneinander, nicht als eingeschmolzene Schichten, sondern oft hart an den Kanten auf- und gegeneinander stoßend. So finden wir neben alten Handels- und Handwerkervierteln weite Areale mit Gärten und Parks und den Villen und Palais der Bojaren. Es gibt dichte großstädtische Bebauung aus dem 19. Jahrhundert an der Calea Victoriei und im Bankenviertel. Entlang den Boulevards Magheru und Balcescu hat das Bukarest des 20. Jahrhunderts Gestalt angenommen in einer einzigartigen Ansammlung von Hochhäusern im Bauhaus-Stil. In Bukarest gibt es auch ein Viertel, in dessen Parks sich die Paläste, Villen und Einrichtungen der Monarchie konzentrieren. Bukarests bevorzugte Wohngegend liegt im Norden, wo auch die großen Parks von Herastrau und Floresca liegen. Und es gibt riesige Neubaugebiete, die trotz des Talents rumänischer Städtebauer und Architekten ebenso unansehnlich wirken wie in anderen Städten des ehemaligen Ostblocks auch. Bukarest ist eine Stadt extremer Kontraste: das Großstädtische prallt auf das bojarische Stadtpalais in einem üppigen und tiefen, von einer Mauer umschlossenen Park. In weiten Teilen mutet die Stadt an wie eine Gartenstadt der Villen in allen Stilen: klassizistisch, historistisch, Jugendstil, Bauhaus, neorumänisch. Man hat den Eindruck, daß der ganze Reichtum des Landes sich hier verausgabt hat.

Das Schauspiel der Stadt verbindet sich je nach Jahreszeit mit dem Schauspiel der Natur: im Frühling, wenn alles in frisches Grün getaucht wird, im Sommer, wenn es kühl bleibt in der Stadt, über die der Staub aus der walachischen Ebene weht, im Herbst, wenn die Stadt in allen Farben zu leuchten anfängt, im Winter, wenn sie still und durchsichtig geworden ist. Die Jahreszeiten spürt und sieht man hier mehr als anderswo. Das Genie der Planer des ausgehenden 19. Jahrhunderts und der Autoren des Masterplans von 1934 hatte darin bestanden, daß sie durch ein System herausgehobener Plätze diese Textur durchschreitbar gemacht und so zusammengefügt haben, anstatt sie durch brachiale Eingriffe zu zerstören und auseinanderfallen zu lassen.

Bukarest galt vor dem Krieg als das »Paris des Ostens«. Mit seinem Namen wurden Reichtum, Luxus, Eleganz und Nachtleben assoziiert. Bukarest war die Hauptstadt eines Landes, das auf der Seite der Entente, also der Siegermächte, aus dem Ersten Weltkrieg hervorgegangen war und zu den Hauptgewinnern der Nachkriegsordnung gehörte. Bukarest feiert sich als vorgeschobener Posten der romanischen Kultur, als Enklave des Westens im slavisch-byzantinischen Osten. Schon die Modernisierung der 1881 zu Rumänien vereinigten beiden Donaufürstentümer Moldau und Walachei vollzog sich trotz des aus dem Hause Hohenzollern-Sigmaringen berufenen Königs unter französischem Einfluß. Diesen Einfluß kann man bis heute am Bukarester Stadtbild ablesen: Albert Galleron und Marie Joseph Cassien Bernard hatten im Bankenviertel 1883-1885 die Nationalbank gebaut, einen monumentalen Bau im florentinischen Neorenaissance-Stil mit schweren Quadern, korinthischen Säulen und einer gewaltigen Schalterhalle. Der französische Stararchitekt Paul Gotterau hatte 1896-1900 an der Stelle einer alten Klosterherberge das Hauptgebäude der Sparkasse errichtet, mit einem gewaltigen Arkadenbogen über dem Eingang, vier kuppelgekrönten Eckbauten und einer eindrucksvollen Schalterhalle. In der alten Börse von 1907 mit einem mächtigen Eckbau ist heute die Nationalbibliothek untergebracht. Gotterau hatte 1891-1893 auch den Umbau des königlichen Palastes in Cotroceni geleitet. Weitere Musterbeispiele der französisch-bukarester Architektur sind das Hauptpostamt mit seinen breiten Treppenaufgängen im Stil der französischen Renaissance – heute ist dort das Nationalmusum untergebracht – und der Justizpalast, gebaut von Professor Albert Ballu von der Ecole des Beaux-Arts in Paris. Auch das Athenäum, der zentrale Musik- und Veranstaltungsort Bukarests ist 1886-1888 von Albert Galleron entworfen worden. Parallell zu diesem französischen mainstream aus Historismus und Eklektizismus gab es eine kräftige Strömung, die sich die Entdeckung, ja Entwicklung eines »reinen« und authentischen rumänischen Stils auf die Fahnen geschrieben hatte. Solche Beispiele des neorumänischen Stils kann man finden im Bau des Ministeriums für öffentliche Arbeiten und Verkehr von 1906-1910, das heute als Rathaus der Stadt Bukarest dient (Architekt: Petre Antonescu), in der Architekturschule von Cristofi Cerches von 1917, dem rumänischen Bauernmuseum von 1906-1912, aber auch in einem so luftig-anmutigen Bau wie dem Restaurant Doina mit seinen Veranden und Treppenaufgängen im Kiseleff-Park. Die Vertreter des neorumänischen Stils – Ion Mincu, Petre Antonescu, Nicolae Ghica-Budesti, Cristofi Cerches – wollten byzantinische Elemente aus dem Repertoire der rumänischen religiösen Traditionen wiederbeleben, trieben eifrige historische Studien und kümmerten sich um den Denkmalschutz. Vergleichbare »puristische« Bestrebungen gab es auch in der Malerei und Literatur.

Eine Verdichtung des »Paris des Ostens« kann man studieren, wenn man die Calea Victorie hinabspaziert, vom Siegesplatz mit dem Triumphbogen her. Die Straße, die an die Heimkehr der ruhmreichen Truppen aus dem russisch-türkischen Krieg 1877-78 erinnert, der Rumänien die Unabhängigkeit von der türkischen Oberherrschaft gebracht hatte, ist eine wahrhafte Enzyklopädie des ausgehenden 19. Jahrhunderts. Im oberen Drittel findet man Villen und Stadtpalais, etwa das Museum des bedeutendsten rumänischen Komponisten George Enescu. Es ist untergebracht in einer 1900 für eine griechische Phanariotenfamilie aus Konstantinopel gebauten Villa im schönsten Neobarock mit einem wunderbaren Garten. Zahlreiche Bojarenpalais mit erstaunlich gut erhaltenen Interieurs säumen die Straße: das Ghica-Palais von 1884 von J. Berthet, die Akademie der Wissenschaften mit einem Neubau von Duiliu Marcu aus den 1930er Jahren, das Haus der Schriftsteller, eine Villa von Ion Mincu aus den Jahren 1887-1889 mit prächtigen Interieurs, das Museum für Keramik und Glas, auch dies ein Bojarenpalais, gebaut von Michel Sanjouand.

Am Revolutionsplatz, der uns von den Live-Übertragungen im Dezember 1989 schon bekannt ist, beginnt ein anderer Abschnitt der Bukarester Baugeschichte. Dort sieht man das legendäre Hotel Athenée Palace, das 1912 im »französischen Stil« errichtet, in den 1930ern als Art-Déco-Hotel von Duiliu Marcu umgebaut wurde und mittlerweile als Hilton Hotel geführt wird. Am Platz konzentrieren sich der alte Königspalast, jetzt Kunst-Nationalmuseum, die Universitätsbibliothek, das alte Innenministerium, später kommunistische Parteizentrale, jetzt Senat, und auch das Rumänische Atheneum von 1886, das nicht nur ein Konzerthaus, sondern ein Monument der rumänischen Staatlichkeit ist, weil hier 1919 die Konstituierung Großrumäniens erfolgt war. An einigen Gebäuden sind noch Einschüsse vom Dezember 1989 zu sehen, an der Ecke Dobrescu/Boteanu-Straße ein ausgebranntes Gebäude der Securitate. Unterhalb des Revolutionsplatzes beginnt wieder ein anderer Abschnitt. Bis zum monumentalen Bau des Cercul Militar erstreckt sich die »Laufmeile«, der alte Corso mit Hotels, Geschäften und dem legendären Café Capsa, in dem sich alles von Rang und Namen traf – Enrico Caruso, Poincaré, Josephine Baker etwa. Dort steht auch der Art-Déco-Telephon-Palast von 1933, errichtet von amerikanischen Architekten und inzwischen vollständig renoviert und auf der Höhe der neuesten Informationstechnologie.

Boulevard Magheru: Amerika in Europa

Le Corbusier hatte 1911 bei seiner Rumänienreise Bukarest als Stadt »voller Paris« bezeichnet, aber hinzugefügt: »die doch viel mehr ist als nur das«. Nach 1918 war Bukarest Hauptstadt Großrumäniens geworden, eines Staates, dessen Territorium durch die Angliederung Bessarabiens, der Bukowina, Transsylvaniens und des Banats sich um mehr als die Hälfte vergrößert hatte. Zwei Jahrzehnte Friedenszeit, in denen sich Rumänien verwandelte: mit Agrarreformen zur Aufteilung des großen Landbesitzes, allgemeinem Wahlrecht, einem neuen Personal in der politischen Arena. Rumänien war nach 1918 auf der Seite der Sieger, der sog. Kleinen Entente, und Mitglied des Völkerbundes. Ausländisches Kapital strömte ins Land: in die Entwicklung der Öl-, Gas- und Flugzeugindustrie. Aber auch Rumänien geriet – wie andere Staaten des östlichen und südöstlichen Europa Mitte der 30er Jahre – in eine tiefe Krise, die dem Autoritarismus und Faschismus den Boden bereitete. Vielleicht gab es nirgends einen so mörderischen Antisemitismus und auftrumpfenden Terrorismus wie in dem von dem Intellektuellen Corneliu Codreanu und seiner »Eisernen Garde« verunsicherten Rumänien, in dem schließlich 1938 die Verfassung suspendiert wurde und 1940 General Antonescu König Carol II. zur Abdankung zwang. 1941 trat Rumänien an der Seite Deutschlands in den Krieg gegen die Sowjetunion ein. 1944 wurde das Land von der Roten Armee erobert und Antonescu hingerichtet. 1947 mußte König Michael abdanken, und von 1948 bis 1989 war ein stark nationalkommunistisch orientiertes Regime an der Macht, das das Land in den Ruin führte.

Die Spuren des Booms der Zwanziger- und Dreißigerjahre sind in

Bukarest bis heute sichtbar. Bukarest war von 380000 Einwohnern im Jahre 1918 auf 870000 im Jahre 1939 angewachsen. Die Stadt erlebte einen beispiellosen Bauboom: öffentliche Bauten, Einfamilienhäuser und Villen, Wohnhäuser, Fabriken, Krankenhäuser und Sportanlagen. »In der städtischen Entwicklung war Bukarest 1918 an die fünfzig Jahre hinter seinen Rivalen zurück; aber um 1939 schien es den meisten zwanzig Jahre voraus zu sein«, meinen Ludminitai Machedon und Ernie Scoffman. Wer waren die Träger dieser Entwicklung? Es war nicht so sehr der Staat, sondern eine wachsende und prosperierende Mittelklasse. Rumänien suchte nun seinen eigenen Stil, weg vom französischen Einfluß, vom Akademismus, Historismus, den verschiedenen Neo-Ismen. Die Suche nach dem eigenen Stil führte einerseits die Linie des neorumänischen Stils fort, der das byzantinisch-türkische Erbe neu interpretierte und sich gegen den Eklektizismus wandte. Die andere Strömung aber war der Internationale Stil, die sog. »Weiße Moderne«, »das Bauhaus«.

Sein Monument, seine in Ausmaß, Gestalt und Kompaktheit in Europa bis heute einzigartige Hinterlassenschaft ist die Achse entlang dem Boulevard Gheorghe Magheru und Boulevard Nicolae Balcescu. Die Achse selbst war schon 1883 angelegt worden und schuf eine Nord-Süd-Durchfahrt des Zentrums. Als Teil des Masterplans von 1934-35, der schon die Prinzipien der Charta von Athen zugrundegelegt hatte, legte sich über die alte Stadtstruktur ein neuer Grundriß, es mußte kaum etwas abgerissen werden. Die beiden Boulevards sind jeweils an die 1,2 Kilometer lang und zwischen 30 und 50 Metern breit. Sie verbinden zwei wichtige Plätze der Stadt: die Piata Romana und die Piata Universitatii. Sie war die Parallelle, ja die Rivalin der alten Königsstraße, der Calea Victoriei. An den Plätzen querten die Ost-West-Achsen, und am Universitätsplatz sollte das größte Projekt – ein multifunktionales Stadthaus – errichtet werden, das allerdings durch den Ausbruch des Zweiten Weltkrieges unrealisiert blieb.

Die ersten Gebäude wurden 1929 und 1931 von Horia Creanga und Haralamb Georgescu errichtet. Vorgesehen waren Bauten mit 70, manchmal auch 100 Prozent Wohnungen. In den Erdgeschossen und unteren Etagen waren Geschäfte und Büros geplant, was eine lebendige Mischung erzeugen sollte. Auch zwei Hotels – das 12-stökkige Ambassador und das neu erstandene Lido – sowie drei Kinos – von George Cantacuzino, Horia Creanga und Haralamb Georgescu und das Scala-Kino von Rudolf Fraenkel – waren dabei. Die Geschoßhöhen variieren zwischen 2 und 11 Stockwerken und sind zudem wie Plastiken mit zurücktretenden und stufenförmig ansteigenden Geschossen gebaut, so daß niemals der Eindruck einer Straßenschlucht entsteht. Es sind die turmartigen Eckgebäude an den Straßenkreuzungen, die dem ganzen Boulevard einen eigentümlichen, fließenden Rhythmus geben. Oft sind die Hauseingänge zurückgesetzt, die glatte Linie der Geschäfte und Schaufenster wird unterbrochen. Der Blick geht trotz der Hochhäuser eher in die Horizontale als in die Vertikale. Trotz der in kurzer Frist errichteten Gebäude – ein gutes Jahrzehnt – mit ihrer großen stilistischen Einheit, ist die Bebauung abwechslungsreich, dynamisch, wuchtig, markant. Die Gebäude sind individuelle »Persönlichkeiten«, und sie haben auch einen Namen: sie heißen ARO, Scala, Carlton. Fast jedes Gebäude kommt als Punkt für eine Verabredung in Frage, weil es eine eigene, merkbare Physiognomie hat.

Es liegt bis heute etwas Belebendes, Erfrischendes im Anblick dieser Gebäude. Man fühlt sich animiert von der ungehinderten Bewegung auf dem Boulevard, auf dem man jederzeit gut vorankommt. Die Trottoire sind breit. Man flaniert an den Auslagen vorbei, die es nun wieder gibt – und es gab kaum etwas Traurigeres in Ceauşescus Zeit als die leeren Schaufenster des einstigen Luxus-Boulevards. Man fühlt sich nicht erschlagen. Die Gebäude haben, wenn es so etwas gibt, zivile Proportionen – dies ist wichtig in Städten wie Bukarest, die die Erfahrung der Unmaßstäblichkeit und eines tödlichen Monumentalismus am eigenen Leib haben spüren müssen. Einer der herausragenden Architekten Bukarests, Horia Creanga, hat geradezu eine Philosophie der Bewegung formuliert. »Die großen Boulevards sollen selber Monumente einer einzigartigen Einfachheit sein. Die Bewegung der Fahrzeuge wird der Horizontalität der Gebäude entsprechen. Die Monotonie wird durch die vertikalen Baublöcke gebrochen, die von der Hauptfassade zurückgesetzt sind, um nicht die horizontale Linie zu unterbrechen. Monotonie wird gebrochen durch Proportionierung und Dynamik der Verkehrsarterie.«

Das siebenstöckige ARO-Gebäude von Horia Creanga wurde zum Musterbau der rumänischen modernen Architektur. Das Gebäude steht an der Kreuzung von Gheorghe Magheru Boulevard und D.A. Sturza Straße an einem trapezförmigen Platz, es enthält 73 Appartements, Geschäfte und ein Kino, das 1934 eingebaut wurde. Das Besondere ist der Tower, der die beiden Seiten des Gebäudes zusammenhält. Die Errichtung dieses Gebäudes an dieser Stelle hatte einen mächtigen Einfluß. Es gab gleichsam den Ton der in diesem Jahrzehnt errichteten Bauten vor. Zu Beginn des Zweiten Weltkriegs entfaltete der neu bebaute Boulevard seine größte Schönheit. Das war nicht mehr das »Paris des Ostens« oder eine porta orientis, sondern ein Tor in die neue Welt. Marcel Janco, ein anderer Wortführer der Bukarester Moderne, hatte 1935 in »Bukarest Utopie« geschrieben: »Wer immer Bukarest heute nach zwanzig Jahren Abwesenheit sieht, hat Schwierigkeiten es wiederzuerkennen.« Bukarest liegt in einer seismisch aktiven Zone und wurde 1940 und 1977 von schweren Erdbeben erschüttert, bei denen Tausende Einwohner starben. Aber auch Gebäude am Boulevard sind zerstört worden. Dazu gehört auch der Carlton Tower von Cantacuzino von 1930-32, das höchste Gebäude in Bukarest, und der 12-stöckige Wilsonblock, der 1977 einstürzte. Weitere herausragende Gebäude sind das Wohnhaus der Landwirtschaftsbank, das Wohnhaus der Bergbaukredit-Gesellschaft von 1933, das superelegante Cinema Scala von Rudolf Fraenkel, das Palladio Apartmenthaus am Boulevard Magheru 43 und das von Herman Clejan entworfene Gebäude der Sonne Versicherungsgesellschaft am Boulevard Balcescu 22 von 1935 sowie das Burileanu-Malaxa-Apartmenthaus am Boulevard Balcescu 35. Die gesamte Elite der rumänischen Architekten hat sich entlang der beiden Boulevards ein Denkmal gesetzt: George Matei Cantacuzino, Duiliu Marcu, Arghir Culina, Ion Garcea, Emil Nadejde, Marcel Locar, Ion Giurgea, State Balosin.

Die Weiße Moderne verdichtet sich zwar an den Boulevards, ist aber auch sonst in den Stadt mit repräsentativen Bauten zu sehen, so daß Bukarest als eine von ihr geprägte Stadt bezeichnet werden kann: besonders eindrucksvoll der Telephon-Palast von 1933, der mit seinen 9 Stockwerken und 53 Meter Länge das höchste Gebäude Bukarests war – gebaut von Albi Van-Saanen, Walter Froy und Louis Week –, vor allem aber die zahlreichen Villen und Privatbauten. Man sieht den Nachklang der Moderne noch in den monumentalisierenden Bauten etwa der Hauptverwaltung der Rumänischen Eisenbahn vis-à-vis vom Nordbahnhof oder in der Militärhochschule (Architekt: Duiliu Marcu, 1937). Der weitere Ausbau von Bukarest wurde durch den Krieg unterbrochen. Ungebaut blieb, wie so viele Projekte der Zwischenkriegszeit, das monumentale Stadthaus, das dort errichtet werden sollte, wo heute das Hotel Intercontinental und das neue Nationaltheater stehen.

Europäische Form

Die Bukarester Avantgarde war ein Knotenpunkt der europäischen Moderne. Rumänen hatten schon vor dem Ersten Weltkrieg an der Ecole des Beaux Arts in Paris oder an der Rumänischen Schule in Rom studiert, Rudolf Fraenkel hatte bei Erich Mendelsohn in Deutschland gelernt. Der Bildhauer Constantin Brancusi, der Maler Max Mary, der Dichter Tristan Tzara, der Philosoph Mircea Eliade, der Dramatiker Eugene Ionesco – sie alle waren Rumänen von europäischem Format. In Zürich waren während des Ersten Weltkriegs Marcel Janco, Tristan Tzara, Hans Arp, Richard Huelsenbeck, Ion Vinea zusammengetroffen und Geburtshelfer des Dadaismus geworden. Anders als in den meisten kulturellen Szenen des östlichen Europa stand die Avantgarde nicht auf der (radikalen) Linken. Das vielseitige Genie Marcel Jancos war es, das die Bukarester zusammenbrachte. Ein weiterer war Horia Creanga, der seine Ausbildung in Paris bekommen hatte und mit dem ARO-Gebäude den paradigmatischen Bau der Bukarester Moderne abgeliefert hatte. Noch heute kann man in den Antiquariaten am Boulevard Magheru Architektur- und Kunstzeitschriften aus ganze Europa finden. Marcel Janco und Horia Creanga als die theoretischen Köpfe und Inspiratoren formulierten, wofür bis heute die Figur der Bauten an den Bukarester Boulevards steht: das noble Prinzip der Einfachheit. »Ich glaube«, schrieb Creanga, »daß wenn der augenblickliche Wandel abgeschlossen ist, die Architektur sich frei in Richtung einer Aristokratisierung der Form durch Einfachheit entwickeln wird. Diese Kunst wird einmal mehr den höheren und aristokratischen Geschmack für einfache Linien befriedigen – die subtilen und reinen Versuche, für das Unendliche eine Form zu finden. Diese Kunst wird einen verfeinerten ästhetischen Sinn produzieren, der die Augen unbeschwert entlang von sanften Linien führen wird, die wir heute nur noch am Meer antreffen.« Über den Einbruch der einfachen Form schrieb Janco: »Der künstlerische Optimismus der jüngeren Generation hat die Bemühungen der Architekten zurück zu den Ursprüngen geführt: Oberflächen, Volumina, Material und Raum. Es hat niemals eine sensiblere Verwendung des Wunders der reinen Form gegeben.« Und noch einmal Horia Creanga: »Ein aufrichtiger und einfacher Ausdruck moderner Bedürfnisse – das ist unsere Architektur. Es ist keine Modelaune; das Nützliche und das Schöne sind uralte Wahrheiten«. Horia Creangas Credo könnte auch das Motto für die Bebauung der Bukarester Boulevards sein: »Woraus besteht die neue Architektur? Zuerst – aus Einfachheit. Wohlproportionierte und kraftvolle Volumina, gerade Linien, Oberflächen ohne überflüssiges Dekor. Horizontale Fenster als Fries, so daß sie der allgemeinen horizontalen Linie der Straße entsprechen, ersetzen die altmodischen mit Balkonen geschmückten Löcher, die als Fenster genutzt werden... Zweitens besteht die neue Architektur auf Komfort, der auf fortschrittlicher Technologie basiert. Die rationale Teilung in Appartments, jedes Teil hat seiner Funktion entsprechend seinen Ort. Technische Fortschritte eliminieren die negativen Auswirkungen, die das Wetter früher auf die Konstruktion hatte... Ein nüchterner und einfacher Ausdruck der modernen Bedürfnisse – das ist unsere Architektur. Sie drückt das Schöne aus durch Einfachheit und das Nützliche durch Komfort.« Die Bukarester Architekten waren sich des europäischen Rangs ihrer Arbeit durchaus bewußt, wenn Duiliu Marcu 1931 über den Zusammenhang zwischen der Arbeit an einer neuen Form und der Arbeit an einem neuen Europa schrieb: »Die modernistische Bewegung ist noch mehr gerechtfertigt und verständlich nach dem Krieg, da der internationale Geist die Menschen beseelt, die bereit sind, die Grenzen zwischen den einzelnen Ländern zu beseitigen und die Vereinigten Staaten eines besseren Europa zu bauen und so die nationalistischen Strömungen einzudämmen.«

Wiederbelebte Stadt

Die von Duiliu Marcu beschworene Bewegung brach ab: durch den Krieg, durch die Korruptheit der Eliten, die Pest des Chauvinismus und Antisemitismus, den Geist der Gewalt, das durch Nationalsozialismus und rumänischen Faschismus über das Land gebrachte Unglück, durch die Etablierung der kommunistischen Macht, die mit dem internationalen Stil sowenig anzufangen wußte wie mit der Klasse, die die rumänische Moderne getragen hatte. Was hatte Bukarest, das ganze Land nicht alles verloren durch die Kriegsallianz mit Deutschland, durch die mörderische Judenpolitik der Deportationen nach Transnistrien und die nach dem Krieg betriebene Politik eines forcierten Exodus zunächst der rumänischen Juden, die überlebt hatten, und dann die Diskriminierung von Ungarn und Rumäniendeutschen!

Die Beziehungen zu Europa wurden gekappt, obwohl Rumänien in den 1960er und 1970er Jahren eines der wenigen Ostblockländer war, die auf ihrer nationalen Souveränität bestanden hatten und gegenüber dem Westen relativ offen waren. Bukarest in den 1980er Jahren war eine Stadt der Angst, eine Stadt der Securitate, eine Stadt, in der die Lichter ausgegangen waren. In den Zügen war es eiskalt, man mußte ein Streichholz anstecken, um den reservierten Platz zu finden, den dampfenden Atem vor dem Gesicht. Ich erinnere mich an gespenstische Szenen in der Bukarester Metro. Die Züge fuhren nur in großen Abständen. Die Menschen standen wie Sardinen eingepfercht im Halbdunkel und warteten, bis sie endlich losfuhren. Die Geschäfte waren leer. Es war überall kalt, selbst in einem meist nur von Ausländern frequentierten Hotel wie dem Ambassador mußte man im Winter 1988 im Mantel schlafen. Auch in stark besuchten Kneipen gab es nichts zu essen. Selbst die Zigeuner, die mit ihren Instrumenten durch die kalten und dunklen Bierkneipen zogen, hatten ihren Humor verloren. Bukarest hatte die Züge einer Geister- und Gespensterstadt angenommen. Das Leben hatte sich nach innen verkrochen. Eine sterbende Stadt. Bukarest, einst »Paris des Ostens«, war nur noch der Schatten seiner selbst. Das früher weltläufige Bukarest war zusammengeschrumpft auf die Enklaven der in Bukarest studierenden Palästinenser und Libanesen, auf einen Transitpunkt der nach Israel emigrierenden Juden und ein paar unverwüstliche Westeuropäer, die ihre Firmenvertretungen aufrechterhielten. Es war ein deprimierendes Bild. Zwischen Ceaușescu-Kommunismus und Paris des Ostens gab es keine gemeinsame Sprache. Der Kommunismus, auch ein so nationalistischer Kommunismus wie der rumänische, war antibürgerlich, antiurban, anti-kosmopolitisch, und die Wiederkehr eines zivilgesellschaftlichen Lebens war an die Befreiung von diesem tödlichen Regime gebunden.

Die Befreiung und die Regenerierung eines normalen Lebens ging in den grellsten Farben und Formen vor sich. In den Jahren nach 1989 konnte man bei manchen Bukarest-Besuchen Angst bekommen: angesichts der Müllberge, die der Wind wie Sanddünen vor sich hertrieb, weil die Stadt mit der neuen Form des konsumistischen Verpackungsmülls nicht mehr fertig wurde; angesichts der Horden von verwahrlosten Kindern, die den auf dem Nordbahnhof ankommenden Reisenden auf den Leib rückten; angesichts der permanenten Kontrollen durch Leute, von denen man nicht wußte, ob sie Räuber oder korrupte Polizisten waren; angesichts der Rudel von wilden und verwilderten Hunden, die durch die Stadt zogen; angesichts der Demagogie von Leuten des alten Regimes, die nun aber die Seite gewechselt hatten, um dort wie bisher ihr Glück zu machen. Und doch hat in all dem Elend, in dem Schmutz, in dem Chaos in der Zeit nach 1989 wieder etwas begonnen: das Herz der Stadt schlägt wieder. Bukarest hat wieder zu leuchten begonnen.

Herbst 2004

SANKT PETERSBURG – STADT AM MEER, STADT AM BELOMOR-KANAL

Sankt Petersburg liegt am Meer, aber auch am Belomor-Kanal. Der Belomor-Kanal verbindet das Weiße Meer und die Ostsee. Er wurde 1932 bis 1934 in Rekordzeit errichtet. Zweihunderttausend Sklavenarbeiter schufteten in der Kanalzone, Zehntausende kamen dabei ums Leben. Sowjetische Schriftsteller, darunter so berühmte wie Maxim Gorki und Viktor Schklowski, haben in einem berühmt-berüchtigten Kollektiv-Opus dieses wirtschaftlich mehr als zweifelhafte und mit Hekatomben von Menschenleben erkaufte Projekt des Stalinschen Gulag besungen und für die Nachwelt dokumentiert. Noch heute ist die populäre Papirossymarke Belomor-Kanal im Verkauf. Sankt Petersburg, damals Leningrad, war eine Stadt im Schatten der Lagerzone und Hafenstadt am berüchtigten Kanal. Die Beziehung zwischen Stadt und Kanal ist nicht erdacht oder konstruiert. Ein berühmter Petersburger Gelehrter, Nikolaj P. Anziferow, der Autor des legendären Buches *Die Seele Petersburgs* aus dem Jahre 1922 und einer der Begründer der sowjetischen *urban studies*, war Anfang der 1930er Jahre Häftling am Belomor-Kanal. Er hat in seinen Memoiren sowohl über die alte Hauptstadt, aus der er deportiert wurde, berichtet, als auch über Medweshegorsk, den Verwaltungsmittelpunkt der Belomor-Lagerzone, der bald zur »Hauptstadt der russischen Intelligenzija«, die dort inhaftiert war, wurde. Auch heute ist es von Petersburg bis zum Kanal nur ein paar Stunden Bahnfahrt auf der Strecke nach Murmansk.

In jenem Kollektivwerk über den Belomor-Kanal, erschienen in Moskau 1934, ist explizit der Bezug zwischen Kanal und Leningrad hergestellt. Unter dem Titel »Wir warten auf die Hilfe aus Leningrad« heißt es dort:

»Leningrad – das ist der Endhafen der Weißmeer-Ostsee-Route. Damit dieser Schiffahrtsweg möglich wurde, mußten Staudämme an der Newa und am Swir errichtet werden. Der Wasserspiegel steigt, bahnt dem Schiff den Weg und liefert Energie für die Elektrostation.

Leningrad ist mit dem Weißmeer-Kanal verbunden über Telegraphenleitungen und wird bald durch Hochspannungsleitungen verbunden sein.

Der Belomor-Kanal ist die ureigenste Sache des Leningrader Proletariats. Das Leningrad Gebietspartei-Komitee, die Leningrader OGPU sind mit allen Fragen des Kanalbaus befaßt.

Dreißig Leningrader Betriebe erfüllen Aufträge des Belomorstroj. Sie übererfüllen den Plan in noch kürzeren Fristen als die ungeduldigen Erbauer des Kanals sie gesetzt haben.

Der Betrieb »Roter Putilow-Arbeiter« produziert Eisentore, Metallteile für Schleusen und Schlösser, das Kirow-Werk stellt Drehhebel her. Ausrüstungsteile des künftigen Kanals werden hergestellt von den Fabriken Marty, Karl-Marx, Russki Diesel, Krasny Treugolnik. Vierzehn Prozent aller Aufträge des Belomorstroj werden von Betrieben aus der Stadt Lenins erfüllt.

Mit den Aufträgen für die Betriebe, den Frachten des Weißmeerkanals, den Erbauern des Weißmeerkanals beschäftigt sich Kirow, er selbst reist in die Kanalzone. Mehr als einmal hat man auf der Trasse die Genossen Medwedjew und Saporoshez, die Führer der Leningrader Tschekisten, gesehen.«

Die Nachbarschaft von Gulag und Leningrad, von Lagerwelt und Stadt wirft die Frage danach auf, wie sich der Stalinismus auf die Entwicklung der alten Hauptstadt ausgewirkt hat.

Der Diskurs über den »Petersburger/Leningrader Text«

Der Zusammenhang von Wasser und Stadt ist ein klassischer Topos im literarischen Diskurs zum Petersburger Text, wie er von der Moskau-Tartuer kultursemiotischen Schule um Juri Lotman formuliert worden ist. Lotmans Studien handelten vom Petersburger Stadttext, vom Verhältnis von Natur und Artefakt, von Linie und Fläche, von Materie und deren Spiegelungen, vom Verhältnis von festem Land und Wasser.

Das Wasser spielte für Leningrad/Petersburg tatsächlich von Anfang an und bis heute eine zentrale, ja konstitutive Rolle. Petersburg wurde gegründet als Hafenstadt und Hafen am Meer, Tor nach Europa zu sein war seine Mission. Die Stadt funktionierte nur über und mittels des Wassers. Das Leben in der Stadt hing an den Brücken, die die trennenden Wasserflächen überqueren. Die Stadt änderte ihren Zustand, je nach dem Aggregatzustand des Wassers. Im Winter wurde, wie die Photographien um 1900 zeigen, das Eis der Newa befahrbar, es werden Straßen, Pferdebahnen oder Eisenbahngleise verlegt, im Sommer waren die Fluß- und Meeresarme vielbefahrene Wasserstraßen. An Festtagen wie den Jubiläumsfeiern von 1903, wurde die Petersburger Wasserlandschaft zum Schauplatz phantastischer Regatten und Schiffsparaden. Über das Wasser kam die Kohle aus Wales und der Torf aus der Umgebung, mit denen die Petersburger Kraftwerke vor 1914 beliefert wurden. Die ersten Elektrizitätswerke arbeiteten an der Mojka und an den Kanälen. Die Stadt war aber auch immer vom Wasser, vom Meer her verwundbar. Sie mußte Forts haben, die den Zugang versperrten – angefangen von der Funktion Schlüsselburgs, der Peter-und-Paul-Festung, der Anlage von Kronstadt im Jahre 1704 bis hin zu den Kämpfen im Bürgerkrieg um Krasnaja Gorka und dann im Zweiten Weltkrieg. Mit dem Meer sind historische Petersburger Akteure verbunden: die Avantgarde der Revolution, die Matrosen, aber auch die Kronstädter Revolte 1920 gegen die Bolschewiki. Der Leningrader Hafen wurde in den 1920er und 30er Jahren zum Hauptstützpunkt der »Eroberung der Arktis«, ein zentraler Mythos der Stalinzeit – angefangen von der Rettung des italienischen Nordpol-Fliegers Nobile durch den sowjetischen Eisbrecher »Krasin« 1928 oder den legendären Explorationen der Nord-Ost-Passage in den Jahren 1932-1935. Die Stadt im Delta war immer besonders wasserabhängig, wasserempfindlich. Sturmfluten drückten die Ostsee in die Newa-Mündung und setzten die Stadt regelmäßig unter Wasser, so 1824, so 1924. Die durch Wasser übertragenen Infektionen waren Ursache von Epidemien, ständiger Choleragefahr. Viele Petersburger starben an verseuchtem Wasser. Feuer und Wasser, Brände und verseuchtes Wasser bildeten die Hauptgefahren für die Stadt. Massive Uferbebauungen und Feuerwachtürme sind daher klassische Petersburger Bautypen. Kein Bild von Sankt Petersburg ohne die spiegelnden oder aufgewühlten Wasserflächen – bei Alexander Benois, bei Anna Ostroumowa-Lebedewa, bei Mstislaw

Dobushinski. Schließlich war der Weg über das Wasser Rettung in tödlicher Umklammerung: in der Zeit der Leningrader Blockade führte der »Weg des Lebens« über das Eis des Ladogasees.

Die Beziehung Leningrads zum Belomor-Kanal ist eine ganz andere Facette im »Petersburger Text«. Es geht um das Nebeneinander von alter Hauptstadt und Lagerzone, das Nebeneinander von Kultur und Barbarei, und um Leben und Sterben im Stalinismus.

Belomor-Kanal: die Lagerzone vor den Toren der Stadt

Der Belomor-Kanal ist der 227 Kilometer lange Kanal, der vom Onegasee zum Weißen Meer führt und einen Wasserweg zwischen Weißem Meer und der Ostsee herstellt. Er verkürzt den Seeweg von rund 4000 Kilometern von Leningrad nach Archangelsk oder die Reisezeit von zwölf auf drei Tage. Er stellt zudem eine Verbindung nach Leningrad und zum Marienkanalsystem her, das seinerseits den Schiffsweg nach Moskau und zur Wolga eröffnet. Er ist ein hydrotechnisches Großprojekt mit 19 Schleusen, 15 Dämmen, 45 Deichen. Er überwindet zwischen Belomorsk am Weißen Meer und der Powenezer Schleusentreppe am Onegasee in 19 Schleusen einen Höhenunterschied von 69 Metern im Süden und 102 Metern im Norden. Die Kanalstrecke ist so geschickt über eine Kette von Flüssen und Seen geführt, daß der reine Kanalneubau nur 20 Kilometer oder 6% der Gesamtlänge ausmacht. Diese Neubaustrecke durch schwierigsten Untergrund – Fels, Findlinge – hat die meisten Opfer gefordert. Die Navigationsperiode beträgt im Jahr rund 165 Tage. Der Kanal wurde trotz gigantischer Erdbewegungen – bis zu 21 Millionen m^3, davon 10 Millionen m^3 Fels – und trotz der schweren klimatischen Bedingungen binnen einer unglaublich kurzen Bauzeit von rund 20 Monaten in den Jahren 1931 bis 1933 errichtet. Er kostete nach damaliger Rechnung 95 Millionen Rubel. Beim Bau des Belomor-Kanals wurde auf originale und bodenständige Materialien und Bautechniken zurückgegriffen – hier vor allem der Bau der Schleusenkammern und Schleusentore aus Holz, d. h. Baumstämmen, die Errichtung von Wehren und Dämmen durch ganz primitive, aber wirkungsvolle Verfahren und Methoden – berühmt war damals ein »Ford des Belomor-Kanals« genanntes Vehikel zum Lastentransport. Der Weißmeer-Ostsee-Kanal kann sich mit seinen 227 Kilometern und seinen 21 Millionen m^3 Erdbewegungen sehen lassen: der Suez-Kanal ist 160 km lang und erforderte die Bewegung von 75 Millionen m^3, der Panamakanal ist 81 km lang und versetzte 212 Millionen m^3, der Nordsee-Ostsee-Kanal ist 120 km lang und bewegte 180 Millionen m^3.

Man könnte noch viele andere Superlative aufführen, aber der größte Superlativ des Belomor-Kanals ist der ihn umgebende Mythos. Der Belomor-Kanal war eine, vielleicht die erste Großbaustelle des Sozialismus während des Ersten Fünfjahrplans zwischen 1929 und 1933. Belomor ist eine Legende aus technoider Gigantomanie und Menschenverachtung. Belomor ist der erste Ort des Einsatzes von Zwangsarbeit im großen Stil, er ist einer der Gründungsplätze des Archipels GULAG. Hier hat er von Solowki aus auf das Festland ausgegriffen und sich ausgebreitet. Entlang der Kanaltrasse sind nach begründeten Schätzungen mehr als hunderttausend Menschen gestorben an Kälte, Erschöpfung, Krankheiten, Hunger, Arbeitsunfällen. Belomor ist wie andere Orte der Sturm- und Drang-Industrialisierung der ausgehenden Zwanziger- und beginnenden Dreißigerjahre ein Symbol wie Magnitogorsk, wie die Traktorenwerke von Stalingrad, wie die Autowerke von Gorki, wie das Kombinat von Nowo-Kusnezk, wie der Staudamm von Dnjeproges. Belomor ist eine Ikone, ein *lieu de mémoire*. Es gibt vielleicht keinen Ort, an dem so viele Menschen den Tod durch Arbeit erlitten haben, der von weltbekannten Schriftstellern und Dichter besungen worden ist. Belomor spielte zwar in den Wäldern Kareliens, aber die Welt sollte dabei sein: wir haben Photos, die als Klassiker der Geschichte der modernen Photographie gelten. Alexander Rodtschenko hat die Ästhetik der Arbeit auf Platten gebannt, und kaum jemand erkennt in den Bildern die Orte des Sterbens. Zum Belomor-Kanal sind Dichter und Schriftsteller aufgebrochen, um mit dem Belomor-Buch eines der schockierendsten literarischen Werke des 20. Jahrhunderts zu produzieren. Die Blüte der sowjetischen Schriftsteller hatte sich an diesem Kollektiv-Opus beteiligt: Maxim Gorki und Michail Soschtschenko, Dmitri Mirski und Viktor Schklowski, Vera Inber und Bruno Jasinski, Alexei Tolstoj und Valentin Katajew, um nur die bekanntesten von den insgesamt 36 beteiligten Schriftstellern zu nennen. Der 1934 erschienene Band wurde 1937 aus dem Verkehr gezogen und vernichtet, weil darin einige inzwischen als

Volksfeinde entlarvte Funktionäre abgebildet waren wie Genrich Jagoda. Der Belomor-Kanal war nicht eine x-beliebige Großbaustelle, sondern sollte zum Ort der Verwandlung des alten Menschen in den Neuen Menschen werden, zum Ort der *perekowka*, der »Umschmiedung« – wie auch die Zeitung der Lagerzone hieß. Belomor-Kanal – oder in der sowjetischen Abkürzung: BBK – ist ein Synonym für die Schaffung des sowjetisch-stalinistischen Raumes. Belomor ist ein Punkt auf der neuen Karte der UdSSR. Berge werden versetzt und Flüsse umgeleitet. Über den Kanal soll die Reise aus Leningrad, der »Wiege der Revolution«, über die Nordwestpassage in die Mündung des Ob und Jenissei und weiter zur Bering-Straße in den Pazifik gehen. Gleichsam eine Neuentdeckung der Neuen Welt im 20. Jahrhundert. Alles ist möglich für den, der nur will. Die Schwerkraft der Natur wird aufgehoben: »Der Belomor-Kanal ist das erste Glied des Stalinschen Programms zur Rekonstruktion aller Wasserwege der Sowjetunion.« Der Belomor-Kanal besiegelt den Sieg des Menschen über die Natur. Die reiche Natur Kareliens muß besiegt werden, wenn sie ausgebeutet werden soll. Der Sieg des Menschen über die Natur ist wie ein Sieg im Krieg. Die Schlacht um das »Gold Kareliens« – das Holz – ist im Gange. Naturaneignung geht in militärischer Form vor sich. »Kanal-Armisten«, das klingt wie »Rot-Armisten«. Es wird gestürmt, Banner werden vorangetragen, Schlachten werden geschlagen. Der Belomor-Kanal ist der Ort, an dem aus »Schädlingen« nützliche Mitglieder der Gesellschaft, aus Kriminellen arbeitsame, tüchtige Menschen, aus Asozialen sozial denkende und engagierte Menschen werden. Der Belomor-Kanal – die »Schmiede des Neuen Menschen«. Der Belomor-Kanal ist die Realisierung von etwas, wovon vorangegangene Generationen nur geträumt hatten. Es bedurfte der Sowjetunion Stalins, um den uralten Traum von der Verbindung der zwei Meere Wirklichkeit werden zu lassen. Bis auf den heutigen Tag kann man in den karelischen Wäldern die Schneise erkennen, auf der Peter der Große die Schiffe vom Weißen Meer zu den Flüssen schleppen ließ, die zum Onegasee führten. Kaufleute aus Petersburg, aus Petrosawodsk und Archangelsk hatten im 18. und dann noch einmal im 19. Jahrhundert schon die Idee vom Kanalbau. Die legendäre »Freie Ökonomische Gesellschaft« in Sankt Petersburg hatte sich 1867 schon mit dem Projekt beschäftigt. Die Landenge stimulierte die Phantasie: Schleppstellen, Pferdebahnen von Powenez nach Kem, eine Eisenbahnstrecke in Konkurrenz zu den Kanalprojekten. Es mußte erst die proletarische Revolution kommen, um Projekte wie den Belomor-Kanal oder die Turksib-Eisenbahn zu bauen.

Belomor-Kanal oder Belbaltlag ist eine Welt für sich, ein Mikrokosmos der Sowjetunion Stalins, eine Siedlung *sui generis*: eine Lagerzone, bestehend aus einem Völkergemisch, in dem alle Sprachen zu hören sind. Die Leute, Zwangsarbeiter wie freie Arbeiter, kommen von überallher – aus Turkmenistan, der Ukraine, Weißrußland, dem Donbass, aus Baku. Von überall her kommen auch die Aufseher, die Kommandanten der OGPU. Es ist eine Ansammlung der phantastischsten Lebensläufe, wie sie nur anderthalb Jahrzehnte Krieg, Revolution, Bürgerkrieg, Emigration, Flucht, Wanderung durch ganz Europa zustande bringen konnten. Die ganze UdSSR findet sich 1932-1934 in der Kanalzone repräsentiert. Die Kanalzone wird zu einer Hauptstadt des Archipels, zu einem »Museum der Konterrevolution«, zu einer Meisterklasse der Tschekisten der ersten Stunde. Lagerleben an der Trasse ist eine spezifische Lebensform mit Klassen, spezifischen Hierarchien, einem merkwürdigen Alltag. Dort gibt es Restaurants, Agitbrigaden und Zeitungen, es gibt ein Museum und Grundschulen, in denen man lesen und schreiben lernt, es gibt Opernaufführungen, Vorträge über Einsteins Relativitätstheorie oder über die russische Faust-Übersetzung. Ein berühmtes Rodtschenko-Photo, für das heute auf Auktionen hunderttausend Dollar gezahlt werden, zeigt das Blasorchester bei der Einweihung einer Schleusenkammer. Es gibt sogar Belomor-Dichter, die Terentjew, Kremkow, Karelin, Kroskin, Dorofejew heißen. Es finden sich – bildlich auf einem »Abfallhaufen der Geschichte« – die Repräsentanten der untergehenden Klassen: Kulaken, Kulakensöhne, Popen, Prostituierte, Nep-Leute, Mullas aus Aschchabad und Aktjubinsk, Intellektuelle aus Petersburg/Leningrad. Die Inbetriebnahme der Schleusen ist ein großer, aber makabrer Festtag mit Blasorchestern und Massenchören. Es gibt eine Zeitung »Theater und Kino« und ein Orchester aus Absolventen des Moskauer Konservatoriums. Man gibt »Carmen« und »Mister stupid« sowie eine Transvestiten-Aufführung. Eine eigene Oper »Plotina Nr.6« wird von Igor Weiß, einem professionellen Bachinterpreten, komponiert. Und endlich ist der Augenblick gekommen, da das erste Schiff – es heißt: »Der Tschekist« – die Schleuse passiert. Ein Schiff in den Wäldern von Karelien! Der Kanal ist, wie es heißt: »Okno vo mir« – »Fenster zur Welt«.

Die Lagerzone wird aufgelöst nach Fertigstellung des Baus im Jahre 1934. Die Baracken werden abgebaut zur Wiederverwendung beim Bau des Moskwa-Wolga-Kanals, die Ingenieure und Tschekisten ziehen weiter, viele Häftlinge werden in die Freiheit entlassen, wenn sie überlebt haben. Aber Zehntausende bleiben zurück in den Sümpfen und Wäldern Kareliens.

Die Stadt im Schatten des Belomor-Kanals

Wenn man auf die Karte sieht, dann ist Leningrad die Hafenstadt am »Stalin-Weißmeer-Ostsee-Verkehrswegs«. Leningrad war der wichtigste Seehafen – Tallinn, Riga, Kaliningrad gab es damals noch nicht als sowjetische Häfen. Über Leningrad ging mehr als die Hälfte des gesamten sowjetischen Exports und der allergrößte Teil des Imports. Leningrad war die wahre »Hauptstadt des Nordens«. Leningrad war der Ort, der nicht nur die ganze Sowjetunion, sondern auch speziell diese Großbaustelle des Ersten Fünfjahrplans mit Spezialisten, Facharbeitern und Arbeitern versorgte. Der größte Teil des technischen und Ingenieurpersonals – allesamt »Schädlinge«, die sich durch ihre Arbeit am Kanal bewähren und umerzogen werden sollten – stammt von den Petersburger und Leningrader Kaderschmieden der technischen Intelligenz. Fast alle »verdienten Ingenieure«, die am Kanalprojekt eingesetzt sind – wie etwa Chrustaljew und Werbizki – kommen von den alten Petersburger Eliteschulen, dem Technologischen Institut, dem Institut für Zivilingenieure und dem Institut für Verkehrswege. Zu den Meisterorganisatoren des Belbalt-Lag gehören so prominente OGPU-Funktionäre wie Jakow Rapoport, Abram Rottenberg, Naftali Frenkel, Semjon Firin, aber auch Leute aus dem Leningrader Sicherheitsapparat. Aus Leningrad ergießt sich ein ständiger Strom von Verhafteten und Verurteilten in die Kanalzone. Die Zentren der Kanalzone – zuerst Solowki, dann Kem, später Medweshegorsk – füllen sich mit Spezialisten und Intellektuellen aus der alten Hauptstadt. Es findet ein regelrechter *brain drain* statt, ein Transfer an Intelligenz und Kultur. Teile der Petersburger, Petrograder und Leningrader Gesellschaft treffen sich in der Lagerzone wieder. Viele setzten unter veränderten Bedingungen ihre Arbeit dort fort. Nikolaj Anziferow baut ein Museum auf, beschäftigt sich mit Topographie, Petrographie, Geologie. Es entwickelt sich eine Art von gesellschaftlichem Leben mit Vorträgen, Rezitationen, Aufführungen, Buchvorstellungen. Man findet unter den Vortragenden herausragende Gestalten des russischen, genauer: Petrograder Geistes- und Kulturlebens: Der Philosoph Alexej Losew spricht im Klub der GPU-Mitarbeiter über die Relativitätstheorie und hält einen Kurs über Materialismus. V. S. Rasdolski spricht über Bachtins Buch zu Dostojewski. A.A. Mejer, der über Goethe spricht, hatte Anziferow gesagt, er fahre jetzt in die »Hauptstadt der russischen Intelligenzija« – und er meinte damit den Verwaltungsmittelpunkt der Lagerzone Medweshegorsk. Es gab ein lebhaftes Hin und Her zwischen Lagerzone und Stadt – Ingenieure, Konstrukteure, Geologen, Prospektoren, Entlassene und neu Verurteilte. Die Leningrader Führung tauchte immer wieder in der Lagerzone auf – Anziferow durfte einmal dem Leningrader Parteiboß Kirow das von ihm eingerichtete Museum in Medweshegorsk zeigen. Auf dem Newski-Prospekt standen, so sagte die Lager-Fama, die Porträts der Bestarbeiter von der Kanalbaustelle. Der Belomor-Kanal war nicht außerhalb der Welt, nicht in einem Jenseits, sondern als Teil des Ersten Fünfjahrplans einer der meistpropagierten Bauplätze der neuen Welt. Die Gewalt war kein Geheimnis der karelischen Wälder. Leningrad, die alte Hauptstadt, ist in gewissem Sinne zum Hinterland der sozialistischen Großbaustelle geworden. Sie versorgte die Kanalzone mit Intelligenz, Organisatoren, Fachkräften, *know-how*. Es fand ein ständiger Transfer lebendiger Energie aus der alten Hauptstadt auf diesen Schauplatz des Neuen Rußland statt.

»Umschmiedung« einer Stadt. Leningrad und der Stalinismus

Kann man von einer *perekowka*, einer »Umschmiedung« auch der Stadt sprechen? Wie paßt das aber zusammen mit der verbreiteten Vorstellung, die Stadt an der Newa sei weitgehend unberührt geblieben von Eingriffen der Stalinzeit?

In der Propaganda des Ersten Fünfjahrplans ist immer wieder die Parallele von Peter dem Großen und Stalin, zwischen dem Petrinischen Reformprojekt und der von Stalin forcierten Industrialisierung und Modernisierung – etwa im Roman von Alexei Tolstoj, aber auch in Bildern und im Film – hergestellt worden. Die Kanalbauprojekte von Peter dem Großen und Stalin wurden in Beziehung gesetzt. Einige von Peters Visionen sind auch ausgeführt worden: Etwa der 1719 zwischen Newa und Wolchow parallel zum Ufer des Ladogasees geführte große Kanal, der es ermöglichte, dem stürmischen See, dem alljährlich Hunderte von Schiffen zum Opfer fielen, auszuweichen, und der es darüber hinaus ermöglichte, einen Schiffsweg zur Wolga und Moskwa zu eröffnen. Auch hier gibt es Aktivisten und Ingenieur-Diktatoren wie Peters Freund und militärischer Befehlshaber Münnich, der den Kanalbau leitete. Auch hier gibt es Zehntausende von abkommandierten leibeigenen Bauern und Soldaten, die den Kanal, die Schleusen, die Uferbefestigungen errichten und mit ihrem Leben bezahlen. Der Kanal ist ein alter Traum, und immer wieder versuchte man, ihn zu realisieren: 1730 zwischen Nowaja Ladoga nach Schlüsselburg, 1802 zwischen Sjas und Wolchow. Auch die Titulierung von Petersburg/Leningrad als »Hauptstadt des Nordens« bzw. des Russischen Nordwestens ist eine interessante Kontinuität in die Stalinzeit hinein.

Die Stadt war das unbestrittene industrielle Zentrum der UdSSR und insofern der Hauptlieferant von *know-how*, Technologie, Ingenieuren, Technikern, die für die Industrialisierung der UdSSR im Fünfjahrplan gebraucht wurden. Die Stadt lieferte 10% des wirtschaftlichen Gesamtprodukts der UdSSR. Sie war führend im Maschinen- und Schiffbau, sie lieferte die für die Großbauten so wichtige Technologie – Martinsöfen, Bessemerbirnen, die Technik der Hochöfen, Turbinen vor allem, Generatoren, auch Chemieprodukte. Aus Leningrad kamen die Superlative und Avantgardeleistungen wie etwa der erste große Eisbrecher. Das Werk »Roter Putilow-Arbeiter« war Vorbild für die Stalingrader Traktorenwerke und für die Automobilindustrie. Petersburg hatte auch in den Dreißigerjahren die höchste Dichte an wissenschaftlichen Instituten und Forschungslabors. Bis 1936 hatte die Akademie der Wissenschaften ihren Sitz in der Stadt. Leningrad war die technische Kaderschmiede. Von dort kamen die Geologen, die Prospektoren, die Konstrukteure, die Projektanten der neuen sozialistischen Städte. Leningrad war der Ort der massivsten Konzentration der traditionellen alten Arbeiterklasse, die sich halbwegs wieder reorganisiert hatte, und des massivsten Einströmens von bäuerlichen Immigranten. Einerseits Hort überhaupt einer traditionell-modernen Arbeiterklasse aus der vorrevolutionären Zeit – oder ihrer Reste –, andererseits die »Flugsandgesellschaft« (Moshe Lewin) einer »peasant metropolis« (David Hofman). Die Stadt hatte sich binnen zehn Jahren – von 1930 bis 1940 – um mehr als 1,8 Millionen vergrößert. Sie platzte aus allen Nähten. Sie war der Ort einer beispiellosen Überbevölkerung und Verdichtung im alten Stadtzentrum. Leningrad wird vom Wirbel der Industrialisierung voll erfaßt. Es gibt sich eine neue territoriale Gliederung 1931 und 1939. Der Generalplan von 1939 zieht gravierende Konsequenzen nach sich. Die Stadt wird nach vielen Jahren, ja Jahrzehnten wieder »in Ordnung gebracht« – Asphaltierung, Auswechseln der hölzernen Röhren der Kanalisation und deren Ersatz durch Betonröhren, Ausdehnung des Netzes der Wasserleitungen, Einführung von Trolleybussen, Aufbau eines Netzes von Dienstleistungen für die Massen: Bäder, Wäschereien, Küchen, Kantinen, Univermags. Leningrad baut im großen Stil: es bekommt einige bemerkenswerte Ensembles, die es in dieser Komplettheit sonst nur sehr selten gab: die konstruktivistischen Ensembles im Kirow-Rajon, Wohnsiedlungen und Kulturpalast am Ploschtschad Statschek, die Kulturpaläste auf der Petrograder und auf der Wyborger Seite und der Wassili-Insel, das Kirow- und Dinamo-Stadion, die Kultur- und Erholungsparks, Universalkaufhäuser, die Pionierpaläste, die zum Teil neu im konstruktivistischen Stil aufgeführt wurden oder in umgebauten Adelspalais wie zum Beispiel im Scheremetjew-Palais am Newski-Prospekt untergebracht wurden. Dazu gehören große Verwaltungsbauten und Wohnanlagen am Moskauer Prospekt oder auch das sog. »Bolschoi dom«, das konstruktivistische Hochhaus des NKWD an der Ecke Schpalernaja-/Litejny-Prospekt. Auch einige bedeutende Industriebauten wie das Fleisch- und das Brotkombinat von Erich Mendelsohn rechnen dazu. Aber es wird auch abgerissen: von den fast 420 »Kultgebäuden« um 1913 sind zu Beginn des Zweiten Weltkrieges nur noch 13 geöffnet.

Leningrad ist auf vielfältige Weise von der frühen Stalinzeit geprägt. Es ist die erste Zeit, in der in großem Stil wieder gebaut wurde: die Revolutions- und Bürgerkriegszeit war nur die Zeit der Umdekoration, der »Papierarchitektur«, nicht des Neubaus. Auch in der NEP ging es um Wiederherrichtung und Wiederinbetriebnahme, nicht um Neubau. Leningrad hatte großartige Architekten – Lew Rudnew, Noj Trotzki, Jewgeni Levinson, Iwan Fomin –, die ihre Ausbildung zum Teil noch an der Kaiserlichen Akademie der Künste erhalten hatten.

Die gravierendste Frage ist aber die nach der Veränderung der »spezifischen sozialen organischen Zusammensetzung« der Stadt. Die Stadt hat in den gewalttätigen Säuberungsaktionen der Stalinzeit die Reste ihrer alten Elite verloren. Sie hat nach der Ermordung des Leningrader Parteichefs Sergej Kirow eine neue Welle der Verdächtigung und Verfolgung hinnehmen müssen, in deren Gefolge Überreste der alten Gesellschaft – Intellektuelle, Aristokraten – aus der Stadt verschwanden. Sie hat 1937 in der sog. »Affäre des Leningrader Zentrums« ihre Parteiführung und Tausende von Funktionären verloren, darunter ihre Führungsspitze. Es entsteht gewissermaßen eine neue Stadt, in der die alten – vorrevolutionären wie nachrevolutionären – Eliten nicht mehr tonangebend sind. Die Jubiläumsfeiern der Oktoberrevolution im Jahr des »Großen Terrors« 1937 mit der Einweihung von Puschkin-Denkmälern, mit der Aufführung des Peter I.-Films, mit großer Regatta auf der Newa, mit der Parade der Sportler auf dem Schloßplatz können den gewaltigen Aderlaß nicht verbergen. Abertausende werden in den sogenannten Säuberungen hingerichtet, auf dem Lewaschowsker Feld kommt es zu Massenexekutionen. Auch in der Kanalzone gab es Massenexekutionen, wie der Gedenkstein bei Sandormochi in der Nähe von Powenez heute verkündet: »Hier wurden vom 27. Oktober bis zum 4. November 1937 1111 Häftlinge des Solowjezker Gefängnisses erschossen.« Bekanntlich ging das Morden nach dem Krieg weiter mit der Exekution der Leningrader Führung um Alexej Kusnezow und seiner Mannschaft.

Die furchtbarste Prüfung hatte Leningrad aber in den 900 Tagen der Einschließung zwischen September 1941 und Januar 1944 durch die deutsche Wehrmacht zu bestehen. Die Stadt, die die Deutschen im Blitzkrieg nicht hatten erobern können, sollte nach den Plänen der Nationalsozialisten »sich selber auffressen«, also Hungers sterben. Eine Million Menschen starben in der Zeit der Belagerung. Der Weg über den Ladogasee wurde zum »Weg des Lebens«. Über das Eis des Ladogasees rollte spärlicher Nachschub in die belagerte Stadt. Über den See konnten Hunderttausende in die rettende und die Stadt entlastende Evakuierung gebracht werden, vor allem Kinder und Alte, aber auch ganze Industrieausrüstungen, Museumsdepots, Gemäldesammlungen, die sonst zerstört worden wären. Mit den aus Leningrad über den Ladogasee evakuierten Industrieausrüstungen sind anderswo ganz neue Industrien aufgebaut worden. Selbstbehauptung und Überleben Leningrads und der Leningrader gehören gewiß zu den größten und bewunderungswürdigsten Leistungen sowjetischer Bürger im Zweiten Weltkrieg. »Leningrad – gorod-geroj« – Leningrad-Heldenstadt. Nie ist dieser Orden mit größerem Recht verliehen worden. Von den Kriegshandlungen war übrigens auch der Belomor-Kanal tangiert. Gedacht als Verbindungslinie, war er zur Frontlinie geworden, wurde schwer beschädigt, so daß der Verfall des Wasserwegs nach dem Krieg voranschritt.

Neue Hinwendung zur Ostsee

Sankt Petersburg, das in der sowjetischen Zeit an die Peripherie der UdSSR gerutscht war, das in der Zeit der Ost-West-Teilung Europas zu einer Stadt des Ostens geworden war, ist nach dem Ende der UdSSR dabei, wieder eine Stadt, sogar eine Metropole des Nordens zu werden. Petersburg, dessen Isolierung und Provinzialisierung in Sowjetzeiten heute so sehr beklagt wird, wendet sich wieder dem Meer zu. Helsinki, Stockholm, Tallinn, Riga, Kopenhagen, Danzig und Rostock sind aus dieser Perspektive Städte vis-à-vis, Nachbarstädte. Die Feiern zum 300. Jahrestag der Gründung gaben einen Vorgeschmack davon, daß auch Petersburg in seinen alt-neuen Horizont einschwenkt. Alexander Sokurows Film »The Russian Ark« hat den Zauber der untergegangenen Arche schon ins Bild gesetzt. Vielleicht ergibt sich eine neue Bedeutung auch für den Belomor-Kanal. Karelien bleibt nicht länger ein Niemandsland und dürfte zu einer Verbindungszone zwischen Rußland und Finnland werden, für Holz- und Zellulose-Industrie, für Fischfang und Jagd, für Tourismus. Der Belomor-Kanal führt durch eine sehr schöne Landschaft. Vor allem aber ist er ein Memorial russisch-sowjetischer Geschichte. Wer heute die Fahrt von Petersburg nach Kem und von da weiter nach Solowki unternimmt, der passiert Stationen einer dramatischen russisch-sowjetischen Geschichte des vergangenen Jahrhunderts. Heute wirkt die Kanaltrasse verlassen. Die Natur scheint wieder vorzurücken. Das Moos, das Moor, die Wälder, die Schwärme der Mücken, die Natur, die einmal besiegt erschien, sie alle erweisen sich nun doch als die Stärkeren. In den Wäldern findet man Reste der Zivilisation der Zwangsarbeit: verfallene Blockhütten, mit Eisen vergitterte Fenster, sogar das Skelett einer verrosteten Dampfmaschine. Sankt Petersburg ist heute der Ausgangspunkt für die Fahrt auf dem Belomor-Kanal und für die Besichtigung des russischen 20. Jahrhunderts.

BERLIN, MOSKAU: ZWEI STADTSCHICKSALE IM 20. JAHRHUNDERT

Es gibt viele Arten, Städte zu beschreiben. Der erste Eindruck ist immer sehr subjektiv, aber er hat die Kraft und Würde des ersten Eindrucks für sich.

Moskau und Berlin 2000

Wahrscheinlich kann man nirgends besser als am Potsdamer Platz oder am Brandenburger Tor erfahren, daß alles in Berlin sich geändert hat. Dort, wo vor einem Jahrzehnt noch die Mauer verlief, sind heute kaum noch ihre Spuren auszumachen. Die geteilte Stadt hat sich aufgelöst und ist dabei, sich entlang der Strukturen, die sie vor der Teilung bestimmt hatten, zu reorganisieren. Im Stadtbild werden Perspektiven wiederhergestellt, die fast ein halbes Jahrhundert versperrt waren. Es werden Flächen und Brachen bebaut, die erst der Krieg, dann der Säuberungs- und Abrißwahn des Nachkriegs in den Stadtraum gerissen hatte. Zwei Stadthälften, die immer mehr gegeneinander geplant und gebaut worden waren, bewegen sich wieder aufeinander zu. Die Stationen dieser Reorganisation entlang der alten Linien und Strukturen waren fast mit bloßem Auge zu verfolgen: die Beseitigung der Mauer, die Wiederherstellung der Straßenzüge, die Öffnung geschlossener U- und S-Bahnen, die Wiederinbetriebnahme von Gleisen und Bahnhöfen. Fast jeden Tag gab es eine neue Überraschung, die in nichts weniger bestand als in der Herstellung einer Perspektive, die meist eine Wiederherstellung war. Sie vollzog sich an vielen Stellen in der Stadt gleichzeitig, und das Resultat ist eine verwandelte, zur Kenntlichkeit gewandelte Stadt. Selbstverständlich ist die Reorganisation der physischen Topographie – der Straßen, des Kommunikationsnetzes, der beschädigten Fassaden etc. – nur der Index von etwas viel Wesentlicherem: der Reorganisation des Lebens der Stadt selbst. Auch diese Veränderungen der Stadt sind mit dem bloßen Auge zu erkennen. Das städtische Personal ändert sich und die städtische Gesellschaft. Es taucht ein Typus auf, den es in Berlin schon seit Jahrzehnten nicht mehr gegeben hatte und der mit »dem Bonner« nicht angemessen beschrieben ist. Umgekehrt verschwindet ein Typus oder verliert zumindest seine lange dominierende Stellung. Berlin nach dem Ende der Teilung hat Parties mit anderer spezifischer organischer Zusammensetzung als Inselwest- und Hauptstadtost-Berlin. Das vereinte Berlin hat Industrien verloren, die sich unter den Notstandbedingungen der Teilung länger haben halten können als anderswo. Es verschwinden die Biotope, die nur im Windschatten des politischen und wirtschaftlichen Großgeschehens gedeihen konnten. Die Stadt ist in einen neuen Akkumulationsprozeß eingetreten. Sie sammelt die membra disjecta, sofern sie noch greifbar sind. Sie hält Umschau oder Hof. Sie testet, ob sie wieder oder noch mithalten kann im Kreis der großen Städte. Berlin ist dabei, die Nachbarschaften neu zu definieren. Was einmal unerreichbar fern war, ist jetzt nächste Nachbarschaft, und was einmal fast Vorhof war, ist ins Abseits gerückt. Mit dem Koordinatensystem im neuen Europa hat sich auch Berlins Stellung verändert. Alle Beobachtungen münden letztlich in die These ein: So spektakulär Tempo, Verlauf und Form dieser Änderungen auch sein mögen, es handelt sich um nichts weiter als das Ende des Ausnahmezustandes und seiner Folgen, um den Wiedereintritt in die Bahn normaler Stadtentwicklung, aus der Berlin aus bekannten Gründen im 20. Jahrhundert herausgetragen worden ist. Die Akzeleration holt in kürzester Zeit auf, was anderswo unter Normalbedingungen Jahrzehnte dauern durfte. Hinter aller Rhetorik des Aufbruchs verbirgt sich doch nur – und das ist durchaus ein Wunder am Ende dieses Jahrhunderts – Wiederherstellung von Zivilisationsnormalität.

Wohin würde man in Moskau gehen, um einen nachhaltigen Eindruck von dem zu gewinnen, was sich in der Stadt im letzten Jahrzehnt getan hat? Man könnte natürlich dorthin gehen, wo jetzt die Goldene Kuppel der Christ-Erlöser-Kathedrale schimmert. Das wäre eine Vergegenwärtigung Moskauer Geschichte im 20. Jahrhundert: mächtigstes Gotteshaus der Krönungsstadt – Sprengung 1932 – Projektierung des Palasts der Sowjets bis zu 420 Meter Höhe – Nichtfertigstellung infolge des Zweiten Weltkrieges – Anlage eines Schwimmbades in der Baugrube in den 1950er Jahren – Wiedererrichtung der Kathedrale in den 1990er Jahren binnen kürzester Zeit. Das wären kurz gesagt die atemraubenden Stationen, wobei es natürlich um mehr als nur das Bauwerk geht, sondern um den Geist des Imperiums und die revolutionäre Leidenschaft der Gottlosenbewegung, um die Rücksichtslosigkeit der Utopie und deren Scheitern, um die Banalisierung des Kommunismus und die Rückkehr von liturgischem Pomp, um die Prachtentfaltung einer Kirche, die sich schon wieder als neue Staatskirche gebärdet, ein Musterbeispiel für gebaute Geschichtspolitik in postsowjetischer und postmoderner Zeit.

Aber wahrscheinlich gibt es in Moskau nicht jenen markanten Ort, der dem Ort der Teilung, der Mauer in Berlin, entsprechen würde. Hier zeigt sich doch, daß die Parallelen nur begrenzte Reichweite haben. Moskau war – anders als Berlin – eben nie zerstört durch den Krieg und den Nachkrieg, was immer Kahlschläge und Ikonoklasmus von Stalinisten und Antistalinisten angerichtet haben mögen. Moskau war nie eine geteilte Stadt – es sei denn zwischen »denen da oben« und »denen da unten«. Moskaus Bautätigkeit konzentriert sich heute nicht auf einen bestimmten Punkt, sondern die ganze Stadt ist im Baufieber. Im Gesamtvolumen dürfte in Moskau derzeit weit mehr gebaut werden als in Berlin, das sich soviel zugute hält auf seine »größte Baustelle Europas«. Moskau hat in den letzten Jahren flächendeckend gebaut, Haus um Haus, Straßenzug um Straßenzug, Viertel um Viertel – man traut seinen Augen nicht. Moskau hat rasch die Stile übernommen, vielleicht zu rasch und in jedem Falle unkritisch. Aber es geht nicht um Stilkritik, sondern um den Bauwillen selbst, der unbändig erscheint und der auf lange Sicht auch die Bedingung für ästhetische Innovation sein dürfte. Eindrucksvoll ist das dokumentiert in der seit einigen Jahren herausgegebenen niederländisch-russischen Zeitschrift »Project Russia«. Doch auch hier geht es wiederum nicht um Bauen oder Stadtplanung an sich. Sie sind nur Indikatoren für etwas von größerer Bedeutung, das man bezeichnen möchte als die Stadtwerdung, als Reurbanisierung Moskaus. Die Indikatoren für die Reurbanisierung sind nicht einmal so sehr die Bauten – dort findet man sogar eher Anklänge an das Empire des alten und neuen Imperiums, an eine monarchistische Eklektik –, sondern die Transformation des sowjetischen *way of life*.

Die wahren Sensationen in Moskau sind jene, die aus einer sowjetischen eine nichtsowjetische Stadt gemacht haben. Was zum Beispiel? Daß es ein Telephonbuch mit *Yellow Pages* gibt. Daß es Telephonautomaten gibt, von denen aus man ins Ausland durchwählen kann. Daß man nun überall die großen Zeitungen der Welt bekommen kann. Daß viele Dinge, die nie etwas gekostet haben – Brot, öffentliche Verkehrsmittel – nun ihren Preis haben. Daß man vielleicht mehr zahlen, aber nicht mehr stundenlang in der Schlange stehen muß. Daß es alles gibt – alle Bücher und Schriftsteller, die einmal unzugänglich oder verboten waren; Reisen nach Antalya und Miami Beach; das World Wide Web; das Handy und die Creditcard. Daß es endlich Hauseingänge gibt, um deren Sauberkeit man sich kümmert. Daß man für Heizung und Warmwasser nun bezahlen muß. Niemand, der die sowjetische Metropole noch erlebt hat, ahnt, was in dieser unspektakulären Transformation liegt. Es wäre hier noch viel zu sagen: über die innerstädtische Migration, die Herausbildung neuer, sozial segregierter Stadtteile, über den Statusgewinn der Altbauwohnungen und den Statusverlust der Hochhäuser in den Vorstädten; über die Transformation der Moskauer multinationalen Gesellschaft nach dem Ende der Sowjetunion; über die Herausbildung neuer *business communities* und zahlloser Szenen. Über die Entsakralisierung quasisakraler Orte in der Stadt – Roter Platz, Mausoleum –, über die Zurückgewinnung des Zentrums durch die Ökonomie – Banken, Geschäfte; über die Rezivilisierung und Reurbanisierung städtischer Territorien, die so lange von der Staatsbürokratie belegt und beherrscht waren; auch über große Abrißaktionen. Über die Wiederkehr von Cafés und Kneipen und Diskotheken. Alle diese Beobachtungen münden in die These, daß Moskau am Ende des 20. Jahrhunderts dabei ist, wieder eine normale Weltstadt zu werden mit allen Chancen, in die Reihe der *Global Cities* vorzustoßen. Wie hart, wie extrem, wie paradox der Prozeß auch vor sich geht – das Leben in der dollarisierten Metropole einerseits und in der Stadt der praktisch rechtlosen Gastarbeiter – der *point of no return* ist längst überschritten. Moskau hat den Prozeß seiner zweiten Modernisierung und Urbanisierung hinter sich, die »Musterstadt des Kommunismus« ist Geschichte ebenso wie die Sturm- und Drangzeit, die heroische Epoche, aus der sie hervorgegangen ist. Jetzt, wo eine Epoche der Stadtentwicklung abgeschlossen, also Vergangenheit geworden ist, eröffnet sich überhaupt erst die Möglichkeit einer Historisierung.

Berlin und Moskau – zwei Stadtschicksale im 20. Jahrhundert

»Stadtschicksal« – dieser Titel stammt von Karl Scheffler, dem großartigen Porträtisten des soeben zur Metropole gewordenen Berlin. Er konnte 1912 nicht wissen, wie wahr sich der Terminus vom »Schicksal« für seine Stadt erweisen sollte. Für Moskau gilt es nicht weniger. Beide Städte, die so wuchtig und eindrucksvoll die Bühne des anbrechenden 20. Jahrhunderts betreten hatten, sind im Laufe des Jahrhunderts aus dem Kreis der großen Weltstädte ausgeschieden in einem ganz eigentümlichen und sehr verschiedenen Prozeß der Selbstzerstörung. In vielem kulminiert in diesen Stadtgeschichten die Geschichte der Länder und Völker, deren Hauptstädte sie waren.

Wenn man verstehen will, was geschehen ist, muß man an den Ausgangspunkt zurück, in die Zeit vor dem Jahr 1914, in dem das lange 19. Jahrhundert zu Ende ging. Unsere Schilderung der Endzeit des Ancien régime wird nicht ganz frei sein von Anklängen des Nostalgischen und des Gefühls eines tiefen Verlustes. Berlin und Moskau als europäische Metropolen des 20. Jahrhunderts wurden im 19. Jahrhundert geboren. Die Nervosität, die Fieberhaftigkeit und Kraft der beiden Städte, beide *latecomer*, wenn auch mit verschiedener Ausgangsposition, wurzeln in der Aufbruch- und Boomzeit des Wilhelminismus und des späten russischen Kaiserreiches. Die Anfänge dessen, was erst nach Krieg und Revolution, also in den legendären zwanziger Jahren, größte Klarheit und radikale Stilisierung gefunden hat, liegen bekanntlich in dem so viel geschmähten »Wilhelminismus« und im »Silbernen Zeitalter«, dem Rußland die Geburt seiner modernen Nationalkultur verdankt. Woran immer wir denken, wenn wir die Blitze und Donnerschläge der Avantgarde und den neuen Ton hören – es begann alles lange vor 1917 und 1918, lange vor russischem Oktober und deutschem November, die nur Katalysator sind für die Radikalisierung und Findung der endgültigen Form. Keine sowjetische Avantgarde ohne das Silberne Zeitalter, keine Weimarer Kultur ohne Herwarth Waldens *Sturm*, Peter Behrens, Ludwig Hoffmann. Alles nahm Anlauf in den dynamischen Zeiten, da Rußland vom »Stern Amerikas« träumte, der über Sibirien aufgehen würde (Alexander Block), und da in Deutschland der massendemokratische Traum vom »Platz an der Sonne« geträumt wurde. Der Aufstieg der Millionen in ein besseres Leben mündete in den großen Krieg von 1914, der Kampf um einen Platz an der Sonne führte auf die Schlachtfelder von Verdun und Galizien; die soziale Mobilisierung überschlug sich in der militärischen Mobilmachung, im ersten Massen- und Volkskrieg der Moderne, der seine Vollendung im totalen Krieg keine dreißig Jahre später finden sollte.

Berlin und Moskau 1917/1918: Städte der Soldaten, die aus dem Krieg zurückkamen, aber keinen Weg zurück ins zivile Leben fanden. Es dauert gewiß einige Jahre, jedenfalls in Moskau, bis der Kommunismus der Kriegszeit vorüber ist und die Routinen des zivilen Lebens wieder bestimmend werden. Für Moskau sind es Zeiten der Deindustrialisierung, der Regression in vorurbane Zustände. Moskau verliert seine Kaufmannschaft und sein Unternehmertum. In Moskau läßt sich die Macht, der Apparat des neuen Staates nieder. Moskau wird das »Vierte Rom« der Kommunistischen Internationale. Die Situation ist irgendwie unvergleichlich: das Moskau des Bürgerkriegs war Bürgerkriegsstadt mit Hungersnot, Entvölkerung, Massensterben, Überlebenskampf; Berlin eher eine Stadt, an der die Revolution trotz der Erwartung eines deutschen Oktober vorübergegangen ist.

Die Unterschiede werden erst recht deutlich, als nach 1920 die Friedenszeit wieder anbricht. Moskau erholt sich rasch, aber es ist doch die Hauptstadt eines Bauernlandes – nach einer Revolution, die den Bauern Land gegeben hat. Im Moskau der Neuen Ökonomischen Politik regeneriert sich das mittelständische, kleinunternehmerische, handwerkliche Element sehr rasch. Moskau blüht, wie ein Basar und Schwarzmarkt nur blühen kann. Was soll dieses Moskau mit Berlin, der Hauptstadt eines der am meisten industrialisierten und entwickelten Länder der Welt gemein haben?

Doch Moskau entgeht den umstürzenden Veränderungen nicht, die mit der forcierten Industrialisierung und Kollektivierung nach 1929 einhergehen. Das Moskau der Kaufleute, des Handels und der Textilindustriellen geht nicht 1917 unter, sondern im Strom der bäuerlichen Immigranten, die im Zug der Kollektivierung, im Zuge des

Wiederauflebens des Bauernkrieges auf dem Dorf, in die Städte ziehen oder geschwemmt werden. Das alte, vorrevolutionäre Moskau geht unter in der Woge der Hyperurbanisierung, in der die Einwohnerzahl sich binnen eines Jahrzehnts verdreifacht, wo eine neue Stadtgesellschaft entsteht, ein Riesendorf, das nach Millionen zählt, in der die alte Urbanität aufgelöst, atomisiert, zum Verschwinden gebracht wird. Die harte stalinistische Form, in die Moskau in den 30er Jahren gebracht wird – Generalplan von 1935 –, ist die Arbeit zur Strukturierung und Disziplinierung dieser amorphen Masse von Millionen von Entwurzelten. Das neue Moskau: das ist die Sprengung von Hunderten von Kirchen an exponierten Stellen, die Verbreiterung seiner Gassen und Straßen zu Magistralen und großen Perspektiven; Zeit der großen Kanal-, Tunnel- und Metrobauten; Moskau wird monumental, großartig. Vorbei sind die Zeiten des Experimentierens mit den bescheiden und zivil bemessenen Formen des Bauens der 20er Jahre. Nun geht es um Hierarchie, großartige Prospekte, eine Architektur der Macht und der Einschüchterung, um Steigerungsformen des alten Reiches, gipfelnd in der Errichtung des größten Gebäudes der Welt und einem Ring von Wolkenkratzern. Moskau überbietet alle anderen Städte der Welt durch die Größe seines Maßstabs, seine Planmäßigkeit und Fürsorglichkeit. Aber was als Heimstatt des neuen Menschen geplant war, kommt als Stadt der Herrschaft, die wohl Sowjetmenschen, nicht aber Bürger gebrauchen kann. Moskau 1937 ist Stadt der umfassenden Umsorgung und des schrankenlosen Terrors, der Filmkomödie und des Zeitvertreibs im neu eröffneten Gorki-Park. Es ist die Stadt entfesselter und zum Alltag gewordener Gewalttätigkeit, der Furcht. In Moskau lernt eine ganze Generation das Schweigen und das leise Sprechen, die Mimikry, die Überleben garantiert, das Vokabular, das man beherrschen muß, wenn man weiterkommen will. Das alte Moskau ist untergegangen, ein neues entsteht aus dem Geist der Karriere und der Aufsteiger der 30er Jahre. Die Erinnerung an diesen beispiellosen Aufstieg von ganz unten auf die Höhen der Macht und des halbwegs sicheren und guten Lebens wird erst mit dem Tod dieser Generation in den Siebziger- und Achtzigerjahren aussterben. Moskau blutet aus und bildet sich neu. Moskau wird arm und zieht aus dem Aufstieg von Hunderttausenden doch unvorstellbar starke Energien.

Was ist mit Berlin, das 1933 von der völkischen Revolution umspült und überwältigt wird? Es geht ziemlich normal weiter bis auf jene, die nicht länger zur sogenannten Volksgemeinschaft gehören sollen: das sind relativ kleine, genau definierbare Gruppen von rassisch und politisch Verfolgten: also Juden, Zigeuner, Kommunisten, Sozialisten, bekennende Christen, Homosexuelle – nicht die Gesellschaft als ganze. Die »Volksgemeinschaft« ist mehr oder weniger ganz dabei. Der Prozeß kann und braucht hier nicht skizziert zu werden. Sein Ergebnis für die städtisch-hauptstädtische Gesellschaft ist klar: Purifizierung, Unifizierung, Homogenisierung, Uniformierung, Verarmung. Berlin nach der Nazi-Revolution und nach der Ruinierung der Stadt ist um seine alten städtischen Eliten gebracht. Sie verschwanden im gesellschaftlichen Abseits, im Exil, in den Lagern, im Gas. Der physischen Ruinierung der Stadt durch die alliierten Bomber (und die Planungen für Speers Germania) entspricht die Zerstörung der Stadtgesellschaft. Berlin muß sich nach 1945 – ähnlich wie Moskau nach 1929 und 1937 – neu bilden.

Die Nachkriegszeiten in beiden Städten könnte man als lange Akkumulationsperioden ansehen, in denen die städtischen Gesellschaften wieder zu Kräften kommen, Phasen der Regeneration, die freilich von Prozessen der Auszehrung und Dezimierung konterkariert werden: Das zerstörte Berlin gibt immer noch Kräfte ab – in Flucht, Abwanderung, Auswanderung, Verlagerung, Abwarten. Moskau, das der gespenstischen Spätzeit Stalins entgegengeht, gibt Kräfte ab – an die Provinz, an den Wiederaufbau des verheerten Landes. Insgesamt ist die Zeit nach 1945 zwar nicht ein »Goldenes Zeitalter«, wohl aber eine lange Zeit der Regenerierung. Das Wichtigste an diesen Jahrzehnten ist die Abwesenheit von Krieg und die Stabilität, die sich dem Kalten Krieg verdankte. Es ist eine lange Zeit der Demobilisierung, des Nachwachsens der zivilen Kräfte, ein postheroisches Zeitalter, da in den Poren der ausgezehrten Hauptstädte sich wieder Stadtgesellschaft bildet. Das Ende der Diktaturen hat auch den Monumentalismus, die große heroische Geste mit sich genommen. Man will nun Städte für die einfachen Leute – und vor allem Wohnungsbau. Über alle Unterschiede hinweg geht ein Orkan des bis zur Banalität uniformen Bauens, des Verzichts auf jede planerische oder architektonische Geste. Was die Diktaturen bei der Zerstörung der historischen Zentren nicht geschafft haben, schafft nun die Expansion des Konsumismus. Historische Restbestände werden geschleift, Unikate pulverisiert. Amerikanismus und

Funktionalismus in Vulgärform feiern auf deprimierende Weise Urständ. Das Resultat, das in den Sechzigerjahren endgültig Gestalt angenommen hatte, ist bekannt.

Konfrontiert mit diesen traurigen Resultaten einer zweiten, banalisierten Moderne, ja schockiert von ihrem menschen- und stadtfeindlichen Gestus, trieb alles auf eine Wende zu oder doch zumindest auf eine Suchbewegung. Die schöne Stadt durfte wieder gedacht und sogar gebaut werden. Die Wiederkehr der Stadt und der Urbanität war auf die Tagesordnung gesetzt. Daß es um eine tiefgreifende und nicht bloß ästhetische Wendung ging, zeigt sich schon darin, daß Wiedergewinnung der Stadt und der urbanen Kultur ohne die Wiedergeburt oder Erneuerung der Bürgergesellschaft, der Civil society, gar nicht möglich war: also – kein neuer Potsdamer Platz und kein neuer Manegeplatz ohne die politischen Revolutionen im Laufe von Perestrojka und 1989.

Berlin und Moskau sind durch die Wucht der gesellschaftlichen und politischen Ereignisse im 20. Jahrhundert aus der allgemeinen Bahn der Stadtentwicklung herausgeschleudert worden. Sie hatten für lange Zeit ihre Rolle als kreative und innovative Zentren der europäischen Existenz und Kultur eingebüßt. Die Zeiten der geschlossenen oder totalitären Gesellschaft waren auch Zeiten der Provinzialisierung und Dezimierung dessen, was Kant die »lebendigen Kräfte« genannt hatte. Sie brauchten ein gutes halbes Jahrhundert, um dort wieder anzugelangen, wo sie schon einmal waren.

Berlin und Moskau – in der einen Zeitheimat

Die Verbindungen zwischen Berlin und Moskau sind offenbar besonderer Art: Sie sind im Jahrhundert der Extreme von großer Nähe und extremer Verfeindung gekennzeichnet. Vielleicht war die glücklichste Zeit, in der Austausch und Zusammenarbeit auf unspektakuläre Weise funktionierten, die Zeit vor dem Großen Krieg. Andere Phasen großer Nähe – die 20er Jahre –, aber auch die Zeit zwischen August 1939 und Juni 1941, sind von ganz anderer Art; es ist immer nur ein Zwischenhalt vor dem erneuten Zusammenstoß.

Wie groß der Abstand zwischen Berlin und Moskau im Augenblick der intensivsten Beziehungen in den 20er Jahren auch gewesen sein mag, es gab so etwas wie eine gemeinsame Gegenwartserfahrung: die »Paria-Stellung« innerhalb der internationalen Staatenwelt einerseits und die Erschütterung nach Weltkrieg und Revolution andererseits. Russen, die in die Stadt gekommen waren – ob als Flüchtlinge mit Nansenpaß oder als Sowjetbürger mit rotem Paß, mußte die Reichshauptstadt erscheinen wie ein großes Déjà vu: Elend, Hunger, Aufstandsbewegungen, Putschversuche von rechts und links, rasch sich ablösende Regierungen, eine demoralisierte Nation – all dies kam ihnen vertraut vor. Viele kannten Berlin noch aus der Vorkriegszeit. Die Emigranten aus Petrograd oder Kiew hatten hinter sich, was Berlin ganz offensichtlich noch bevorstand. Das Fundament der deutsch-russischen Begegnung ist daher in erster Linie die Gleichzeitigkeit einer Erfahrung. Berlin und Moskau gehörten, wie Ilja Ehrenburg sagte, der »gleichen Zeitheimat« an.

Aber die Allianzen, die sich bildeten, sind Allianzen von Entwurzelten und inspiriert von gänzlich verschiedenen, wenn nicht unvereinbaren Ambitionen. Berlin ist für Sowjetrußland seit Rapallo das Tor zum Wiedereintritt in die internationale Staatenwelt, Berlin ist aber auch der Vorposten der Kommunistischen Internationale, die dereinst in Berlin ihr Hauptquartier aufschlagen soll. In Berlin geht die »diplomatische Oberwelt« ein und aus, aber Berlin ist auch das Zentrum von Geheimdienstlern und Konspirateuren aus aller Herren Länder. In Berlin haben die geschlagenen weißen Armeen ihre Residenten und Werber, eine ganze Armee im Wartestand, mit besten persönlichen Beziehungen zu deutschen militärischen Kreisen noch aus Vorkriegstagen. Aber Berlin ist gleichzeitig der Punkt, wo sich Instrukteure und Generäle der Roten Armee ein Stelldichein geben und zu gemeinsamen Übungen mit der Reichswehr anreisen. Berlin ist der Schauplatz einer terroristischen Parallelaktion: Hier wird ein Führer der russischen Liberalen in der Emigration, Senator Wladimir Nabokow, am 28. Februar 1922 ermordet und am 24. Juni 1922 Walther Rathenau – im einen Fall von russischen, im anderen von deutschen rechtsextremistischen Terroristen, und zwischen beiden gibt es Verbindungen. In Berlin trifft sich alles, was in der modernen russischen und deutschen Kultur Rang und Namen hat, aber in Berlin ist auch eine Sehnsucht nach einem »heiligen Rußland« spürbar, das es nicht mehr gibt und von dem viele Emigranten glaubten, es sei das Opfer einer großen Verschwörung geworden. In Berlin treffen sich die Anführer der Pogrome auf russischem Boden und ihre Opfer, die in Berlin Zuflucht gefunden haben. In Berlin treffen sich die reifen Künstler des russischen »Silbernen Zeitalters«, aber auch ihre futuristischen Herausforderer – so wird es zum exterritorialen Begegnungspunkt einer gespaltenen russischen Moderne. Deutsche Kreise hatten die Reise im plombierten Waggon organisiert, um das Zarenreich zu destabilisieren, jetzt wollen oft dieselben Leute mit den Revolutionären von gestern gemeinsame Sache machen.

Die *Russian Connection* ist nicht nur ein heißer Punkt der Kreativen, sondern ein problematisches und hochexplosives Gemisch. Diese Szene ist in ihren Verbindungen und Vernetzungen noch lange nicht erforscht, sicher scheint nur, daß man ihnen mit den simplen Begriffen der politischen Lagerbildung nicht beikommt. Es waren eben nicht nur die Sympathisanten des Bolschewismus und der Sowjetmacht, die eine »Rettung aus dem Osten« erwarteten, sondern eher jene konservativen und nationalen Kreise, die das »Versailler System« wieder umstoßen wollten und eine Revision der geopolitischen Landkarte anstrebten. Der Kernpunkt dieser konservativ-restaurativen Russophilie war außenpolitisch die Revision der Grenzen, also das Verschwinden der zweiten polnischen Republik und ein Bündnis gegen den »kulturfeindlichen Westen«. Vielen »linken Leuten von rechts« (O. E. Schüddekopf) war ein rotes Rußland näher als der Westen. Umgekehrt erwiesen sich die einstigen Mitgenossen aus den Jahrzehnten der II. Internationale, also die deutsche Sozialdemokratie mit ihrem Bolschewistenhaß als viel antirussischer und antisowjetischer. Auf den Berliner Bühnen war ein eigentümlicher russischer Kulturkampf zu beobachten, zwischen der vorrevolutionären Theaterkunst und dem »Theater-Oktober«, zwischen der Filmkunst, die das späte Zarenreich hervorgebracht hatte, und dem Sowjetkino, das die Welt eroberte.

Zu dieser gemeinsamen Zeiterfahrung gehörte die Erfahrung, daß Sowjetrußland nicht außer Reichweite lag, kein Exotikum, sondern erreichbar war. Sei es per Deruluft vier Mal wöchentlich über Königsberg und Riga oder per Schiff über Stettin oder per Ost-West- oder Nord-Expreß. Das bedeutete, daß es einen Strom von Leuten gab, die das Land selber in Augenschein nehmen konnten und fasziniert oder desillusioniert zurückgekehrt waren, Walter Benjamin ist nur einer von ihnen, Oskar Maria Graf, Klaus Mann, Arthur Koestler und viele andere. Das bedeutete, in der Stadt gab es einen weit über die Parteigänger des Kommunismus hinausreichenden Resonanzraum für sowjetische Angelegenheiten: für Literatur, Sozialpolitik, für Pädagogik, Filme, Kunst, Theater, Soziologie und für marxistische Ästhetik.

Daneben gab es jene Milieus, die nur an der Wiederaufnahme normaler Beziehungen interessiert waren: ob es sich um den rußlanderfahrenen AEG-Chef Felix Deutsch, um den einflußreichen Osteuropahistoriker Otto Hoetzsch von der Berliner Universität, um die Abmachungen zwischen den Bibliotheken zum Bücheraustausch, um die Zusammenarbeit von Naturwissenschaftlern oder die Organisation gemeinsamer geologischer Expeditionen handelte.

Wer sich auf der Achse Berlin-Moskau begegnete, teilte in der Regel nicht nur den gemeinsamen Erfahrungshorizont von Krieg und Revolution, sondern auch die Erfahrung der Epoche, die jenen vorausgegangen war, und die Erziehung, den Stil und die Lebensweise, mit denen man in der Welt von Gestern aufgewachsen war. Die Begegnung der Zwanziger- und Dreißigerjahre lebte noch ganz und gar von dem zivilisatorischen Sockel, der in der Vorkriegszeit sich gebildet hatte.

Wenn man von Berlin als dem Begegnungspunkt von Russen und Deutschen spricht, dann heißt dies vor allem, von den Fundamenten vor der großen Katastrophe des Ersten Weltkriegs zu sprechen. Freilich ist nicht immer Berlin das Zentrum, das das junge Rußland attrahiert hatte, es kann auch das Marburg Cohens sein, wohin Pasternak aufbricht, das Freiburg Rickerts und Windelbands und das Heidelberg Max Webers, wo sich Nikolaj Berdjajew, Fedor Stepun oder Ossip Mandelstam eingefunden hatten. Es kann das Darmstadt der Mathildenhöhe und der Technischen Universität sein, an dem große russische Ingenieure und der große El Lissitzky studiert hatten. Oder es ist die Technische Hochschule Charlottenburg, die russische Ingenieure ausbildet, die Firma Siemens-Schuckert, die Leonid Krassin, den späteren Volkskommissar zum Generalvertreter für das Russische Reich gemacht hatte, oder die Friedrich-Wilhelms-Universität, wo vor dem Ersten Weltkrieg an die 150 Studenten und Studentinnen aus dem Russischen Reich eingeschrieben waren, darunter Geistesgrößen wie Wjatscheslaw Iwanow oder der künftige Volkskommissar für Äußeres Litwinow. Alte russischen Reiseführer belegen, daß es einen regen russischen Deutschland- und Berlintourismus gegeben hat – lange vor

Majakowskijs berühmtem Gedicht auf das KaDeWe, daß das »Hotel Russe« in der Friedrichstraße der erste Halt für die Besichtigung der Reichshauptstadt gewesen war, bevor man weiterfuhr nach Elsterwerda, Teplitz oder Bad Ems. Russen kannten sich in Berlin aus, Wladimir Uljanow in der Königlichen Bibliothek, Ossip Pjatnizki, der für den Schmuggel revolutionärer Literatur zuständig war, im Wedding, der Dirigent Sergej Kussewitzki in der Philharmonie. Es ist das eher unauffällige Funktionieren von Geschäfts- und Reiseverbindungen, die Existenz von Bankfilialen, die Anwesenheit von Zeitungskorrespondenten, ein Einkaufstourismus und ein Gastspielwesen, die für die Existenz einer gelebten und relativ störungsfreien Verbindung sprechen. In einer solchen Welt gedieh eine Kultur, die den Kulturaustausch noch nicht nötig hatte, wenn sie sich verständigen wollte. Dies war der Raum, in dem transnationale Eliten heranwachsen konnten, und es ist klar, woraus diese sich am ehesten rekrutieren konnten: aus den alten dynastischen Verbindungen, aus der Formenwelt der Diplomatie, aus einer internationalistischen Sozialdemokratie und aus dem Judentum. In der Welt der Reiche von gestern war ein polyglotter, kosmopolitischer, transnationaler Kader herangewachsen, eine »Diskursgemeinschaft«, die in den folgenden Jahrzehnten von Nationalismus und sozialer Revolution aufgerieben wurde. Die Personifizierungen dieser transnationalen Eliten lassen sich unschwer im Berlin der Zwischenkriegszeit benennen.

Auch die Sowjetmacht war, trotz ihrer revolutionären Gebärden, eine Macht, deren diplomatisches Personal noch in der Vorkriegszeit aufgewachsen war und den Kodex der Formen des 19. Jahrhunderts, wenn schon nicht akzeptierte, so doch beherrschte. Ein adliger Volkskommissar, Georgi Tschitscherin, und ein aus dem Adel kommender Botschafter in Moskau, Graf Brockdorff-Rantzau, behielten ihre ungewöhnlichen Allüren und ihre Leidenschaft für klassische Musik auch unter revolutionären oder demokratischen Umständen. Karl Radek, Prototyp des weltrevolutionären Akteurs, fand sich überall zurecht: in Lemberg, Moskau, in Wien, in Berlin, er fand sogar den Ton, der die nationalistische deutsche Rechte in Versuchung führte. Es gab keine Probleme zwischen Rainer Maria Rilke und Leonid Pasternak. Nikolaj Berdjajew und Grigori Landau konnten sich ohne Schwierigkeiten in den Diskurs über Spenglers »Untergang des Abendlandes« einschalten, denn sie hatten die entscheidende Debatte darüber noch in Moskau geführt und sich eine eigene Position dazu erarbeitet. Für Harry Graf Kessler war die Begegnung mit dem enteigneten russischen Pressezaren Iwan Sytin kaum etwas Exotisches, denn Sytin war jährlich vor dem Weltkrieg zur Leipziger Buchmesse gekommen. Für die Menschewiki, die Zuflucht in Berlin gefunden hatten, gab es gute alte Bekannte aus der Zeit der II. Internationale, die den zum zweiten Mal Ausgewiesenen durchaus zur Seite standen. Überall trifft man auf Bekannte aus alten Tagen – im diplomatischen Corps ebenso wie unter den Generalstäblern (Hilger, Nadolny, Niedermayer u. a.). Überall sind Vermittler zur Stelle, die von Hause aus zur deutschen Kultur ebenso gehörten wie zur russischen – viele Deutschbalten sind darunter, Moskauer Reichsdeutsche wie Arthur Luther oder Klaus Mehnert, die als Übersetzer oder Journalisten tätig waren.

Die Zerstörung der Beziehung zwischen Moskau und Berlin in den folgenden Jahren ist identisch mit der Auflösung des Erfahrungsraums und des personellen Kaders, der jenen gebildet hatte. Er geht in mehreren Schüben vor sich – beginnend 1914 und sich steigernd bis zum Zusammenbruch von 1945. Dieser Zusammenhang wird mit dem ersten Weltkrieg gesprengt. Das kulturelle Hauptresultat des Scheiterns der deutsch-russischen Beziehungen ist die Auflösung, Atomisierung, Vernichtung jenes von einem gemeinsamen Erfahrungshorizont geprägten Trägers deutsch-russischer Beziehungen. Bevor es zum großen Finale im Zweiten Weltkrieg kommt, sind die alten Eliten bereits ausgebootet oder massakriert – ob es sich nun um die alte revolutionäre Garde in Rußland handelte oder um die Diplomaten alteuropäischer Schule. Ein neuer Phänotyp, der nichts mehr weiß von diesem gemeinsamen Horizont, betritt die deutsch-russische Szene.

Man muß nur den Spuren nachgehen, wo die Vertreter der *Russian Connection* abgeblieben sind. Marschall Tuschatschewski, der Gast der Reichswehr bei gemeinsamen Manövern bei Frankfurt an der Oder, endet mit den anderen Generälen der Roten Armee als »Spion« vor dem Moskauer Militärtribunal, während die deutschen Generäle, die ihre Ortskenntnis bei Manövern in Rußland erworben hatten, davon Gebrauch machen werden in den Vorbereitungen zum Unternehmen Barbarossa. Botschafter von der Schulenburg, der Berliner Konsul im Zarenreich, der im Pakt von 1939 noch den rettenden Ausweg aus dem Krieg gesehen hatte und 1941 die sowjetische Führung vor dem Angriff warnt, wird in Plötzensee durch den Strang enden. Richard

Sorge, der enthusiastische Student der Berliner Universität und des Frankfurter Instituts für Sozialwissenschaften, wird als »sowjetischer Agent« in Tokio hingerichtet werden. Ein einflußreicher antibolschewistischer Russophiler wie der Schriftsteller Edwin Erich Dwinger, Kind einer deutsch-russischen Ehe, dessen Bücher zum Bolschewismus in Massenauflagen in den 20er Jahren erscheinen, wird mit der SS im Juni 1941 in die Sowjetunion einmarschieren. Die Menschewiki haben sich nach Übersee gerettet und bauen die amerikanischen *Soviet Studies* auf. Berlin wird im Zweiten Weltkrieg Metropole der russischen Zwangsarbeiter und zum Gefängnis des Generals Wlassow – Berlin-Dahlem, Kiebitzweg 3. Berlin wird zum Verschiebebahnhof für die Landser auf dem Weg nach Witebsk oder Stalingrad und zum Endpunkt des »Sturms auf Berlin«. Vom Berlin des Aufbruchs in die Moderne ist nichts geblieben als ein Memento und Millionen von Menschenleben, fast 30 Millionen in der Sowjetunion und ein Land in Trümmern. Damit ist etwas zu Ende.

Wenn es einen Zeithorizont gibt, der aus der Sicht der Heutigen fürwahr utopisch anmutet, dann ist es die geglückte Zeit einer unspektakulären Moderne der Vorweltkriegszeit vor 1914. Die großen Leistungen der deutschen und sowjetischen künstlerischen Avantgarden der Zwanzigerjahre sind zugleich Zeugnisse einer kulturellen Überhitzung, der Krise, der Verzweiflung. Die *Russian Connection*, so unvorstellbar reich, war zerrissen von gegensätzlichen Interessen und strategischen Ambitionen. Die Ausschaltung und Liquidierung der zivilen Kräfte – seien es aristokratische Diplomaten, Intelligenzija-Revolutionäre, deutsche Antifaschisten in Moskau oder menschewistische Antibolschewisten im deutschen Exil oder patriotische Militärs – sie alle sind an die Wand gespielt worden. Die deutsch-russischen Beziehungen im alten Sinne waren am Ende.

Anfang nach einem radikalen Ende

Es führt kein Weg zurück in die Vorweltkriegsepoche, und es gibt keinen Grund, Berlin als deutsch-russischen Treffpunkt in der ersten Jahrhunderthälfte zu romantisieren. Am Anfang nach 1945 steht für viele die Erfahrung der Befreiung, aber für noch mehr die gemeinsame Negativerfahrung von Krieg, verbrannter Erde, Gefangenschaft. Es folgen die Erfahrungen des Kalten Krieges, der Teilung, die zwei verschiedene Lebens- und Erfahrungshorizonte mit sich gebracht hatte. Berlin, als Stützpunkt einer intakten Kommunikation ruiniert, lädt sich hoffentlich mit neuen Kräften auf. Vieles ist nachgewachsen. Auch die Teilungszeit hatte ihre deutsch-russischen Pioniere. Für jene Generation, die in den Horizont nach 1989 hineinzuleben begonnen hat, ist die Lage gänzlich anders. Wir wohnen der erneuten Herausbildung eines gemeinsamen Erfahrungs- und Lebenshorizonts bei, und die Frage ist, ob die jetzige Generation mit den Problemen besser fertig wird als die Zeitgenossen eines heroischen Aufbruchs und eines fürchterlichen Zusammenbruchs. Berlin und Moskau, respektive Deutschland und Rußland sind mit dem Schwierigsten nicht fertig geworden: der Bewältigung der Normalität. Ob es nun anders werden wird – niemand kann es wissen.

URBIZID: EUROPÄISCHE STÄDTE IM KRIEG

Wie schlägt sich die Gewaltentfaltung der Weltkriegsepoche im Text oder im Gesicht der europäischen Städte nieder? Wie kann man die Gewaltentfaltung insbesondere des Zweiten Weltkriegs sichtbar machen und vergegenwärtigen? Wie kann man sie im Antlitz der europäischen Städte heute lesen? Wie war es möglich, daß dort, wo vor 50 Jahren noch Ruinen, Schuttberge, Bombentrichter, Kellerwohnungen, verwüstete Parks, Brachen, Gebirge von Schutt waren, daß an dieser Stelle heute Leben tost und blüht? Wie ist es möglich, daß an Orten, an denen jedes Leben erstorben war, die aufgegeben schienen für alle Zeit wie Troja, Ninive, Karthago, Pompeji, daß wir nichts mehr davon sehen, spüren, wissen? Wie ist das möglich, ein halbes Jahrhundert später?

Wer immer sich für eine Weile außerhalb des Sturmzentrums der Zerstörung aufgehalten hat und in die Region der größten Zerstörung zurückkehrt: sagen wir aus Chicago oder Madrid oder aus Istanbul nach Berlin, der empfindet sogleich die ungeheure Neuheit der Umgebung, in der wir in Nachkriegsdeutschland leben und aufgewachsen sind. Meine erste Begegnung mit Prag, als ich noch zur Schule ging, belehrte mich darüber, daß es noch etwas ganz anderes gab, und seit meiner Rückkehr von dort wurde ich das Gefühl nie los, daß ich in der Bundesrepublik in einem einzigen gigantischen Neubau lebte – alles war neu: die Straßen, die Bahnhöfe, die Kaufhäuser, die Marktplätze, die Fassaden. Nachkriegsdeutschland oder Nachkriegswestdeutschland wenigstens als grandioser landesweiter Neubau. Dieses Gefühl war geschärft durch Erfahrung: daß es noch Orte, Städte gab, an denen es Kontinuität, ein Fortschreiben des Textes gab – aber auch das, so stellte sich bald heraus, konnte eine optische Täuschung sein. Der totale Bruch mußte nicht irgendwie theoretisch abgeleitet werden, sondern er lag offen und plan vor aller Augen in der Gestalt von Ruinenfeldern und Schuttbergen und im Neubau unserer Städte.

Warum war die frühe Begegnung mit Prag eine große und fundamentale Erfahrung, ein Schock, die Folie, vor der sich der Neubau Bundesrepublik abhob, gleichzeitig eine Verführung und eine grandiose optische Täuschung? Weil natürlich die alten Städte in Mitteleuropa keine von der Katastrophe verschonten Orte gewesen waren. Sie waren äußerlich unversehrt, aber auch sie waren zerstört. Es gab noch alte Marktplätze, Palais, Bügerhäuser, Kirchen und Tempel – aber jene Bewohner, die sie zu bedeutenden europäischen Städten gemacht hatten, gab es oft nicht mehr. Sie waren verschwunden, sie waren ausgerottet, sie waren vertrieben. Viele Städte trugen altehrwürdige Namen, aber ihre Bewohner waren über Nacht ausgewechselt worden – vielerorts wenigstens. Man mußte also genauer hinsehen. Das Verschwinden der Städte oder wenigstens ihre Beschädigung konnte in ganz anderen Formen in Erscheinung treten. Unser Auge war durch die Erfahrung von Köln, Aachen, Würzburg, Dresden, Berlin geprägt, von den Flächenbombardements, von den brennenden und skelettierten Städten, aber es gab auch ganz andere Formen des Städtesterbens, des Städtetodes, der Städteliquidierung, des Urbizids.

Das 20. Jahrhundert, wenigstens in Europa, hat schon viele Namen bekommen, in denen die Spur der entfesselten Gewalt sich niedergeschlagen hat: Jahrhundert der Flüchtlinge, Jahrhundert der Vertreibungen, Jahrhundert der Genozide. Man muß das Jahrhundert des Urbizids hinzufügen. Dies kann auch nicht anders sein. Wenn die Städte der Hauptkristallisationsort von Zivilisationen sind, dann sind sie auch der Hauptschauplatz und Tatort für Zivilisationsbrüche.

Städte als Schlachtfeld und Schuttgebirge

Es bedarf heute, wenigstens für die Nachgeborenen, einer konzentrierten Anstrengung, sich Städte als Schlacht- und Ruinenfeld, als Ort systematischer Zerstörungsarbeit zu vergegenwärtigen. Jörg Friedrich hat das eindrucksvoll getan. Die Zeugnisse des Schocks, des Wunderns, daß man aus dem 20. Jahrhundert abstürzen kann in die Welt der Höhlenbewohner, sind umfangreich und überwältigend. Hans Magnus Enzensberger hat einige dieser Beschreibungen Anfang der Neunzigerjahre – die Nachkriegszeit war gerade zu Ende – unter dem Titel »Europa in Ruinen« herausgegeben. Wir lesen dort die ganz frischen Reportagen von Martha Gelhorn und Jannet Flanner, von John Gunther und Edmund Wilson; auch Alfred Döblins und Max Frischs Eindrücke von Reisen in Deutschland und Polen unmittelbar nach dem Krieg sind dabei. Wir bekommen einen Eindruck, was passiert, wenn binnen einer historischen Sekunde blühende Metropolen zu Schuttbergen werden und sich Metropolen in Nekropolen verwandeln. Wir können nicht über die Nachkriegszeit sprechen, solange wir nicht zur Kenntnis genommen haben, daß in den Zentren des politischen, kulturellen, wirtschaftlichen Lebens alles Leben zum Stillstand gekommen war, daß alles nach einem endgültigen Exitus aussah. Warschau – die einstige 1,5-Millionen-Stadt – gab es nicht mehr, Königsberg, Berlin, ausgebrannt in den Innenstadtbereichen, unlebbar. Nicht zu Unrecht wurde die Frage diskutiert, ob man diese Trümmerberge nicht sich selbst überlassen und die Städte an anderem Ort neu errichten sollte. Wenn man eine Geschichte Europas um 1945 schreiben würde, dann müßte darin Europa als Trümmerlandschaft vorkommen, aber nicht in einem metaphorischen, sondern im buchstäblichen Sinne. Der Historiker müßte seine größte Sorgfalt – gleichsam ein Herodot der Stunde Null – auf die Beschreibung der Ruinen, Mond- und Kraterlandschaften, auf die Tunnel- und Höhlensysteme, auf die Zelt- und Barackenstädte, auf das Leben unter freiem Himmel, die Ackerflächen inmitten alter Stadtzentren, auf abgeholzte Parkanlagen verwenden. Zerstörung der Grundlagen der Zivilisation ist wörtlich, nicht metaphorisch zu nehmen. Es geht nicht bloß um Ruin moralischer Werte und Prinzipien, sondern um Zusammenbruch von Wasserleitungen, Elektrizität, Post, Kommunikation, Eisenbahn und Verkehr, kurz: um die Fundamente, auf deren Existenz unsere Zivilisation stillschweigend beruht. Historiker sind sich oft zu fein für die Beschäftigung mit diesen elementaren Voraussetzungen von Zivilisation, sie halten es lieber mit den Werten und Prinzipien. Es gibt daher ungelöste handwerklich-historiographische Probleme, Europa in Ruinen zu beschreiben.

Man kann aber die Bedingungen umreißen, unter denen eine Kartierung »Europas in Ruinen« möglich wäre. Man muß gleichsam zum Phänomenologen und Archäologen der Zerstörungen werden, buchstäblich jene Pompejis und Karthagos, deren Spuren bis heute sichtbar sind, ausfindig machen, rekonstruieren und markieren. Jeder von uns hat so seine Erfahrungen, die einen stutzen lassen und einen nachdenklich machen. Es gibt Orte, an denen man solche Symptome noch in Hülle und Fülle sieht, und solche, an denen sie nur noch im Museum zu besichtigen sind. Das fragliche Terrain erkennt man häufig am Alter der Gebäude, an der Sichtbarkeit der Brandmauern. Brandmauern sagen etwas über fehlende Zwischenstücke, über Herausgebrochenes und Unterbrochenes. Es gibt ganze Städte, die scheinbar nur aus Brandmauern bestehen, so wie es Städte gibt, in denen der Rhythmus der Fassaden ganz ungebrochen erscheint. Die Brache sagt etwas über Einstürze, Zusammenbrüche, Weggeräumtes. Berge an Stellen, an denen es sonst keine Erhebungen gibt, sind künstlich angelegte Schuttberge, Gebirge, aufgetürmt oder zusammengeschoben aus dem Material und Schutt pulverisierter Städte. Ganze Straßenzüge, ganze Viertel in Hügellandschaften transformiert. Auf kriegsversehrtes Terrain verweisen auch Erscheinungen wie Durchbrüche, Öffnungen, Aufsprengungen von Blocks, die einmal dicht bebaut waren, Entkernungen, Auflösung und Ausfransen von Blockkanten, Verfließen von Platzkonturen, das Fehlen von Eckhäusern, um die im Nahkampf gekämpft wurde. Wo gab es in Berlin noch intakte Eckhäuser? Hierher gehören auch Löcher, Leerstellen, *Voids*, die »Totalverluste« markieren. Dort ist nichts mehr, oft nicht einmal mehr eine Andeutung, nicht einmal eine Plakette. Ganze Stadtkerne können in *Voids* gelöscht worden sein. Der Solitär, der übriggeblieben ist – die Kathedrale, das Palais, der Brunnen – erinnert daran, daß ganze Umgebungen abhanden gekommen sind. Der Solitär ist meist Solitär durch Verlust von Umgebung. Es gibt Gebäude, die kriegstüchtig und überlebenstüchtig waren: Festungsbauten, Gefängnisse, solide Institutionen, die für die Ewigkeit errichtet waren, wie Bunker, Hochbunker, die dem Brand standgehalten haben und die nicht einmal beseitigbar waren. Eines der harmlosesten Zeichen der Kriegszeit in den Städten sind Einschußlöcher von Gewehren, MGs, Granaten. Man findet sie zuweilen immer noch.

An den von den Bomben getroffenen Städten ist am auffälligsten der Verlust von Dichte, die zwangsläufige Folge der Zerstörung von in Jahrhunderten gewachsenen Schichten und Strukturen. Nicht, daß wir ein spezielles einzelnes Bauwerk besonders vermissen, es ist vielmehr die Auflösung der Textur als solcher, die uns irritiert und befremdet. Die Städte sind gleichsam in eine andere Dimension hinübergebombt worden. Wo einmal Massen, Dichte, Stadt war, scheint jetzt nur die Andeutung, der Hinweis, die Abstraktion von allem zu sein. Man kann dies freilich auch an anderen Städten beobachten – man vergleiche die Photos New Yorker Straßen von 1930 mit solchen von 1990 –, aber in den vom Krieg gezeichneten Städten ist es die Radikalität, die Schonungslosigkeit, die Willkürlichkeit des Leere schaffenden Eingriffs. Dies wird am besten dargestellt und darstellbar durch die Schwarzpläne. An ihnen kann man den Verlust an Dichte am besten nachvollziehen. Sie sind aufschlußreich für die Rekonstruktion der Form von Städtetoden und Städtemorden.

Formen des Urbizids in Europa. Eine Typologie

Das Material ist unendlich reich und liegt vor unseren Augen. Es ist sehr wichtig, sich in ganz Europa umzusehen und sich aus der Fixierung auf die deutsche Erfahrung, auf die Erfahrung des Todes der deutschen Städte zu lösen. Dies bedeutet vor allem zu begreifen, daß Städte sterben können, auch wenn ihre äußere Form weitgehend intakt bleibt.

Blockade. Tod durch Aushungern: Der Fall Leningrad. Leningrad sollte es beschieden sein, mit dem geringsten Aufwand als Stadt vernichtet zu werden: durch Belagerung und Aushungern. Bekanntlich ist dieser Plan gescheitert, aber der Preis, den die Stadt und die Bürger der Sowjetunion dafür bezahlt haben, war unvorstellbar hoch. Zwar ist die Stadt von den Pulkowoer Anhöhen massivem Artilleriebeschuß ausgesetzt gewesen, zwar sind die Petersburger Paradiese in Flammen aufgegangen, zwar sind zentrale historische Gebäude der Innenstadt zerstört worden – am Newski-Prospekt, Treffer auf die Ermitage, Bahnhöfe. Im großen und ganzen schien die Stadt äußerlich unversehrt, aber fast eine Million Menschen sind der Aushungerungsblockade zum Opfer gefallen. Dies war nicht der erste Angriff durch Hunger, dies war nicht der erste massive Bevölkerungsverlust, wenn man an die Jahre des Bürgerkrieges denkt. Aber wie verkraftet eine Drei-bis Viermillionenstadt den Tod von einer Million ihrer Bewohner? Die Stadt mußte nach der Aufhebung der Blockade gleichsam neu besiedelt werden. Das Leningrad-Schicksal traf nicht wenige andere Städte im von den Deutschen besetzten Europa.

Die Stadt als Ghetto und Transitpunkt ins Gas: Lodz, Wilna, Riga, Lublin. Wer heute nach Lodz kommt, sieht die grandiose Industriestadt des 19. Jahrhunderts, das »Manchester des Ostens« plus der Nachkriegs-Expansion. Auch diese Stadt hat ihre Wunden, ihre grandiosen Abrisse, ihre Zerstörungen, aber unsereins beeindruckt sie eher durch ihre äußerliche Unversehrtheit. Man kann nachvollziehen, daß die polnische Regierung im ersten Nachkriegsjahr sich in Lodz angesiedelt hat. Aber das Lodz vom Frühjahr 1945 ist eine ganz andere Stadt als jene vom Herbst 1939. Sie war zwischendurch zum Ghetto geworden, zum Arbeits- und Konzentrationslager eines großen Teils ihrer Bevölkerung, der Judenheit von Lodz. Die alte Fabrikstadt verwandelte sich in eine Arbeitslagerstadt und dann in einen Sammel- und Transitpunkt in die Vernichtungslager. Lodz hatte aufgehört, eine Vielvölkerstadt zu sein, die sie von ihrer Gründung bis zum Beginn des Zweiten Weltkrieges gewesen war. Das Lodz-Schicksal traf viele andere bedeutende Städte des mittleren Europa: Vilnius, Riga, Kaunas, Lublin, Kischinjow, Jassy.

Die Ausbombung und Verbrennung. Coventry, Würzburg. Die Ausradierung von Städten, oder wenigstens ihrer Zentren durch Luftkrieg und Flächenbombardements hat einen Namen: Coventrysierung. Das ist die systematische und flächendeckende Zerstörung, Pulverisierung von Stadt. Alle von der Coventrysierung getroffenen Städte mußten rekonstruiert, neu aufgebaut werden. Man sieht es ihnen bis heute an: in England sind dies Städte wie Southampton, Sheffield, Leeds, Manchester und viele andere. Auf dem Kontinent sind dies Städte wie Rotterdam und Städte auf dem Streifen der alliierten Invasion, besonders aber die deutschen Städte: von Lübeck bis Pforzheim, von Berlin bis Köln, von Hamburg bis Würzburg. Hier blieb nichts anderes als Wiederaufbau und Neubau.

Die Militarisierung, Die Stadt als Schlachtfeld. Stadt als Festung. Viele Städte sind im Laufe des Weltkrieges ganz explizit zu Festungen erklärt worden, d. h. zu Bestandteilen der Abwehrfront. Sie wurden für militärische Zwecke zu- und umgerüstet. Breite Straßen wurden zu Landebahnen, Plätze zu Waffenstandorten, die Stadt durchfurcht von Verteidigungssystemen, Bunkern, Schützengräben. Sie fielen dem Gesetz des Krieges zum Opfer. Die Verwandlung der Stadt in Festungen: Königsberg, Breslau, Berlin. Aber in gewissem Sinne gilt dies natürlich für alle Städte, die umkämpft waren, die »bis zuletzt« gehalten werden sollten und die im Kampf Haus für Haus zu Ruinenfeldern gemacht worden sind: Stalingrad. Die Verwüstungen sind so intensiv und flächendeckend, daß nichts anderes übrigblieb, als die Städte ganz neu aufzubauen. Stalingrad ist eine solche Neustadt, Minsk ebenso, der Innenbezirk von Königsberg, große Fragmente Breslaus, in Berlin vor allem die Gegend im Spreebogen und um den Reichstag.

Stadtauflösung durch Bevölkerungsaustausch. Manche Städte wurden im Verlauf des Zweiten Weltkrieges »andere Städte« nicht allein durch Zerstörung und Wiederaufbau, sondern durch systematischen Austausch von Bevölkerungen. So etwas hatte es in dieser Radikalität, in dieser Schärfe und Prägnanz vorher nicht gegeben – sieht man von Smyrna und Konstantinopel im Jahre 1922/1923 ab. Dies betraf zum einen die von den Deutschen besetzten Städte, die der Germanisierung und Endlösungspolitik unterworfen wurden: Posen, Lodz, Warschau, Wilna, die Shtetl Ostpolens, der Ukraine, Weißrußlands. Dies betraf dann die von der Flucht, Vertreibung und Aussiedlung betroffenen Städte in den Ostprovinzen des Deutschen Reiches, die binnen kürzester Zeit aufhörten, deutsche Städte zu sein und polnische, tschechische, – im Falle Königsberg – sowjetische Städte wurden, oder es betraf Städte, die von der Verschiebung der Grenzen in Ostmitteleuropa betroffen waren: Lemberg, Grodno, Pinsk u. a. Die Bevölkerungen wurden komplett ausgetauscht. Binnen ein bis zwei Jahren wurde so aus dem polnischen Lwów das ukrainisch-sowjetische Lviv, aus dem deutschen Breslau oder Stettin das polnische Wrocław und Szczecin, aus dem deutschböhmischen Budweis oder Karlsbad das České Budějovice oder Karlovy Vary. Damit wurden in einer historischen Sekunde jahrhundertealte Traditionen abgebrochen und ebenso rasch und rigide neue »erfunden« oder etabliert. Dem Bevölkerungsaustausch entspricht die kulturelle Umkodierung der Stadt.

Unbewohnbarmachung, Wüstung: Warschau. Nun gibt es noch ganz spezielle Erfahrungen, die wiederum etwas mit der Radikalisierung der Weltanschauungskämpfe im 20. Jahrhundert zu tun haben. Es ist die Auslöschung von menschlichen Siedlungen überhaupt: nicht als Kollateraleffekt von Kriegshandlungen, der in Kauf zu nehmen sei, sondern als eigenständiges Ziel: Leningrad vom Erdboden verschwinden zu lassen, gehört in diese Kategorie, vor allem aber Warschau. Die erklärte Politik der Nazis war hier: einen Ort unbewohnbar zu machen, ihn als Ort menschlicher Siedlung von der Erde zu tilgen. Die Sprengtrupps, die mit Flammenwerfern nach dem Aufstand im Warschauer Ghetto und nach dem Warschauer Aufstand von Straße zu Straße, von Häuserblock zu Häuserblock, von Einfahrt zu Einfahrt gingen, um die Stadt niederzulegen, zielten eben nicht auf Beschädigung, sondern Tilgung. Das Verschwinden der Stadt als zivilisatorische Errungenschaft und die Verwandlung von Kultur in Natur, eine eigentümliche Renaturalisierung und Rebarbarisierung. Der Skandal ist hier gar nicht die Zerstörung des einen oder anderen Meisterwerks der Baukunst, des einen oder anderen Archivs oder Bibliothek, sondern der Angriff auf die städtische Siedlung selbst, die als potentieller Widerstandsort gesehen wird. Die Aufstände in Warschau und die Flammenwerfer der Besatzermacht sind symbolisch die vorgeschobenste Front im Kampf um die Verteidigung bzw. Vernichtung der Stadt in Europa.

Die Zeit davor:
Reichtum und Komplexität der Stadt vor der Zerstörung

Haben wir das Ausmaß der antiurbanen Regression des 20. Jahrhunderts, wie sie im Urbizid zum Ausdruck kommt, wirklich zur Kenntnis genommen, oder erscheint sie uns eher noch als Kollateralschaden einer insgesamt traurigen und grausamen Epoche, als Episode, die sich durch ein paar große Planungen und Eingriffe wieder beheben läßt? Es gibt verschiedene Indizien dafür, daß das Ausmaß der Erschütterungen und Veränderungen nicht wirklich begriffen ist. Um nur zwei anzuführen: Natürlich ist es wahr, daß man »schwere Fehler« im Wiederaufbau gemacht hat. Wahrscheinlich ist auch wahr, daß sehr viel im Wiederaufbau erst definitiv zerstört worden ist. Aber von dieser Einsicht, die man haben kann, wenn man aus dem Gröbsten heraus ist, zu der These, daß im Nachkrieg mehr zerstört worden sei als im Krieg, ist es vielleicht nicht nur ein langer Weg, sondern ein allzu gewagter Sprung. Der Krieg bedeutete die Auflösung der städtischen Zivilisation in all ihren Formen, ein tödlicher Schlag. Und es bleibt ein Wunder, daß sich auf dieser *tabula rasa* überhaupt die Kraft zum Wiederanfangenkönnen gefunden hat. Das zweite Indiz ist die Leichtfertigkeit, mit der man nach 1989 vom *comeback* einer Stadt wie Berlin gesprochen hat. Viele Leute glaubten wohl, daß man nur eine Regierung von Bonn nach Berlin transferieren und Kapital in die Stadt locken müsse, um die »Metropole« Berlin wiederherzustellen. Darin sprach sich Ahnungslosigkeit von den Gewichten und Schwerkraftverhältnissen im Bildungsprozeß von Städten aus, eine ans Phantastische grenzende Selbstüberschätzung von Machern, die in den Intervallen von Konjunktur- und Investitionszyklen oder Legislaturperioden denken, nicht in den Intervallen, in denen Städte wachsen oder zugrundegehen: in Generationszyklen. Man hat dann den Eindruck, das Ausmaß der Regression und der Verwüstungen sei noch gar nicht richtig begriffen oder – was auch sein kann – vergessen worden.

Die beste Lektion, um dahinter zu kommen, was »eigentlich« passiert ist, besteht in der Vergegenwärtigung der untergegangenen Stadt und dessen, was von ihr geblieben ist. Man tut dies aber nicht primär, indem man die Liste der Totalverluste ansieht, sondern das Gewebe der Stadt. Dafür gibt es zwei Methoden oder Dokumente, an denen sich das ablesen läßt: das eine ist das Adreßbuch, das andere der Schwarzplan.

Mit Adreßbüchern rekonstruieren wir Städte, die es nicht mehr gibt. Wir benötigen sie, wenn wir untergegangene Städte vergegenwärtigen wollen, wenn wir die Spur von Menschen, die wir im Tumult der Geschichte und im Dickicht der Städte verloren haben, wiederfinden wollen. Adreßbücher bilden die spezifische ethnische Zusammensetzung von Städten ab. Adreßbücher sind Logbücher für die Erkundung untergegangener Städte, für das Sichtbarmachen der unsichtbaren Städte Italo Calvinos, sie sind Protokolle der Entwicklung und Zerstörung, der Vermischung und der Entmischung, Dokumente des wahren Reichtums und der Komplexität und ebenso der Reduktion und Primitivisierung.

Komplementär dazu verhalten sich Schwarzpläne. Sie sind Dokumente und Protokolle der Liquidierung, der Entdichtung und Wiederverdichtung, der Tilgung von Grundrissen und der Neuerfindung von Städten auf dem Reißbrett. Sie machen die historischen Schichten, die jeweiligen Texturen sichtbar, machen Städte »lesbar«. Das Studium von Adreßbüchern und Schwarzplänen gibt uns daher wahrscheinlich am besten Aufschluß über die rabiaten Eingriffe in die *social fabric* der europäischen Stadt im 20. Jahrhundert.

Zerstörung und neue Blüte

Die Folgen der Weltkriegsepoche für die europäische Stadt sind bisher vorwiegend unter dem Gesichtspunkt der baulichen und stadtplanerischen Rekonstruktion untersucht und erörtert worden. Das geht an der Radikalität der Transformation und Metamorphose vorbei, das interpretiert sie zu »flach«. Wir haben es – jedenfalls im mittleren und östlichen Europa – mit einem brachialen Ende von Stadtgeschichte im umfassenden Sinne zu tun und mit einem Anfang, der fast an die Neuerfindung der Stadt denken läßt.

Um die Aspekte noch einmal allgemeiner zusammenzufassen:

- Städte wurden in einem Maße physisch gefährdet und oft zerstört, wie in allen Kriegen zuvor nicht. Große Siedlungen wurden dem Erdboden gleichgemacht, manchen war ein solches Schicksal vorherbestimmt, aber nicht mehr verwirklicht worden. Die Verwandlung von Millionenstädten in Schuttberge, die Verwandlung von Großstädten in Schlachtfelder.
- Städte verloren ihre Bevölkerungen entweder total oder in großen Portionen, womit ein charakterologischer Wandel von Städten einherging. Die radikalen Varianten davon sind: Tötung ganzer Bevölkerungsgruppen – die Juden –, Aussiedlung und Vertreibung ganzer Stadtbevölkerungen oder jedenfalls großer Minderheiten. Aus multiethnischen, multikonfessionellen, polyglotten Stadtgebilden wurden ethnisch, konfessionell, sprachlich homogene Ge-

bilde. Das ist das Ende der Vielvölkerstadt, wie sie die europäischen Vielvölkerreiche zustande gebracht hatten.

- Städte verloren durch die Eingriffe ihre soziale und kulturelle Komplexheit und Differenziertheit. Insgesamt kann man von einer Nivellierung, Primitivisierung, Provinzialisierung der europäischen Städte sprechen. Der Krieg hat die alten Stadtbevölkerungen außerordentlich gefährdet bzw. marginalisiert.
- Die europäische Stadt im Krieg ist der Schauplatz einer grandiosen Entwurzelungs- und Einwurzelungsbewegung, von Orts- und Heimatverlust und von Orts- und Heimatgewinn, ein Ort des kulturellen Bruchs ohne Beispiel.
- Europäische Städte wurden durch den Krieg und die Folgen nicht nur neu gebaut, sondern auch neu gedacht. Sie bekamen neue Geschichte, neue Identitäten, neue Stile. Die Städte wurden ein zweites Mal erfunden, meist im nationalen/nationalistischen oder sozialen/sozialistischen Kontext. So wurden aus deutschen polnische Städte, aus polnischen ukrainische usf. So entstanden überhaupt erst die sozialistischen Musterstädte: Stalingrad, Minsk, Noworossijsk und andere Städte, die gänzlich neu errichtet werden mußten.
- Verwilderung, Renaturierung. In vielen Landstrichen waren die Kräfte so erschöpft, daß eine bruchlose Übernahme oder Wiederinbetriebnahme von so großen Gebilden wie Städten nicht funktionierte. Überall, wo diese Kräfte nicht ausreichten, rückte die Natur wieder vor. Entvölkerung und Wüstungen gingen Hand in Hand. Die Spätfolgen kann man bis heute in manchen Grenzbezirken z. B. Tschechiens, vor allem aber im Kaliningrader Gebiet sehen.
- Amnesie, Bruch, Diskontinuität. Die kulturellen und mentalen Folgen dieser Brüche sind enorm. Ganze Geschichten von Städten verschwanden – so wie bestimmte Denkmäler und Bauwerke, Friedhöfe, Kirchen.

Die Selbstzerstörung Europas – und der besondere Anteil, den die Deutschen daran hatten – konkretisiert sich in der Zerstörung seiner Städte. Wir müssen den Urbizid nicht einfach als Kollateralschaden der Weltkriegsepoche denken, sondern als zentralen Angriffspunkt der Mächte der Gewalt, der Vereinfachung auf die komplexen Bildungen der Kultur, des Ausgleichs, des Koexistierens, wie es Städte nun einmal sind. Der Zivilisationsbruch hat Orte, einen Schauplatz, er ist nicht abstrakt.

Das Wunder der europäischen Städte: wieder zu Kräften kommen

1989 endete die lange Nachkriegszeit. Die europäischen Städte jener Region, die am meisten verwüstet worden ist und die am meisten unter den Folgen der Nachkriegsteilung zu leiden hatte, sind dabei, sich zu reorganisieren, wieder zu Kräften zu kommen, in vielem wieder anzuschließen an Errungenschaften, die es schon einmal gegeben hat, die aber untergegangen oder in Vergessenheit geraten waren. Es ist erstaunlich, wie sehr die am Ende der Nachkriegszeit erreichte Normalität die Stunde Null, *finis Europae*, aus dem Gedächtnis getilgt hat. Städte, die in so großen Gewaltentfaltungen untergegangen sind, lassen sich nicht in Hauruckverfahren wieder in Fahrt bringen. Das wäre eine kindliche Vorstellung. Wer nicht begriffen hat, daß es auch ein Aus geben kann, daß Karthago nicht nur eine Metapher, sondern ein geschichtliches Schicksal sein kann, der hat auch von den Anstrengungen nichts begriffen, die fällig sind, wenn Städte, die aus der Geschichte herausgefallen sind, wieder in den Kreis der Geschichte zurückkehren. Alles in allem muß man sich eher wundern, daß es im Zentrum der Verwüstungen noch oder wieder das gibt: die europäische Stadt.

NEUE URBANITÄT IM NEUEN EUROPA

Die besten Beweise für einen fundamentalen Wandel in den Städten des ehemaligen Ostblocks liefert ein beliebiger Besuch. Man könnte beschreiben, wie unendlich langsam die Erholung der Stadt vor sich geht, aber eben auch: daß sie vor sich geht.

Aus geschlossenen Städten sind offene Städte geworden. Es bereitet heute keine Mühe mehr, in die östlichen Metropolen zu gelangen. Wir haben schon fast vergessen, daß sie einmal fast unzugänglich waren, wie hinter einer großen Mauer aus Schikanen und bürokratischen Prozeduren. Fast alle Städte des östlichen Europa liegen heute offen da. Man steigt ins Flugzeug oder in den Zug. Es gibt die für die Aufnahme ausländischer Besucher nötige Infrastruktur – Reisebüros, Hotels, Autoverleih. Man kann sich im Land frei bewegen. Vergessen haben wir fast, daß es einmal eine Zeit gab, in der große, ja Millionenstädte – Gorki oder Kaliningrad z. B. – und Zonen von der Größe der Schweiz oder Belgiens Sperrzonen gewesen sind (in einigen Fällen sind sie es nach kurzem Intermezzo wieder geworden). Dies ist nicht nur eine Frage des Auslandstourismus, sondern betrifft die Konstitution von Stadt selbst: Offen oder geschlossen. Die Geschlossenheit von Städten ist im Grunde die Negation des Städtischen, ein Ausnahmezustand, der auf Dauer gestellt, zur Denaturierung, zum Städtetod führt.

Beschleunigung. Die Städte des östlichen Europa sind schnelle Städte geworden. Das hängt wiederum mit einem fundamentalen Wandel zusammen. Die ganze Ökonomie – die Ökonomie im engeren Sinne, aber auch die Ökonomie der Kultur, der Moral im weiteren Sinne – ist eine des Geldes geworden. Zeit zählt, Zeit kostet – wie überall in der kapitalistischen Welt. Zeit ist kostbar geworden. Die neuen Verkehrs- und Kommunikationsmittel sind der Hauptausdruck davon. Die Städte bewältigen nicht das neue Verkehrsaufkommen. Der Verkehr bricht zusammen. Wo es früher Staus gegeben hat, fließt jetzt der Verkehr, wo es früher nicht einmal eine Verbindung gab, gibt es jetzt keine Stockung. Es gibt keine Warteschlangen vor den Geschäften mehr, aber es gibt Stau, Stop-and-go, rasenden Stillstand.

Individualisierung. Früher konnte man ziemlich genau sagen, wer wer war, wer woher kam. Heute ist das so schwierig wie überall auf der Welt geworden. Ausländer lassen sich von Einheimischen nicht mehr so leicht unterscheiden. Die Dreßcodes, die Manieren, die Lebensstile, die Gesten und Allüren lassen sich nicht mehr eindeutig zuordnen. Es ist eine individuelle Frage, eine Frage des Stils und letztlich des Einkommens geworden. Die Individualisierung, die sich früher hinter einem Uni oder konformen Stil verbarg, ist jetzt nach außen gestülpt. Ob es sich um Reklame, Kleidung, Wohnung, Einrichtung usf. handelt. Man nimmt für die Individualisierung auch Kosten in Kauf: stundenlange Staus, nur um dem täglichen Streß in der Metro zu entgehen.

Bau-Boom und Transformation des Stadtraumes. Der sichtbarste Ausdruck der Veränderungen: Es wird wieder gebaut, wahrscheinlich wie nie zuvor seit den Stalinschen Generalplänen der 30er Jahre und seit dem Wiederaufbau der zerstörten Städte nach dem Krieg. Die Bauaktivitäten gehen entweder in Neubauten oder in Umbauten. Die Türme wachsen in den Himmel in Downtown Warschau, Türme wachsen in den Himmel in Moskau. Neue Malls und Gewerbezonen gibt es in allen großen Städten. Es wird renoviert, rekonstruiert auf die Bedürfnisse der Dienstleistungen, der Unterhaltungsindustrie und des Konsums hin. Man hat sich außerhalb nie die Mühe gemacht, diesen säkularen Umwälzungsvorgang wahrzunehmen und zu beschreiben: was geschieht, wenn die Bevölkerung einer 12-Millionenstadt anfängt, ihr ganzes bisheriges Mobiliar, die schlechten Fenster und Türen, die Lifte auszuwechseln, eine ganze Epoche zu entsorgen – eine Steigerung der Erfahrung der Sechzigerjahre in Westeuropa.

Polarisierung in den Städten. Was es früher nie gab, gute und schlechte Wohngegenden, gibt es jetzt. Es findet eine Entmischung statt, die man auch als neue Klassenbildung und soziale Segregation bezeichnen könnte. Das sind zum Teil die alten bürgerlichen Wohnquartiere und Villenvororte, zum Teil neue ökologisch gute Vororte. Es kommt zu neuen Mischungen, zu Strukturbildungen anstelle von eher gleichmäßigen, strukturlosen, amorphen »Feldern«.

Inwertsetzung, Revitalisierung, Entmusealisierung. Grundeigentum, Baugrund ist wertvoll und knapp geworden. Etwas, was es zuvor nie gegeben hatte, ist eine Tatsache: Grund und Boden haben wieder Wert, sind kostbar, so kostbar, daß sich nur wenige ihn noch leisten können. Ganze Stadtterritorien werden in Wert gesetzt. Ein ungeheurer Druck von Investoren, *Developern*, Spekulanten auch, liegt auf dem städtischen Grund und Boden. Es bilden sich wieder verschiedene Lagen heraus. Es macht einen Unterschied, ob man im Stadtzentrum oder draußen baut; es macht einen Unterschied, ob ein Straßenzug oder ein Viertel eine Geschichte und ein Gesicht hat oder nicht. Die Makler sind geschichtlich und infrastrukturell aufgeklärte Leute. Es gibt wieder kostbare Objekte, seit der Staat und die gesellschaftlichen Organisationen es sich nicht mehr leisten können, solche Bauten und Gebäude einfach zu halten. Sie sind zu teuer, sie müssen sich aber verwerten und Rendite abwerfen. So kommt es, daß stillgelegte Areale der Stadt, historisch wertvolles Gelände, über Nacht wieder zu den teuersten und besten Lagen geworden sind.

Die Transformation des städtischen Raumes. Es ist ein gewaltiger Unterschied, ob ein städtischer Raum von der Stadt selbst bespielt wird oder nur als Schauplatz für die Inszenierungen der Macht genutzt wird. Es macht einen Unterschied, ob der öffentliche Raum für die Macht errichtet worden ist oder ob er der Selbstdarstellung des Busineß oder gar der Bürger dienen soll. Die sozialistische Stadt ist anders gebaut als die kapitalistische. Die eine braucht keine Banken und keinen *financial district*, die andere wohl. Die eine braucht keine Hotels und Cafés, die andere braucht sie für ihr Funktionieren. Die eine bringt alle in genormten Wohnungen unter, die andere auch in Einfamilienhäusern oder Villen. Die eine hat Stadien, die andere Wellness- und Fitneß-Center. Die eine braucht Plätze für Panzeraufmärsche, die andere

Spielflächen für Demonstrationen und Love Parades. Die eine braucht Straßen für den öffentlichen Nahverkehr, die andere für massenhaften Individualverkehr. Insofern die gebaute Stadt nur die Verkörperung des sozialen Organismus Stadt ist, spiegelt die Transformation des öffentlichen Raums ziemlich genau die Transformation der Stadt von der Stadt als »staatlicher Veranstaltung« (Dietrich Geyer) in die Stadt als autonomes Gebilde wider.

Selbstinszenierung des Städtischen, Schauspiel der Urbanität. Kulturelle Revolution. Alles bisher Gesagte klingt immer noch ziemlich funktional, funktionalistisch, vielleicht auch ökonomistisch. Daher muß man auf die außer-ökonomische, gleichsam die willkürlich-spielerische, ja abenteuerliche Seite dieser Entwicklung hinweisen. Die Bewohner der Städte beginnen sich wieder als Bewohner ihrer Städte zu fühlen. Sie sind hingerissen von der Schönheit ihrer Städte, sie sind besorgt um ihre Zukunft, sie identifizieren sich mit ihnen (oder sie hassen sie). Die Zeit der Indifferenz gegenüber der eigenen Stadt, gegenüber der kleinen Welt scheint vorüber. Es beginnt, was unausweichlich ist: Städtestolz, Bürgerstolz, ausgedrückt in Feierlichkeiten, spezifischen Fest- und Jahrestagen, in einem Verhältnis zur eigenen Geschichte. Es ist ein Schwelgen im neu entdeckten Reichtum des Städtischen. Es ist ein Akt der Selbstwahrnehmung, der Selbstanerkennung der Stadt als zivilisatorisches Gebilde. Die Städte haben wieder ein Subjekt. Die Städte haben wieder einen Herren – im übrigen sind die Transformationsjahre auch die Jahre starker und initiativreicher Bürgermeister.

Eine Phänomenologie oder eine Physiognomik der Veränderungen der östlichen Städte im letzten Jahrzehnt führt fast zwingend zu der Analyse der Schub- und Bildungskräfte, die hinter diesem Stadtbildungsprozeß gestanden haben, die ihn auch heute noch tragen. Ob man dies als Bürgerschaft, Bürgergesellschaft, Civil Society bezeichnet, sei vorerst dahingestellt. Zunächst soll jedoch der Blick auf das 20. Jahrhundert gehen und was es in der östlichen Region den Städten gebracht hat. Denn das ist der Ausgangspunkt für ihre neuerliche Entwicklung.

Das 20. Jahrhundert und die Städte: eine Haß-Geschichte und die Geschichte eines Wunders

Es ist schwierig, ganz verschiedene Städte, ganz verschiedene Stadtlandschaften und Kulturen auf einen geschichtlichen Nenner zu bringen. Was hat Riga mit Odessa, was Bukarest mit Witebsk, was Breslau mit Belgrad, was Leningrad mit Berlin, was Lodz mit Prag zu tun?

Aber die Tatsache, daß sie alle auf der Karte des mittleren und östlichen Europa eingezeichnet sind, ist doch von Belang. Es besagt, daß sie Punkte auf einem großen geschichtlichen Schauplatz waren und daß sie auf die eine oder andere Weise davon gezeichnet worden sind. Es gibt Städte, die scheinen unversehrt, obwohl sie tödlich getroffen worden sind; und es gibt Städte, die haben, nachdem sie erloschen waren, neu angefangen zu leben. Es gibt Städte, die sind zerstört worden, weil sie im Zentrum der Macht lagen, während andere gerettet worden sind, weil sie durch die Fügung der Geschichte an den Rand gerutscht sind. Die Geschicke der europäischen Städte in diesem Raum sind so verschieden wie die Städte selbst. Aber vielleicht kann man doch wiederum ein paar allgemeine Züge herausarbeiten, Züge, die folgenreich geblieben sind bis auf den heutigen Tag. Es kann sich auch hier nur um eine schematische Aufzählung handeln.

Die Pulverisierung der Städte. Städte als Kriegsschauplätze. Viele Städte – und darunter die größten und schönsten – sind zum Schauplatz des Krieges, d. h. der überlegten und systematischen Zerstörung zu Land, zur Luft und zu Wasser geworden. Städte sind zu Festungen erklärt und als solche behandelt worden, sie sind Viertel für Viertel, Straßenzug für Straßenzug, Meter für Meter zerstört, in Schutt und Asche gelegt, pulverisiert worden. Die geschichtliche Kontinuität, die sich in der Baumasse von Städten manifestiert, ist unterbrochen, abgebrochen worden. Sie hörten rein äußerlich zu existieren auf – für eine geschichtliche Sekunde wenigstens. Menschen lebten dort nur noch in Erdhöhlen. Solche Städte sind Warschau, Minsk, Witebsk, Pinsk, Stalingrad, die Zentren von Königsberg, Dresden, Berlin, Hildesheim, Schweinfurt u.v.a. In vielen Fällen ging die physische Zerstörung so weit, daß man sich überlegt hat, ob sie überhaupt je wieder besiedelt werden sollten.

»Blutzoll«, generationelle und kulturelle Diskontinuität. Die Welt- und Bürgerkriegsepoche hat die Region und ihre städtischen Konzentrationspunkte in einem ganz unmittelbaren Sinne getroffen, den man sich häufig nicht genügend vor Augen führt. Ganze Generationen sind aufgerieben worden. Diese Unterbrechung ist Unterbrechung von Erfahrung, von Tradition, von Stil – kurzum: eine Anomalie, die in jeder Hinsicht folgenreich ist. Die »sozialen« und »kulturellen Unkosten«, die in solchen Brüchen liegen, sind schwerer zu errechnen als ein moralisches oder moralisierendes Urteil abzugeben.

Die Entvölkerung von Städten. Es gibt Städte in dieser Region, die äußerlich unversehrt erscheinen: Lemberg, Czernowitz, Lodz, Rzeszów, Riga, Libava, Vilnius, Kaunas, Šiaulai, Grodno, Novi Sad u.v.a. Aber dort stehen nur noch die Mauern, während die Menschen, die dort einst gewohnt hatten, über Nacht verschwunden sind – in Lagern, im Gas, in Massengräbern. In gewalttätigen Aktionen ist die spezifische Zusammensetzung der städtischen Bevölkerungen radikal verändert worden. Wenn man dies nicht nur statistisch betrachtet – die Kopfzahlen der Bevölkerung –, dann ist das die Veränderung des sozialen, kulturellen, psychologischen usf. Gleichgewichts von Städten. Die Balance ist gekippt, gewaltsam umgestoßen worden. Die erhaltenen und unversehrten Städte sind in Wahrheit Ruinenstädte, Ruinenlandschaften.

Die Entmischung der Städte: soziale und ethnische Säuberung. Wenn Städte als »Kristallisationen von Zivilisationen« aufgefaßt werden können – so Nikolaj Anziferow und Lewis Mumford –, dann deshalb, weil sie ein unvergleichlich dichtes Ineinander menschlicher Vergesellschaftung darstellen. Hier laufen Kulturen, Ethnien, Konfessionen, Sprachen, Sitten, Gebräuche zusammen und bilden ein Ganzes, eine Art »soziales Gesamtkunstwerk«. An diesem Gesamtkunstwerk, das das Resultat der Arbeit von vielen Generationen war, haben im Zeitalter des Nationalismus und des sozialen Radikalismus übermenschliche und zerstörerische Kräfte gearbeitet. Die Städte, wie sie uns die späten Vielvölkerimperien vor 1914 hinterlassen hatten, sind unter dem Angriff des Nationalismus und sozialen Radikalismus/Kommunismus zusammengebrochen. Der ethnische und soziale Säuberungswahn hat die Städte von allem zu »reinigen« versucht, was in eine als homogen und hermetisch vorgestellte Welt nicht hineinpaßte. So wurden die Städte der Region zu Schauplätzen durchgreifender, mancherorts fast restloser Säuberungen in der einen wie der anderen Richtung. Der Nationalismus hat an ethnisch homogenen, der Kommunismus an sozial homogenen Gebilden »Stadt« gearbeitet. So haben wir aufs Ganze gesehen überall dort, wo diese zwei Prozesse zusammengelaufen sind und zusammengespielt haben, ethnisch und sozial homogenisierte Räume. Wo es früher multiethnische Räume gab, waren es am Ende ethnisch homogene; wo wir zuerst sozial differenzierte Gebilde hatten, war am Ende kein Platz mehr für bestimmte soziale Gruppen. Dieser Prozeß dauerte *grosso modo* drei Jahrzehnte – von 1914 bis 1945. Sein Resultat ist ein säkularer Depotenzierungs- und Verarmungsvorgang. Das mittlere und östliche Europa ist als radikal bereinigtes Terrain, gleichsam als *tabula rasa* schon in die Zeit des Ost-West-Konfliktes hineingegangen. Die Depotenzierung der Städte des östlichen Europa hat – nicht erst mit der Machtübernahme des Kommunismus angefangen. Umgekehrt: Ohne den »Dreißigjährigen Krieg« 1914-1945, ohne dieses Ineinander von Weltkrieg und Bürgerkrieg ist die Folgezeit – 1945-1989 – gar nicht verständlich. Um es noch deutlicher zu machen: Ethnische Säuberung und Zerstörung der Grundlagen der Civil Society gehören zusammen, sie bedingen sich wechselseitig. Judenmord und Dezimierungen der Kräfte des bürgerlichen Europa gehören zusammen. Was durch Exil und Emigration verlorenging – in Rußland, in Mitteleuropa –, waren urbane Kräftearsenale. Die Festigung der »totalen Macht« wäre ohne die rabiate Aushöhlung ziviler Substanz nicht möglich gewesen. Die Etablierung des Kommunismus in den von Okkupation, Terror, dann von Flucht und Vertreibung leergefegten Städten wäre kaum möglich gewesen. Jedenfalls hatte er leichtes oder leichteres Spiel. Die zivile Gesellschaft, so sehr sich einzelne im Untergrund und in der Resistance behauptet hatten, war im Grunde erschöpft, bevor der Kommunismus an die Macht gekommen war.

Modernisierung und Hyper-Urbanisierung. Das östliche Europa war in der ersten Hälfte des 20. Jahrhunderts auch der Schauplatz einer unerhörten sozialen Umwälzung, ob man sie nun »Modernisierung«, »Industrialisierung«, »Urbanisierung« nennt. Es vollzog sich der Übergang von der traditionalen Agrargesellschaft zur Industriegesellschaft mit allem, was dazugehört. Die Art, in der dies geschah – in Sprüngen, schockhaft, unter größten sozialen Spannungen und Turbulenzen –

hat zu großen Verwerfungen geführt, die ebenfalls bis heute spürbar geblieben sind. Es ist bis auf den heutigen Tag im westlichen Bewußtsein nicht präsent, daß die »verspätete Moderne« im östlichen Europa mit all jenen Erscheinungen verbunden war, die das westliche Europa aus der Frühzeit seiner Industrialisierung und Urbanisierung kennengelernt und rasch verdrängt hatte. Massenenteignungen der Bauernschaft, Flucht und Abwanderung aus den Dörfern in die Städte, Massen-Migrationen, eine ganze Gesellschaft gleichsam auf Wanderschaft, mit allem was dazugehört: aufgelassene Dörfer, weißgeblutete Landschaften, aus den Nähten platzende Städte, aus dem Boden gestampfte Industriesiedlungen, ein Minimum von Infrastruktur, Erdlöcher und Baracken als Massenquartiere, Aufteilung des bürgerlichen Wohnraums, hygienische Verhältnisse, wie wir sie heute eben aus den Schütterzonen der Dritten Welt kennen, Verdoppelung und Verdreifachung von städtischen Bevölkerungen in alten Zentren, Verschwinden und Auflösung der alten Kernbevölkerungen mit allen damit verbundenen kulturellen Folgen (Traditionsverlust, Ausdünnung der kulturellen Standards, Zusammenbruch zivilisatorischer Routinen u. a.).

Desurbanisierung und Ruralisierung. Man kann diese Vorgänge nicht bloß und nicht primär quantitativ fassen. Vielmehr haben wir es punktuell mit der Auflösung der Städte, des Städtischen, des Zivilen, des Urbanen, das sich über Jahrzehnte und Generationen hinweg akkumuliert und kristallisiert hatte, zu tun. Moshe Lewin hat von der »Flugsandgesellschaft« der Land-Stadt-Wanderung und von »ruralization« der Städte gesprochen, David Hofmann hat seine Studie zu Moskau in den 30er Jahren »Peasant Metropolis« genannt. Unter dem Namen der Stadt haben wir es mit einer Metamorphose zu tun. Die von den bäuerlichen Immigrantenmassen besiedelten Städte sind ihrer Kultur und ihren Gebräuchen nach Bauern-Siedlungen oder die Siedlungen von Bauern, die dabei sind, sich in Arbeiter zu verwandeln. Millionen amphibische Existenzen, Städte geprägt von einem Sozialtyp, wie er zwar in allen Schwellenländern vorkommt, im östlichen Europa aber besonders kraß in Erscheinung trat, da die bäuerliche Migration und Immigration auf eine nur punktuell entwickelte Stadtkultur traf. Die Ruralisierung der Städte – in Rußland in den Zwanziger-, Dreißiger- und Vierzigerjahren, in Polen, den baltischen Staaten, in den kommunistisch gewordenen Staaten Südosteuropas – ist eine der dramatischsten Urbanisierungserfahrungen, die je gemacht worden sind.

Dezivilisierung, Bürokratisierung. Unter dem Druck der Immigration stadtfremder und stadtungewohnter, erst noch zu akkulturierender Bauern brachen die Institutionen bürgerlichen Lebens, bürgerlicher Kultur, bürgerlicher Selbstverwaltung zusammen. Die vorrevolutionäre Stadt hatte ihre Eliten, und sie waren gerade dabei, sich aus »Veranstaltungen« in sich selbst bewegende und regierende Organismen zu verwandeln. Das späte 19. Jahrhundert ist gekennzeichnet von Schüben der Verbesserung kommunaler Arbeit und Organisation. Die großen Initiativen zum Stadtumbau – aus kleinen Städten in große Städte, aus Residenzen in Handels- und Industriestädte –, die bis auf den heutigen Tag eindrucksvollen Leistungen städtischer Infrastruktur – Schulen, Krankenhäuser, Gasanstalten, Kanalisation, Verkehrs- und Kommunikationssysteme, Schlachthöfe u. ä. – sind ohne den Unterbau eines kräftigen, selbsttätigen und energischen Bürgertums gar nicht denkbar. In den nachrevolutionären Städten entfiel dieser Antriebsmotor. An seine Stelle traten die Bürokratie einerseits und die Massen andererseits. Kommandowirtschaft und Mobilisierungsdiktatur gehören eng zusammen. Keine Diktatur ohne »Masse«, ohne strukturlose, nicht durch Gruppeninteressen konsolidierte und differenzierte, »amorphe« Massen. Kein Zweifel, daß die Aufklärungs- und Erziehungsdiktaturen viel auf den Weg gebracht haben, was man als »Zivilisation« bezeichnen könnte, allem voran die Alphabetisierung. Aber Zivilisation ist nicht identisch mit Zivilität, technische Fähigkeiten und Bildung müssen – mittelfristig jedenfalls – nicht mit Zivilgesellschaft Hand in Hand gehen. Modernität ist nicht identisch mit Moderne.

Sozgorod und proletarische Stadt. Bekanntlich gab es in allen Ländern der revolutionären sozialen Umwälzung große Projekte, in denen die neue Produktions- und Lebensform Gestalt annehmen sollte. Die sozialistische Stadt, Sozgorod (Miljutin, Ginsburg u. a.), ist vielleicht das namhafteste. Darin ist alles neu abgeleitet: die Gestalt des öffentlichen Raums ebenso wie die Gestaltung von Küche und Schlafräumen, die Aufteilung in Zonen der Produktion und Reproduktion; bedacht ist das Verkehrswesen und die Ventilation. Sozgorod ist die Stadt gewordene Umsetzung der sozialen Utopie, zugeschnitten auf die revolutionäre Klasse. Das Tragische ist, daß es den Träger oder Adressaten dieser Lebensform nicht mehr oder noch nicht gab. Das Proletariat ist in der sozialen Umwälzung untergegangen ebenso wie das Bürgertum – wenigstens in der Russischen Revolution. Beide waren Resultat der kapitalistischen Entwicklung, der Moderne. Die Bildung von Klassen, hervorgegangen aus der Auflösung der traditionalen Gesellschaft, war die große Leistung des Kapitalismus auch im östlichen Europa. Aber diese Bildung war fragil, zerbrechlich, und hielt der großen Umwälzung nicht stand. Die Bauern, die aus dem Krieg und Bürgerkrieg zurückgekehrt waren, gingen auf ihre Höfe zurück, um bei der Aufteilung des Landes dabei zu sein. Die Arbeiterklasse, die sich im Laufe von zwei bis drei Generationen kristallisiert hatte, löste sich auf mit der Industrie, die zum Stillstand gekommen oder zusammengebrochen war. Die Auflösung der Arbeiterklasse – ein weitgehend ignoriertes Phänomen. Sie mußte sich neu ausbilden. Dies geschah auch in den Industrialisierungskampagnen der Zwanziger- und Dreißigerjahre. Es war eine Bildung der proletarischen Klasse aus dem Stand, fast über Nacht, fast voraussetzungslos. Sie hatte keine Traditionen, keine Kampferfahrungen, es fehlte das vis-à-vis – die Bourgeoisie alten Typs –, das der alten Arbeiterklasse Paroli und Identifikation geboten hatte. Sozgorod war – abgesehen davon, daß es nur an ganz wenigen Punkten und auch da nur partiell in manchen Stadtteilen, in die Wirklichkeit umgesetzt wurde – also keine Arbeiterstadt, sondern die Siedlung neuen Typs für eine soziale Klasse neuen Typs (wahrscheinlich: »Werktätige«).

Macht und öffentliche Räume. Die Macht hat die Stadträume umgeschaffen, sie hat sich Räume ihres eigenen Typs – Machträume – geschaffen. Dies geschah über viele Jahrzehnte hinweg durch intelligente Interventionen und Eingriffe in den Stadttext, aber auch brachial. Es geschah durch Umfunktionieren und Umkodieren von Plätzen, Gebäuden – besonders solcher, die eine hohe symbolische Bedeutung hatten wie Denkmäler und Kirchen. Am nachhaltigsten aber geschah es durch die Neuschaffung von Dimensionen und Proportionen, d. h. die Weite von Plätzen, die Maße und Volumina von Gebäuden, die die gewohnten Relationen und Proportionen sprengten. Ein Monumentalismus sui generis. Diese Transformation ist durch großmaßstäbliche und großplanerische Eingriffe erreicht worden – durch Generalpläne, durch Neubebauungen von Städten, die im Krieg dem Erdboden gleichgemacht worden waren (Minsk, Stalingrad, Gdynia, Warschau u. a.). Die Veränderung der Proportionen und Dimensionen ist heute am schwierigsten zu korrigieren – die Abstände zwischen Stadt und Hochhaus-Solitären von Moskau, Warschau, Riga oder Bukarest beispielsweise. Um ihre Einhegung, »Eingemeindung« sind die interessantesten und schwierigsten Wettbewerbe des letzten Jahrzehnts veranstaltet worden.

Entwertung von Grund und Boden. Die Nationalisierung von Grund und Boden, die Enteignung von Privateigentum an Produktionsmitteln, aber auch an Wohnraum und Gewerberaum hat den Subjekten gesellschaftlichen Lebens buchstäblich den Boden entzogen. Die Aufhebung des Privateigentums an Grund und Boden hat städtischen Grund und Boden wertlos gemacht, entwertet. Er ist zwar formell allen verfügbar über die gesellschaftlich-staatliche Repräsenation, aber in Wahrheit verfügte jene kleine entscheidende Elite, die Nomenklatura – wie immer man sie nennen mag. Von nun an konnte es keinen Widerstand mehr geben, von nun an konnte es kein Rückzugsgebiet für die Selbstverteidigung des Privaten und Individuellen geben. Die kulturellen Folgen der Aufhebung von Eigentum und Besitz sind fundamental und trotz aller Kommunismuskritik nur sehr oberflächlich bearbeitet worden. Es geht hier um das große Kapitel der Auflösung von Verantwortlichkeiten, Verbindlichkeiten und Zuständigkeiten, es geht – in der Folge dessen – um die Verwahrlosung der Form und der Formen, also der tiefsten Prägungen und Routinen, in denen Menschen aufwachsen und leben. Dieser Ökonomie ohne Grund und Boden entspricht eine Kultur der Verantwortungslosigkeit und Verwahrlosung. Man kann es salopp so formulieren: wo allen alles gehört, gehört es in Wahrheit niemand. Wir haben es im Grunde zu tun mit einem Land ohne Herrn. An seine Stelle tritt die Willkür der Macht, die unvermittelte Herrschaft. Der sozialistische Stadtraum ist daher jederzeit gefährdet in Anomie abzustürzen, sobald die Macht, die den herrenlosen Raum, den Raum ohne Herren, schützt, zusammenbricht oder auch nur ihre Hand zittert.

Öffentlicher und privater Raum. Die Auflösung der bürgerlich-zivilen Gesellschaft löst auch die Differenz zwischen Privat und Öffentlich auf. Es war gerade eines der Ziele der revolutionären Umwälzung, die Rückzugsgebiete des Privaten anzugreifen. »Alles ist Politisch« – das ist ein Kampfruf, der auch noch die privateste Regung in den öffentlichen Diskurs und unter öffentliche Legitimation zwingt. Aber es gibt jenseits der schöngeistigen – auf Hegel und Marx zurückgehenden – Begründungen für das Niederreißen der Trennung von Öffentlich und Privat ganz handfeste, die meist nicht zur Sprache kommen: die pure Not, ja das Elend. Acht-Zimmer-Wohnungen, in denen sich die bürgerliche Familie verliert, verlieren ihre Legitimität angesichts der bäuerlichen Immigranten, die in Erdlöchern und Baracken hausen. Die »Schwarze Umteilung« – *Černyj peredel* – des Wohnraums in den Jahren der Revolution und des Bürgerkriegs war das »normalste« der Welt, wenngleich mit Rechtsbruch, Demütigung, Gewalt verbunden. Generationen, die gezwungen sind, zusammen unter einem Dach, in einer Wohnung, ja in einem Zimmer zu hausen, können sich den Luxus der Privatheit kaum leisten. Alles, auch das Intimste, spielt sich *coram publico* ab – von der Geburt bis zum Tod. Es gibt phänomenologisch präparierbare Orte der Auflösung der Differenz: die Gemeinschaftswohnung, die Arbeiter- und Studentenwohnheime, die Waggons, die Treppenhäuser, die Mensen, die Toiletten. Es gibt genau bestimmbare Orte des Verschwindens jener Form der Halböffentlichkeit, die das Leben in der bürgerlichen Gesellschaft – oder sagen wir: im Westen – erst angenehm und erträglich macht: die diffuse, indifferente und zugleich halbprivate Sphäre der Hotel-Lobby, des Cafés und Restaurants. Überhaupt ist in der Geschichte von Untergang und Wiederkehr des Cafés in nuce eine ganze Geschichte des Sozialismus oder Ostblocks enthalten – wenn sie nur endlich erzählt würde.

Stadt als staatliche Veranstaltung. Die Stadt, der ihre Subjekte, ihre Träger und Akteure abhanden gekommen sind, kann funktionstüchtig nur bleiben durch die starke Hand eines starken Staates. Das gilt besonders für Städte, die ihre schiere Existenz einem Staatsakt verdanken – das sind: alle Neugründungen und strategisch begründeten Siedlungen: Magnitogosk, Nowo-Kusnezk, Norilsk, Workuta, Nowa Huta, Stalinváros und viele andere – das gilt aber auch allgemein. Der Sozialismus hat die Autonomie der Städte schwer angeschlagen, sie waren in einer

Weise abhängig vom Zentrum, von der Einstufung in der Hierarchie, von den Zuweisungen öffentlicher Mittel, daß heute die Autonomie gleichsam neu gelernt werden muß. Nicht einmal die Institutionen der Selbstverwaltung sind ja übriggeblieben. Auch sie mußten neu erfunden und neu eingeführt werden. Heute hat die Stadt wieder einen Herren bekommen (nicht nur einen Herrscher).

Was war das 20. Jahrhundert im Endeffekt für die Städte des mittleren und östlichen Europa? Eine Zeit gewaltiger Regression, eine Kette von Katastrophen für die urbane Kultur, ein Jahrhundert des Urbizids. Der Urbizid ist ein ziemlich exakter Ausdruck für die Destruktivkraft des 20. Jahrhunderts. Vielleicht ist der Urbizid sogar der genaueste Gradmesser, jedenfalls ein sehr sichtbarer. Man könnte die Konflikte sogar als Konflikte zwischen urbanen und anti-urbanen oder des-urbanisierenden Tendenzen beschreiben.

Es ist eigentlich ein Wunder, daß die Städte nach der Katastrophensequenz weitergelebt, erneut zum Leben erwacht sind. Wir müssen nur an das Kriegsende denken. Die Trümmerwüsten von Stalingrad und Minsk, der Erdhaufen dort, wo einmal Warschau war, das Zentrum von Königsberg – ausgelöscht, eine Stadt wie Berlin – skelettiert. Nicht alle diese Städte haben ihren Rang behalten können, aber sie alle sind wieder besiedelt worden und zu neuer, ganz unwahrscheinlicher Blüte gelangt. Niemand hätte das im Jahre Null vorhersehen können. Solange dieser Vorgang nicht aufgeklärt und dargestellt ist, darf man ihn ruhig als Wunder bezeichnen.

Hauptmomente der Transformation der letzten zwei Jahrzehnte

Die konstatierbaren Veränderungen nach dem Ende des Realsozialismus sind: Öffnung zur Welt/Globalisierung, Beschleunigung/neue Ökonomie der Zeit, Individualisierung, Bauwille und Bauformen, Polarisierung, Inwertsetzung und Revitalisierung einer weitgehend musealisierten Innenstadt, die Transformation des städtischen Raumes, schließlich: die Selbstwahrnehmung, die Suche nach einer neuen Rolle und Identität, was zusammengenommen auf eine tiefgreifende kulturelle Revolution hinausläuft. Sind wir auch hier an Fukuyamas »Ende der Geschichte« angekommen in dem Sinne, daß die Städte des Ostens jetzt endlich so werden wie »unsere« westlichen Städte auch. Ist die »Rückkehr nach Europa« schlicht die Adaption an die im westlichen Europa erreichten Standards? Geht es also nur noch um die Milderung und Dämpfung bestimmter negativer Effekte (wie Zersiedelung, Vermeidung des Verkehrsinfarkts, suburbia etc.). Und steuern die Städte des östlichen Europa einfach auf all jene Probleme zu, die man »im Westen« schon kannte und nicht zu bändigen in der Lage war?

Vieles spricht dafür, daß – so wie die zivilen Kräfte zu einer Belebung, ja Weiterentwicklung des zivil-demokratischen Europa beigetragen haben – auch die Städte des europäischen Ostens ein Wörtchen mitreden werden im Diskurs über die Zukunft der Städte in Europa.

Die Lage ist überall verschieden, in Prag anders als in Sankt Petersburg, in Tallinn anders als in Bukarest. Es wäre naiv, von »der Gesellschaft der Stadtbürger« zu sprechen in Städten, in denen trotz Wahl des Bürgermeisters selbstverständlich alte Seilschaften, Arbeits- und Interessenzusammenhänge das Sagen haben. Die »Zivilgesellschaft« ist wohl überall sehr schwach, fragil. Die Möglichkeit, sie zu kaufen, sie gleichzuschalten, sie einfach mit Nebensächlichem abzuspeisen, sie zu marginalisieren, ist je nach Ort verschieden, aber sie ist überall massiv vorhanden. Wenn man sagen könnte, »die Stadt hat wieder einen Herren«, so heißt dies noch lange nicht, daß »die Bürgerschaft« jetzt Herr der Stadt sein muß, es heißt vorerst nur, daß es kein Monopol, nicht das Monopol einer einzigen Partei oder Nomenklatura mehr gibt. Alles zusammengenommen haben wir es doch mit einer Wiederbegründung der Stadt als Lebensform bürgerlich-zivilen Zuschnitts zu tun. Die Reurbanisierung des östlichen Europa ist ein unerhörter Zugewinn an kulturellem Reichtum, kultureller Dichte, an sozialer und kultureller Komplexität. Europa hat ein halbes Jahrhundert gebraucht, um die Komplexität wiederzugewinnen, die seiner städtischen Zivilisation schon einmal eigen gewesen war. Daß dies nicht auf pädagogisch-harmlose Weise vor sich geht, sondern »wie im richtigen Leben«, also im Kampf, mit Sieg und Niederlage, mit Gewinnern und Verlierern, mit *clashes* und Tragödien – das weiß jeder halbwegs mit der Wirklichkeit vertraute Mensch. Eigentlich müßte man Ortsbesichtigungen machen, in die Städte gehen, die derzeit die Schauplätze dramatischer Kämpfe – manifester wie latenter – sind. Der Bauboom ist ein Zeichen der wieder erwachten unternehmerischen Geister, aber auch brutaler Spekulation – selbstverständlich. Die Wucht des Bauens ist vermutlich stärker als die Form, in der gebaut wird. Es kommt häufig zuerst auf das *daß*, dann erst auf das *wie* an. Der Bauwille ist größer als die gestalterische Kraft, so etwas hat es immer in Boomzeiten gegeben. Das Baugeschehen ist ein ziemlich genauer Indikator für Wettbewerb, für die Demonstration von wirtschaftlicher und politischer Potenz. Die Zentren und Orte zeigen genau an, wohin die Hauptenergie geht: in den Bau der Infrastruktur – neue Flughäfen, neue Hafenanlagen, neue Bahnhöfe. Sie zeigen Verschiebungen innerhalb der Städte an: die innerstädtische Migration – hinaus in die neuen privilegierten Villenviertel oder in die Lofts und Altbauwohnungen im Zentrum. Sie zeigen die neuen Bedürfnisse an: Malls, Einkaufzentren, Drive-ins, Fitneß- und Wellness-Center, *gated communities*. Wir können den Spuren einer neuen Klassenbildung folgen, einer neuen sozialen und kulturellen Segregation. Neue Bautypen sind gefragt: nicht Industriebauten, sondern Gebäude des Servicebereiches und des »tertiären Sektors«: Banken, Büros aller Art, Hotels, Entertainment-Welten. Die Stadt muß mit dem Zuwachs des individualisierten Massenverkehrs fertig werden: sie braucht Stadtautobahnen mit allem, was dazugehört: Zubringern, Tunneln, Lärmschutzwänden. Sie braucht vor allem Parkhäuser und Parkplätze und eine neue Bewirtschaftung innerstädtischer Flächen. Vor allem aber braucht sie eine neue Bewegungs- und Verkehrskultur. Sie braucht auch neue Anbindungen an die internationalen Verkehrsachsen.

Die Manager dieser großen Transformation vor Ort haben Erstaunliches geleistet. Ob in Moskau, in Warschau, in Bukarest, Budapest oder sonstwo: sie haben einen so komplizierten Mechanismus, wie ihn Städte nun einmal haben, aus einem in einen anderen Zustand überführt, in dem fast alles neu begründet werden mußte. Man kann vielleicht nicht behaupten, das letzte Jahrzehnt sei das Jahrzehnt der Bürgerrechtsbewegungen gewesen, das stimmt für »die Wende«, aber man kann gewiß konstatieren, daß das letzte Jahrzehnt das Jahrzehnt der Bürgermeister war – wie schon in der Zeit um 1900, wo wir eine ganze Plejade bedeutender Bürgermeister in den großen europäischen Städten hatten: Armstadt in Riga, Tretjakow in Moskau, Haken in Stettin und viele andere – es ist kein Zufall, daß ihre Namen nicht vergessen wurden. Darin liegt auch eine gewisse Logik: das »Managen der Wende von 1989« war die Sache der großen Politik, das Durchschreiten der Mühen der Ebene ist Sache der vielen kleinen Schritte vor Ort.

Ist das Bild, das hier gezeichnet wurde, nicht ein wenig harmlos, naiv? Verschließt es nicht die Augen vor der Wucht der Globalisierung, die durch Europa fegt? Was hier für einzelne Städte im östlichen Europa beschrieben wird, ist folgenreich für die Städtelandschaft in Europa insgesamt. Unter unseren Augen vollzieht sich eine Neu-Konfiguration der Städte in Europa. Ein neues Netzwerk entsteht, das freilich anknüpft in vielfältiger Form an das Netz vor der Teilung Europas. Wenn man der Meinung ist, daß die Städte der Hauptschauplatz der zivilen Umwälzung waren und daß sie auch weiterhin die Knotenpunkte und Pfeiler des nicht-etatistischen, zivilen Europa sein werden, dann kommt ihrem Zusammenhang, dem Netz, eine außerordentliche große Bedeutung zu.

Es sind die Städte, in denen sich alle wesentlichen Prozesse dieser Epoche konzentrieren. Hier wird die transnationale, kontinentale, interkontinentale Einheitszeit hergestellt. Es macht keinen großen Unterschied mehr, ob man in Berlin oder in Warschau, in Moskau oder in London lebt. Die Leitbilder des *way of life*, die Kommunikationsmittel und Kommunikationsformen, das Tempo der Übermittlung usf. sind jedenfalls für alle Beteiligten weitgehend identisch. In diesen »metropolitan corridors« spielen sich die wesentlichen Diskurse, kulturellen und wirtschaftlichen Prozesse ab. Diese Korridore werden zu den Verbindungsachsen des neuen Europa – nicht so sehr das politische Bündnis nationaler Staaten und Regierungen.

Die wesentliche Grenze verläuft heute nicht so sehr zwischen den Territorien von Nationalstaaten – z. B. Deutschland und Polen –, sondern zwischen *metropolitan corridors* und *non-metropolitan corridors*. Es zeichnet sich eine neue Spaltung, eine neue Dichotomie, ja Polarität ab zwischen Stadt und Land, zwischen Hochgeschwindigkeitszonen und Zonen der Verlangsamung, des Stillstandes, ja der Regression, zwischen glitzerndem Reichtum und lichtloser Nacht. Dies ist eine Zone für *clashes of civilization*, die in den mehr an konventionellen Konfliktlinien orientierten Darstellungen etwa Samuel Huntingtons nicht vorkommen. Dort aber, am »digital gap«, kommt es zu jener Reibung, aus der der Funke sprühen kann. Schon heute erscheint eine Stadt wie Moskau wie eine Stadt auf einem anderen Planeten, als eigener Stadtstaat, mit eigener Verfassung, eigenem Zivilisationsniveau, eigenem *way of life*, eigenem Rhythmus und Erwartungshorizont. Manchmal erscheint die Kluft zwischen beiden Welten so kraß wie am Vorabend der Russischen Revolution des Jahres 1917.

Die großen Metropolen – auch die des mittleren und östlichen Europa – stehen seit dem 11. September 2001 im Schatten einer neuen Entwicklung. Man hat im Westen fast vergessen, daß es die Massenattentate auf die Wohnblocks in der Gurjanow-Straße in Moskau gegeben hat und das terroristische *kidnapping* eines ganzen Theatersaals mit fast 1000 Zuschauern. Die großen Städte unserer Zivilisation, die nur funktionieren als offene Städte, sind extrem verwundbar und kaum zu schützen. Sie können sich nur behaupten, wenn sie Formen einer streitbaren Zivilität, einer zivilen Selbstverteidigung finden. Der stärkste Eindruck, den Moskau und New York in den letzten Jahren auf mich gemacht haben, war während der Attentate: zum ersten Mal begriffen die Bewohner, was auf dem Spiel steht. Die alte Gleichgültigkeit und Indifferenz der bloßen Stadtbewohner war dahin. Sie blieben die Nacht über auf, sie halfen sich gegenseitig. Sie achteten auf das, was in der Stadt, in ihrem Viertel, in ihrem Haus geschah: ein neues Verantwortungsbewußtsein, ein neues ziviles Pathos, eine Art »urbaner Vigilanz« (Simmel), der sich auch das politische Führungspersonal nicht entziehen konnte. Die Selbstverteidigung der Städte als das Verletztlichste unserer Kultur gegen einen neuen Feind, eine neue Allianz der Wachsamkeit und des zivilen Engagements in Formen, für die uns bisher die Phantasie fehlt.

LEBENSWEGE, DENKRÄUME

Die Personen in den folgenden Skizzen haben kaum etwas, vielleicht gar nichts miteinander gemein außer ihrer Zeitgenossenschaft im Europa des 20. Jahrhunderts. Sie stehen für ganz verschiedene Herkünfte, unterschiedliche Lebensverläufe, Charaktere und Temperamente. Sie waren auf ganz verschiedene Weise an den geschichtlichen Bewegungen ihrer Zeit interessiert, engagiert oder gar verstrickt. Die einen mehr aktiv handelnd, die andern mehr passiv betroffen, wieder andere beides in einem. Aber die Biographien, die ihnen gewidmet sind oder die noch geschrieben werden, bilden, indem sie den Lebensstationen folgen, den Raum ab, in dem sich ihr Leben abgespielt und ihr Denken entfaltet hat. Biographien handeln nicht nur von der Linie in der Zeit – vom Geburts- zum Todesjahr –, sondern auch von den Bewegungen im Raum, also den Lebensstationen. Die Biographie durchmißt das Milieu der Herkunft, frühe Jahre und Schule, die Freundschaftskreise der Jugend, die entscheidenden Stationen der Ausbildung und des beruflichen Werdegangs, Stationen persönlichen Glücks und erfahrenen Leids. Lebensabschnitte können von weiten Strecken der Alltagsroutine bestimmt sein, aber auch von Brüchen, Krisen, Abstürzen. Besonders aufschlußreich erscheinen uns Biographien, wenn in ihnen persönliches Schicksal und die Geschichte der Zeit zusammenfallen.

Nimmt man die Lebenslinien so verschiedener Gestalten im Europa des 20. Jahrhunderts zusammen, so geht es immer wieder um Hauptstädte: Wien, Paris, London, Berlin, Budapest, Moskau. Noch wichtiger aber ist, daß sich aus dem Gewirr dieser Lebenslinien eine Topographie herausschält, die wir Nachgeborenen nur noch vom Hörensagen kennen: die Schlachtfelder des Krieges, die Kampfzonen des europäischen Bürgerkriegs, die Frontverläufe der Auseinandersetzungen zwischen den großen ideologischen Lagern. Alles Leben spielt sich in diesem heillosen Gewirr von Krieg, Revolution, Bürgerkrieg und bewaffnetem Frieden ab, der in vielem nur die Fortsetzung des Krieges mit anderen Mitteln war. Aus dem Ineinander solcher Lebensstationen und Lebenswege schält sich die Physiognomie und Topographie eines Europas heraus, das dabei ist, Ge-

schichte zu werden. Als Nachgeborene können wir uns nur Zutritt verschaffen, wenn wir den Toten, die nicht mehr sprechen können, unsere Stimme leihen. Der Idealfall in diesem Zwiegespräch zwischen den Generationen wäre ein Gespräch von gleich zu gleich, ohne Belehrung und ohne Besserwisserei. Wir bekämen dafür zwar nur eine Vergegenwärtigung von Vergangenheit, eine Ahnung davon, »wie es wirklich gewesen«, und nicht eine »geschichtliche Lehre«, die sich in die Tat umsetzen läßt. Vielen erscheint dies als zu wenig. Aber manchmal ist weniger mehr.

DAS JAHRHUNDERT-PROTOKOLL HARRY GRAF KESSLERS TAGEBUCH 1880-1937

Schlußsteine in der Rekonstruktion Europas

Was unter dem bürokratischen Titel der Osterweiterung der Europäischen Union firmiert, ist in Wahrheit nur der staatsrechtliche Aspekt eines erstaunlichen Vorgangs. Europa, in einem verheerenden Weltkrieg atomisiert, nun wieder zu Kräften gekommen, wird neu zusammengesetzt, setzt sich neu zusammen. Die Relationen werden neu justiert, alte Deformationen und Verwahrlosungen ausgebessert. Europa bringt sich wieder in Form. Wer in Europa unterwegs ist, kann es beobachten. Auf Plätzen sind Denkmäler wieder aufgerichtet worden, die in Depots verschwunden waren. Schriftzüge, die übermalt waren, treten in leuchtenden Farben wieder hervor. Namen, die keiner mehr nannte, werden wieder genannt. Sogar Kathedralen, die gesprengt worden waren, werden wieder aufgebaut, Schloßanlagen, die ein großes Vakuum im Zentrum von Städten zurückgelassen hatten, rekonstruiert. Europa bringt das 20. Jahrhundert, dieses Jahrhundert des jähen Absturzes und des säkularen Abstiegs, hinter sich. In vieler Hinsicht ist Europa wieder dort angekommen, wo es schon einmal war. Es wirft einen Blick zurück und vergegenwärtigt sich, was es vor der Katastrophe war. Es macht die weißen Flecken in seiner geschichtlichen Erinnerung kenntlich. Europa entdeckt sich selber neu. Es wird sich selbst zum fremden Kontinent, zur *terra incognita*. Die Wiedervereinigung Europas ist, bevor sie Haupt- und Staatsaktion ist, vor allem ein geistiger Prozeß, eine Sammlungsbewegung. Europa betreibt Vergegenwärtigung, Rekonstruktion – physisch, geistig, kulturell. Es setzt die Schlußsteine ein in den Pfeilern und Gewölben, die eingestürzt waren und ohne die das wiederhergestellte Gebäude nicht sicher und fest stünde.

Ein solcher Schlußstein im Bau des wiederhergestellten und zu Kräften gekommen Europa ist die Edition des Tagebuchs von Harry Graf Kessler. Über die Wiedergewinnung einer Stadtsilhouette, aus der eine Kuppel oder Türme herausgesprengt worden waren, wissen alle Bescheid, sie vollzieht sich vor aller Augen. Über die Wiederauffindung eines verschollenen Kunstwerks, verschwunden in den Wirren des Kriegs oder des Nachkriegs, empfinden wir tiefe Genugtuung, ja Glück. Es ist, als hieße dies: wir sind doch nicht ganz verloren. Neben dem, was für immer verloren ist, glänzt das, was sich doch wieder einfindet um so mehr. Es steht für alles Verlorene. Die Verlustanzeigen Europas im Jahrhundert der Extreme sind furchtbar. Zu diesen Verlusten gehören eingestürzte Kuppeln, geschleifte Schlösser, unwiederbringlich verlorene Bilder, für immer aufgelöste Plätze, Kolonnaden und Promenaden, Veduten und Blickachsen. Aber dazu gehören auch Dokumente, die so bedeutsam sind wie Monumente, besonders wenn es sich um ein so monumentales Dokument handelt wie Harry Graf Kesslers Tagebuch: ein über 57 Jahre hin in größter Disziplin und mit größter Sorgfalt geführtes Tagebuch, ein Protokoll Europas im Übergang von seiner glanzvollsten Zeit in den Abstieg, den Moment festhaltend, nicht aus der Rückschau, die Gegenwart, jenes »Dunkel des gelebten Augenblicks« festhaltend, nicht ex post sich über die Zeit erhebend, sie belehrend oder sie »auf den Begriff bringend«, sondern Zeit auf Augenhöhe, dann wenn sie die meiste Aufmerksamkeit, die meiste Geistesgegenwart verlangt und das Risiko des Fehlurteils am größten ist. 57 Jahre systematisch geführte Chronik der Ereignisse, über ein halbes Jahrhundert Arbeit der Konzentration, über ein halbes Jahrhundert Reflexion, Selbstgespräch und Selbstverständigung, verfaßt in einer sicheren, genauen Prosa. Dieses Monument, in dem sich das Wissen, die Erfahrung eines Europa kristallisiert, nimmt es mit jedem anderen Monument auf, in dem sich das europäische Gedächtnis manifestiert. Solange solche Monumente, solche Schlußsteine fehlen, ist die Rekonstruktion Europas nicht vollendet.

Sowenig die Rekonstruktion Europas die Sache eines »historischen Augenblicks« war und nicht im Hauruck-Verfahren sich vollzog, so ist auch das Wiederauftauchen eines Dokuments wie des Tagebuchs von Harry Graf Kessler die Sache eines Moments, einer Laune gewesen. Der Fall der Mauer 1989 und die formelle Wiedervereinigung des Kontinents im Jahre 2004 hatten eine lange Anlauf- und Inkubationszeit. Die Wende war lange vorbereitet, es hatte verzweifelte, aber gescheiterte Anläufe gegeben. Die Inkubationszeit hatte ihre stummen Helden, von denen heute, da die politischen Chefs die Urkunden ausfertigen, niemand mehr spricht. Bei der geistigen Sammlung und Wiedervereinigung Europas verhält es sich nicht anders. Autoren, die verbannt und vergessen waren, tauchten wieder auf. Dem Fall der Mauer war der Fall der Zensur, die Erosion der Autorität, das Sprachefinden vorausgegangen. Eine geistige Erschütterung, das Erlebnis des Glücks mit der freien Rede. Ende der bleiernen Zeit, Zeit der Wiederentdeckung von Namen, Autoren, Texten, Stoffen. Das Beben, das der Wende vorausging, ist die eigentlich dramatische Zeit gewesen, alles andere war nur noch Vollzug. Was hat das mit den Kessler-Tagebüchern zu tun? Auch ihre Neuausgabe kann sich auf Vorarbeiten stützen, auf mühselige Freilegungsarbeiten, auf die Arbeit der Archäologen, die dieses Dokument der europäischen Kulturgeschichte entdeckt, ausgegraben, gesichtet, nach allen Regeln der Wissenschaft und der Kunst aufbereitet haben und nun nach und nach dem Publikum zugänglich zu machen gedenken. Als Bild war er immer schon da: in dem großen Porträt von Edvard Munch von 1906, das im Munch-Museum in Oslo hängt; es ist uns allen vor unserem inneren Auge. Eine Ahnung hatten die Leser schon seit der Edition, die Wolfgang Pfeiffer-Belli 1961 im Insel Verlag herausgebracht hatte. Von da an war der Name präsent. Schon das konzentrierte und gekürzte Werk vermittelte eine Vorstellung, was da auf die Nachwelt gekommen war. Die berühmte Spitze des Eisbergs. Auch die Auswahl von wichtigen Texten Harry Graf Kesslers weckte ein Interesse, das weit über den Kreis von Spezialisten hinausging. Ein Stück fügte sich zum anderen. Ich erinnere mich an die Marbacher Ausstellung von 1988 und an den Katalog, dem man den Reichtum des Materials und die Faszination durch Autor und Gegenstand ansah. Es folgten die großen Monographien, Biographien und Einzelstudien über diese zentrale Figur der deutschen und der europäischen Moderne. Immer bezogen sich Autoren auf jenes Werk, das in den Tresoren und Regalen von Marbach lag. Auf sie wurde verwiesen, aus ihnen wurde zitiert. Vor allem der Hinweis auf den Umfang und die Vollständigkeit der Tagebücher, die Briefwechsel und die Zahl der Namen, die in irgendeinem Sinne im Orbit Kesslers auftauchten, spornten die Phantasie an. Hier lag so etwas wie eine Geheimgeschichte der *Belle Époque*, ein Zentralkataster, eine Zentraldatei der modernen deutschen Gesellschaftsgeschichte und möglicherweise der Schlüssel zu einer europäisch angelegten Kulturgeschichte des späten 19. und frühen 20. Jahrhunderts. Kurzum: die Erschließung des Kessler-Tagebuchs stimulierte wie jede Entdeckung die Phantasie, wurde zum Projektionspunkt, an dem sich die Erwartungen sehr, sehr vieler Gemeinden trafen: der Kultur- und Kunstwissenschaft, der Interessenten an Netzwerken und delikaten Privataffären, Gesellschaftsgeschichte und Erforscher der Diaristik. Das Tagebuch, das da auf seine Edition wartete, lag so sehr im Schnittpunkt von Erwartungen und Projektionen, wie sein Verfasser selbst im Schnittpunkt gestanden hatte. Die Hoffnung, das ganze Text-Corpus endlich einmal zu sehen zu bekommen, verband sich mit der Erwartung einer Wiederbegegnung mit jener Zeit, die verschwunden, und mit der Welt, die untergegangen war. Das hat etwas mit Rührung und Bewegtsein zu tun.

Zu jedem großen Werk gehört auch die Entdeckungs- und Wiederaneignungsgeschichte. Darin spielen Zufälle, Glücksfälle keine geringe Rolle. Mit bloßer Routine läßt sich da nichts ausrichten. Es geht um Leidenschaft, die Hartnäckigkeit, die Detektiven eigen ist, die an die Aufklärung eines Falles ihre Ehre gebunden haben. So auch als 1985 in Paris drei Bände erworben werden konnten, die zufällig gefunden worden waren, als eine Bank auf Mallorca ein Safefach nach abgelaufener Mietzeit öffnen ließ – Mallorca war nach 1933 der erste Zufluchtsort Kesslers in der Emigration.

Und zu der Achtung vor dem Monument »Tagebuch« gesellt sich sogleich, ja sie ist untrennbar damit verbunden, die Achtung, ja Bewunderung für all jene Archäologen, die uns das Corpus wieder zugänglich gemacht haben. Diese Bewunderung ähnelt jenem Respekt vor der Hingabe und dem Fleiß all jener, die unsere Städte, unsere

Plätze, die in Trümmern lagen, wieder haben erstehen lassen. Das Auffinden und Restaurieren und Zugänglichmachen von Text-Monumenten ist nichts anderes.

Tagebuch lesen

Monumentalität hat etwas Einschüchterndes. Das bezieht sich auf das Werk, wie auf den Verfasser selbst. 57 Jahre lückenlos dokumentierte Tagebucheintragungen! 10 300 eng beschriebene Seiten! 12 000 Namensnennungen! Es geht hier nicht allein um Respekt gegenüber einem großen Mann und einem großen Werk, sondern um die Frage, wie man Zugang findet zu einer Epoche, die uns unzugänglich geworden ist, und zu einem Mann, der trotz seiner überreichen Selbstdokumentation sich anderen und Fremden doch immer wieder entzieht. Der soziale Abstand, die Differenz und Distanz der Welten ist eher noch größer geworden. Auch wenn wir keine Anhänger der monumentalistischen Geschichtsauffassung sind, haben wir doch eine gehörige Portion Skepsis und Reserve gegenüber Texten. Ego-Dokumente sind eine Zeitlang, in der man sich nur noch für soziale Prozesse, für Großgruppen und Kollektive interessierte, geradezu marginalisiert, wenn nicht stigmatisiert worden. Sie galten als Inbegriffe des »bloß Subjektiven«, des Nicht-Vertrauenswürdigen, einer Quelle, die man nur mit spitzen Fingern anfaßt, ein Genre unter Verdacht. Durch welche Bedenken und Reflexionsspiralen muß sich der modern-postmoderne Leser heute hindurchquälen, bis er den Verdacht gegenüber seiner eigenen Befangenheit aufgelöst hat? Tagebucheintragungen: das sind doch nur Stilisierungen; sie sind doch »nur subjektiv«; sie müssen überhaupt erst »intersubjektiv überprüft« werden; überhaupt kann es sein, daß es sich nur um Identitätskonstruktionen handele; und im übrigen sei gar nicht ausgemacht und jedenfalls gar nicht von Relevanz, ob es sich überhaupt um eine reale Person gehandelt habe oder nicht. All das hat neben seinen Nachteilen auch den einen oder anderen Vorteil, aber mit der ursprünglichen Leseerfahrung, die jemand macht, sobald er das Tagebuch aufgeschlagen hat, hat es sehr wenig zu tun.

Wir schlagen das Tagebuch auf und werden sofort in seinen Bann gezogen. Es ist knapp, so wie es ein Notat ist, mit dem lediglich eine

Tatsache, ein Ereignis festgehalten wird, das an und für sich belanglos ist, im Kontext aber etwas bedeutet; es ist ausführlich, als stünde der Verfasser nicht unter zeitlichem Druck, als hätte er das Kostbarste von allem: Muße. Er formuliert, bis die Sache sitzt, und dies auf Anhieb. Es wechseln sich die Tempi ab: Presto und Lento. Es wechseln die Schauplätze in rasendem Tempo: die Städte, zwischen denen sich alles abspielt, die Orte der Begegnungen, die Gelegenheiten: die Frühstücke, die Dinners, Soupers, Routs, die Tees. Die Personen bewegen sich unaufhörlich, auch der Schreiber des Tagebuches bewegt sich unaufhörlich. Momentaufnahmen, Skizzen, Karikaturen. Die Ortsbeschreibung und das knappe Porträt, der Kommentar – wohlwollend oder bissig – alles steht nebeneinander. Das Tagebuch enthält offenbar in nuce verschiedene literarische Formen: die Beschreibung, die Skizze, die Meditation, die in den Essay hinüberführt, das Gesellschaftspanorama, den Kommentar zu weltgeschichtlichen Ereignissen, den Augenzeugenbericht, der jeder Darstellung im Geschichtsbuch vorausgeht, die Miniatur. Aber es sind nicht nur die vielen literarischen Genres der Arten zu schreiben, sondern auch der Wahrnehmung: alles, was interessant ist, kommt in den Blick. Hier führt niemand Buch in kalendarischer Absicht. Vollständigkeit ist angestrebt, aber in einem anderen als dem gewöhnlichen Sinn. Alle Sinne kommen ins Spiel. Das Auge, das Ohr, der Geruchsinn, der Tastsinn. Der Schreiber ist für alle Gegenstände zuständig, wenn sie nur interessant sind. Er unterwirft sich keiner Arbeitsteilung. Sein Auge und sein Blickkreis halten sich nicht an die Arbeitsteilung der Berufe oder Disziplinen. Wenn ein Theaterbesuch ansteht, ist der Schreiber Rezensent; wenn eine Ausstellung, dann Kunstsachverständiger; wenn es über Finanzprobleme geht, dann urteilt der steuerzahlende Staatsbürger. Tagebuchschreiber sind vollständig frei, sie sind die Herren ihrer selbst, sie sind das Zentrum. Der Leser, der Mitleser, der nicht unbedingt intendiert war, wird gefordert. Ihm wird etwas abverlangt. Der Leser ist ein Eingeweihter, ihm wird nichts geschenkt. Der Leser gerät in einen Wirbel der Ereignisse, Begebenheiten und Reflexionen. Er mag sich vielleicht vorgenommen haben, das Tagebuch von Seite 1 bis zur letzten zu lesen. Tagebücher sind keine Memoiren. Memoiren, das hat Kessler selber schon gesagt, sind geordnete Zeit, Hierarchie, fast eine Logik und Sinngebung ex post: Auch ein Lexikon oder eine Enzyklopädie liest man nicht von Anfang bis Ende. Man verirrt sich darin, wenn man nicht einer bestimmen Fragerichtung folgt. Man geht darin verloren. Man verliert die Übersicht. Man verliert sich. Daher ändert der Leser spontan seine »Strategie«, um den »Massen toten Stoffs« zu entgehen. Der Leser entschließt sich zu einem ergiebigeren Vorgehen, er will zielstrebig verfahren, er zielt auf die Goldkörner, die historischen Momente und Begegnungen, die Sternstunden, die ihren Zauber auf die Längen werfen, oder, wenn er als Wissenschaftler arbeitet, die aussagekräftigsten »Stellen«. Auf die aussagekräftigsten Stellen verweist ihn das Personen- und Ortsregister. Dort steht verzeichnet, wann wer sich an welchem Ort mit wem getroffen und was dabei besprochen oder nicht besprochen worden ist. Wir versuchen einen Zugang zu einem riesenhaften Werk zu finden. Und es stellt sich eine Leseerfahrung ein, die beglückend ist: das Empfinden eines unerhörten, geradezu grenzenlosen Reichtums, die Erfahrung der überraschendsten Begegnungen. Man stößt auf Formulierungen von so großer Frische und Prägnanz, auf Charakterisierungen, die man am liebsten gleich exzerpieren möchte. Wir beginnen zu lesen wie in einem Steinbruch, wo wir Goldkörner gefunden haben und sicher sind, daß wir noch weitere finden werden. Das Tagebuch als Steinbruch. Aber man tut sich keinen Gefallen, wenn man darin nur gezielt sucht, ihn auszuschlachten sucht. Ein vergleichbares Leseerlebnis hat man bei der Lektüre von großen, oft Torsi gebliebenen Werken – etwa von Jacob Burckhardts Vorlesungsskripten »Weltgeschichtliche Betrachtungen«, vor allem aber von Walter Benjamins »Passagenwerk«. Werke, in denen man sich verirren kann und in denen die Verirrung einem überhaupt erst den Reichtum, das Unerwartete vor Augen führt. Das Begehen des Tagebuchs, das Herumwandern im Tagebuch ist schon der richtige Weg. In einem Tagebuch wie dem Kesslerschen die Übersicht zu verlieren, ist ein Gewinn. Wenn wir uns dort verirren, finden wir uns ins Kesslers Europa hinein. Wir nehmen teil an der Wiederentdeckung Europas. Wir sind in einer außerordentlich privilegierten Position. Denn wir vertrauen uns einem Führer an, der kundiger nicht sein könnte: Harry Graf Kessler.

Richard Dehmel hatte Kessler vorausgesagt, er werde die Memoiren der Epoche schreiben. Lakonisch heißt es im Tagebuch am 16. Juni 1933, einem Freitag, in Paris: »Heute vor dreiundfünfzig Jahren habe ich dieses Tagebuch angefangen«. Das läßt auf ein methodisches Verhältnis schließen. Man schreibt nicht »einfach so«, sondern es ist eine systematische Anstrengung. Er begann im Alter von zwölf Jahren am 16. Juni 1880 in Bad Ems und verzichtet nicht auf die Eintragung von Sonnenauf- und Sonnenuntergang. Es hat schon die Wertschätzung der Form, denn es war ein französisches Schulheft, herausgegeben von J. Garnier, Librairie-Editeur in Paris, gekauft bei J. Bazir, Bd. Malherbes 43, mit einem Deckblatt mit der Illustration »Campement d'Arabes et de Chameaux« und überschrieben mit »Memoires de Harry de Kessler«. Es ist geschrieben in seiner Muttersprache, die später vom Englischen abgelöst wird. Genauigkeit. Einübung in Genauigkeit. Es gab zwischendurch auch Schreibkrisen, die Eintragungen schrumpfen zur Chronik. Die Form ist wichtig, die Bände werden später in braunes Saffianleder gebunden. Er hat offensichtlich keinen Gedanken fassen können, ohne ihn gleich zu formulieren. Das Tagebuch ist »das Rückgrat seines Lebens, das Kontinuum eines sich in viele Richtungen zerfasernden Lebens voller Anläufe, Abbrüche und Neuanfänge. Das Tagebuch schafft die Einheit, deren das reale Leben ermangelte«, so sein Biograph Grupp.

Im Zentrum des Tagebuchs steht ein starkes, weil um seine Schwäche und Verwundbarkeit wissendes Ego. Ende 1905 heißt es in einem Tagebucheintrag: »Mir überlegt, welche Wirkungsmittel ich in Deutschland habe: der Deutsche Künstlerbund, meine Stellung in Weimar inclusive des Prestiges trotz des großherzoglichen Schwachsinns, die Verbindung mit der Reinhardtschen Bühne, meine intimen Beziehungen zum Nietzsche Archiv, zu Hofmannsthal, zu van de Velde, meine nahen Verbindungen mit Dehmel, Liliencron, Klinger, Liebermann, Ansorge, Gerhart Hauptmann, außerdem mit den beiden einflußreichsten Zeitschriften Zukunft und Neue Rundschau, und ganz nach der anderen Seite zur Berliner Gesellschaft, Harrachs, Richters, Sascha Schlippenbach, dem Regiment und schließlich mein persönliches Prestige.« Die Bilanz ist ziemlich überraschend und wohl einzig. »Niemand anders in Deutschland hat eine so starke, nach so vielen Seiten reichende Stellung. Dies ausnutzen im Dienst einer Erneuerung Deutscher Kultur: mirage oder Möglichkeit? Sicherlich könnte Einer mit solchen Mitteln Princeps Juventutis sein. Lohnt es die Mühe?« (15. November 1905). Am 24. Juni 1919 notiert er: »Ich habe so, wie ich bin, eine einflußreichere Stellung, als wenn ich, wie die Zeitungen mich immer wieder avancieren lassen, Minister des Äußern wäre«.

Der Tagebuchschreiber muß Nuancen fixieren können: »Die spezifische Atmosphäre einer Zeit in eine kleine Gemeinschaft von intim erlebten Menschen verdichten und aus diesem tragkräftigen, dichten Boden die Persönlichkeiten und Ereignisse der Zeit hervorwachsen lassen. Nichts im luftleeren Raum schweben lassen im Vertrauen auf das Interesse, das es auch sonst als bedeutsames Ereignis oder historische Persönlichkeit für den Leser haben mag. Valeurs, valeurs, wie in einem Gemälde« (30. April 1932).

Der Tagebuchschreiber soll den analytischen Blick eines Kultursoziologen haben: »Ich stimme denen nicht bei, die die Gesellschaft hohl finden; mein Gefühl ist vielmehr das der Bewunderung für die Sicherheit und Gewandtheit, mit denen hier ungeheure Kräfte an materiellen wie an geistigen Kapitalien, gelenkt und gegeneinander ausgespielt werden. Hinter einem Tonfall oder einem Blick kann eine achthundertjährige, glorreiche Ahnenreihe oder ein Vermögen von zehn Millionen stehen. Ein Händedruck kann über das Schicksal von Tausenden entscheiden. Alle diese Menschen sind bloß Symbole, algebraische Zeichen, für Kräfte, über deren Verwendung in diesem oder jenem Sinne eine Ausdrucksfärbung bestimmen kann. Dieses Symbolsein eines jeden Einzelnen für eine Welt von schicksalsgewaltigen Beziehungen und Mächten unterscheidet das Gedränge in einem Ballsaal von einem Volkszusammenlauf in viel höherem Grade, wie die weißen Nacken der Frauen oder die feinen Hände und die glänzenden Vorderhemden der Männer. Wer sich langweilt, mag oder kann nicht beobachten. Ich gestehe allerdings zu, daß ich mich selber recht häufig langweile« (18. Februar 1895).

Hugo von Hofmannsthal meinte es wahrscheinlich abwertend, als er von Kesslers »Allerwelts-Intimität« sprach, doch es ist gerade seine Fähigkeit, in Verbindung mit der Welt zu treten, eine Aufmerksamkeit und Nähe zu entwickeln, ohne die grundsätzliche Distanz aufzugeben. Nähe und Distanz, keine Selbstpreisgabe, Offenheit und immer wieder Verdichtung, Konzentration. Er lebte mit und in dem Tagebuch. Dies ist sein bedeutendstes Werk. Durch das Tagebuch – nicht durch seine Mitautorschaft am Rosenkavalier oder durch die Einführung von Gauguin, Rodin oder Maillol ist er unsterblich geworden. Ein ganzes Leben ist darin aufbewahrt. Es ist eingewendet worden, man könne Kesslers Tagebuch straffen, auswählen, kürzen. Sicher – man kann alles. Aber die Leistung besteht gerade nicht darin, daß er Notate und Notizen gemacht hat, sondern Tag für Tag Eintragungen. Ein Eintrag wieder vom 19. Februar 1895: »Mit Bredow gefrühstückt. Bei der Fürstin Anton Radziwill zum Gratulieren; nachher mit Humboldt zur Fürstin Fürstenberg. Abends Gesellschaft bei Anton Radziwills …« So geht es endlos. Aus einer bestimmten Perspektive ist das alles Geröll, das beiseite geräumt werden muß. Aus einer anderen Perspektive ist es unverzichtbar. Wenn man die Routinen des Zivilisationsalltags fixieren will, wenn man das Gewebe der Beziehungen, in denen der Normalalltag sich abspielt, den Grundton hörbar machen will, dann sind diese Eintragungen unverzichtbar – und ihr Verschwinden oder ihr Seltenerwerden ist dann so etwas wie das Ende der Routinen, Ende der Zivilisationsnormalität.

Gleichzeitig wird darin eine Topographie sichtbar. Sie führt in die Berliner Gesellschaft, von der es bis heute keine Geschichte gibt, trotz aller »Gesellschaftsgeschichte«. Die Eintragungen der Etablissements, der Ankünfte und Abfahrten, der Restaurants, Clubs, Salons lassen ein Biotop der Kultur sichtbar werden, das in einer erneuerten Geschichtsschreibung noch Früchte zeitigen wird.

Hinter der Kontinuität, der Disziplin des Schreibens steht ein gleicherweise hochdiszipliniertes wie hochsensitives Organ. Alle Fragen nach dem Tagebuch münden letztlich in die Frage nach der Kraft, die das zuwege gebracht hat. Wie könnte man diese Kraft, diese Energie, diese Individualität, die sich im Tagebuch kristallisiert, definieren?

Hinter der Weltläufigkeit und wie selbstverständlich gelebten Europäizität steht die europäische Familie, eine aus dem Schweizerisch-Hamburgischen Patriziat kommende väterliche Linie, eine ins Irisch-Englische zurückgehende mütterliche Linie; eine Geburt in Paris und eine selbstverständlich ins Französische und ins Englische hineinwachsende Kindheit und Jugend, eine Schulerfahrung, ja Zucht, wie sie erst auf einer französischen Schule, dann in Ascot und schließlich am Johanneum in Hamburg üblich war. Europäizität ist hier nichts Angelerntes, nichs Aufgesetztes und spät Vermitteltes, sondern von Haus aus Aufgenommenes.

Alle Unabhängigkeit Kesslers hat ein *fundamentum in re*. Was er tut, für sich und für andere, hat ein großes Vermögen zur Voraussetzung. Was der Zusammenbruch der Währung und die Weltwirtschaftskrise 1929 für das Bürgertum bedeutet haben, kann man am Leben Harry Graf Kesslers ermessen. Der schwarze Freitag war eine Katastrophe für ihn und seinesgleichen. Und doch war die Großzügigkeit, Generosität nicht etwas, was sich unmittelbar aus seinem materiellen Vermögen abgeleitet hat. Es hat etwas mit seiner geistigen Unabhängigkeit, mit dem Genuß der Freiheit zu tun und diese wiederum wahrscheinlich mit seiner Aufgeschlossenheit oder Neugier der Welt gegenüber. Im Vermögen, im Aufwachsen in eine geordnete und ordentliche Welt hinein entsprang wohl auch das Urvertrauen, jene Zuversicht, daß einem im Grunde nichts passieren konnte. Eine unausgesprochene *conditio sine qua non* des bürgerlichen Lebens. Selbstsicherheit. Hinzukommen andere bügerliche Tugenden: Fleiß und Disziplin. Er war auf niemanden angewiesen, er war sein eigener Herr. Für einen Mann der Künste und der Kultur eine unschätzbare Voraussetzung. Er mußte keine Mittel einwerben, er mußt keine Anträge stellen und keine Projekte entwerfen. Er konnte nach eigenem Gusto entscheiden. Wenn er etwas erleben wollte, tat er es auf eigene Kosten. Er brauchte für seine Aktivitäten nicht das Geld anderer Leute. Und wenn er in Europa unterwegs war, ging es ohne Stipendien und Fellowships. Eine Existenzform, die längst hingeschmolzen und hinfällig geworden ist. Sie machte ihn auch unabhängig von der Politik, von der politischen Klasse. Er war geradezu für ein politisches Amt, in der Diplomatie vor allem, bestimmt, aber er war nicht auf Gedeih und Verderb darauf angewiesen. Sein Einfluß ging mehr über die informellen Verbindungen. Er war ein Paradiplomat und ein Proto- oder Antipolitiker. Politische Parteien haben ihn nicht sonderlich interessiert, und seine politische Witterung, die präzise war, ist nicht identisch mit Parteizugehörigkeit. Er hat ein von Haus aus trainiertes Sensorium, das auch politische Valeurs unterscheiden kann: Mob von Menge, Klasse von Massen, Anstand von Gemeinheit. Die Selbstverständlichkeit, mit der er den Wohlstand, den Komfort, das stille Funktionieren der technischen und kulturellen Infrastruktur des Europas der Jahrhundertwende in Anspruch nimmt, zeigt ihn als Bürger des reifen Europa, das sich nicht vorstellen konnte, daß 1914 alles anders werden sollte. Wenn er dennoch auf eine prononcierte Weise distanziert blieb, wenn er doch nicht ganz dazugehörte und dieses Nicht-Dazugehören auch als Privileg zu nutzen wußte, dann wohl weil Homosexualität und ihre Diskriminierung wie eine Produktivkraft wirkte. Er wußte sie zu nutzen, in Beobachtungsenergie und ästhetisches Bestreben zu verwandeln. Kessler teilt uns in den »Massen toten Stoffs« – Wesentliches mit. Aus den Tausenden von Seiten seiner Tagebuch-Aufzeichnungen schält sich der Kommunikations- und Kulturraum Europas vor seiner Spaltung im Jahre 1914 heraus. Das Leben einer wie selbstverständlichen Transterritorilität und Transnationalität. Grenzüberschreitung als das Unspektakuläre, das der Rede nicht wert ist. Mobilität als eine Maßbestimmung von Freiheit und Unabhängigkeit, Beweglichkeit als selbstverständlicher Genuß von Luxus.

Kessler ist, auch wenn er eine hervorragende Rolle als Förderer und Impresario, vielleicht sogar als Katalysator der Moderne gespielt hat, dennoch ein Angehöriger des 19. Jahrhunderts. Er kann vom Sockel eines leicht aristokratisch-patrizisch gefärbten Bürgertums Grenzen des Zumutbaren, das für ihn immer ästhetisch Zumutbares oder Nicht-Zumutbares war, bestimmen. Aber, was dann losging, als die Schlägerbanden die Straßen, die Theater, die Parlamente unsicher machten und terrorisierten, davon konnte er sich schon keine rechte Vorstellung mehr machen. Kessler verfügte für einen Angehörigen der alten herrschenden Stände über ein geradezu hypertroph entwickeltes Sensorium für soziale Differenz, eine erstaunliche Freiheit von Ressentiment gegenüber unteren Volksklassen. Er hatte ein feines Gespür für die neue Aristokratie, die sich aus der Arbeiterbewegung heraus entwickelte. Es ist ihm vorgehalten worden, was er alles nicht oder nicht scharf genug gesehen habe: die Gefährlichkeit des italienischen Faschismus, vor allem aber der Nazibewegung; seine Naivität am Vorabend des Ersten Weltkrieges; seine kulturelle Arroganz gegenüber Amerika und seine Illusionen gegenüber Sowjetrußland. Aber all das zählt wenig gegenüber der Hellwachheit, mit der er – in Augenhöhe mit der Zeit – die Lage beschrieb. Eine im Ästhetischen begründete diagnostische Kraft, die immer wichtiger ist als prognostisch-prophetische Urteile.

Er hat in diese Diagnose immer den eigenen Fall, den seiner Person und den seiner Klasse einbezogen. Und es kennzeichnet ihn als Angehörigen dessen, was man als Elite bezeichnen könnte, daß er nicht so sehr über die Verantwortung, die immer die anderen tragen, sprach, sondern über das, wofür man selbst die Verantwortung trägt.

Das Tagebuch war das diesem Mann angemessenste Medium gewesen – bei allen anderen Verdiensten. Er hat dort die Gabe der Introspektion mit der rücksichtslosen Diagnose, die ästhetischen Reflexionen mit nüchternen Beobachtungen verbunden. Das Tagebuch ist nicht die Ersatzhandlung für einen in der Politik Gescheiterten – wie das bei anderen durchaus der Fall war. Man denke nur an Trotzki, der im Exil zur Tatenlosigkeit verurteilt, das Tagebuch als Ersatz für aktive Politik, als Surrogat vestand und beklagte.

Kessler hat seine Lebensenergie in dieses Tagebuch investiert. Herausgekommen ist eine dichte Beschreibung des Kontinents im Zenit seiner Entwicklung. Das Zentrum des Tagebuchs ist ein stolzes Ich im Zeitalter des Mitläufertums. Den Bruch, die Zäsur, die Implikationen der Nazi-Katastrophe zu sehen, war ihm durch frühen, vielleicht auch: rechtzeitigen Tod erspart geblieben. Wer Europa in diesem Übergang studieren will, macht sich mit Kesslers Tagebuch auf den Weg.

Auflösung: Das »Jahrhundert der Wölfe« im Tagebuch

Und er muß noch einige Schritte weitergehen, über das Tagebuch hinaus, dessen letzter Eintrag am Donnerstag, dem 30. September 1937, im französischen Fournel gemacht wurde. Dem Diaristen Kessler war es erspart geblieben, das Jahrhundert zu Ende zu beschreiben. Das haben andere gemacht. Die Tagebuchschreiber des 20. Jahrhunderts saßen nun im Untergrund, in Lagern – oder an den Kartentischen, an denen sie die Gespräche des Führers festhielten. Das Jahrhundert hat die Individuen seinesgleichen in den Untergrund, ins Exil, in die Verbannung, ins Lager getrieben. Das 20. Jahrhundert war tagebuchfeindlich. Es gab zuviele Spitzel, Geheimpolizisten, die hinter solchen Aufzeichnungen her waren. Der Rhythmus der Zeit war gegen das Tagebuch – es sei denn, es handelte sich um das Kriegstagebuch. Ervin Sinkó, der im Moskau der Dreißigerjahre Tagebuch führte, mußte sich sagen lassen, daß eigentlich nur noch Irre dieses Genre pflegen. Und doch gibt es eine große Ausbeute an Tagebüchern aus Europas dunkelster Zeit. Das Tagebuch der Anne Frank und die Goebbels-

Tagebücher, das Tagebuch des Adam Czernjaków in Warschau und der Ursula von Kardorff in Berlin, William Shirers Tagebuch und das Tagebuch der Olga Bergholz aus dem belagerten Leningrad. Felix Hartlaubs Innenansichten und die Tagebücher Lidija Tschukowskajas. Lucy Dawidowicz' Aufzeichnungen aus Wilna, bevor Wehrmacht und Einsatzkommandos einmarschierten, und Hermann Kruks Tagebuch, das er als Bibliothekar im Wilnaer Ghetto geführt hat.

Es sind allesamt Tagebücher des Verschwindens, in denen registriert wird, wer gestorben, deportiert, ermordet worden ist. Sie sind nicht mehr in weiches Leder gebunden, sondern Kassibern gleich mit winzigen Schriftzeichen überzogene Blätter, Kartons, Toilettenpapier, die Rückseite von Verhörprotokollen. Sie werden nicht in Banksafes aufbewahrt, sondern in doppelten Böden versteckt, im Erdreich vergraben und im besten Fall nach dem Ende wieder ausgegraben. Die Personenregister verzeichnen Täter und Opfer, Herren über Leben und Tod und Todgeweihte. Die Ortsregister dokumentieren die Einschränkung der Bewegungsfreiheit, die Schrumpfung der Welt auf einen Ort, auf das Lager, auf das Ghetto, auf den Ort der Verbannung oder des Exils. Es sind Dokumente des Abschieds von Europa, Protokolle seines Zerfalls. Schon bei Kessler finden sich die Spuren der Auflösung: Verzeichnisse derer, die nicht zurückkönnen; Namen derer, die die Seite gewechselt haben; Klagen über den Zusammenbruch des Anstands und der Barrieren, die bis dahin vor Gemeinheit und Gewalttätigkeit schützten. Die Salons gibt es nicht mehr, der ganze Kurfürstendamm findet sich in Paris wieder, die Freunde sind unerreichbar geworden, immer weniger Orte, an die man fliehen kann. Kessler bemerkte gegenüber Nicolas Nabokov, er habe erst in Paris die Berliner Russen verstanden, die nach der Russischen Revolution ins Exil getrieben worden waren. Die Routinen des bürgerlichen Lebens waren in Europa zusammengebrochen. Es gab nichts mehr von Frühstücks-Verabredungen zu berichten, sondern eher von Überlebensrationen. Mit dem Zusammenbruch der Routinen, von deren Intaktheit das Kesslersche Tagebuch gelebt hatte, war auch der Raum, in dem das Tagebuch als Genre noch möglich gewesen war, zusammengebrochen. Viktor Klemperers Tagebücher sind Überlebensprotokolle aus dem Untergrund.

Im »Jahrhundert der Wölfe«, wie Nadeshda Mandelstam das 20. Jahrhundert genannt hatte, werden keine Tagebücher mehr geschrieben.

SIBIRIEN, EINE DEUTSCHE SEELENLANDSCHAFT UND DAS HANDY IN DER TAIGA

Kaum einer unter den Jüngeren kennt noch Dwinger. Dwinger ist ein Fall für Archäologen. Auf ihn stößt ganz unvermeidlich, wer durch Antiquariate streift. Dort stehen seine Sachen im Regal: Die Armee hinter Stacheldraht. Zwischen Weiß und Rot. Die letzten Reiter. Korsakoff. Wir rufen Deutschland. Wenn die Dämme brechen. Das ist eine Spur, wie sie nur Autoren von Best- und Longsellern hinterlassen. Edwin Erich Dwinger war einer der erfolgreichsten deutschen Schriftsteller des 20. Jahrhunderts. Sein Œuvre umfaßt mehr als ein Dutzend Romane mit einer Gesamtauflage von zwei Millionen Exemplaren. Sie wurden in mehr als zwölf Sprachen übersetzt. Sogar als Kandidat für den Literatur-Nobelpreis war Dwinger einmal im Gespräch. Aber es gibt keine Biographie über ihn. Der Rummel, der um seinen Altersgenossen Brecht entfacht worden ist, wird zu Dwingers 100. Geburtstag am 23. April 1998 ausbleiben. Kein Vergleich auch zu Ernst Jünger, der nur wenig älter als Dwinger hochgeehrt gestorben ist. Dwinger wird verschwiegen. Es ist, als schämte man sich seiner. Dabei könnten die Deutschen einiges von ihm erfahren: über die Wahrheit, die auch im Trivialen steckt; über große Stoffe, die in die »zweite Literatur« ausgewandert sind, weil die erste sich um sie nicht gekümmert hat, vor allem aber: über sich selbst. Denn Dwinger, um den es heute so still geworden ist, war einmal ihr Schriftsteller.

Die Angaben in literarischen Enzyklopädien sind karg. Dwinger, der am 23. April 1898 in Kiel als Sohn eines Marineoffiziers und einer Russin geboren wurde und in hohem Alter am 17. Dezember 1981 in Gmund am Tegernsee starb, hat fast das ganze 20. Jahrhundert miterlebt und alle deutschen Zusammenbrüche überlebt. Er hatte spektakulären Erfolg in der Weimarer Republik mit seinem 1929 veröffentlichten Roman »Die Armee hinter Stacheldraht. Das sibirische Tagebuch«, der als Gegenstück zu Erich Maria Remarques »Im Westen nichts Neues« von dem deutschnationalen Verleger Eugen Diederichs auf den Markt gebracht worden war. Sein wenig später veröffentlichter Roman »Zwischen Weiß und Rot« wurde auch von den Rezensenten der »Roten Fahne« und der »Linkskurve« in den höchsten Tönen gelobt: als die glaubhafteste Darstellung des russischen Bürgerkriegs. Johannes R. Becher pries 1931 in »Literatur und Weltrevolution« Dwingers Sachlichkeit und meinte, daß der Roman »wider Willen des Verfassers zu einem großartigen Bekenntnis zum Bolschewismus« geworden sei. Sein Roman war für die Veröffentlichung in der Sowjetunion vorgesehen, was ihm die Nazi-Kulturfunktionäre wenig später vorhielten und was Dwinger wiederum 1946 im Entnazifizierungsverfahren als Argument für seine antinazistische Haltung anführen konnte. Aber auch im »Dritten Reich« hatte Dwinger Erfolg. 1933 wurde er zum Mitglied der Preußischen Akademie der Künste, Sektion Dichtung, gewählt und zum Reichskultursenator ernannt. 1935 bekam er den Dietrich-Eckart-Preis. Die nationalsozialistische Literaturkritik pries ihn als einen er Ihren. Als »Chronist seiner Zeit« berichtete er aus Francos Spanien, vom Polen- und vom Frankreich-Feldzug. Als »Rußlandkenner« nahm er im Range eines SS-Obersturmführers am Krieg gegen die Sowjetunion teil und wurde doch wegen seines Gegensatzes zur Politik in den besetzten Gebieten auf seinem Anwesen im Allgäu unter eine Art von Hausarrest gestellt. Im Entnazifizierungsverfahren bescheinigte ihm die Spruchkammer, er habe »vielfach großen Mut« gezeigt und sei mit seinem öffentlichen Widerstand gar »an die Grenze des Möglichen« gegangen. 1950 meldete sich Dwinger zurück mit »Wenn die Dämme brechen«, einem Roman über die Eroberung Ostpreußens durch die Sowjetarmee, wenig später mit einem Buch über General Wlassow und über das Schicksal des Kosakenheeres. Außerdem erschienen einige ältere Arbeiten unter neuem Titel. Aber auch mit Büchern wie »Das Glück der Erde. Ein Reitbrevier für Pferdefreunde« kann er an seinen Vorkriegsruhm anknüpfen. Eine Rechtfertigungsschrift zu seiner Rolle im Nationalsozialismus erscheint spät – 1966.

Dwinger war Erfolgsautor unter allen Verhältnissen: in Weimar, im »Dritten Reich«, in Nachkriegswestdeutschland. Er wurde umworben von der Linken wie von der Rechten. Dwinger hatte ein Massenpublikum. Er wurde zum Referenzpunkt für das Gespräch zwischen den Generationen, die ansonsten keine gemeinsamen Erfahrungen haben konnten. Dwinger wurde parteiübergreifend gelesen – von den Deutschnationalen und von den Kommunisten, von den Pazifisten, von den Freicorps-Leuten und den Angehörigen der »verlorenen Generation«, die den Weg zurück ins bürgerliche Leben nicht geschafft hatten. In seiner Rechtfertigungsschrift verweist er immer wieder darauf, wie sehr er seine Karriere den »jüdischen Rezensenten und Kritikern« von der »Vossischen« und vom »Berliner Tageblatt« verdanke. Vor allem aber: Dwinger war der Rußlandkenner, der Spezialist für den Osten, eine Autorität, der auch eine zunehmende Entfernung von den russischen und sowjetischen Angelegenheiten nichts anhaben konnte. »Seine Leser«, so heißt es über eine seiner Romanfiguren, »kamen schon vor dem Kriege aus allen Schichten«. Über die geistigen und mentalen Folgen seiner schriftstellerischen Arbeit läßt er einen seiner Helden nicht unbescheiden und aus dem Blickwinkel der frühen Fünfzigerjahre sagen: »Was heute im deutschen Volke, aber vielleicht auch in den anderen Völkern, an Widerstandskräften gegen den Bolschewismus lebt, geht zweifellos zum Teil auf mein Wirken zurück, meine Bücher zählen zu den meistgelesenen, sind außerdem in zwölf Sprachen übersetzt. Wenn man heute in Europa dem Ansturm der Sowjets noch widersteht, so schöpft man einen Teil der Kraft dazu aus den Erkenntnissen, die ich im abendländischen Menschen unablässig zu wecken versuchte.« Was immer an Selbstüberschätzung darin enthalten sein mag, so dürfte doch feststehen: Dwinger war nicht irgendwer, sondern eine zentrale Gestalt im geistigen Haushalt der Deutschen. Dabei drehte sich sein ganzes Werk im Grunde immer nur um ein einziges Thema: Rußland. Er muß Rußland, woher seine Mutter stammte, geliebt und auf eine merkwürdige Weise zugleich geringgeschätzt haben. Bei näherem Hinsehen zeigt sich freilich, daß dieses Rußland mehr ist als nur das empirische Rußland, das er in der Kriegsgefangenschaft im Ersten Weltkrieg und in den Wirren des Bürgerkriegs und dann noch einmal in Hitlers Rußland-Feldzug kennengelernt hatte. »Rußland« ist bei Dwinger die Projektionsfläche für alle Träume und Alpträume der in die Turbulenzen des 20. Jahrhunderts hineinsteuernden Deutschen. Dwingers fast monomanisches und obsessives Kreisen um Rußland zeugt nicht nur von einer tiefen Faszination und Abstoßung, sondern ist zugleich eine Art verfremdetes Selbstgespräch der Deutschen über sich selbst.

Urerlebnis Sibirien

Dwinger kam, nachdem er sich 16jährig von der Realschule weg als Freiwilliger gemeldet hatte, an die Ostfront; dort wurde er schwer verwundet und geriet in russische Kriegsgefangenschaft. Dies ist das entscheidende Erlebnis. Alles, was später folgt, scheinen nur Variationen dieser einen, erschütternden und alles bestimmenden Erfahrung zu sein. Hier wird der Raum erschlossen, in dem sich alles weitere abspielt, hier werden die Figuren geformt, die Dwinger bis an sein Lebensende in immer neuen Konstellationen und Namensgebungen produzieren wird. Dwingers Osten ist eine empirische Landschaft mit Namen von Ortschaften und Städten, von Flüssen und Eisenbahnknotenpunkten, die in der Erinnerung von Millionen Kriegsteilnehmern an der Ostfront und dann Hunderttausender von Kriegsgefangenen von zentraler Bedeutung gewesen sein mußten. Dwinger spannt einen Raum auf, der für Hunderttausende zum alles entscheidenden Schauplatz geworden ist: zum Ort einer Lebenserfahrung, deren Intensität aus der Nähe zum jederzeit möglichen Tod herrührte. Die Orts- und Lagernamen im Roman »Die Armee hinter Stacheldraht« waren einer ganzen Generation von Kriegsgefangenen geläufig. In »Zwischen Weiß und Rot« haben wir teil an einer abenteuerlichen Odyssee von der mandschurischen Grenze nach Ostpreußen. Das Baltikum ist dann der Hauptschauplatz des dritten Teils der Trilogie »Wir rufen Deutschland«. Von diesem baltischen Osten aus soll Deutschland wiederaufgerichtet werden. Dwingers Erfahrungsraum ist nicht der Westen, nicht das Schlachtfeld von Verdun, nicht der Stellungskrieg und die Materialschlacht, sondern die Region, in der der Weltkrieg in den Bürgerkrieg übergegangen war. Dwinger hat ihr zur Gestalt verholfen, und zwar so intensiv und zum Klischee verdichtet, daß auch die Erfahrung des Zweiten Weltkrieges im Osten fast mühelos an sie wird anknüpfen können.

Diesen Osten macht Dwinger zur Sache von Wissenden und Eingeweihten. Zu diesem Osten gehören ein Spezialwissen und spezielle

Ausdrücke. Es ist der Jargon der Ostfront und der »Plenni«, also der Kriegsgefangenen. Denen, die in den Schützengräben oder dann in den Gefangenenlagern gewesen sind, sind sie vertraut. Die Sprache des Romans ist die Geheimsprache derer, die dabei gewesen sind. Es ist eine Art Weltkriegs- und Ostfrontpidgin, in Deutschland gesprochen oder verstanden von mindestens zwei Generationen. Darin kommen vor: Tjepluschka, Tschortwosmy, Tschtschi, Kascha, Kwaß, Blechnapf und Holzlöffel, die Eisenbahnwaggons mit der »Burschujka« und den Pritschen. Die Eingeweihten verstehen die Mutterflüche und die *termini technici*, von denen das Überleben abhängt: Idji pascholl, Panje, Pajok, Starschi, Machorka, Jub twoj mat. Sie verstehen etwas von unvorstellbaren Kältegraden, von Katorga und Spießrutenlaufen, aber auch von den Vorzügen des primitiven russischen Dampfbades. Man weiß selbstverständlich, wie man sich der Wanzen und Läuse entledigt. Dwingers Beschreibungen erzeugen Gemeinschaftsbewußtsein durch Mitwissen. Der Leser als Kamerad in Gefangenschaft. Dwingers Romane sind genaue Erinnerung an einen alltäglich gewordenen Horror aus Sterben, Eiter, Blut, Tuberkulose, Fleckfieber, Typhus, Ruhr, zerschmetterten Gesichtern, gliedlosen Menschen, die auf selbstgebauten Holzwägelchen rollen, Leuten mit Blasen- und Magendurchschüssen, Menschen ohne Unterkiefer. Der Krieg an der Ostfront ist etwas anderes. Im Krieg und im Bürgerkrieg fallen alle Hemmungen. Man gewöhnt sich an die Grausamkeiten und lernt die feinen Unterschiede im Strafen und Massakrieren. Der Nagan findet Eingang ins Allgemeinwissen einer ganzen Generation ebenso wie die Prozedur des Spießrutenlaufs. Dwingers Romane sind Handbücher in Sachen Weißen und Roten Terrors. Alle Grausamkeiten im Bürgerkrieg – das Ausprobieren der Rattenkerker, Kastrieren, Zersägen, Handschuhanmessen oder die Folterkammern, die in den Panzerzügen des sadistischen Kosaken-Atamans Semjonow eingerichtet waren – werden vorgeführt. Dwinger bedient sich der Technik der Nahaufnahme, die es nicht erlaubt, den Blick abzuwenden, und es scheint, daß Dwinger in der detaillierten Schilderung von Grausamkeiten ein Unterpfand für Authentizität sah – eine Neigung, die bei ihm mit den Jahren und mit größerer Entfernung vom Ort des Geschehens offenbar zunahm. Der Osten ist so eine Schule der Grausamkeiten, des Verlusts der zivilisatorischen Hemmungen und der Verrohung.

Aber diese Ausnahmesituation lehrt auch einen neuen Blick auf die

Welt. Kriegsgefangenschaft ist aus dieser Perspektive eine Auszeichnung, ein Privileg. »Nach Sibirien kann man nicht mehr für kleine Ziele kämpfen, müssen unsere gestählten Seelen sich etwas suchen, das dem Vermächtnis unserer Toten würdig ist, dabei die Erde nicht weniger umbricht, als es der Bolschewismus mit Rußland tat.« Dieses Sibirien wird zur Metapher für Katharsis, zum Ort der Wiedergeburt und der Initiation eines neuen Menschenschlages, der für die kommenden Auseinandersetzungen gerüstet ist. »Nun wohl, im Osten gingen wir zugrunde, im Osten werden wir auch auferstehen... Denn wir starben ja nicht für uns... noch für Rußland... wir starben für den Geist der Menschheit...« Die Kriegsheimkehrer bleiben für immer Gezeichnete. An ihnen ist »Rußlands Steppenwind«, an ihren Füßen klebt noch »Rußlands Erde«. Die ganze Welt ist ihnen »durch diesen Krieg ein einziges Sibirien geworden«. Von »Armee hinter Stacheldraht« sind rund 200000 Exemplare verkauft worden, von »Zwischen Weiß und Rot« rund 225000 und von den »Letzten Reitern«, die von den Freicorps im Baltikum handeln, rund 230000 Exemplare. Für dieses Publikum standen nicht die »Stahlgewitter« und das Heldentum des Krieges, sondern die Zerstörung der Menschen durch den Krieg und in der Gefangenschaft im Zentrum.

Simplicius Simplicissimus des europäischen Bürgerkrieges

Sibirien war nur der erste der dramatischen Schauplätze im Dreißigjährigen europäischen Krieg. Dwingers schriftstellerische Karriere begann mit dem Epos von Kriegsgefangenschaft und Bürgerkrieg und endete mit einer Phantasie zum Nuklearkrieg der Nato gegen die Sowjetunion, wie sie in den Fünfzigerjahren Strategen und Leser der Zeitschrift »Hobby« beflügelt hatte. Dwinger spannte den Bogen vom Ersten zum Zweiten Weltkrieg, vom Krieg der alten Imperien zum Kalten Krieg der Supermächte, von der bolschewistischen zur völkischen Revolution. Dazwischen erstreckt sich das Panorama des Weltkriegs, der in den Bürgerkrieg übergeht, und des Bürgerkriegs, der zum Weltkrieg wird. Der Romancier Dwinger ist immer dabei, zuerst in eigener Person, dann als Zeitungsleser, vom Hörensagen und als Kolporteur. Keiner der grandiosen Schauplätze des Dreißigjährigen Krieges fehlt: nicht der Bürgerkrieg an der Wolga, nicht die Kämpfe der Freicorps im Baltikum und in Mitteldeutschland, nicht die Kollektivierung während des ersten Fünfjahrplans, nicht der spanische Bürgerkrieg, nicht der Angriff auf Polen und die Sowjetunion, nicht die Einnahme Ostpreußens, nicht Flucht und Vertreibung der Deutschen. Nur eines kommt – sieht man von der Nebenfigur des Juden Schpundloch in seinem Kosakenroman ab – nicht vor: die »Endlösung«, die dem »Ostfachmann« Dwinger zweifellos nicht verborgen geblieben war.

Dwinger weitete seinen sibirischen Schauplatz zum gesamteuropäischen. Das Personal, dem man dort schon begegnet war, trat jetzt in der europäischen Arena an, und das Kräftemessen spielte sich nun im planetarischen Maßstab ab. Dwinger will der Chronist dieser Zeit sein, ihr, wie er wörtlich sagt: Simplicius Simplicissimus. Sein Ideal ist das der »kalten Objektivität«. Aber seine Erzählkunst scheitert nicht nur an der Größe des Sujets, der Heillosigkeit des Geschehens, an den Tragödien und Gemeinheiten, die den menschlichen Verstand übersteigen, sondern an der Voreingenommenheit, die aus seinen politischen Optionen resultiert. Dwinger ist nicht der distanzierte und disengagierte Mann, den die Welt, so zusammenhanglos wie sie ist, kalt lassen würde. Um die Welt zu beschreiben, wie sie ist, will er etwas zuviel.

Zum Privileg der russischen Erfahrung hatte gehört, daß Dwinger im Bolschewismus mehr als eine ideologische Halluzination erkannte, nämlich eine tiefgreifende soziale Erscheinung. Darin war sein Blick allem rabiatem Antibolschewismus, aber auch allen wohlmeinenden liberalen Umdeutungsversuchen überlegen. Er war nicht der einzige Deutsche seiner Zeit, der vom Bolschewismus zugleich angezogen und abgestoßen wurde. Dwinger verachtete den Salonbolschewismus, der ihm eine Erscheinung der Stadt, des Bürgertums, der Dekadenz und der Gedankenlosigkeit war; Dwinger wollte einen Bolschewismus auf deutsch, einen »ordentlichen Bolschewismus« ohne die Exzesse der Russen. Deutschland sollte zum Träger eines ganz und gar Neuen werden, das sich von östlichem Bolschewismus und westlichem Kapitalismus gleichermaßen unterschied. »Nicht Osten oder Westen, sondern selbständige Mitte, der russischen Weltrevolution die deutsche Weltrevolution entgegenzustellen – das ist deutsche Bestimmung…« Deutschland sollte zum Träger einer eigentümlichen Synthese werden: »Drüben steht Amerika, hier steht Rußland, dort das kapitalistische, hier das bolschewistische Denken! Und zwischen beiden – wir... Noch einmal ruft uns Volk der Mitte das Schicksal auf: Schafft die Synthese zwischen Ost und West, schmelzt beider Bestes als neue Weltordnung zusammen.« Die Synthese sollte der deutsche Sozialismus sein. Seine Träger waren der preußische Offizier und der deutsche Kommunist. Gegen den »Profitnationalismus« proklamierte Dwinger den »deutschen Universalismus« und gegen den »Parteienegoismus« die alte »Frontgemeinschaft«. Dwinger ist nicht nur ein mächtiges Sprachrohr jener ganz und gar nicht einflußlosen Strömung des Nationalbolschewismus der Zwischenkriegszeit, sondern redet das Dritte Reich geradezu herbei. Er war kein Mitläufer, sondern ein Vorläufer. Er sehnte etwas herbei, was es nicht gab: einen National-Sozialismus mit menschlichem Antlitz. Und er hielt an ihm als der guten Absicht, aus der nur leider etwas ganz anderes geworden sei, noch fest, als längst bekannt war, was das Nazi-Regime angerichtet hatte.

»Wiedersehen mit Sowjetrußland«

Auch am 22. Juni 1941 ist Dwinger wieder dabei. Himmler persönlich hatte ihn kurz vor Beginn des »Unternehmens Barbarossa« im Prinz-Albrecht-Palais in Berlin zum »Chronisten unserer Zeit« und zu seinem »persönlichen Ostreferenten« bestellt. Dwinger war als der »erfahrenste Rußlandkenner« einverstanden. Man verabredete sich für den 4. August in Moskau. Dwinger arbeitete unter Sonderbedingungen: er hatte volle Bewegungsfreiheit, er war frühzeitig über die Richtlinien informiert, also auch über den »Kommissarbefehl« wie über die Praktiken des SD und der Einsatzkommandos. In seinem 1942 publizierten Bericht »Wiedersehen mit Sowjetrußland. Tagebuch vom Ostfeldzug« kann man studieren, wie nahe Sentimentalität und Brutalität, nostaglische Suche nach dem verlorenen Rußland und Fanatismus beieinander sein können. Dwinger weiß offenbar, daß dies nicht ein Krieg wie alle anderen werden würde, wenn er schreibt: »Noch eine Minute!.. Krieg mit Sowjet-Rußland! Es ist mir mit einem Male, als sei bisher Frieden gewesen, als sei alles Bisherige vergessen! Ich war in Polen, ich war auch in Frankreich, aber das versinkt plötzlich...Ich fühle mit einem Male bis ins Tiefste, erst dieser Krieg mit Sowjet-Rußland wird ein wahrer Krieg sein – ihn habe ich immer als die große Entscheidung angesehen, für ihn habe ich im Grunde allein noch gelebt! War es nicht der Sinn meines ganzen schöpferischen Lebenswerkes, auf ihn vorzubereiten, unser Volk für dieses Unausweichliche bereit zu machen?« Dwinger ist erregt vom Tempo, von der Leichtigkeit, von der Wucht des »lebenden Sturmbocks«, er ist berauscht von dem »ungeheuren Weltraumorchester« und fasziniert von den Luftkämpfen. An der Spitze des Angriffskeils schwärmt Dwinger vom balsamischen Duft von Birkenholz, von großen Schmetterlingen und der Morgensonne. Es ist, als kehrte er zurück in das Land seiner verlorenen Jugend. Doch das neue Rußland ist nicht mehr Rußland, es ist »mongolisch«, »tierisch«, »bolschewistisch«, an seinem »strengen Wildgeruch erkennbar«. Als er in die Gesichter der in Gefangenschaft geratenen Sowjetsoldaten blickt, bemerkt er: »das waren ja gar keine Russen mehr, wie ich sie doch so gut gekannt hatte – das waren gar nicht mehr jene bärenhaften Übermenschen, deren wasserhelle Augen mit treuem Blick aus wallenden Haarwildnissen geblickt? Was mich hier irgendwie böse schielend umstand, das war ja ein ausgemergeltes Volksgemisch, das man nur mit einem Worte mickrig bezeichnen konnte, ein bis dahin für mein Empfinden auf den Russen unanwendbarer Ausdruck! Gott im Himmel, dachte ich erschrocken, ist diese Umwandlung bereits so weit gegangen, daß sie gerade schon die biologische Substanz ergriffen?« Das ist gesagt im Anblick von Hunderttausenden an ihm vorbeiziehenden Rotarmisten, die vor Hunger den Verstand verlieren und wie Vieh krepieren werden. Dwinger spricht allen Ernstes und im hehren Ton von seiner »europäischen Mission« – am Dnjepr! Vor diesem Hintergrund ist die Differenz zu sehen, die Dwinger in Gegensatz zu Hitlers und Kochs Rußland- und Ukrainepolitik brachte. Man mußte ja kein »Rußland-Experte« sein, um zu begreifen, daß Rußland mit den Waffen der Wehrmacht und der SS allein nicht zu besiegen und zu beherrschen war. Daher verfaßte er Denkschriften und Stellungnahmen, die gegen die Nazi-Ideologie vom »Untermenschen« argumentierten und den Uneinsichtigen klarmachen sollten, daß »Rußland nur durch Russen zu besiegen« sei. In einer dieser Denkschriften finden sich dann Sätze wie: »Der Russe wurde immer mehr gelebt, als er selbst lebt, aber das ist bei ihm eine Stärke. Er verliert als Masse seine typischen Schwächen, läuft durch sie zu einer ungeheuer starken Form auf.... Der Russe ist als naturhafter Mensch ein Wesen des Widerhalls, sprichst du ihn als Bestie an, wird er dir als Bestie antworten, rufst du ihn aber als Menschen an, wird er dir sein Menschlichstes entgegentragen«. Dwinger war mit General Wlassow persönlich bekannt. Doch während Dwinger in amerikanische Gefangenschaft geriet, um bald wieder freigelassen zu werden, geriet Wlassow in die Hände der Amerikaner, die ihn sofort dem sowjetischen Verbündeten und somit dem sicheren Tod auslieferten.

Untergang des Abendlandes und Selbstmitleid

Die Internierung in Ludwigsburg, wo er mit vielen seiner alten Freunde zusammentraf und neues Personal für seine künftigen Romane fand, wurde keine Zeit des Innehaltens, des Verstummens und Schweigens. Dwinger war 1945 erst 47 Jahre alt, also noch jung genug für einen zweiten Beginn, aber auch mit einer Erfahrung befrachtet, die weit stärkere Naturen als ihn überfordert hat. 1945 wird jedenfalls nicht zum Ausgangspunkt einer Erzählung von seinem eigenen Leben in der Weltkriegsepoche, sondern zum Beginn zunehmender Verbitterung und der Flucht ins Ressentiment. In dichter Folge erscheinen drei Romane. »Wenn die Dämme brechen…«, erschienen 1950, hat die Eroberung Ostpreußens durch die Rote Armee im Januar 1945, die Flucht über das Haff, die Situation in und um Königsberg, die Organisierung der Trecks nach Westen, die Evakuierungsaktion über See zum Gegenstand. Das Buch endet mit der Ankunft einiger weniger Übriggebliebener im Westen. Besonders auffällig ist an diesem Dwinger-Roman, daß die Personen im Januar 1945 in Kenntnis einer Geschichte argumentieren, die sie als Zeitgenossen noch gar nicht kennen können. Das heißt: Dwinger projizierte den beginnenden Kalten Krieg auf seine Geschichte zurück. Dwinger stand wieder auf der richtigen Seite. Mehr als alle früheren Romane lebt »Wenn die Dämme brechen…« von der Kolportage, von Berichten aus zweiter und dritter Hand. Die Gestalten sind aus Papier, sie referieren Programme. Der historische Hintergrund ist nur die Folie für ein von Selbstmitleid und Wehleidigkeit geprägtes Räsonnement über den deutschen Untergang und den bevorstehenden Untergang Europas. Dwinger handelt die Fragen von Scham und Schuld ab: »Nein, es ist geschichtlich unwahr, uns heute alle Schuld zuzuschieben!« Über den Nationalsozialismus heißt es: »Es begann mit einem großen Aufschwung, aber das Menschliche reichte nicht aus! Es sank alles ab, endete im Schmutz... Und die armen Jungen, die einst ehrlich glaubten an diesen Orden, an diese Elite – werden heute den KZ-Bewachern, den Gestapisten gleichgestellt. Der Verlust der deutschen Ostgebiete ist »schlimmer als alles – was wir einst selber taten«! Dwinger bejammert die Fehler, die »wir« gemacht haben, denn »wir hätten Rußland haben können, sogar bis zum Stillen Ozean...« Er kritisiert die Westmächte, die gar nichts verstünden von russischen Angelegenheiten. Er nennt Roosevelt einen Idioten und »im Talleyrandschen Sinne einen Verbrecher«. Dwinger verliert alles Maß, wenn er im Hinblick auf die Naziverbrechen und den Verlust der Ostgebiete ausruft: »Was jetzt in Ostpreußen geschieht, im Warthegau, in Pommern, in Brandenburg, in Schlesien – das ist tausendmal, nein, zehntausendmal, nein, sogar hunderttausendmal so fürchterlich! Ich übertreibe dabei nicht, ich wiederhole ganz bewußt: Hunderttausendfach! Aber davon schweigt die Welt. Davon spricht niemand ein Wort!« Am Ende lösen sich alle Unterschiede auf, denn alle sind Verbrecher, und alles ist »Großverbrechen« wie die Bombardierung Dresdens zum Beispiel. Der Nationalsozialismus ist nur die Reaktion auf den Bolschewismus. »Wenn die Dämme brechen« ist ein langatmiger Traktat zur Selbstrechtfertigung eines deutschen Schriftstellers, der sich mit den Nazis eingelassen hatte und nach deren Zusammenbruch seine Position nun neu definieren muß. Auch jetzt wähnt er sich wieder im Recht. Über einen Helden, den Teilnehmer eines Trecks aus dem Osten, der niemand anders als er selber ist, heißt es im Roman von 1950: »In ihm prophezeite er alles, was heute eingetroffen ist! Sie kommt eines Tages, sagt er darin, die Rote Flut! Kommt über den Osten, kommt über ganz Europa, wenn die Dämme brechen! Einigt euch noch, solange es Zeit ist! In zwölf Sprachen wurde das Buch übersetzt, fast in der ganzen Welt hat man es also gelesen!«

Was eine Lektüre – zumindest heute – so peinlich macht, ist die Mischung von Wehleidigkeit und Anmaßung. Dwinger beschuldigt die Deutschen des »Flagellantismus« und des »Masochismus«. Die Emigranten werden dafür beschimpft, daß sie »draußen« waren. Wenn es noch antisemitische Gefühle in Deutschland gebe, dann seien die Juden selber schuld, vor allem jene deutschen Juden, die als neue »Zwingherren« in amerikanischen Uniformen aufträten. In den Verhören der Amerikaner und der Spruchkammer stilisiert er sich zum Opfer, wenn nicht gar zum Oppositionellen. Belege für seine Haltung gegen die Nationalsozialisten kann er genügend anführen, und die Spruchkammer hat sie ihm amtlich auch bestätigt. Dwingers Räsonnement über die Ursachen der deutschen Katastrophe werden um so abstrakter und verstiegener, je mehr er der Frage nach der konkreten Verantwortung konkreter Individuen, einschließlich seiner eigenen Person, aus dem Wege geht. Was bietet sich da nicht alles an, um alles erklären zu können und die entscheidenden Fragen doch nicht stellen zu müssen! Die »Vermassung« als Erscheinung der modernen Zivilisation! Die »Raumenge«, die »uns« zu Raumerschließung zwang! Es gibt keine Schuldigen und Unschuldigen mehr, sondern nur noch »eine metaphysische Schuld«. Und wenn jemand versagt hat, dann die Menschheit als ganze, die dafür auch bestraft werden soll – mit dem Atomkrieg. Der Atomkrieg als Selbstvernichtungsphantasie der Menschheit.

Und doch sind diese Deutschen, die soeben aus den Ruinen des von ihnen angezettelten Krieges hervorkriechen, schon wieder vorneweg, haben der Welt eine rettende Botschaft mitzuteilen. Aus dem Fieber der Deutschen lasse sich das Serum gewinnen für die Heilung, »das gegen die Verführung aus dem Osten immun machen könnte«. Überhaupt ist der Kampf der Ideen und Systeme einer, der in der Sprache der Biologen und Immunologen ausgetragen wird. Es geht immerzu um Infektionen, Bakterien, Bazillen, Fäulnis. Die Deutschen haben mit ihrer Katastrophe der übrigen Welt die Katharsis voraus; das prädestiniert sie zur Entwicklung von Heilslehren auf dem letzten Stand der Zeit. »Schaffen wir aus diesem Leiden eine Offenbarung für die Menschheit, eine echte Heilslehre, so können wir unseren Leiden noch nachträglich einen Sinn geben! Wer von uns aber möchte wohl, daß es sinnlos gewesen sei?« Diese Sinngebung des Sinnlosen ist

Deutschlands Mission, sein Beitrag zur Gesundung des Abendlandes. Sie sind die Meister der Synthesen und die Hüter der Mitte. »Sie für alle Völker geistig vorzudenken, vielleicht sogar real vorzuformen, ist die Möglichkeit unserer Zukunft. Ist unsere Aufgabe – für die morgige Welt.« Aber dieses Einverständnis mit der Zeit ist nicht der einzige Grund des Nachkriegserfolges Dwingers.

Die Sibirien- und Rußlanderfahrung war durch den Zweiten Weltkrieg nicht nur erneuert, sondern intensiviert und radikalisiert worden. Hitlers Krieg gegen die Sowjetunion hatte eine neue, in die Hunderttausende gehende Generation von »Plennis« auf beiden Seiten erzeugt. Noch einmal war »Sibirien« zum Entscheidungsort über »Leben und Tod«, ein Ort menschlicher Grenzerfahrung, geworden. Die ganze Frühgeschichte der Bundesrepublik – und übrigens auch der DDR – ist flankiert von Bildern des Wartens auf die Kriegsgefangenen und deren Heimkehr. Der Grenzbahnhof in Frankfurt an der Oder und das Durchgangslager Friedland, die Meldungen des Suchdienstes des Roten Kreuzes im Radio, die Wände, die über und über mit Zetteln bedeckten Wände, auf denen die Angehörigen eine Nachricht zu finden hofften, schließlich Adenauers Triumph in Moskau 1955 und die Heimkehr der letzten Gefangenen. Eigentlich war der Krieg erst damit zu Ende. Die Sibirienerfahrung war noch einmal ganz nahe. Sie sickerte in den Alltag ein, in die Erzählung in den Familien. Es gab wattierte Jacken zu bestaunen, die die Heimkehrer mitgebracht hatten. Es gab Sibirien im Kino mit Ruth Leuwerik als Lagerärztin in der Taiga. Und es gab Sibirien im Fernsehen, dem allerneuesten Medium. Die Nation verfolgte am Bildschirm die Odyssee des Clemens Forell in »Soweit die Füße tragen« von Kap Deschnew bis zur iranischen Grenze und erfuhr so, was Bleibergwerke sind, was Machorka ist, wie man mit Wolfsrudeln fertig wird und daß es selbst am Ende der Welt noch das Allerunwahrscheinlichste gab: Barmherzigkeit.

Anders als in der ersten Nachkriegszeit verlor das Geheimwissen der Eingeweihten in der zweiten Nachkriegszeit an Bedeutung. In den stabilen Verhältnissen des Wiederaufbaus im geteilten und eindeutig zugeordneten Deutschland spielte die *unio mystica* der Kriegsgefangenschaft nicht mehr die Rolle, die ihr in den bürgerkriegsähnlichen Zuständen nach 1918 zugekommen war. Für Abenteurer und Freicorpsleute hatte das Wirtschaftswunderland keine Verwendung. Wer vom Abenteuer nicht lassen konnte, hatte nun andere, vielleicht weniger wilde, dafür um so lukrativere Einsatz- und Entfaltungsmöglichkeiten. Die Karrieren, die jetzt eröffnet wurden, waren bürgerliche und noch mehr kleinbürgerliche. Die Alptraumlandschaften von Ostfront und Sibirien wurden nach und nach überlagert von ganz anderen: den Urlaubswelten der Freizeitindustrie. Was einmal das »Volk ohne Raum« gewesen war, schwärmte nun in die grenzenlose »große weite Welt« hinaus und wurde weltläufig an Bord der Super Constellation von Panam, nicht auf dem Rücken von Panzern. Einerseits bekam die alte Rußlandfurcht und Sibirien-Angst durch das Regime in Ost-Deutschland noch einmal neue Nahrung, andererseits entzogen Wohlstand und ziviler Lebensstil im nach-nationalsozialistischen Deutschland den Leidenschaften für und den Ängsten vor Rußland langfristig den Boden. Da die deutschen Probleme auf neue Weise gelöst waren, bestand kein Bedarf mehr an alten Lösungen. Die Deutschen waren zur Ruhe gekommen. Sie brauchten Rußland nicht mehr: weder als Projektionsfläche phantastischer Alternativen noch als Angstraum. Sie brauchten, da sie ihr Leben halbwegs vernünftig geordnet hatten, keine Ideologie der »Synthese« mehr.

Aber auch »Sibirien« gibt es nun nicht mehr. Ein Sibirien, das internationale Flughäfen hat, in dem die Manager von DeBeers mit ihren Privat-Jets herumfliegen, wo Schweizerische Schiffahrtsunternehmen auf der Lena kreuzen und jeder Punkt in der Tundra per Satellitentelephon erreicht werden kann, ist nicht mehr das Sibirien, wie es sich ins Gedächtnis von Russen und Deutschen eingegraben hat. Aus der *Via Dolorosa*, die die Transsibirische Eisenbahn in Dwingers »Zwischen Weiß und Rot« gewesen war, ist ein rollender Basar geworden, der seine Kundschaft in ganz Eurasien hat. Das Land der Wachtürme, des Archipels der Lagerwelt, der Baracken, der Schneewüsten ist unvereinbar mit dem Handy in der Taiga. Eine Geschichte ist zu Ende. Sibirien hat aufgehört, eine deutsche Seelenlandschaft zu sein. Wir können Dwinger endlich lesen als einen deutschen Schriftsteller im 20. Jahrhundert. Wie Archäologen, die in den Überresten einer längst vergangenen Epoche herumstochern.

KOŠICE/KASSA/KASCHAU: SÁNDOR MÁRAIS WELT

Kaschau, das Zentrum der östlichen Slowakei, erreicht man am besten von Budapest aus. Der Zug braucht knapp vier Stunden – fast solange wie vor hundert Jahren. Dort angekommen, fragen wir in der örtlichen Touristen-Information, wo wir das Geburtshaus des berühmten ungarischen, nun endlich auch im Westen zu Ruhm gekommenen Romanciers Sándor Márai finden können. Márai war 1900 in Kaschau geboren worden, ging dann in Budapest zur Schule und verließ die Stadt endgültig 1919, um zuerst nach Leipzig zum »Zeitungsstudium« zu gehen, dann nach Frankfurt am Main und Berlin und nach 1923 nach Paris. In einer Kaschauer Zeitung erschien 1922 der erste Aufsatz über Kafka in ungarischer Sprache. Márai kam Anfang der 30er Jahre nach Ungarn zurück und wurde einer der bedeutendsten Autoren, bis er 1948 endgültig das Land verließ und nach Neapel und später nach New York ging. 1989 nahm er sich in San Diego, wo er zuletzt gelebt hatte, das Leben. Im westlichen Ausland ist er erst sehr spät zu Ruhm gekommen: vor allem mit seinen Memoiren »Bekenntnisse eines Bürgers« sowie den Romanen »Das Vermächtnis der Eszter« und »Die Glut«. So wechselhaft wie Márais Schicksal war auch das Schicksal der Stadt selbst. Kaschau, das ungarisch Kassa, slowakisch Košice und lateinisch Cassovia heißt, gehörte allein im 20. Jahrhundert fünf verschiedenen Staatswesen an. Bis zum Zusammenbruch der Donaumonarchie gehörte es zu Ungarn. Durch die Regelungen von Trianon kam es 1921 zur neugebildeten Tschechoslowakei. Per Wiener Schiedsspruch im Jahre 1938 wurde es dem mit Hitler-Deutschland verbündeten Ungarn unter Admiral Horthy zugesprochen. Nach dem Ende des Nationalsozialismus fiel die Stadt an die Tschechoslowakei, und nach der Teilung der Tschechoslowakei im Jahre 1993 wurde sie nach Bratislava/Preßburg die zweitgrößte Stadt der Slowakei.

Die Entwicklung Kaschaus zur führenden Stadt Oberungarns hatte viel Auf und Ab gekannt, seit an der Stelle einer slavischen Burgsiedlung deutsche »Gäste« als Kolonisten aus dem Sächsischen im 13. Jahrhundert die Stadt nach deutschem Recht gründeten. Kaschau hat das erste und älteste königliche Stadtsiegel in Europa, was darauf hindeutet, daß die »freie königliche Stadt« sowohl sehr reich war als auch aufmüpfig gegen die Bevormundung durch die ungarischen Könige und ihre Palatine. Kaschau ist nur die bedeutendste Stadt innerhalb der slowakischen Städtelandschaft, die in Europa ihresgleichen sucht, aber fast hinter den Bergen verschwunden ist. Sie ist eigentlich nur einer anderen alten städtischen Kultur vergleichbar: der Transsylvaniens. Die Slowakei ist für vieles berühmt und in den Touristenprospekten bekannt: für die Heilquellen, für die Bade- und Kurorte, für die Wander- und Bergsteigmöglichkeiten, für den Blick auf die schneebedeckten Hänge der Hohen Tatra, aber nur wenig und sehr selten für die Städtelandschaften der Zips, Käsmarks und Leutschaus. Wo gibt es, von Tirol abgesehen, so etwas in Europa noch: eine entwickelte Stadtkultur vor der grandiosen Kulisse des Hochgebirges? Die Stadtlandschaft der östlichen Slowakei war viele Jahrzehnte noch mehr dem Blick entzogen als das übrige östliche Mitteleuropa. Die Slowakei lag im fernsten Osten des Ostens. Bratislava/Preßburg, das konnte man noch mitnehmen, denn es lag nur eine Stunde Zugfahrt von Wien und an den Zugstrecken Prag und Budapest. Kaschau und die anderen Städte in der östlichen Slowakei führen weiter: in ein Europa, das wir noch gar nicht so recht zur Kenntnis genommen haben. Man kommt hier nur durch auf der Durchreise, vor allem auf der ostwestlichen Route, die in die transkarpatische Ukraine, nach Mukatschewo und Uschgorod sowie nach Galizien und weiter nach Kiew führt.

Der junge Mann in der Tourismus-Information der Stadt hat den Namen Sándor Márai noch nicht gehört. In der auf der anderen Seite des Platzes gelegenen Buchhandlung weiß man dafür Bescheid. Es ist eine ungarische Buchhandlung, wo es außer Büchern auch Schulhefte, religiöse Erbauungsliteratur, Devotionalien zum Papst-Besuch vor einigen Jahren gibt. Ein älterer Mann zeichnet mir auf dem Stadtplan die Adresse ein: Masiarska 35. Es ist das zweite Haus in einer Straße, die an dieser Stelle auf einen Platz einmündet. Außen ist eine

Plakette in Slowakisch und Ungarisch angebracht. Über dem Eingang gibt es einen rechteckigen Erker, der das ansonsten unauffällige, zweistöckige, in hellem Grau gestrichene Gebäude aus der Reihe hervortreten läßt. Auf beiden Seiten der Toreinfahrt sind zwei Vertiefungen, die entweder als Sitzbank benutzt wurden oder als Podest für Skulpturen, die nun verschwunden sind. Das Haus ist gut gepflegt, nicht nur Márais wegen, der offensichtlich doch Besucher von außen anlockt, sondern weil das Haus heute vielfältig genutzt wird. Als ich klingele, öffnet eine Dame, mit der ich mich irgendwie verständige. In dieser Gegend kann man sich immer irgendwie verständigen, weil alle auch heute noch zwischen vielen Sprachen leben – zwischen Slowakisch, Tschechisch, Ungarisch, Rumänisch, Ukrainisch, Deutsch und Russisch. Aber sie habe mit Márai nichts zu tun, sondern nur mit dem Klub seines Namens; seine Aufgabe sei es, die in Kaschau lebenden nationalen Minderheiten in einem kulturellen Forum zusammenzubringen. Und so geht es in dem Márai-Haus auch zu wie in einem Bienenstock. Vorne treffen sich die Tschechen, in einem Hinterzimmer die Ungarn. Aus einem anderen Winkel kommt ein Schwall von Klavierakkorden. Emsige Kulturarbeit. Im zweiten Stock wohnt eine kinderreiche ungarischsprechende Roma-Familie, die freundlich öffnet. Die Veranda, von der aus man in den Innenhof blicken kann, ist mit Glasbausteinen zugebaut. Erstaunlich ist, daß sich die alten Fensterrahmen, schön geschwungen und heute aus handwerklichen wie finanziellen Gründen nicht mehr herstellbar, gehalten haben.

Das Museum

Die Dame, die mir das sogenannte Márai-Zimmer öffnet, kommt erst nach Arbeitsschluß am Nachmittag. Dr. Julia Sokolova ist Veterinärmedizinerin und betreibt erst seit kurzem das Márai-Museum. Zu Márai kam sie nicht nur über die Literatur, sondern durch ihren Großvater, der Márais Vater noch gekannt hatte. Es ist eines der geräumigen Zimmer der ehemaligen Márai-Wohnung. Zwei Fenster öffnen sich zum Hof hin. An der Decke sieht man die Insignien des Maurerhandwerks, vielleicht auch Zeichen der Freimaurerloge, der Márais Vater angehört hatte. An den Wänden ist ausgestellt, was Frau Sokolova hat zusammentragen können. Alles ist sorgfältig und mit Hingabe gemacht, schön eingerahmte Photographien der Eltern, mehrere Gemälde und Porträts von Franz Wiesenthal, der auch ein Freund der Familie war. Eindrucksvoll ist vor allem ein Porträt des Vaters, das einen ebenso ansehnlichen wie selbstbewußten Mann zeigt. Ein anderes Photo zeigt Márai bei einer Lesung in der Akademie der Wissenschaften in Budapest am 6. Dezember 1943. An der Wand hängt das kleine geschnitzte Holzkreuz, das der Schriftsteller bis zu seinem Selbstmord 1989 in San Diego bei sich gehabt hat. Auf dem Schreibtisch steht der Globus, den wir von einem Photo von Márais Arbeitszimmer kennen. Weitere Stücke, zum Teil Geschenke oder Leihgaben der in Budapest lebenden Familienangehörigen Márais, sind: Erstausgaben, Übersetzungen, Photos aus der amerikanischen Zeit, Plakate von der Aufführung seiner Stücke, Márai vor der Kulisse des zerstörten Budapest im Frühjahr 1945 (er wohnte dort in Mikó utca 2-4 auf der Budaer Seite). Im Gästebuch des jungen Museums, das ganz und gar vom Engagement Julia Sokolovas lebt, haben sich Rudolf Schuster und Árpád Göncz, die Präsidenten der Slowakei und Ungarns eingetragen, als sie vor einigen Jahren, begleitet von zahlreichen Schriftstellern, das Haus besuchten und so die Rückkehr des 1948 ins Exil gegangenen und 1989 in Amerika gestorbenen Schriftstellers in seine Heimat besiegelten.

Einiges über die Heimatstadt des jungen Sándor Márai kann man dem Baedeker von 1900 entnehmen. Da sind die Orte beschrieben, die auch für Márai eine Rolle spielen: der Rosalia-Friedhof auf den Hügeln, die Sommerfrische auf dem Banko, die man bequem mit der Tram erreichen konnte, die Hotels Europa, das Café Otthon oder Franz Brauns Restaurant und Bierhalle. Genaueres erfahren wir aus seinen »Bekenntnissen«. Die von ihm beschriebene Kindheit spielte nicht in der Masiarska 35, sondern in einem zweistöckigen Mietshaus an der Hauptstraße. Die Wohnung ist mit Proustscher Genauigkeit beschrieben: der Salon, das Herrenzimmer mit drei Glasschränken und Bibliothek, mit dem Bändchen »Kabale und Liebe«, den Monatsheften von Velhagen & Klasing, all die »geistreichen Verquickungen von Mahagoni und Perlmutt«, der aus einer Welle geformte Aschenbecher mit der bronzenen Nixe mit Fackel in der Hand, die Fauteuils. Dort war auch der Aussichtspunkt, von dem aus man das Treiben der Stadt übersehen konnte. »Aus den Fenstern des Speisezimmers war der große, mit Quadersteinen gepflasterte Platz zu sehen, wo sich jeden Morgen die Fuhr- und Marktleute versammelten. Es war ein buntes, grelles Bild, wie von einem asiatischen Basar.« Über den Platz ziehen prächtige Begräbnis-Prozessionen, dort bezieht der erste »Biograph«, also das erste Lichtspieltheater, Stellung, über ihn eilen schwarzgekleidete Bauern und uniformierte Soldaten, Bauernmädchen in bunten Röcken und gestärkten Kopftüchern, über ihn rumpelt die »holzgeheizte, kistenförmige Bimmelbahn«, später die Elektrische. »Der Platz war ein Kinderparadies. Bis Mittag wurde in den Garküchen gekocht, Kerle, die wie Tataren aussahen, standen neben den Marktwagen, in Lammfellmützen und Schaffellmänteln, die Peitsche in der Hand, voll unerschütterlicher Würde und Geduld.« Dieser Platz war unablässig angefüllt mit spannenden Attraktionen. »Die Gaukler stellten sich hier vor, die Seiltänzer und die wandernden Zauberkünstler, Hippodrom und Panoptikum errichteten ihre Zelte.« Auf ihm wird das strenge Ritual der Provinzstadt zelebriert, der Corso, bei dem genau darauf geachtet wird, daß sich nichts vermischt: einerseits also die Herrschaften, die Juristen, Offiziere, »Komitatslaffen in polnischen Pelzen und weißen Gamaschen«, die Jeunesse dorée, auf der anderen Seite das Volk der Dienstboten, Soldaten und »minderen Glieder der Gesellschaft«.

»Spuren jahrhundertealter Urbanität«

Die streng von Süd nach Nord verlaufende Hauptstraße, die durch ihre linsenförmige Anlage eher als Platz bezeichnet werden kann, zieht sich über einen Kilometer hin. An den Enden standen einmal Stadttore. Beide Flanken sind bebaut mit dem Schönsten und Prächtigsten, was eine reiche Stadt im Laufe von 800 Jahren zustande bekommt: Bürgerhäuser aus der Zeit der Gotik und Patrizierhäuser der Renaissancezeit, Reste von Befestigungsanlagen, alte Kirchen wie die des Franziskanerklosters und die neuere der Jesuiten im Stil von Il Gesù. Jede Epoche hat ihre Handschrift hinterlassen: der Barock im erzbischöflichen Palais, das alte Rathaus mit einem klassizistischen Bau, gründerzeitlicher Pomp in Gestalt des ostslowakischen Museums, Jugendstilbauten mit Majolikafriesen und geschwungenen Balkonen, sogar ein paar neusachliche Bauten aus der Zwischenkriegszeit und Bauten der zweiten

Moderne aus den 60er Jahren; schlimm ist hier nur das Universalkaufhaus Tescot und das Hotel Slovan am Ende des Platzes. Aber die Fassadenfront ist kompakt, dicht, ohne Baulücken und Brachen. Fast alles ist restauriert und macht einen guten Eindruck. Es sind die besten Häuser am Platz. Und als wäre das nicht genug: Quer über den sich in der Mitte weitenden Platz ist der Dom gestellt, ein prächtiger gotischer Dom, dunkel und ehrwürdig, im 19. Jahrhundert aufwendig instandgesetzt und dabei mit Gold auf dem barocken Turmhelm verziert, was ihn weithin leuchten läßt. Flankiert wird er von dem massigen, allein stehenden Urbanturm und der Michael-Kapelle. Jeder Blick den Platz hinunter läuft auf die hochaufragende Wand des Doms. Márai sagt dazu in seiner Erinnerung: »Ein wenig wurde die Stadt vom Dom, diesem großen und vollkommen ausgedrückten Gedanken, terrorisiert. Es war zuviel Dom, er überwältigte einen, er war geheimnisvoll, nebulös und grandios, man konnte sich nicht an ihn gewöhnen, sich nicht mit ihm abfinden, er lebte oberhalb der Stadt, hochmütig und großartig.« Später wird er seine Beschreibung noch steigern: »Es gibt nur wenig Vergleichbares in Europa: vielleicht zwanzig oder fünfundzwanzig. Diese paar Kathedralentürme, von Chartres, von Reims, von Köln, von Kaschau, bedeuteten in der verflossenen Zeit das ewige Europa.« Oder noch stärker: »In dieser Stadt ist ein Prachtwerk gebaut worden, das ein Weltereignis ist. Schau hinauf, aufmerksam, und dann neige dein Haupt voller Demut. Der Mensch zählt nur so viel, wie er die großen Symbole begreift. Der Mensch lebt nur, wenn er etwas baut. Wenigstens einen Dom, für Jahrhunderte. Versteh!« Der Dom der Hl. Elisabeth ist so imposant, daß ein anderes, auf dem Markt in Längsrichtung errichtetes Gebäude – das Schauspiel- und Opernhaus – kaum auffällt, obwohl auch dieser von 1896 stammende Bau an einen großen vor Reede liegenden Ozean-Liner erinnert.

Auf den Markt läuft alles zu, vom Markt geht alles aus. Die Fassaden sind nur der Eingang zur eigentlichen Stadt, die sich in den langgestreckten Höfen dahinter abspielt. Was in Rem Kolhaas »Delirious New York« die Parzellen von Manhattan sind, sind in Márais Kaschau die Höfe. Sie sind die nach innen gebaute Stadt, der Punkt maximaler Verbindung und Verdichtung. In der Regel zwei Stock hoch, mit Galerien, über die man die Wohnungen, Büros und Geschäfte erreicht. Wer an den Fassaden vorbeigeht, kann einen Blick in die Tiefe der Stadt werfen. Mittlerweile sind sie fast alle renoviert. »Die eigentliche

Stadt war nahezu unsichtbar, sie war nach innen gebaut, erstreckte sich hinter der ebenerdigen Fassade der Straßenecken. Blickte der Wanderer durch eines der Torgewölbe, sah er vier oder fünf Häuser auf dem Hof, den die Enkel und Urenkel vollgebaut hatten; wenn ein Sohn heiratete, klebte er einen weiteren Flügel an die vorhandenen Bauten. Die Stadt versteckte sich auf den Höfen.« Kaschau ist die reine Verkörperung dessen, was Márai in der Beschreibung der Atmosphäre der Städte der östlichen Slowakei, der Saroser und Zipser Dörfer und Flekken herausgefunden hatte: die »Spuren einer jahrhundertealten, echten Urbanität«. Und das an einem so fernen Punkt, wo wir es nicht vermutet hatten, »ubi leones«.

Suche nach der verlorenen Zeit

Sándor Márai ist aus Kaschau, das ihm »so zuwider« war, im Alter von 19 Jahren weggegangen, aber er konnte der Versuchung, den Ort seiner Kindheit noch einmal aufzusuchen, ihn zu umkreisen, nicht widerstehen. Er kam von Kaschau nicht los. Anfang der 40er Jahre, die Stadt war in der Folge des Wiener Schiedsspruchs von 1938 wieder an Ungarn gekommen, reist er aus Budapest nach Kaschau. Es sollte nur eine einfache Fahrt mit dem Schnellzug werden – »so wie man auch nach Szeged oder Máko fährt«, »ohne besondere Aufregung und innere Rührung«. Er durchmißt den zwischen Bahnhof und Stadt gelegenen Hain, nimmt sich im Hotel ein Zimmer, schlendert gleichsam als Fremder durch die Stadt, wo er doch ein Vertrauter ist. Überall stürzen die Erinnerungen auf ihn ein: An dem Haus vorbei, in dem R., der Sohn vom Oberst, gewohnt hatte, »war etwas passiert«. Beim Anblick einer Hausnummer fühlt er sich, wie von einem elektrischen Schlag getroffen, denunziert. In dem Mietshaus mit dem finsteren Toreingang nimmt er die Stiege, auf der sein Vater vierzig Jahre lang täglich hinuntergegangen war, »die Zigarre in der Hand, wohlgenährt, aufgeräumt und feierlich«. Am Abend blickt er in die beleuchteten Fenster der leichten Mädchen, zu denen er sich einst gestohlen hatte. Auf dem Platz vor der Dominikanerkirche muß er bemerken »Alles an seinem Platz. Sehr schön, sehr richtig«. Da die Wohnung, in der er groß geworden war, zufällig zur Vermietung steht, riskiert er sogar einen Blick in die ihm fremd gewordenen vier Wände. Dort war das Speisezimmer, von da ging die Stiege in den großen Saal mit dem Fayenceofen, dort ist das Zimmer mit den edel geschwungenen Nischen in der Wand für die Bibliothek. Hier stand der große Schrank, hier das Klavier und dort das Sofa, wo der Gast weich und bequem »wie im Schoß der Kaiserinmutter von China« einst gesessen hatte. Der Fleck überm Waschbecken in Vaters Schlafzimmer zeigt die Umrisse des Spiegels, den er zum Rasieren benutzt hatte. »Dieser Fleck wühlt auf einmal alles auf, erschreckt mich – ich verstehe plötzlich das Ganze nicht, betrachte fast mit Schaudern diese Wände und Steine, die den Niedergang überdauert haben.« Márai ist in seiner Geburtsstadt unterwegs als Archäologe seiner selbst, ja einer ganzen untergegangenen Lebensform. Er steht »in diesem leeren Raum, ohne falsche Sentimentalität, mit der Wachsamkeit eines Forschers«, und späht »dem Konstruktionsplan einer versunkenen Welt nach«. Er ist unterwegs »in dieser abgekühlten Lava, die Erinnerungen wie einst die Bürger von Pompej in kalter Asche erstarren läßt.« Er besichtigt Wohnungen, besucht Gräber und ist den ganzen Tag auf der Suche nach etwas, will sich erinnern. »Den ganzen Tag laufe ich herum, wie einer, dem etwas nicht einfallen will, schleiche um den »Tatort«, sehe die Wirklichkeit nicht anders als die Erinnerungen auch, aus der Perspektive von vor zwanzig, dreißig und vierzig Jahren.« Ihn überfällt tiefe Hoffnungslosigkeit, der »ganze Schmerz der Kindheit« und das »Ungeheuer der Langeweile und des schrecklichen Wartens«. Er begreift, daß alles verloren ist. »Das Bürgertum, die Klasse, zu der ich gehöre, verliert seine geschlossene Form.« Zurück im Hotel, fällt er in Schlaf. Da erst »sah ich, im Traum, für einen Augenblick, mit Tränen in den Augen, Kaschau, das wahre, richtige – aber nur für einen kurzen Augenblick«. Es bleibt nur die Flucht in die stumme Verbannung, in die »Exterritorialität des weißen Papiers«. Dort hat er sein Kaschau gerettet.

Aber Kaschau ist über Márai hinweggewachsen. In der Stadt, die Márai 1919 verlassen hatte, lebten 30000 Menschen, heute sind es 240000. Die Stadt hat ihren Text auf ihre Weise fortgeschrieben. Es gibt darin Passagen, die von niemandem nicht einmal in Alpträumen erdacht werden konnten, und Passagen, in denen sich alte, wohlbekannte Motive wieder zu Wort gemeldet haben. Man merkt Kaschau an, daß es eine strategische Bedeutung hatte: Entwicklungzentrum, Motor einer unterentwickelten Region zu werden. Massive, von der Zentrale inspirierte und wohl auch finanzierte Anlagen: an der Ausfallstraße nach Norden – beim Stadion Lokomotive – Wohnhäuser im Moskauer Stil. In den Zwanziger- und Dreißigerjahren Villen und Einfamilienhäuser an den Hängen, wohl um Mittelständler und Beamte hierher zu locken, es ihnen leichter zu machen, aus dem Westen der Republik in den Osten zu gehen. Der große Sprung in die industrielle Welt erfolgte offenbar erst nach dem Zweiten Weltkrieg und den Gebäuden nach zu schließen erst in den 60er Jahren. Äußerlich erscheint die Stadt weitgehend unversehrt, was natürlich eine Täuschung ist. Kaschau hatte mit 12000 Mitgliedern eine der größten jüdischen Gemeinden in Vorkriegs-Ungarn. Sie alle wurden 1944 zuerst in den großen Ziegeleien am Stadtrand konzentriert und in den Transporten vom 16., 17., 24. Mai und 3. Juni über Prešov, Tarnów und Krakau nach Auschwitz deportiert. Die Hauptsynagoge, ein mächtiger himbeerfarben getünchter Bau im Art Déco Stil, 1927 nach Plänen von Ingenieur Hugo Kabos errichtet, ist verschlossen, die Eingangstreppe verschmutzt, die Fenster auf der Frontseite eingeworfen. Das angrenzende Schulgebäude im selben Stil ist heute zweisprachiges Gymnasium, mit der US-Flagge und der slowakischen Fahne am Portal. Ein anderes Bethaus unweit davon wird heute von einer technischen Prüfungsanstalt und ihren Laboratorien genutzt, die Synagoge der Orthodoxen ist als Theater genutzt. Nach dem Krieg verschwanden auch die deutschen Einwohner und die meisten Ungarn.

Kaschau war mit der Entstehung des Eisernen Vorhangs aus der Mitte in den äußersten Osten gerückt. Um Kaschau wurde es still. Nun taucht es von dort wieder auf. Seit 1989 hat sich alles geändert. Es ist nicht das erste Mal, daß das so hinterweltlerische Gebirgsland von den Wirren weit draußen tangiert wurde. Die Verschiebung der Handelsrouten – erst durch die Blockade durch die Osmanen im Osten, dann durch die Verlegung in die Hafenstädte am Atlantik – hatte schon einmal negative Folgen für Kaschau. Jetzt ist der Weg wieder offen, und der Verkehr über die Grenzen ist lebhaft. Man hört in Kaschau neben den einheimischen Idiomen viel Polnisch, Ukrainisch, Russisch, auch Rumänisch. Die Folgen der Öffnung und der Globalisierung spürt man allenthalben. Es gibt keine Hinterwelt mehr. In den Geschäften und Boutiquen an der Hauptstraße sind alle Designermarken vertreten, die Auslagen in den Schaufenstern kommen daher so wie in den Hauptstädten auch. In den Geschäften wird elektronisch kontrolliert, das Publikum ist wählerisch und läßt nicht durchgehen, daß dies oder das momentan nicht vorhanden sein soll. Das Design, die Mode, der Style – das letzte Reservat der Rückständigkeit, die Differenz aufgrund von zeitlicher Verzögerung ist dahin. Wenn nicht alles täuscht, gibt es in Kaschau mehr Satellitenschüsseln als in den westlichen Grenzgebieten. Wenn nicht alles täuscht, ist die Dichte von Internet-Cafés besonders groß. McDonald's ist heute wie überall sonst das Tor, das die Reisenden, die vom Bahnhof kommen, passieren, wenn sie in die alte Stadt wollen. In manchen Schaufenstern sieht man zuweilen etwas Lokalkolorit: bunte Keramik, etwas ungelenke Schnitzereien, bunt bemalte Ostereier – je nach Jahreszeit. Im übrigen dominieren die Accessoires der neuen Zeit, und man fragt sich, wer all die Solarien, Reisebüros, Schnellimbisse, Computerläden, Sportgeräte- und Sportbekleidungsgeschäfte, CD- und Blumenläden frequentieren soll. Auch vor der Kulisse der Hohen Tatra sind die Sterne der globalen Welt aufgegangen. Durch das Tal des Hernad rollen die LKWs – nach Galizien, Transsylvanien, in die pannonische Ebene hinab, zur Mährischen Pforte oder über die Pässe nach Krakau und Oberschlesien. Nur ab und zu sehen wir im Lichtkegel der Konvois oder im Neonlicht der Tankstellen einen Hirten im Pelzumhang; er hat sich verirrt oder ist ins Tal hinabgestiegen, weil er in der Stadt dringend etwas zu erledigen hat.

AUF LUKÁCS' BALKON: DER WELTGEIST, DIE GESCHICHTE UND DIE STADT

Vom Pester Donauufer, genauer vom Balkon des Appartements im fünften Stock des Hauses am Belgrad-Quai 2, in dem Georg Lukács mit seiner Frau Gertrud Bortstieber zwischen 1945 und 1971 lebte, hat man einen atemberaubenden Blick. Auf manchen Photos, die Georg Lukács' Besucher von der Wohnung aus gemacht haben, ist das grandiose Panorama festgehalten. Lukács hatte einen Logenplatz im Amphitheater Budapest. Man blickt von dort auf die Champs Elysées von Budapest, die Donau. Die Flußlandschaft ist eingefaßt von den großartigen Brücken: auf der linken Seite die »Freiheitsbrücke« von 1896, und noch etwas weiter im Süden die neue Petöfi-Brücke, am rechten Bildrand die Elisabeth-Brücke. Unten rattert die Straßenbahn die Donau entlang, gegenüber auf der Budaer Seite weit im Süden der Komplex der Technischen Hochschule von der Jahrhundertwende, Versammlungsort des Petöfi-Klubs in den historichen Tagen des Oktober 1956, das Hotel Gellert, der etwas zu pompöse Jugendstilbau aus dem Ersten Weltkrieg, gerade gegenüber der Gellertfelsen mit der Zitadelle und dem Freiheitsdenkmal, das an die Befreiung Budapests von den Deutschen und den Sieg der Roten Armee erinnert, eingeklemmt zwischen steil abstürzenden Felsen und Donau die Straßenbahnlinie und das Rudasbad. Weit im Norden sieht man sogar den im Tunnel verschwindenden Verkehr, der sich von der Pester Seite über die Kettenbrücke ergießt, und darüber auf dem Felsen die riesenhafte Anlage der Burg, dieses ineinander verschachtelte und sich auftürmende Konglomerat, das heute die Nationalgalerie, die Nationalbibliothek, das Stadtmuseum beherbergt und weiter nördlich in das alte Buda mit der Matthiaskirche und der Fischerbastei ausläuft. Diese gewaltige Kulisse ist am greifbarsten und schönsten nachts, wenn sie illuminiert ist. Im toten Winkel des auf dem Balkon stehenden Betrachters bleibt die Pester Seite: die Stadt innerhalb der Ringstraße, das Geschäftsviertel, die phantastische Anlage des Parlamentsgebäudes, überhaupt das ganze Panorama einer dem Strom zugewandten, vollkommenen Stadt. Lukács war sich der privilegierten Lage des Appartements am Belgrad-Quai 2 bewußt, aber der Blick vom Balkon, der Blick auf die Stadt hat ihm anscheinend nichts bedeutet, es sei denn als Pause, Entspannung und Ablenkung, nach der man zurückkehrt zum Wesentlichen: zu den Büchern, zur Literatur, zur Arbeit am Begriff.

Treffen mit dem Weltgeist

Die Wohnung am Belgrad Rakpart 2 war zu Lukács' Lebzeiten eine Adresse von europäischem Rang. Hier, in dem neusachlichen, travertinverkleideten Bau aus den 20er oder 30er Jahren mit den großen Fenstern und den Balkonen, war einmal der »kritische Marxismus« ein- und ausgegangen. Aus ganz Europa kamen Besucher: Intellektuelle Veteranen der kommunistischen Bewegung der Vorkriegszeit, Überlebende aus dem kommunistischen und antifaschistischen Untergrund, Rückkehrer, die Stalins Gulag überlebt hatten, Wortführer der »Neuen Linken«, Mitstreiter aus alten Tagen gemeinsamer Redaktionsarbeit bei den Zeitschriften »Kommunismus«, »Linkskurve« oder »Internationale«, die inzwischen längst pensioniert waren, Emissäre von Akademien und Preisverleihungskomitees, Studenten aus den westlichen Hauptstädten, die Kontakt aufnehmen wollten mit einer Großgestalt des europäischen Marxismus, Ideologen des Eurokommunismus, denen Lukács erläutert, was er in seinem Interview mit dem »Forum« im Jahre 1969 als Summe seines Lebens gesagt hatte: »Aber selbst der schlechteste Sozialismus ist immer noch besser als der beste Kapitalismus.« Aber es waren auch junge Dissidenten, die mit der alten Arbeiterbewegung und der Alten Linken nichts mehr zu tun hatten, die sich der Autorität des *grand old man* des europäischen Marxismus bedienten, um ihren Anliegen Resonanz zu verschaffen oder sich gegen die Verfolgungen durch die Staatspartei und ihre Polizei zu schützen. Am

Ende bildete sich dort sogar eine »Budapester Schule«, von der István Eörsi spöttisch bemerkt: »Das enorm anwachsende Lager der »Schüler« tummelt sich auf der geistigen Festung Lukács wie Fliegen auf dem Fleisch.« Der Achtzigjährige brauchte sich über mangelndes Interesse nicht zu beklagen. Budapest lag zwar im »Ostblock« und jenseits des Eisernen Vorhangs, aber Lukács stand in Kontakt mit der ganzen Welt, und die Post lieferte ihm die Zeitschriften und Zeitungen, die ihm erlaubten, sich ein Bild zu machen. Die Besucher aus aller Welt pilgerten zum Belgrad Rakpart 2 zu einem Rendezvous mit dem Weltgeist. Und nicht wenige – wie etwa der ungarische Schriftsteller Gyula Illyés, ein alter Weggefährte, der Lukács 1968 am Belgrad Rakpart aufgesucht hatte – berichteten in Ehrfurcht davon: »Wir sitzen in seinem kleinen Arbeitszimmer. Die Sonne stürzt vom Gellert-Berg mit Hundstagshitze herein. Ihn stört das nicht im geringsten: er sitzt ruhig, in der einen Hand die Kaffeetasse, in der anderen die zerkaute Zigarette. Jeder Augenblick seines Lebens ist Reagieren, eine Antwort aufs Leben. Das hält den Schatten des Todes von ihm fern. Jeder Nerv ist in Funktion von innen nach außen: das ist sein »Geheimnis«. Man kann ihn nicht ohne eine Art Ehrfucht betrachten, den kleinen Mann im großen Armstuhl. Die Hitze des Gesprächs läßt Schweißperlen auf seine Stirn treten. Er wischt sie nicht ab, er nimmt sie nicht wahr. Unmittelbar in seinem Rücken die Bücher in sonnengebleichten Leinen- und Ledereinbänden, vor ihm der Schreibtisch, so vollgepackt mit Papieren und Zeitschriften, daß zum Schreiben kaum eine handgroße Fläche übrigbleibt...«

»Gelebtes Denken«, gedachtes Leben

Heute ist dort ein Museum und ein Archiv, eine Arbeitsstelle der Akademie der Wissenschaften, die sich um den wissenschaftlichen Nachlaß und die Lukács-Forschung kümmert. Das Wohnhaus ist mit seinem großzügigen und lichten Treppenhaus und den alten, immer noch funktionierenden Liften innen eindrucksvoller als von außen. Man wird herzlich, fast etwas erstaunt begrüßt. Es sind wohl schon lange keine Besucher mehr dagewesen. Man bekommt alle Auskünfte, und es geht fast schon familiär zu. Die Wohnung ist hell und großzügig geschnitten. Selbstverständlich sind die Wände bedeckt mit Regalen, in denen die – meist deutschsprachigen – »Klassiker« aufbewahrt werden, aber auch seinen eigenen Bücher in verschiedenen Ausgaben und Sprachen. Alles ist auf Arbeit ausgerichtet, und die Kommandozentrale des Appartements ist auch im Museum der Schreibtisch, an dem die musealen Arrangements des »als-ob« – die Brille, der Aschenbecher, das aufgeschlagene Buch usf. – nicht fehlen. Nur eine Ecke ist freigehalten für Persönliches und Muße: ein in der Ecke stehender Diwan, der mit einer Decke und Kissen mit volkstümlichen Mustern bedeckt ist. Die mit Büchern bedeckten Wände dieses Appartements sind die obligatorische Kulisse, vor der viele Photos des alten Lukács aufgenommen worden sind.

Lukács wurde in Budapest am 13. April 1885 geboren und ist dort am 4. Juni 1971 gestorben. Das eindrucksvolle Gebäude in der Andrássy út 52, wo er aufwuchs, und die Grabstelle auf dem Kerepesi-Friedof, wo er im Pantheon der ungarischen Arbeiterbewegung beigesetzt wurde, sind bis heute sichtbare, prominente Orte. In einem Jahrhundert des Verschwindens, des Exils, der Deportationen und der *displaced persons* ist das keine Selbstverständlichkeit. Lukács hat Jahrzehnte seines Lebens außerhalb Budapests und außerhalb Ungarns verbracht. Ist das vielleicht der Grund dafür, daß die Stadt in seinem Œuvre keine Rolle spielt, kaum zur Sprache kommt? Die Stadt Budapest taucht manchmal im »Gelebten Denken« – so lautet der Titel seiner autobiographischen Skizze, die er kurz vor seinem Tode aufgeschrieben hatte – auf: das Evangelische Gymnasium in der Sütö-Straße, die Demonstration und Schießerei auf der Kettenbrücke am Anfang der ungarischen Räterepublik 1919, das Quartier am Stadtwäldchen, das er als Illegaler im Jahre 1929 bezogen hatte, oder nach seiner Rückkehr 1945 der Hörsaal der Universität. Die Stadt Budapest taucht als geschichtlicher Schauplatz, als Ort für weltgeschichtliche Betrachtungen, als Stoff, der etwas hergibt für einen Analytiker der kulturellen Formen, nicht auf. Lukács Denken ist ganz und gar absorbiert von der Arbeit am Begriff. Ihn beschäftigt »das Wesen einer Sache«. Oberflächen sind für ihn Ablenkung, Schein. Überhaupt: eine Sache erschließt sich erst, wenn man ihre Logik entdeckt und zum Vorschein gebracht hat. Sie darf dialektisch sein, sofern sich in ihr das Wesen einer Sache zu erkennen gibt. Ihn interessiert die Literatur mehr als die Wirklichkeit, ja: seine Wirklichkeit war die Literatur. Die Weltgeschichte, mit der er seine Rendezvous hatte, mit der er zusammengestoßen und in die er verstrickt war, gerann ihm schon in dem Augenblick, da sie sich ereignete, zu Literatur oder noch kürzer: zu Texten. Seine Vorstellung von Theorie hatte kaum etwas mit lebendiger Anschauung zu tun. Empirie war immer das Mindere im Verhältnis zum Allgemeinen. Er war ein regelrechter Erotiker des Abstrakten, während ihm das Konkrete immer zu ephemer, zu zweitrangig, zu unbedeutend erschien. Für ihn gab es zuerst die »Ethik« der Revolution oder die Revolution als ethisches Problem, dann erst die Revolution selber: »Das Interesse an der Ethik hat mich zur Revolution geführt«, hatte er im Gespräch mit István Eörsi gesagt. Ihn interessiert nicht eigentlich Lenin und die Russische Revolution, sondern deren philosophische Interpretation und wie man Lenin »organisch in die Gesamtkonzeption des Marxismus« einordnen konnte. In »Geschichte und Klassenbewußtsein« machte er, der gerade die Niederlage der ungarischen Räterevolution hinter sich hatte, das Problem der Entfremdung zum Thema. Seine spätere Kritik am Idealismus, Subjektivismus und »messianischen Sektierertum« der frühen Schriften erfolgt unter Berufung auf die »Dialektik der Natur«, nicht in Verarbeitung des Zusammenbruchs der europäischen Arbeiterbewegung. Das Verhältnis von bürgerlicher und proletarischer Revolution, formuliert in den sogenannten »Blumthesen«, interessiert ihn als Fall eines »dialektischen Übergangs«, nicht als praktisches Problem einer politischen Partei im Angesicht der Krise. Es scheint kein unmittelbares Verhältnis zur Umgebung und zu den Ereignissen um ihn herum zu geben, alles spielt sich in Vermittlungen ab. Alles ist in einer verfremdeten, chiffrierten Sprache vorgebracht. Alles hat seinen bestimmten Ort in einem System von Ableitungen. Es gibt vom ihm keinen einzigen Text, in dem er sich zu Realia als Realia verhält: keinen Weltkrieg, keine ungarische Räterepublik, keine russische Revolution, keinen Zusammenbruch der Weimarer Republik, keinen Großen Terror der Dreißigerjahre, keinen Zweiten Weltkrieg und keinen Völkermord an den Juden: Alles erscheint immer schon in vermittelter Form, als »ethisches Problem«, als »Theorie«, als »Zerstörung der Vernunft«. Lukács, der Marxist, war fasziniert vom Geist. Unter der Hand schien sich alles in Geist zu verwandeln. Gegen die schmutzige, blutbefleckte Revolution hielt er die »reine«, was immer das sein mochte. Erschütternd zu lesen, wie gedanken- und gefühllos er sich im Gespräch mit István Eörsi zu den von ihm 1919 ausgesprochenen und mit zu verantwortenden Todesurteilen ausläßt. Der alte Lukács über Lukács als Politkommissar der fünften Division im April 1919 an der rumänischen Front. »Und da habe ich auf sehr energische Weise die Ordnung wiederhergestellt, das heißt, als wir nach Poroszló übersetzten, rief ich ein außerordentliches Kriegsgericht zusammen und ließ dort auf dem Marktplatz acht Leute dieses davongelaufenen Bataillons erschießen. Dadurch war dort die Ordnung im großen und ganzen wiederhergestellt.« Unglaublich, wie derselbe Lukács für sich das Recht auf den Luxus eines eigenen Sonderzugs herausnimmt, mit dem er sich in freien Stunden von der Front nach Budapest und wieder zurück fahren ließ. Erstaunlich, daß er keinen Gedanken darauf verschwendet, daß er dem Weißen Terror nur entkam, weil seine Familie ihn mit Hilfe der Konterrevolutionäre – ein Chauffeur aus Mackensens Armee – außer Landes schaffen konnte. Lukács, der Kritiker der Entfremdung und Verdinglichung war ein Fetischist des reinen Bewußtseins, und wenn es darauf ankam, verfügte er darüber, was »richtiges« und »falsches Bewußtsein« sei. Sein Œuvre ist riesenhaft und so groß angelegt wie sein Leben lang war: Ästhetische Theorie, Theorie des Romans, Theorie der Politik, Theorie des Sozialistischen Realismus, schließlich die unabgeschlossene Arbeit an einer Ontologie. Man könnte die Biographie Lukács', von der er behauptete, ein Abschnitt habe sich »organisch« aus dem anderen ergeben, in Debattenzyklen gliedern: Debatte um Seele und Form, Geschichte und Klassenbewußtsein, Taktik und Ethik, um Expressionismus und Realismus. Die Höhen und Tiefen des Lebens sind bezeichnet mit Kontroversen, seien es die »Blumthesen«, seine Thesen zu Expressionismus und sozialistischem Realismus, die »Rudas-Thesen« usf. Alle Dramatik entfaltet sich in Kontroversen, Fraktions- und Linienkämpfen, Stellungnahmen in Kritik und Selbstkritik. Das geistige Leben eines Menschen als Abfolge von ideologischen Kontroversen und Geisterkämpfen. Selbst die dunkle Seite, die ihm am meisten verborgen bleibt – der Stalinismus – ist ihm nur eine Art Denkfehler, der Stalinismus, gleichsam folgend aus einer fehlerhaften »Priorität der Taktik vor der Strategie«. Und den schwersten Vorwurf, den er der ungarischen Revolution von 1956 und Imre Nagy macht, ist der, daß sie kein Programm gehabt habe. Selten ist ein Leben unter einem präziseren Titel bilanziert worden als das von Lukács, und zwar von ihm selbst formuliert: »Gelebtes Denken«. Für einen Blick zur Seite oder von der Seite hatte er nichts übrig. Über die geschichtlichen Schauplätze findet sich in seinem monumentalen Œuvre kaum ein Abschnitt. Es hat einen tiefen Sinn, wenn die Welt, auch die Budapester Welt bei Lukács nicht vorkommt. Es ist die Frage, was geschähe, wenn man eine Lukács-Biographie, die längst fällig ist, unter dem Titel »Gedachtes Leben« in Angriff nähme. In jedem Falle müßte sie damit beginnen, den Geist in den Kontext von Ort und Zeit zu stellen. Lukács' Balkon würde dann zu einem Erkenntnispunkt für Glanz und Elend eines großen europäischen Intellektuellen im 20. Jahrhundert.

Aussichtspunkte auf Budapest, eine wahre Metropole des 20. Jahrhunderts

Es gibt viele Aussichtspunkte, von denen man auf Budapest blicken kann. Jeder hat seinen spezifischen Vorteil, jeder hat seinen Nachteil, weil ein bestimmter Teil der Stadt immer in den Vordergrund rückt oder aber in den toten Winkel rutscht. Im Marmorbecken des aus der Türkenzeit stammenden Rudas-Bads liegend und in das Halbdunkel der Kuppel über einem starrend, in einem eigentümlichen Schwebezustand und von Dampfschwaden eingehüllt, kommen einem andere Gedanken als im Gedränge beim Umsteigen auf der Metrostation Blaha Lujza tér, wo man sich kaum seinen Weg bahnen kann. In der Schwerelosigkeit des alten Türkenbades versinkt man vielleicht in die Jahrhunderte und kann sich die Stadt als einen Ort vorstellen, an dem ganz Europa relaxt, sich erholt, zu sich kommt. In der Unterführung wird man in die Gegenwart katapultiert, und das Sprachengewirr sagt einem, daß wir es hier wieder mit einer Drehscheibe zwischen Transsylvanien, Kroatien, Österreich, der Ukraine, der Slovakei und dem Banat zu tun haben. Im Café »New York«, das nun gut 100 Jahre alt geworden ist, schaut man auf den Erszébet Körut hinaus und macht sich seine Gedanken über den Charme der *Belle Époque* und über den Niedergang des 20. Jahrhunderts. Noch eine andere Aussicht eröffnet der Blick von der Fischerbastei in Buda. Es ist der Blick von den Rängen eines grandiosen Amphitheaters hinab auf die Bühne, wo mit dem letzten Akt gerade das Jahrhundert zu Ende gegangen ist. Es gibt unendlich viele Perspektiven auf die Stadt: von ihren Prachtstraßen aus, aus der Tram, die über die Ringstraße läuft, vom *pleasure ground* der

Margaretheninsel, von den Friedhöfen oder aus den Hochhaussiedlungen von Új-Pest. Der Blick auf Lukács' Budapest ist eine Perspektive unter vielen, vielen anderen.

Lukács und ein europäischer Schauplatz

Lukács' Budapest umspannt fast das ganze 20. Jahrhundert. Es ist die Stadt des Booms und der *Belle Époque*, die mit dem Ersten Weltkrieg, mit dem für Ungarn als Katastrophe empfundenen Friedensvertrag von Trianon zu Ende ging. Wir treten dann ein in die Hauptstadt eines Landes, das zwei Drittel seines Territoriums und ein Drittel seiner Bevölkerung verloren hatte und das sich nach einer kurzlebigen kommunistischen Diktatur in die neue Situation des Verlierers zu schicken begann: mit einer langen Zeit der Stagnation, einer politischen Klasse, die sich in Zwischeneuropa und zwischen den großen Bewegungen irgendwie einzurichten begann, das aber eingeholt wurde vom deutschen Nationalsozialismus, mit dessen Revisionismus man auch in Ungarn liebäugelte und den man für eigene Aspirationen zu nutzen gedachte. Im allerletzten Augenblick wird die Stadt und das Land in den Sog der Niederlage hineingerissen. Schon in Reichweite der Roten Armee werden 400 000 Juden aus Ungarn nach Auschwitz abtransportiert, während die meisten der Budapester Juden durch glückliche Fügung lebendig das Kriegsende erreichen. Budapest 1945: die Brücken gesprengt, die Stadt von den »Endkämpfen« schwer zerstört, befreit und besetzt, macht sich an den Wiederaufbau: zuerst à la Stalin, dann anti- und schließlich poststalinistisch. In der Volkserhebung von 1956 fallen die Stalindenkmäler, dann auch die Macht, die von den sowjetischen Panzern gerettet wird. Fast ein halbes Jahrhundert Abschluß nach außen, Demoralisierung, Verlangsamung aller Lebensprozesse, schließlich das Ende dieses Sozialismus, der das Land unterfordert hatte und die einst glänzende Stadt hatte verfallen und verwahrlosen lassen. Doch Budapest war auch zum Ort der Subversion geworden. Von dort waren die Klopfzeichen ausgegangen, die man überall in Europa nach und nach vernahm. Budapest war wieder zur mitteleuropäischen Metropole geworden, noch bevor es Hauptstadt eines souveränen Landes geworden war. Nun, fast 20 Jahre nach dem Fall des Eisernen Vorhangs, leuchtet Budapest wieder. Budapest ist in ein zweites *Fin de siècle* eingetreten.

Lukács' Leben ist ein Leben mit und ohne Budapest. Seine Kindheit und Jugend fällt mit dem Boom Budapests um 1900 zusammen. Lukács' Bruch mit dem Budapest seiner Jugend vollzieht sich in den ersten Tagen des Ersten Weltkriegs, vor allem aber in den Monaten der Rätediktatur 1919. Lukács muß nach deren Sturz die Stadt verlassen. Von 1920 bis 1945 ist er abwesend und blickt aus der Ferne des Exils auf die Stadt: Erst aus Wien, dann aus Berlin, schließlich aus Moskau (und während des Zweiten Weltkriegs aus Taschkent, wohin er evakuiert war). Bis 1945 war er sogar Mitglied der deutschen Kommunistischen Partei, nicht der ungarischen. Budapest sieht er wieder 1945, als Ort der in die Donau gestürzten Brücken, als Ort gespenstischer Schauprozesse und einer Volkserhebung, einer durch Überlebensinstinkte und Kompromiß gezügelten Diktatur, als Zentrum eines Kreises, der sich um ihn gebildet hat und den man »Budapester Schule« zu nennen sich angewöhnt hat. Budapest als Ort eines glänzenden Aufstiegs, als Schauplatz im Europäischen Bürgerkrieg, als durch Besatzung und Krieg verwüstete Hauptstadt und schließlich für fast ein halbes Jahrhundert als Ostblock-Metropole im Schatten des Eisernen Vorhangs. Lukács hat die Rückverwandlung Budapests in eine mitteleuropäische Metropole nicht mehr erlebt.

Die Seele und die Formen, Boom und Secession

Was Budapest heute ist, ist es durch den Boom nach dem Ausgleich von 1867, vor allem dem Boom um die Jahrhundertwende geworden. Es gibt einen Zauber Budapests oder von Ofen und Pest, der älter ist und der verbunden ist mit der Residenz in Buda, den barocken Kirchen und klassizistischen Palais, den Restaurationen und Gartenlokalen in den Budaer Bergen. Aber wenn wir heute von Budapest sprechen, dann meinen wir die kompakte Gestalt, das Großstädtische von Budapest. Und dieses hat seine kompakte, bis heute nicht aufgelöste Form gewonnen in der Zeit vom letzten Drittel des 19. Jahrhunderts bis zum Beginn des Ersten Weltkriegs. Das Großstädtische an Budapest ist verkörpert in der Bebauung der Bezirke, die im Halbkreis zwischen Donau und Kleiner Ringstraße, zwischen Kleiner Ringstraße und Großem Ring und zwischen diesem und dem Stadtwäldchen liegen. Die Ringstraßen laufen alle auf die Donau und ihre großen Brücken zu. Aus dem Zentrum nach draußen verlaufen strahlenförmig fünf große Straßen, die ebenfalls großartig, nach »Pariser Manier« bebaut sind. Auf diesem hochverdichteten Territorium leben fast zwei Millionen Menschen, jeder fünfte Einwohner Ungarns. Stadtumbau, Durchbrüche, große Infrastrukturmaßnahmen haben Budapest um 1900 zu einer der am raschesten wachsenden und modernsten Metropolen Europas werden lassen. Stichdatum der neuen Metropole, der Geburt als Hauptstadt der Magyaren und als moderne Großstadt war offensichtlich das Millennium im Jahre 1896. Von der großen Modernisierung jener Jahre hat die Stadt ein ganzes Jahrhundert zehren können, und vielen scheint es, als schließe das neue, postsozialistische Budapest wieder an. Alles, was die Leistungskraft und den Glanz des modernen Budapest ausmachte, scheint aus jener Zeit des Aufbruchs zu stammen. Die Bahnhöfe, die Markthallen, die Kanalisation, die Brücken, die Straßenbahnen, die Schlachthöfe, die Gymnasien und Hochschulen, der Bau der Uferquais, die Elektrifizierung, die Zahnradbahn, die Untergrundbahn – die erste auf dem Kontinent. Alles geschieht Schlag auf Schlag: der Bau der Brücken, die die Doppelstädte Pest und Buda über die Donau hinweg zu einer Stadt machen, die Erfindung des Lifts, die es erlaubt, die Stadt in die Höhe zu bauen, die unterirdische Stadt, die das Zusammenleben Hunderttausender von Menschen auf engstem Raume erlaubt. Die Stadt errichtet als neue Hauptstadt ein Parlamentsgebäude, das dasjenige Londons übertrumpft. Die Stadt legt Prachtstraßen an, die es mit Paris aufnehmen, und sie legt sich große Museen zu, etwa das Kunstgewerbemuseum (für das sie Ödön Lechner als Architekten gewinnt). Sie beauftragt Miklós Ybl, einen ihrer besten Architekten, mit dem Bau der Staatsoper. Die Stadt feiert ihr Millennium mit der Inszenierung seiner Geschichte am Heldenplatz, mit künstlichen Burgen und künstlichen Paradiesen, einem neuen Zoologischen Garten und einem ganzen Ensemble von Museen und Galerien. Die Stadt baut Schulen, Institute, Gymnasien, Berufsschulen. Sie errichtet Kaufhäuser und Passagen – das Luxuskaufhaus am Vörösmarty tér oder die Pariser Passage. Die Hauptstadt konzentriert fast alles Geld im Lande, also baut sie Banken, darunter so phantastische Gebäude wie die Postsparkasse von Ödön Lechner am Freiheitsplatz. Budapest ist eine Hauptstadt im »Zeitalter der Versicherungen« (Stefan Zweig), also baut man monumentale Versicherungspaläste. Führende europäische Firmen werden für den Bau der neuen Bahnhöfe gewonnen – das Pariser Unternehmen Eiffel für die Konstruktionen des Westbahnhofes. Die Hauptaktivitäten der explodierenden Großstadt richten sich aber auf den Ausbau von Wohnhäusern – als Mietshäuser mit großen Stadtwohnungen oder als Einfamilienhäuser und Villen. Die Bevölkerungszahlen explodieren. 1869 leben in Budapest noch 280 000 Einwohner, 1896 waren es schon 618 000 und 1913 fast eine Million. Man nennt deshalb, aber auch der Getreidesilos und Mühlen am südlichen Donauufer wegen, Budapest das »Chicago Europas«. Die Innenstadt von Budapest hatte bald die höchste Bevölkerungsdichte unter den europäischen Städten. Budapest nimmt Abschied von Rokoko, Barock und Eklektizismus und sucht seinen eigenen Stil. Die Sezession, der Jugendstil in seinen verschiedenen Richtungen, wird zum Experimentierfeld, und die Spuren, die er in der Stadt hinterlassen hat, sind schon von weitem zu erkennen: die überraschenden und unvermuteten Formen, die Oberflächen mit den erstaunlichen Oberflächen, die Farben der glasierten Dachziegel, Portale und Gesimse. Man kann sich durch Budapest treiben lassen, und man wird wie von unsichtbarer Hand von einem Musterbau des neuen Stils zum anderen geleitet. Budapest hat einige solcher exemplarischer Bauten – das Institut für Geologie, die Postbank, das Kunstgewerbemuseum, das Gresham-Palace, die Liszt-Musik-Akademie – und es hat einige herausragende Namen, die allesamt in die erste Reihe des europäischen Jugendstils gehören: Béla Lajta, Zsigmond Quittner, Armin Hegedüs, Károly Kós, Ödön Lechner und andere. Jeder Spaziergang durch die um 1900 errichteten Straßenzüge und Quartiere wird zu einem nicht abreißenden Sichwundern, was an Kraft, Form, Eleganz, Gediegenheit, Originalität sich auf kleinstem Raume konzentriert. Gehen wir in den Straßen um das Stadtwäldchen, finden wir in allernächster Nachbarschaft das von Béla Lajta gebaute jüdische Gymnasium, das Alten- und Pflegeheim und das Wechselmannsche Blindeninstitut – alles unübertrefflich vollkommene Bauten – oder die Egger-Villa von Emil Vidor. Gehen wir in die Parallelstraßen der Andrássy út, und wir finden das neue Theater, ein Bau von allergrößter Einfachheit, der es leicht mit August Endells Atelier Elvira in München aufnimmt. Gehen wir durch die Straßenzüge hinter dem Gellert-Hotel, so finden wir Villen und Atelierhäuser in den ausgefallensten wie gediegensten Formen. Keine Idee, keine Form, kein Material scheint nicht erprobt worden zu sein. Wir stehen wie vom Blitz getroffen vor den Anfängen des 20. Jahrhunderts. Dies ist der Kosmos der Formen, in dem Lukács groß geworden ist. Hier fand sich eine so große Zahl von Begabungen und Genies, daß man versucht ist, nach einer Erklärung Ausschau zu halten für diese außerordentliche Konzentration an einem bestimmten Ort zu einer bestimmten Zeit. Das Budapest des jungen Lukács ist die Stadt der Salons und der Zirkel. Zu den großen Leseerlebnissen des jungen Lukács hatte Max Nordaus »Entartung« gehört (auch Nordau war in Budapest geboren). In seinem Umkreis finden wir die Gesellschaft Thalia, die Freie Schule der Geisteswissenschaften, den legendären Sonntagskreis und den Kreis um die Zeitschriften »Das XX. Jahrhundert« und »Der Westen«. Aus einem Umfeld geistiger Vereinigungen und Freundeskreise wachsen nicht nur Lukács, sondern die Namen vieler hervor, die später europäische Kunst- und Geistesgeschichte schreiben werden: frühreife und gefährdete Genies wie Leo Popper, Musiker wie Béla Bartók und Zoltán Kodály, Philosophen und Soziologen wie Karl Mannheim, Karl Polany, Jenö Varga, Béla Fogarasi, Kunsthistoriker und Theoretiker wie Arnold Hauser und Béla Balasz, Naturwissenschaftler wie Leó Szilárd und Edward Teller, Schriftsteller wie Ferenc Molnár und Gyula Krudy, der Publizist und Intellektuelle Arthur Koestler, die Maler Lajos Kassák und László Moholy-Nagy. Im Hause Lukács', Andrássy út 52, hing im Wohnraum das berühmte Bild »Der Reiter« von Károly Kernstok, das heute in der Nationalgalerie zu sehen ist. Die Egger-Villa am Stadtwäldchen (heute Városligeti fasor 24), in der Lukács wohnte, ist ein Meisterwerk Emil Vidors und heute – nach der Renovierung – wieder eine Ikone der Budapester Sezession. Aus Lukács' Budapest war es nicht weit in die anderen europäischen Metropolen. Die ersten Reisen des jungen Lukács gehen nach Paris und Florenz. Ein Photo zeigt Thomas Mann zu Besuch im Hause Lukács im Jahre 1912. Lukács geht zum Studium nach Heidelberg und Berlin. So weitet sich der Budapester Kreis und es kommen hinzu, wiederum wie selbstverständlich: Max Weber, Heinrich Rickert, Emil Lask, Karl Jaspers in Heidelberg, Georg Simmel in Berlin. Georg Lukács' Arbeit »Die Seele und die Formen« (1910) ist diesem Quellgebiet der Moderne, das Budapest vor dem Großen Krieg war, entsprungen.

Lukács hat immer wieder behauptet, er habe schon als Kind gegen seine Umgebung, gegen sein Elternhaus rebelliert. Vermutlich war es aber der Ausbruch des Ersten Weltkriegs, der die ganze *Belle Époque* in sich hatte zusammensinken lassen und der die große Krise gerade der empfindlichsten Geister ausgelöst hatte. Es war der Krieg, der »das Falsche enthüllte«, »das Unmenschliche an jener Statik, die damals in mir zum System zu erstarren drohte«. Lukács weiter: »Meine Heimat, die Habsburgmonarchie, erschien mir – normalerweise – als eine zur Zerstörung bestimmte menschliche Sinnlosigkeit. Nun sollte man das eigene Leben daran setzen, am universellen Mord sich beteiligen, damit dieses Hindernis einer Menschwerdung durch die strenge, geistlos-strenge Ordnung des deutschen Reichs weiter erhalten bliebe. Man sollte individiuell Mörder, Verbrecher, Opfer etc. werden, um dies in dieser Weise weiter in Existenz zu erhalten.« Unter normalen Verhältnissen wäre Lukács, wie er freimütig bekannte, »nur ein »interessant«-excentrischer Privatdozent in Heidelberg geworden«, nach dem Zusammenbruch der Welt der *Belle Époque* im Jahre 1914 eröffneten sich ihm ganze andere Bahnen gesellschaftlicher Aktivität und andere Wege zu gesellschaftlicher Anerkennung: die Politik. Ausgerechnet der Autor von »Die Seele und die Formen« schließt sich der Räteregierung an, ausgerechnet das wohlbehütete Kind aus einer steinreichen und kultivierten Familie setzt den Satz vom »Klassenverrat« in die Welt. Ein Mann, der im Großen Krieg als kriegsuntauglich zurückgestellt war, geht zu den Militanten, die gegenüber der Bourgeoisie, aus deren Reihen er selber kommt, kein Pardon kennen. Lukács über sich, seinen »Klassenverrat« und seine Karriere auf der kommunistischen Linken: »Letztendlich war ich ein, wenn auch nicht erstklassiger, dennoch aber ein sogenannter berühmter Schriftsteller. Das bewerteten sie als Positivum. Und ich bin überzeugt davon, daß ich ohne mein Renommee auch nicht meinen ersten Vortrag im Rahmen der großen Vortragsreihe hätte halten dürfen.« Lukács muß vor der Gegenrevolution fliehen, und er wird Exilant zuerst in Wien, dann in Berlin und noch später in Moskau. Lukács bewegt sich jetzt nicht mehr im geistigen Feld Budapest – Heidelberg – Berlin, sondern auf den Schauplätzen der Weltrevolution Wien – Berlin – Moskau. Und mit ihr wandelt sich auch die geistige Umgebung. Das Personal, mit dem er es nun zu tun hat, gehört der kommunistischen Bewegung und ihren Filiationen an: den Redaktionen der Zeitschriften »Kommunismus«, »Kommunistische Internationale«, »Linkskurve«, »Literaturny Kritik«, »Rundschau«, »Rote Fahne«. Alles, was Rang und Namen im internationalen Kommunismus hat, lernt er kennen: Lenin, Trotzki, Bucharin, Stalin, Thälmann, Ruth Fischer, Antonio Gramsci, Tito, Ulbricht, Dimitroff, Rákosi, Kurella, Brecht. Lukács ist nicht der einzige Ungar, nicht der einzige Budapester im Geleitzug der Komintern: Gyula Alpari, Julius Hay, Arthur Koestler, Lajos Kassák. Sie alle gehören zum großen ungarischen Exil, das Budapest für zwei Jahrzehnte nicht mehr und viele auch nie mehr wiedersehen werden. Die Spuren der ungarischen Linken im Budapester Stadtbild sind heute spärlich. Einiges sieht man in der Nationalgalerie – großartige Werke von Sándor Bortnyik etwa –, einiges im Museum von Lajos Kassák und Moholy-Nagy. Das »Bauhaus« hat sich mit einer ganzen Siedlung in der Pasareti ut und mit dem Flughafengebäude von Budaörs eingezeichnet. Bei den Spuren des modernen Bauens können es aber ebenso gut die Einflüsse der italienischen Weißen Moderne im Lande des Reichsverwesers Admiral Horthy sein. Lukács ging 1933 von Berlin nach Moskau. Er nennt die Dreißigerjahre »Periode der großen Kaderausrottung« und »Glück in der Katastrophenzeit«. Viele um ihn herum verschwinden, werden umgebracht. Er selbst ist kurzzeitig als »Resident der ungarischen Polizei in Moskau« in der Lubjanka inhaftiert. Doch er überlebte: vielleicht hatte er Beschützer – er kannte Dimitroff aus der Wiener Zeit –, vielleicht war er nicht wichtig genug – er hatte immer gegen Bucharin und Radek polemisiert –, vielleicht war die Wohnung, in der er hauste – Wolchonka 5 – nicht gut genug, um den Neid und Appetit von Denunzianten zu wecken. Lukács überlebte in der Evakuierung in Taschkent und kehrte 1945 nach Budapest zurück

»Zerstörung der Vernunft«: Ein Intellektueller im Angesicht von Hitler und Stalin

Lukács kehrte in eine Stadt zurück, die in Trümmer gelegt war, und in ein Land, in dem im letzten Augenblick noch 400 000 seiner jüdischen Bürger nach Auschwitz deportiert worden waren. Budapest, die Stadt Theodor Herzls, die Stadt mit der drittgrößten jüdischen Gemeinde Europas war Adolf Eichmanns Einsatzgebiet geworden. Die meisten Budapester Juden konnten durch den Einsatz von Männern wie Raoul Wallenberg und den Vormarsch der Roten Armee gerettet werden: eingepfercht in das Ghetto im alten jüdischen Viertel um die Dohany–Synagoge und das kleine Ghetto, das in rund 160 Häusern im XIII. Bezirk an der Donau errichtet worden war. Das kleine Ghetto war am 16. April, das große am 18. April von der Roten Armee befreit worden.

Lukács hatte schon in Moskau die Arbeit an seinem großen Buch über den Faschismus – »Zerstörung der Vernunft« – begonnen. Aber es überstieg sein Vermögen, auch die andere »Zerstörung der Vernunft« zu denken und zu bewältigen. Er hatte die Moskauer Schauprozesse miterlebt, nun erlebte er in Budapest die ungarische Version im sogenannten Rajk-Prozeß. Im Haus Andrássy út 60, in dem während der deutschen Besatzung die Gestapo untergebracht war, waren nun die Verhör- und Folterspezialisten des sowjetischen Geheimdienstes am Werk. Es muß ein großes Déjà vu gewesen sein: der Terror, die Schauprozesse, diesmal in der Heimatstadt und die Mitgenossen von einst auf der Bühne und unter dem Strang.

István Eörsi hatte Lukács in seinem aufschlußreichen Interview gefragt: »Eine der Grundthesen der Zerstörung der Vernunft ist die, daß es keine unschuldigen Philosophien gebe. Nietzsche und auch die früheren irrationalen Tendenzen seien schuld am Faschismus. Genosse Lukács, könnte man auf dieser Basis Ihrer Meinung nach nicht Marx für den Stalinismus verantwortlich machen?« Eörsi fragte, »ob Sie, Genosse Lukács, nicht den Mangel des Werks spüren, daß darin nicht jene Art Irrationalismus kritisiert wird, der sich im Stalinismus herausgebildet hat. Ich denke beispielsweise an den Führerkult, der zweifellos ein irrationalistisches Moment ist.« Lukács antwortete darauf: »Im Stalinismus herrscht philosophisch ein Hyperrationalismus. Was Sie Irrationalismus nennen, das ist eine Form des Hyperrationalismus.« Die Moskauer Prozesse waren für ihn eigentlich nicht charakteristisch und verbrecherisch, sondern »überflüssig«. István Eörsi hatte recht, wenn er Lukács als »das geistig interessanteste Beispiel für die Schizophrenie der kommunistischen Intelligenz« interpretierte, »wenn er die stalinistischen Todeslager qualitativ von sonstigen Todeslagern unterscheidet. Die einen sind bei ihm welthistorische Notwendigkeit, die anderen dagegen überflüssige Pickel auf dem blühenden Gesicht der Totalität.« Dennoch wollte er dem Geständigen seine Sympathie nicht verweigern, da dieser sich zu seinen »abscheulichen Illusionen bekannt« und nicht sich im Nachhinein konformistisch stilisiert habe. Lukács hat sich auch nicht durch den ungarischen und polnischen Oktober 1956 oder den Prager Frühling 1968 von seinem Glauben, seinem Dogmatismus abbringen lassen. Lukács wird noch einmal in den Strudel auf den Straßen von Budapest hineingezogen: die Versammlungen des Petőfi-Clubs, die Kundgebungen am Bem-Denkmal, die Straßenkämpfe auf der Ringstraße, am Corvin-Kino und in der Kilianskaserne. Lukács rettete sich in die jugoslawische Botschaft – auch ein Gebäude der Sezession in bester Gegend, Ecke Andrássy út/Heldenplatz – und wurde dann für ein Jahr außerhalb des Landes, in Rumänien inhaftiert. Schauplatz Budapest 1956: Revolution im Schatten des Eisernen Vorhangs, Niederlage in einer Stadt, in der für lange Zeit die Lichter ausgingen und deren SOS-Rufe nicht erhört worden waren. Aber Lukács schreibt weiter und bleibt der Partei und sich selber treu, mag kommen, was wolle: die polnischen Ereignisse im selben Jahr, der Prager Frühling und die Invasion der Warschauer Pakttruppen 1968. Er bleibt dem »Sozialismus mit menschlichem Antlitz« treu und besteht darauf, daß der schlechteste Sozialismus noch immer besser sei als der beste Kapitalismus. Das ist die »Treue des Partisanen«, der sich ein Leben ohne Partei nicht vorstellen kann.

Noch ein Museum: Kommunismus als Geschichte, ein marxistischer Intellektueller als geschichtliche Figur

Heute ist es in dem Appartement im fünften Stock still geworden. Ort und Zeit für Forschung. Die Musik spielt heute anderswo. Budapest summt, auch das intellektuelle. Viele der originellsten Köpfe hatten noch geistige Tuchfühlung mit dem alten Mann vom Belgrad-Quai. Aber es war wohl mehr der Kontakt mit einem Phänotyp, mit einer Gestalt, die alt geworden war. Lukács als Kontaktperson zu einer den Nachgeborenen fremd gewordenen Epoche. Lukács war ein Name, der Türen geöffnet hat, ein Denkstil, ein Habitus, der untergegangen oder auch ausgerottet worden war. Glücklich die Städte in Europa, in denen sich Gestalten wie Lukács, Brücken zurück in die Vorweltkriegszeit und über den Eisernen Vorhang hinweg, fanden. Sie standen, wie immer ihre Leistung sonst zu bewerten war, für europäische Erfahrungen von unschätzbarem Wert. Hier waren eben nicht alle Brücken abgebrochen. Es war die Stadt selbst, die der beste Beweis für die Einheit Europas war. Die Stadt hielt mit jedem ihrer Züge an einem Europa fest, das es trotz alledem immer noch gab. Es existierte in Bauten, die noch in ihrer Verwahrlosung etwas vom Charme besserer Zeiten sagten, es existierte in Manieren, in einer bestimmten Intonation und in bestimmten Anspielungen, die auch eine gleichgeschaltete Öffentlichkeit nicht hatte löschen können.

Lukács ist seit langem tot. Der Sozialismus ist Geschichte. Draußen vor der Stadt gibt es einen Park mit Bildern und Statuen der vergangenen Epoche, sozusagen ein Museum für kommunistische Altertümer. Auch Lukács ist in gewissem Sinne so etwas wie ein Denkmal. Budapest hat heute viele solcher Denkmäler: das Denkmal für Imre Nagy am Freiheitsplatz, das Grab von Lukács und Nagy auf dem Kerepesi Friedhof, die Gedenkplaketten am Gefängnis in der Fö út oder an der Kilianskaserne. Die ungarische Revolution hat ihre Toten begraben, in aller Öffentlichkeit und in großer Würde hat sie die verscharrten Toten exhumiert und in einer eindrucksvollen, dekonstruktivistisch drapierten Trauerfeier am Heldenplatz auf den Kerepesi-Friedhof überführt. Auch Lukács ist eine Gestalt der Geschichte, eine Gestalt in der tragischen, manchmal lächerlichen, aber noch immer nicht erzählten Geschichte der europäischen Intelligenzia. Es gibt nichts mehr zu entlarven oder zu denunzieren, sondern nur noch eine Geschichte zu erzählen. Lukács wird irgendwann, wenn der Abstand groß genug geworden und das Interesse wieder wohltemperiert genug ist, seinen Biographen finden, der sein »Leben und Werk« darstellt, ohne über ihn zu rechten oder ihn vor das Gericht der Geschichte zu zitieren. Es wird die Realgeschichte der Persönlichkeit sein, die wir bisher nur als Naphta aus Thomas Manns »Zauberberg« kennen. Es wird die Erzählung von Größe und Elend eines europäischen Intellektuellen und einer europäischen Stadt in einem heillosen Jahrhundert sein.

DER LANGE WEG NACH OSTEN

Angeblich ist Deutschland auf dem langen Weg nach Westen endlich im Westen angelangt. Das ist eine Formulierung, die verrät, daß an dieser Behauptung etwas nicht stimmt. Geschichte und geschichtliche Befindlichkeiten werden nicht – voluntaristisch – durch Richtungsentscheidungen entschieden. Geschichte folgt keinen Wegweisern, weder von Ost nach West, noch von Links nach Rechts oder umgekehrt. Geschichte wird überhaupt nicht »gemacht«. Auch Identitäten sind etwas, was sich nach Belieben oder in einem bestimmten Zyklus herstellen oder abschaffen läßt. Deshalb ist es ratsam, einiges zu klären. Entgegen der Rhetorik, die die Westintegration beschwört, bleibt Deutschlands Zukunft wie schon in der Vergangenheit mit den Staaten und Völkern des östlichen Europa verbunden. Deutschlands »langer Weg nach Westen« war – und das betraf nur Westdeutschland – für ein halbes Jahrhundert die Folge der Teilung Europas. Die Westwendung als Glück derer, die es besser getroffen hatten. Über weite Strecken trug sie auch die Züge einer Flucht – buchstäblich und vor allem mental. Nach 1989 besteht kein Grund mehr für eine Perpetuierung dieser durch Teilung erzwungenen und ermöglichten Westwendung, die immer mit einer Abwendung von den östlichen Nachbarn verbunden war. In gewissem Sinne hat 1989 erstmals die Chance eröffnet, das Verhältnis neu zu justieren. Es geht dabei um keine Mission, keine »Ostwendung«, keine »Ex-oriente-lux«-Mystik, sondern um etwas ganz Unspektakuläres: um die Herstellung gewöhnlicher, normaler Nachbarschaft.

NACH DER RECHTHABEREI: DER EUROPÄISCHE VERTREIBUNGSKOMPLEX

»Nach der Rechthaberei – Umsiedlung und Vertreibung als europäisches Problem« ist ein rechthaberischer Titel, denn er suggeriert, als sei alles, was bis auf den heutigen Tag zum Thema Umsiedlung und Vertreibung gesagt und geschrieben worden ist, rechthaberisch, und er tut so, als würden nun zum ersten Mal Umsiedlung und Vertreibung als europäisches Problem angesehen. Weder das eine noch das andere ist der Fall: es gibt eine lange Tradition der Beschäftigung mit dem Thema jenseits der Rechthaberei, denken wir nur an die Charta der Heimatvertriebenen von 1950, an Erinnerungen wie jene von Marion Gräfin Dönhoff oder an den Appell des polnischen Episkopats von 1965, dessen Ton eine ganz neue Ära eröffnet hatte. Und doch ist mit der Wende von 1989 etwas qualitativ Neues eingetreten. Die Bedingungen für die Bearbeitung und Verarbeitung der so furchtbaren Geschichte von Umsiedlung und Vertreibung haben sich fundamental verändert. Bestimmte Formen des Umgangs mit dem Vertreibungsgeschehen haben sich erledigt. Die ganze Geschäftsgrundlage hat sich mit dem Ende der alten Bipolarität der Systeme geändert. Die staatliche Zensur ist gefallen. Die Quellen stehen umfassend zur Verfügung. Es gibt keine Frage und kein Thema mehr, das nicht der Erörterung zugeführt werden könnte. Wir haben es zu tun mit Öffentlichkeiten, die sich diesem komplizierten und schmerzvollen Kapitel der eigenen Vergangenheit zu stellen bereit sind – die einen mehr, die anderen weniger. Europa, das sich jenseits der alten Blockgrenzen neu konstituiert, eröffnet auch einen neuen Geschichtsraum und ermöglicht einen neuen Blick in diesen Raum. Er kann schweifen, unbeschränkt, ohne falsche Rücksicht nehmen zu müssen. Dies ist die Stunde der Exploration neuer

Felder, die Stunde der Erzählung, die Stunde vieler Geschichten, aus denen dann vielleicht einmal eine europäische Geschichte hervorwächst. Eine Europäisierung des Blicks und der historischen Erfahrung, vollständig unangestrengt, zwanglos, jenseits von Eurorhetorik und Versöhnungskitsch. Im Grunde handelt es sich zwar nur um die Herstellung von Normalität, einer einigermaßen normalen Gesprächssituation; aber das ist nach Jahrzehnten der Verspanntheiten, des Blockantagonismus, der alles andere überwölbt und determiniert hat, nicht wenig. Es ist nach Jahren des Pro oder Contra, des Entweder/Oder, des Auf- und Abrechnens etwas sensationell Neues. Damit kommen Geschichten zusammen, die bisher separat, getrennt oder nur gegeneinander existierten. Damit wächst eine alt-neue Komplexität heran, von der wir nicht wissen, ob wir ihr gewachsen sein werden, von der wir nicht wissen, ob wir sie gedanklich und darstellerisch werden bewältigen können. Kurz: ob wir die Sprache dafür finden werden.

Sprachefinden für einen ungeheuerlichen Vorgang. Wie spricht man über Verbrechen im Schatten eines anderen Verbrechens

Das Geschehen, mit dem wir es zu tun haben, ist in der Tat ungeheuerlich. Zwischen 60 bis 80 Millionen Menschen haben in der ersten Hälfte des 20. Jahrhunderts in Europa ihre angestammte Heimat verloren. Der zentrale Schauplatz für diesen säkularen Entwurzelungsvorgang war das mittlere und östliche Europa. Es gibt nur wenige Familien, die nicht in irgendeiner Weise – direkt, indirekt, in jedem Falle vermittelt – von der gewaltsamen Ortsveränderung betroffen gewesen wären. In ihr sind Gesellschaften aufgelöst worden, in ihr sind ganze Landschaften untergegangen, in ihr sind die Bevölkerungen ganzer Provinzen und ganzer Städte gleichsam über Nacht ausgetauscht worden. In ihr sind ganze Völker verschoben worden. Das östliche und mittlere Europa als grandioser Verschiebebahnhof. In dieser Bewegung ging das europäische Judentum unter, in dieser Bewegung kam es aber auch zur größten Umsiedlungs- und Vertreibungsaktion der modernen Geschichte, deren Objekt die Deutschen in den östlichen Provinzen des Reiches und im östlichen Europa waren. Wie kommt es, daß wir bis auf den heutigen Tag, Jahrzehnte nachdem Europa zur Ruhe gekommen ist, noch immer kein einigermaßen vollständiges oder gar angemessenes Bild von diesen ungeheuren Turbulenzen und Verwerfungen haben? Wie kommt es, daß die Katastrophe, die im Zusammenbruch des deutschen Ostens liegt, uns so seltsam wenig berührt? Wie kommt es, daß die Leiden und das Schicksal der von Flucht und Vertreibung Betroffenen uns nicht eigentlich kalt, aber doch relativ ruhig lassen?

Es hat immer wieder Versuche gegeben, das »europäische Vertreibungsgeschehen«, also die Menschenströme dieser 60 bis 80 Millionen, irgendwie zu visualisieren, graphisch oder kartographisch zu erfassen. Auf solchen Karten sieht man Pfeile, die von Polen nach Kasachstan, von der Krim und dem Kaukasus nach Zentralasien, aus Polen nach Rußland und nach Deutschland, aus Kleinasien nach Griechenland und umgekehrt weisen; gewaltige Pfeile, die den Strom der nach Deutschland verschleppten Zwangsarbeiter oder die Fluchtbewegung vor der Roten Armee nach Westen symbolisieren. An diesem Ineinander und Nebeneinander sich überkreuzender Bewegungen gewinnt man eine Vorstellung von der Chaotik, der Unübersichtlichkeit und Heillosigkeit des Geschehens und beginnt vielleicht zu begreifen, wie weit wir immer noch davon entfernt sind, diese Vorgänge erfassen und gar darstellen zu können. Offensichtlich gibt es geschichtliche Vorgänge, für deren Darstellung die Sprache nicht oder vorerst nicht ausreicht. Der Holocaust ist ein solcher Vorgang, die Heillosigkeit des Flucht- und Vertreibungsvorganges ein anderer. Es ist kein Zufall, daß die deutsche Literatur jenes Epos, in dem diese Erfahrungen aufbewahrt sind, nicht hervorgebracht hat. Es ist wahr, was Andreas Hillgruber seinerzeit *pro domo sua*, für die Historikerzunft, bemerkt hat: »Das ungeheure Geschehen zwischen dem Herbst 1944 und dem Frühjahr 1945 verlangt noch nach Darstellung, einer Behandlung, die den weltgeschichtlichen Vorgang im Auge hat und doch das Einzelschicksal sieht, wo es im Leiden und Tun, im Handeln und Versagen repräsentativ ist. Dies ist eine Aufgabe, die zum Schwierigsten gehört, was das Geschäft des Historikers für die Zukunft bereithält, und vielleicht ist der Versuch eines Gesamtbildes des Zusammenbruchs der Fronten, der Eroberung Ostmitteleuropas, der Zerschlagung des Deutschen Reiches und des Untergangs des deutschen Ostens mit all dem, was in ihn eingebunden ist, die letzte große Herausforderung einer Geschichtsschreibung, die den Zerfall der demokratischen Republik, das Aufkommen der national-sozialistischen Bewegung und ihres »Führers« und die Etablierung des Dritten Reiches und seiner Strukturen mit so viel Anstrengung erforscht hat.«

Man muß zunächt einmal die Größe dieser Aufgabe anerkennen, und man muß vor ihr kapitulieren können. Man muß Abschied nehmen von der Illusion, wir hätten längst den Überblick, und wir hätten diese ganze Geschichte schon auf den Begriff gebracht. Eher ist es umgekehrt: wir müssen erst einmal anfangen, sie wieder oder neu zur Kenntnis zu nehmen, sie wahrzunehmen – nach allen Richtungen hin. Das ist schwieriger, als wir denken; denn wir – die Nachgeborenen jedenfalls – sind ausgeschlossen aus dem Zeithorizont, in dem dies alles sich ereignet hat, und es ist nicht ausgemacht, ob unser Vermögen, unser Takt ausreichen, um einen Zugang zu jener Zeit und ihren Tragödien zu finden. Zutritt zu einer Zeit zu finden, beginnt mit der Wahrnehmung und dem Ernstnehmen der Toten. Sie haben keine Stimme mehr, um sich von sich aus vernehmlich zu machen und sich Gehör zu verschaffen. Wenn wir ihnen nicht unsere Stimme leihen, bleiben sie für immer stumm.

Ohne die endliche Herstellung eines freien Diskussionsraums keine Selbstverständigung

Der ganze Komplex von Umsiedlung und Vertreibung in Europa ist bis auf den heutigen Tag hoch ideologisiert und politisiert, wenn auch nicht mehr in der Weise wie noch in den Siebziger- oder Achtzigerjahren. Es gab eine Zeit, in der man sich rechtfertigen und gegen Verdächtigungen zur Wehr setzen mußte. Flucht und Vertreibung, das war ein Thema von gestern und für Gestrige, Ewiggestrige. Es gab eine Zeit, in der man Gesinnungen daran erkannte oder zu erkennen glaubte, ob jemand Breslau oder Wrocław, Königsberg oder Kaliningrad, Memel oder Klaipeda sagte. An der Universität kann es einem bis in die jüngste Zeit hinein passieren, daß man eine Erklärung dafür schuldet, wenn man eine Vorlesung über Flucht und Vertreibung abhält: ob dies nicht mißverstanden werden könne und ob man damit nicht rechten Kräften Vorschub leiste? In der Wortwahl mußte man doppelt und dreifach vorsichtig sein. Lenke nicht, wer von den Vertreibungsopfern sprach, von den anderen Opfern ab, die der Vertreibung vorausgegangen waren? Und lief die Rede von den Verbrechen, die an Deutschen begangen worden waren, nicht auf die Verharmlosung der Verbrechen, die Deutsche begangen hatten, hinaus? Was konnte nicht alles als Revisionismus und Revanchismus gedeutet werden! Man wußte wenig von den Toten, und man hatte keine Zeit, dieser Toten zu gedenken. Es gab eine Art konstitutioneller Teilnahmslosigkeit und fast demonstrativer Nichtteilnahme, wenn es um die Opfer unter den deutschen Flüchtlingen ging, fast möchte man sagen, eine ideologisch gepanzerte Kälte und Nichtbetroffenheit in einer Kultur, die sich nicht genug tun konnte in Betroffenheit und Identifikation mit Opfern, wie überhaupt die Identifikation mit den Opfern nicht nur jene sympathische, sondern auch eine aufdringlich-ideologische Seite hat. Forciertheit – einmal des Betroffenseins, das andere Mal als Indifferenz oder Gleichgültigkeit – das waren nur die zwei Seiten einer im Grunde ganz großen Unsicherheit im Umgang mit der eigenen Geschichte. Der ganze Flüchtlings- und Vertreibungskomplex war in die Matrix einer Kultur der bedingten Reflexe eingeschweißt. Jeder weiß aus eigener Erfahrung, wie sie funktioniert – und rechnet damit. Man wußte im Grunde immer schon im voraus, wie es laufen würde. Man kannte die Vertriebenen, ohne daß man ihre Reden gelesen haben mußte. Man wußte Bescheid, auch wenn man noch nie an einem ihrer Heimattreffen teilgenommen, keine ihrer Heimatstuben, Lesungen oder Veranstaltungen besucht hatte. Es war irgendwie klar, daß diese Leute unter sich waren und auch unter sich bleiben wollten, Folklore- und Trachtenvereine, Clubs zur Pflege eines Deutschtums, das es schon längst nicht mehr gab, Leute, die in der Gegenwart noch immer nicht angekommen waren. Teil jener Kultur der bedingten Reflexe waren aber nicht nur Gegner der Vertriebenen, sondern auch Vertriebene selbst. Sie waren oft mißtrauisch gegen Leute von draußen, gegen Leute, die nicht zu ihnen und ihren Kreisen gehörten. Wer es nicht selbst mitgemacht hatte, konnte auch nicht mitreden über das, was Leid und Katastrophenerfahrung war. Darüber wußten nur sie alleine Bescheid. Es gab so etwas wie ein Monopol auf Leidenserfahrung – niemand außer ihnen kannte sich da aus. Sie hatten eine Art Alleinvertretungsanspruch in deutschen Angelegenheiten gegenüber dem Osten aufgebaut, und niemand sollte ihnen da dreinreden.

Das war – etwas verkürzt und zugespitzt – die Lage, so wie ich sie empfunden habe. Und ich kann da ein wenig mitreden. Ich komme zwar nicht aus einem Vertriebenenhaus, aber ich verdanke ihnen, den Flüchtlingen, die in das schwäbische Dorf, in dem ich aufgewachsen bin, gekommen sind und es in die Moderne der Nachkriegszeit hinübergeführt haben, viel. Ich habe den Verlust des deutschen Ostens immer als eine grundstürzende Katastrophe »deutscher Existenz« empfunden. Ich habe für den Versuch, in »Die Mitte liegt ostwärts. Die Deutschen, Mitteleuropa und der verlorene Osten« und an einigen anderen Stellen eine Sprache für die deutsche Erfahrung zu finden, viel Zustimmung bekommen, mir aber auch Schläge und Verdächtigungen von seiten einer Linken eingehandelt, die von vielen Dingen etwas versteht, von vielen aber auch nichts oder kaum etwas. Mich interessierten Probleme, um die die Vertriebenen-Vertreter sich oft schon nicht mehr kümmerten, weil sie in ihrer Verbitterung die Kraft und das lebendige Interesse verloren hatten: die Arbeit daran, den ganzen Komplex des deutschen Ostens neu zu denken, auf die Höhe der Gegenwart und aus der Ecke der Folklore und Tradition herauszuholen. Es ging um die Neuerschließung eines Themas, von dem viele, vielleicht die meisten glaubten, es sei längst zu den Akten gelegt. Ich empfand die Erfahrung der Vertriebenen immer als teuer und unersetzlich und die Gleichgültigkeit jener Binnendeutschen, denen das alles fremd und manchmal auch peinlich war, geradezu als herzlos. Aus dieser Zwischenlage heraus speist sich meine Wahrnehmung, auch mein Zugang und mein Urteil.

Wenn wir dieses Spiel der Verdächtigungen, das schon lange uninteressant und unproduktiv geworden ist, weitertreiben, werden wir die Antworten schuldig bleiben, die wir aufgerufen sind zu geben, ja: wir werden nicht einmal in der Lage sein, die angemessenen Fragen zu stellen. Schon jetzt haben wir viel, viel Zeit verloren. Vieles, was jetzt geschieht, ist bloß Reagieren auf etwas, was anderswo angestoßen und von anderen ausgelöst worden ist. Dies ist nicht das erste Mal und vermutlich nicht das letzte Mal – siehe die Diskussion um die Bombardierung der deutschen Städte anläßlich von Jörg Friedrichs Buch »Der Brand« –, daß die entscheidenden Impulse von außerhalb der Zunft kommen.

Konstellation nach 1989: die Entstehung eines neuen, gesamteuropäischen Diskursraumes

Was ist 1989 in unserem Kontext? 1989 ist das Ende der Blöcke und der Logik der Opposition und Dichotomie. Die Logik des Blocks hatte etwas Logifizierendes und Disziplinierendes, etwas Binäres und Dichotomisches, ein Entweder/Oder, ein Freund/Feind-Schema, das seine eigene Zwangsläufigkeit hatte. Vieles verschwand in dieser Block-Opposition und Rivalität der Systeme: die Archive, der freie Diskurs, die zahllosen Geschichten, die den Rahmen der Systeme sprengten. Die Blockkonstellation produzierte eine Verhaltensfigur aus Apologie und Entlarvung. Es war oft nicht entscheidend, was einer für eine Geschichte erzählte, sondern die Frage, ob diese Beifall von der falschen Seite hervorrufen könnte. Diese Konstellation war systematisch feindselig und restriktiv gegen jede Erzählung »So war es«. Das gilt übrigens in dieser Hinsicht für beide Seiten.

1989 ist die Auflösung dieser Konstellation, die Entfesselung der Erzählungen, die ab einem bestimmten Zeitpunkt stillgestellt worden waren. Wir sind dabei, wie ein neuer, gesamteuropäischer, grenzüberschreitender, transnationaler Diskursrahmen oder Raum sich aufbaut, in dem wir frei, rückhaltlos, manchmal sogar ungeschützt sprechen können. Dieser Raum ist von vielen schon in den Jahren »davor«, vor 1989, vorbereitet worden, im Untergrund und in der Marginalität der Dissidenten, auf den Couloiren der Tagungen, auf Schulbuch- und anderen Konferenzen. Es ist von zentraler Bedeutung, diesen den Systemzwängen abgerungenen Raum des autonomen Gesprächs und der Selbstverständigung um jeden Preis zu verteidigen: gegen politische Instrumentalisierung und Einflußnahme. Ein Feld, das bis auf den heutigen Tag so sehr vermint, belastet, kontaminiert ist wie das der Umsiedlungs- und Vertreibungserfahrung, muß gegen Übergriffe geschützt werden.

Was bedeutet es, wenn sich im Herbst des Jahres 2002 Historiker aus verschiedenen Ländern Europas zu einer Konferenz über Umsiedlung und Vertreibung treffen? Was bedeutet es, wenn eine Novelle über den Untergang des Flüchtlingsschiffes »Wilhelm Gustloff« binnen weniger Wochen hunderttausendfach gedruckt wird und die Bestsellerlisten anführt? Was bedeutet es, wenn eine Fernsehserie über die Flucht und Vertreibung der Deutschen mit großen Einschaltquoten und mit anhaltendem Erfolg läuft? Was bedeutet es, wenn alle Parteien des Bundestages beschließen, es solle ein Denkmal oder Zentrum, das der Vertreibung gewidmet ist, eingerichtet werden? Was bedeutet es, wenn am Vorabend der Erweiterung der Europäischen Union zwischen zwei Nachbarländern, die demnächst beide gemeinsam der Union angehören werden, ein Streit losbricht, der sich um Dekrete dreht, die mehr als ein halbes Jahrhundert zurückliegen? Sind wir von einer Vergangenheit eingeholt worden, von der wir alle glaubten, sie wäre längst Geschichte geworden? Haben wir es mit dem exakt »getimten« Kalkül eines Schriftstellers zu tun, einen Bestseller zu lancieren? Ist das alles nur eine jener zahlreichen markt- und umsatzfördernden Aktionen des Kultur- und Verlagsbetriebes, um den lahmenden Absatz anzuheizen? Gibt es vielleicht sogar eine Logik darin, nachdem so ziemlich alle historischen Themen abgehandelt sind, dieses zu nehmen, das – manchen wenigstens – als »weißer Fleck« im deutschen Geschichtsbewußtsein und einigen sogar als das »letzte Tabu« erschien? Ist dies eine Flucht aus der Gegenwart in die Vergangenheit? Finden wir uns in der Geschichte besser zurecht als in der unübersichtlichen Gegenwart? Ist dies wirklich eine Zuwendung zur Geschichte oder eher eine Ersatzhandlung, Gespenstertreiben?

Was immer ein mit dem Nobelpreis ausgezeichneter deutscher Schriftsteller vermag, er ist nicht der Herr über Bestsellerlisten. Diese werden vor allem von der Neugier der Leser gemacht. Es gibt also ein starkes Interesse an einem Thema, das weit zurückliegt, von dem die meisten der mittleren und jüngeren Generation aber meist nur das Stichwort, den Namen kannten, nicht das Problem. Dasselbe gilt vom Erfolg von Fernsehserien und Dokumentationen. Es gab etwas zu sehen, was lange oder noch nie zu sehen gewesen war. Es war etwas zur Sprache gebracht worden, was lange nicht zur Sprache gekommen war. Neutral gesprochen, bedeutet dies zunächst nur: Was für lange Zeit kein Thema war, war auf einmal ein Thema geworden. Es gibt offensichtlich ein Bedürfnis und einen Raum, in dem es befriedigt werden will. Ein Bedürfnis nach Aufklärung, nach Aussprache, nach Anerkennung. Sind wir zu einer solchen Aufklärung, zu einer freien Aussprache und zur Anerkennung bereit? Es ist keine Frage, daß die Entsetzlichkeiten der jugoslawischen Nachfolgekriege, die Aktionen der »ethnischen Säuberung« deutlich gemacht haben, daß es sich nicht um ein antiquarisches Problem handelt, sondern eines, das bis in die Gegenwart hineinreicht, ein Thema, bei dem es um Leben und Tod geht. Gewiß haben die Bilder von Vukovar, Srebrenica, Sarajevo oder Banja Luka, die Zelt- und Lagerstädte, die Trecks aus Traktoren und Flüchtlingen ganz entscheidend zur Reaktivierung des ganzen Komplexes beigetragen. Die »ethnische Säuberung« der Neunzigerjahre tauchte die ganze europäische Geschichte noch einmal in ein neues und grelles Licht. Wir sahen die Flüchtlinge von 1945 plötzlich wieder mit den Augen von Zeitgenossen. Was lange Zeit nur Geschichte war, war plötzlich wieder Gegenwart. Wir müssen uns auf einmal mit Fragen beschäftigen, die schon andere vor uns gestellt bekommen haben: wie verhält man sich zu Minderheitenproblemen, die unlösbar erscheinen und offensichtlich nie zur Ruhe kommen? Ist die Entflechtung der verfeindeten Nationalitäten und Ethnien, also Transfer und Umsiedlung nicht doch besser als das nie abreißende Gemetzel? Umsiedlung und Vertreibung also als »kleineres Übel«? So stellen wir, die wir uns so sehr über das 20. Jahrhundert, das Jahrhundert der Vertreibung hinauswußten, auf einmal die Fragen, die schon andere vor uns – nicht minder klug, nicht minder human, nicht minder intelligent – sich gestellt hatten: Sir Halford Mackinder, der am Ende des Ersten Weltkrieges die Aussiedlung der Deutschbalten empfahl; der britische Außenminister Lord Curzon, der eine nach ihm benannte ethnisch abgeleitete Grenze erfand; der Schweizer Anthropologe Georges Montandon, der Erfinder des Terminus »transplantation massive«, der sich den Kopf zerbrach über die Beseitigung chronischer Konfliktherde; der britische Premierminister Winston Churchill und der Präsident der Tschechoslowakei Eduard Benesch, die sich eine Auflösung des Problems der großen Minderheit in einem ungeliebten Staat nicht anders als durch »geordnete Aussiedlung« vorstellen konnten. Die Gegenwart lehrte uns neu und schärfer zu sehen.

Damit waren auch die Stimmen der Opfer und der Toten, die in ein Abseits gedrängt worden waren, wieder da. Hörbarer, nachdrücklicher. Wir lernten, daß es ihre Stimmen gab, unabhängig von irgendwelchen Funktionären und Repräsentanten, die sich zu Recht oder zu Unrecht auf sie berufen oder sie zitieren. Ein Kapitel der deutschen und europäischen Geschichte, das ins Abseits gerutscht oder geschoben worden war, erreichte vielleicht nicht die Mitte der Gesellschaft, war aber doch in ein Zentrum der Aufmerksamkeit gerückt – für einen Moment jedenfalls.

Woran wir anknüpfen können

Es gibt eine vergessene Geschichtsschreibung der europäischen Zwangsmigrationen. Es handelt sich um Eugene Kulischers »Europe on the Move« von 1948 und Joseph Schechtmans zweibändiges Werk »Population Transfers in Europe« von 1946 und 1958. Es sind zwei monumentale Arbeiten, die, auf einer reichen empirischen Basis gearbeitet, genau und gerecht sind, so daß man sich heute fragt, wie es möglich gewesen ist, inmitten der Kriegsturbulenzen und angesichts der Katastrophe des jüdischen Volkes eine so genaue und gerechte Analyse zu erstellen. Erstaunlich ist auch der fast epische Ton. Beide Autoren haben einen russisch-jüdischen Hintergrund, beide haben eine eigene Geschichte des *displacement*, der Emigration und der Flucht hinter sich, beide haben zahlreiche Verwandte und Freunde verloren. In ihren Arbeiten ist immer Europa als ganzes präsent. Es gibt einen Rahmen der Ereignisse und Prozesse, in dem alles seinen Ort hat. Beide Arbeiten zeichnen sich durch eine enzyklopädische Vollständigkeit und eine intime Kenntnis der Details, der Landschaften, der Mischungsverhältnisse, der Abläufe aus. Es waren Europäer mit dem privilegierten Blick der Dabeigewesenen und Davongekommenen, die nun – aus US-amerikanischer Warte – das Geschehen auf dem Kontinent verfolgten.

Auch die Frage, weshalb der Abschlußband der monumentalen Dokumentation zur Vertreibung der deutschen Bevölkerung, die unter Leitung Theodor Schieders erarbeitet wurde, der den Blick auf die europäische Szenerie richten und das den Deutschen widerfahrene

Schicksal in den Gesamtkontext einordnen sollte, nicht mehr erschienen ist, gehört in diesen Zusammenhang. Theodor Schieder hatte noch 1960 ganz und gar die europäische Dimension des Geschehens im Auge gehabt: »Die Austreibung nach 1945 ist, wie ich am Anfang schon sagte, ein Stück der deutschen Katastrophe, sie ist aber noch viel mehr: sie ist eine europäische Katastrophe, ein Eingeständnis dafür, daß die europäischen Völker, die sich in jahrhundertelangen Auseinandersetzungen als eine Einheit im Gegensatz, eine *coincidentia oppositorum* erwiesen hatten, nicht mehr miteinander leben zu können glaubten, ohne sich gegenseitig zu vernichten.« Wie kam es, daß ein Projekt, das die europäische Dimension so sehr im Blick gehabt hatte, nicht mehr zu Ende gebracht werden konnte?

Die Frage, die sich angesichts dieser großen und bedeutsamen Anfänge, das Jahrhundert der Flüchtlinge in Europa zu beschreiben, stellt, ist: wie kommt es, daß keine weiteren Studien gefolgt sind, daß sich der europäische Bezugsrahmen für solche Analysen verloren hat? Ich kann es mir nur mit der Verschiebung des Horizonts durch den Kalten Krieg erklären. Seit dem Beginn des Kalten Krieges ging das Interesse an der Erforschung der vom nationalsozialistischen Deutschland ausgelösten demographischen Erschütterungen stark zurück, man konzentrierte sich auf die Flüchtlingsbewegungen aus dem kommunistischen Machtbereich in die »freie Welt«. Innerhalb des sowjetischen Machtbereichs konnte es nur noch sehr selektive Darstellungen der Bevölkerungsverschiebungen geben. Die Neubildung von Nationen unter dem Firmenschild der Volksrepubliken, die ebenfalls auf dramatischen Bevölkerungsverschiebungen und Homogenisierungsprozessen beruhten, konnte nur noch affirmativ zur Sprache gebracht werden. Nur in Deutschland, das mit der Bewältigung des Flucht- und Vertreibungstraumas beschäftigt war, kam ein eindrucksvolles historisches Großforschungsprojekt zustande, das bis heute die wohl monumentalste Dokumentation dieser Art darstellt. Die Teilung Europas im Kalten Krieg, die Reduzierung von Konflikten und Problemen auf die Erfordernisse des Systemgegensatzes war der Entfaltung des »Vertreibungskomplexes« nicht günstig. In Deutschland wurde diese Problematik zunehmend im Zusammenhang der Roten Armee, der SBZ und Sowjetunion abgehandelt – daß Potsdam mit seinen Beschlüssen zur kollektiven Umsiedlung der Deutschen durchaus Sache der »Großen Drei« war, rückte immer mehr in den Hintergrund und verschwand schließlich ganz aus der öffentlichen Wahrnehmung. In der Zeit des Kalten Krieges kommt es zu einer Verengung, Provinzialisierung und »Verwestlichung« der ganzen Betrachtungsweise.

Aber auch die Vertriebenen und ihre Funktionäre sind nicht unschuldig an der Entstehung jener Situation, in der für Jahre, ja Jahrzehnte eine historische Aufarbeitung des »Vertreibungskomplexes« fast unmöglich wurde. An eine Historisierung des Geschehens war so lange nicht zu denken, als das Thema jederzeit tagespolitisch instrumentalisiert und ausgebeutet werden konnte. Die Suche nach neuen Wegen aus der Konstellation und Konfrontation des Kalten Krieges heraus, die mit der Anerkennung der Realitäten nach 1945 verbunden war, stieß auf den erbitterten Widerstand der organisierten Vertriebenenvertreter. Sie haben ihrerseits einen entscheidenden Beitrag zur Vergiftung der innenpolitischen Atmosphäre in der Bundesrepublik geleistet. Die Anerkennung der Nachkriegsrealitäten in Gestalt der »Neuen Ostpolitik« wurde von ihnen als Verrat diffamiert. Ihre Polemik hat nicht wenig zur Befestigung der gegen den »deutschen Revanchismus« gerichteten Loyalität im östlichen Block beigetragen. Wenn heute die Vertriebenen von einst als die eigentlichen Pioniere des west-östlichen Brückenschlages hingestellt werden, so ist auch dies zu einem gehörigen Teil Geschichtsklitterung. Die offiziöse Vertriebenen-Rhetorik hatte umgekehrt keinen geringen Anteil an der Verfestigung des Eisernen Vorhangs. Wenn man heute – mehr als ein halbes Jahrhundert nach der Austreibung der Deutschen – fragt, was die Organisationen der Vertriebenen zur Dokumentation, Sammlung und Analyse von Zeugnissen des Vertreibungsvorganges geleistet haben und wozu die finanziellen Mittel, die in nicht unerheblichem Maße zur Verfügung standen, verwendet worden sind, dann muß ein Urteil darüber vermutlich mehr als zurückhaltend ausfallen. Trotz ihrer bedeutenden institutionellen Stellung und ihres großen Einflusses haben sie es nicht für nötig gehalten oder auch nicht vermocht, eine zentrale Dokumentations- und Forschungsstelle einzurichten.

So paradox es klingt: die avancierteste Forschung zum europäischen Vertreibungsgeschehen, zu einer Sicht auf den europäischen Schauplatz stammt also aus der Zeit vor dem Auseinanderfallen Europas im Kalten Krieg. Die Bearbeitung der Themen ist für lange Zeit eingeschweißt, eingefroren worden in der oft unfruchtbaren polemischen Opposition von Ost und West. Jeder Versuch, sich aus dem

Schwerefeld des Ost-West-Antagonismus zu lösen, war mit Sanktionen bedroht. Die Beschwörung der Blocksolidarität hatte verheerende Folgen für das intellektuelle Klima im Allgemeinen und für die Behandlung des Vertreibungskomplexes im Besonderen. Der Verweis auf den wirklichen oder vermeintlichen Revisionismus von Vertriebenen hatte eine durchschlagend disziplinierende und korrumpierende Wirkung, mit deren späten Folgen wir es bis heute zu tun haben.

Die Historikerzunft hat im großen und ganzen die Arbeit an diesem Thema in den 70er und 80er Jahren liegengelassen – auch hier bestätigen die Ausnahmen die Regel. Dieser Umstand ist selbst aufklärungs- und analysebedürftig und wird sicher noch behandelt werden. Darin kommen viele Dinge zum Tragen: Paradigmenwechsel mit zum Teil verheerenden Langzeitfolgen, ideologische und politische Diskreditierung und Selbstdiskreditierung, Erosion von landeskundlicher und sprachlicher Kompetenz durch den Abgang einer bestimmten Generation von Gelehrten, ideologisch verbrämte Ignoranz, aber auch ganz gewöhnliches Mitläufertum mit dem Zeitgeist, Opportunismus und mangelnde Zivilcourage. So kommt es, daß wir in vieler Hinsicht ganz von vorne anfangen müssen.

Wiederaneignung einer verschwundenen Geschichte

Unausweichlich ist aber auch die Zunahme des Interesses an dem, was man früher einmal den Deutschen Osten genannt hat. Man muß blind sein, wenn man dieses Interesse unter Revisionismusverdacht stellt. Eher hat es etwas zu tun mit einem wachsenden Interesse für das neue Europa, für dessen kulturelles Relief und seine Geschichte. Mit der Vertreibung der Deutschen aus dem Osten ist die Brücke, die Deutschland mit dem Osten verband, eingestürzt, und mit dem Schweigen über die Vertreibung aus dem Osten ist das Wissen um die Geschichte der Deutschen im Osten verschwunden oder doch fast verfallen. Bekanntlich geht die deutsche Geschichte aber nicht in den 12 Jahren Hitlerei auf. Es gibt eine deutsche Geschichte davor und danach. Diese Geschichte wurde lange Zeit nicht so gepflegt, wie sie es verdienen würde. Das Wissen ist verfallen. Ehemalige Zentren deutscher Kultur sind nur noch als Schemen präsent, als Namen, die man gerade noch nennt, aber die man eigentlich schon nicht mehr kennt. Die Geschichte vieler Territorien Ostmitteleuropas ist heute eine doppelte, dreifache, ja mehrfache. Viele Zentren des östlichen Europa sind Städte mit vielen Vergangenheiten, nicht nur einer. Sich dort heute zu bewegen und sich auszukennen, bedeutet, sich in zwei, drei Zeitschichten bewegen und auskennen zu können.

Die erneute Beschäftigung der Deutschen mit ihrer Geschichte im östlichen Europa ist absehbar, die Wiederaneignung dieser so fremd und unvertraut gewordenen Geschichte unvermeidlich. Es stehen große Entdeckungen bevor. Auch kommt die Zunft wiederum zu spät. Sie hat es versäumt, die weltgeschichtliche Auszeit zu nutzen und den Deutschen Osten neu zu denken, ihn vom völkischen Mief und einer gewissen folkloristischen Enge zu befreien, ihn zusammenzudenken mit den Traditionen der Stadt- und Zivilkultur in der Region, ihn auf die Kraft des Bürgertums und seinen Anteil an der Modernisierungs- und Zivilisierungsleistung der Region zu beziehen. Auch hier gilt: Von der geistigen Wiederaneignung dieser Geschichte und Kultur zu sprechen, hat mit Revisionismus und Revanchismus nichts zu tun. Im übrigen ist diese Wiederaneignung überall im Gang, wo es im Laufe des 20. Jahrhunderts zur Liquidierung und Auflassung von Kulturlandschaften gekommen ist. Heute gibt es in den betreffenden Ländern allenthalben eine Archäologie der Lokal- und Regionalgeschichte, Spurensuche und Spurensicherung, zahlreiche Ausstellungen zu »Atlantis« und »Pompeji«. Die Wiederaneignung dieser Schichten ist ein Moment im Prozeß der kulturellen Akkumulation nach Jahren der Verarmung, ein Moment der Rekonzentration nach Jahrzehnten der Zerstreuung und des Zerfalls. Im Grunde handelt es sich um eine spontane und gleichsam naturprozeßhafte Reeuropäisierung kultureller Horizonte. Man kann sie überall, vor allem in den alten historischen Regionen, studieren: in Schlesien, in den Kresy, in Mähren, in Oberungarn, in Transsylvanien, im Baltikum, im Memelland, sogar in Kaliningrad/Königsberg.

Keine europäische Geschichte des 20. Jahrhunderts ohne Flucht, Umsiedlung und Vertreibung

Europäische Geschichte im 20. Jahrhundert ist wesentlich Gewaltgeschichte und darin auch Vertreibungs- und Umsiedlungsgeschichte. Es ist seltsam, wie absent die katastrophischen Erfahrungen von Zwangsmigrationen in der allgemeinen europäischen Geschichtsschreibung des 20. Jahrhunderts sind – wenn man von Mark Mazowers »Dark Continent« absieht. Man hat das letzte Jahrhundert auch das der Flüchtlinge genannt.

Europa legt im 20. Jahrhundert den Weg von den Vielvölkerimperien, die im Ersten Weltkrieg und in Revolution untergehen, zum Europa der ethnisch mehr oder weniger homogenen Nationalstaaten zurück, wie sie aus dem Zweiten Weltkrieg hervorgehen. Der Kampf für die eigene Nationalität und den eigenen Staat wird zum Sprengsatz der alten Imperien, deren Existenz geradezu daran gehangen hatte, das Ethnische als konstitutives Moment zu ignorieren. Der Kampf für den eigenen Nationalstaat ist Bestandteil der allgemeinen europäischen Modernisierungs- und Demokratisierungsbewegung. In einer geschichtlichen Region, für die die Gemengelage von Ethnos, Konfession, Sprache, Kultur konstitutiv war, mußte die Herausbildung des Nationalstaates mit den größten Spannungen und Risiken verbunden sein: sie waren alle in Wahrheit keine reinen Nationalstaaten, sondern ethnisch gemischte Vielvölker-Nationalstaaten oder doch wenigstens Staaten mit großen und kompakten Minderheiten. Das alte Nationalitätenproblem kehrte wieder in Gestalt des Minderheitenproblems. Der große Katalysator für den Übergang von der imperialen Welt zur neuen nationalen Staatenwelt, die in den Pariser Vorortverträgen sanktioniert worden war, war der Große Krieg, der als dynastischer begonnen hatte, aber in der Mobilisierung zum totalen Krieg zu einem wahren Völkerkrieg geworden war. Allgemeine Krise, wirtschaftliche Schwierigkeiten, mangelnde innere Souveränität – alles, was István Bibó einst unter der Rubrik »Elend der ostmitteleuropäischen Kleinstaaterei« aufgeführt hatte – waren nicht günstig für Konsolidierung und das schwierige Werk der Integration. Zu dem, was man in der Zwischenkriegszeit oft als »ostmitteleuropäische Schütterzone« bezeichnet hat, gehörten: unsichere und oft umstrittene Grenzen, irridentistische und revisionistische Bestrebungen vor allem seitens der Verlierermächte, die Gefahr, daß sich Volkstumskämpfe mit sozialen- und Klassenkämpfen verbinden könnten. Die Macht, die am entschlossensten auf die Umstoßung der »Versailler Ordnung« hinarbeitete, vertrat dann auch das weitestgehende und weit über jede Revision hinausgehende Programm einer rassistisch begründeten ethnischen Neuordnung Europas, zu dem die Germanisierung weiter Teile Europas, diverse Generalpläne zur ethnischen Säuberung des europäischen Ostens gehörten, in dessen Zentrum die Vernichtung der Juden in Europa stand. Am Ende dieser beispiellos gewalttätigen und im Genozid an den Juden gipfelnden Zerstörung Europas stand der totale Zusammenbruch der bisherigen Stellung der Deutschen im mittleren und östlichen Europa. Durch Grenzziehung, Flucht und Vertreibung waren am Ende mehr oder weniger ethnisch homogene Staaten entstanden. Es bedurfte eines weiteren halben Jahrhunderts, bis die letzten Vielvölkerimperien bzw. Staaten – die UdSSR und Jugoslawien – sich auflösten und den neuen postimperialen Nationalstaaten die Bühne überließen, zum Teil unter mit großen Menschenopfern verbundenen Gewalttätigkeiten und Kriegen, zum Teil mit großen freiwillig-unfreiwilligen Wanderungen; dieser Prozeß scheint noch nicht abgeschlossen zu sein.

Der Kernzeitraum, in dem der Übergang von der Welt der Imperien in die Welt der Nationalstaaten vollzogen wird, ist identisch mit der Weltkriegsepoche. Der Krieg – mit seinen Vorläufern von 1912/13, mit seinen Ausläufern bis 1948 – ist der große Katalysator, Mobilmacher, Polarisierer, Grenzveränderer und Menschenbeweger. In der Weltkriegsepoche betreten die Massen die politische Bühne und streben nach oben, zu ihrem »Platz an der Sonne« – ob plebejisch-sozialrevolutionär wie in Rußland, ob kleinbürgerlich-nationalrevolutionär wie im deutschen Fall, als reiner Klassenstaat oder Staat des Sowjetvolkes oder als rassistisch definierte Volksgemeinschaft. Widerspruchsfreiheit, Homogenität statt Heterogenität, Ausschluß und Säuberung erschienen in jedem Falle als legitime Orientierungen und Praktiken. Es ist überall die Flucht in den kurzen Prozeß, in die Simplifikation und Reduktion von Komplexität, die Kapitulation vor dem Komplizierten, die Neigung zu großen und endgültigen Lösungen statt Gradualismus und *piecemal engineering*. Die Idee indes, daß die Bereinigung des Konfliktherdes, wenn sie nur machbar sei, einem endlosen Gezerre um Kompromisse und einem passablen *modus vivendi* vorzuziehen sei, ging weit über diese im Stalinismus und Nationalsozialismus verkörperten Pole des sozialen und nationalen Radikalismus hinaus. Daß man lieber Konfliktherde in Gestalt von nicht-assimilierungsbereiten Minderheiten expedierte, transferierte, austauschte, anstatt sich in ein kräftezehrendes Aushandeln über die Bedingungen des Zusammenlebens zu begeben, war fast so etwas wie ein Gemeinplatz der Zwischenkriegszeit. Befriedigende Lösungen der Minderheitenfrage blieben die absolute Ausnahme (Estlands Regelungen kultureller Autonomie für die Minderheiten in der Verfassung der Zwanzigerjahre werden gerühmt). Der Apatride, der Vogelfreie, der Staatenlose beginnt, wie Hannah Arendt gezeigt hat, in dieser neuen Welt nach 1918 seine Karriere. Dieser Gemeinplatz wurde durch eine Reihe von Erfahrungen vorbereitet und im allgemeinen Bewußtsein verankert. Hierzu gehört die Erfahrung der europäischen Mächte als Kolonialmächte. Sie hatten alle ihre eigenen Erfahrungen im Umgang mit »minderwertigen« Kolonialvölkern, Rassismus war im kultivierten Europa kein Skandalon. An der Peripherie erlaubte man sich Dinge, die im Mutterland durchaus als unanständig galten. Allgemein akzeptiert war auch die von den Panbewegungen formulierte Vorstellung, derzufolge die Angehörigen einer Volksgruppe, gleich wo sie sich befinden, auch das Recht hätten, sich in einem Staat zusammenzuschließen, während Minderheiten hinausgedrängt werden sollten. So gab es in Europa wohl kein Einverständnis über die Legitimität von ethnischen Säuberungen, aber doch eine Art Einverständnis, daß nur ein mehr oder weniger homogener Staat ein starker und stabiler Staat sei und daß man, auch wenn man moralische Bauchschmerzen empfinde – Lord Curzons Diktum über das Abkommen von Lausanne 1923: dafür werde Europa büßen –, der Säuberung und Entfernung als dem »kleineren Übel« den Vorzug vor der Fortsetzung des Konfliktes geben müsse.

Es kommt noch ein weiteres hinzu: die Erfahrung der Machbarkeit. Auch hier war die Generalmobilmachung des Großen Krieges ein wichtiges Moment. Man hatte demonstriert, daß die Bewegung von großen Menschengruppen samt Produktionsanlagen und Institutionen realisierbar war. In großen Evakuierungsaktionen hatten die Reiche noch einmal die Leistungskraft ihrer Logistik und Kriegswirtschaftsorganisation, ihrer Infrastruktur und ihrer Bürokratie demonstrieren können, bevor sie zusammenbrachen und von unendlich effektiveren und tüchtigeren Apparaten abgelöst wurden. Das ganze bürokratische Instrumentarium, das man für die kommenden »chirurgischen Eingriffe« brauchte, wurde erprobt: Einrichtung von Durchgangslagern, Filtrationen, die Methoden der Stigmatisierung und Diffamierung als wichtige Etappe im Prozeß der Ausgrenzung, die Techniken der Deportation. Wichtige Erfahrungen, die sich herumsprachen, die in Europa verallgemeinert wurden und so etwas wie ein *frame of reference* für Machbarkeit abgeben sollten, waren: die Deportationen der Armenier in den Jahren 1915/16, deren Details von diplomatischen Vertretern beobachtet und kolportiert werden; die großangelegten Evakuierungen, die die russischen Behörden in den Frontgebieten des Russischen Reiches unternahmen; vor allem aber die Organisation und Abwicklung des griechisch-türkischen Bevölkerungsaustausches, der 1923 im Abkommen von Lausanne besiegelt worden war. Auf diese Erfahrungen bezogen sich so verschiedene politische Akteure der Zeit wie Hitler, Churchill, Benesch, Molotow.

Es waren die totalen oder totalitären Mächte, die die Säuberung und Homogenisierung am weitesten getrieben haben, und hier war es wiederum Nazi-Deutschland, das die Säuberung als systematischen Massenmord einer bestimmten Gesellschafts- und Volksgruppe betrieb. Was die Sowjetunion angeht, ist erst allmählich deutlich geworden, daß es – wie im Russischen Reich zuvor schon – auch massive ethnisch, nicht nur sozial definierte Säuberungen gab.

Da der Schauplatz dieser Vorgänge sein Zentrum im mittleren und östlichen Europa hatte, gibt es kaum eine Region, kaum eine Volksgruppe, kaum ein Gemeinwesen, das nicht vom Sturm heimgesucht worden wäre. Die Zahlen schnellen empor, wenn Grenzen verschoben werden. Kriege treiben Fluchtbewegungen wie Bugwellen vor sich her, fegen Landstriche leer, bereinigen das Glacis, treiben die Verfeindung von Volksgruppen voran, entfalten die Register des Hasses und legen die zivilisatorischen Hemmschwellen nieder, bereiten der Barbarisierung, ohne die nichts geht, den Weg.

Das Ergebnis dieser katastrophisch sich vollziehenden und ineinander greifenden Prozesse ist das, was Lord Curzon als »to unmix populations« genannt hat. Europa nach dem Zusammenbruch der Naziherrschaft ist auf merkwürdige Weise »unmixed« und beginnt sogleich durch die Millionen umfassenden Ströme von Flüchtlingen und *displaced persons* sich neu zu vermischen. Das Europa, das aus den Flüchtlingsströmen hervorgeht, ist ein neues, neu sich vermischendes, und die sozio-demographische Revolution, die in den Zufluchtsgebieten der Heimatlosen und Heimatvertriebenen – sei es in Deutschland, in Polen, Ungarn, Griechenland, Sowjetunion – stattfindet, gehört wohl zu den bedeutendsten und am meisten unterschätzten Revolutionen des 20. Jahrhunderts.

Europäisch schließlich ist der Umsiedlungs- und Vertreibungskomplex noch in einem ganz unmittelbar-einfachen Sinn. Alle Revirements auf der ethnographischen Landkarte beinhalten den Mechanismus des »In und Out«. Die Räumung von Orten geht einher mit der Neupeuplierung. Einsiedlung und Aussiedlung gehören zusammen. Höfe werden geräumt und geleert, um Platz zu machen für andere. Freilich kommt es auch vor, daß die Potenz zur Inbesitznahme und Wiederbesiedlung der leergeräumten Gebiete nicht ausreicht. Dann kommt es zu säkularen Regressionen, zur Rückkehr der Natur in alte Kulturlandschaften. Eine über die Nationalhistoriographie oder jeweilige Landsmannschaft hinausgehende Geschichtsschreibung müßte gerade dieses Ineinandergreifen, den »Verschiebebahnhof«, um im Bild zu bleiben, rekonstruieren: Entvölkerung und Wiederbesiedlung. Die Pendelbewegungen der Züge, die die einen wegschaffen und die anderen heranschaffen, sind wesentlich zum Verständnis des Prozesses. Die Lager, die von den einen geräumt werden, um Platz zu machen für die anderen, sind Orte der Epoche. Es gibt europäische Zusammenhänge, die sind so buchstäblich-handgreiflich, daß es einen schaudert. Es wäre ein unverzichtbarer Gewinn, wenn jene Zusammenhänge – vor allem Vergleich – erst einmal wieder hergestellt und sichtbar würden.

Rückgewinnung von Komplexität

Umsiedlung und Vertreibung sind tief in das individuelle Leben, in die Existenz eines Menschen, einer Familie, eines Gemeinwesens, einer Nation, einer Kultur einschneidende Vorgänge, sie umfassen von vornherein alle Aspekte menschlichen Lebens. Dies hat Konsequenzen für die Auswahl der Quellen, für die Festlegung des Untersuchungsfeldes, für die Darstellungsform. Es ist aber auch klar, daß bestimmte Disziplinen bei der Aufarbeitung des Geschehens eine besondere Rolle spielen. Dies dürfte zum einen die historische Demographie sein, die uns nicht nur hilft, die nach wie vor unsicheren und unscharfen Schätzungen zu präzisieren, sondern uns an Bevölkerungsentwicklungen in Ausnahmesituationen, wie es Krieg, Bürgerkrieg sind, heranführen. Es müßte gleichsam eine Demographie auf der Höhe der Zeit, d.h. des gesellschaftlichen Ausnahmezustandes und der damit verbundenen Pathologien sein.

Zweitens: Die gewaltsame Bevölkerungspolitik hat die gesamte ethnische und soziale Topographie der Region zerstört bzw. umgeschaffen. Es bedürfte daher einer historischen Soziologie, die in der Lage ist, das Ineinander von ethnischen, konfessionellen und sozialstrukturellen Merkmalen und deren Veränderung im Verlauf der Zwangswanderung zu analysieren. Es liegt auf der Hand, daß Säuberungen wie die Deportation der Kulaken oder die Ausschaltung des jüdischen Mittelstandes unabsehbare Langzeitfolgen für Ökonomie und Sozialstruktur eines Landes oder einer Region haben mußten.

Drittens ist offensichtlich, daß das Problem eine international-völkerrechtliche Seite hat. Ob es sich um den Status und die Rechte von Minderheiten in den Staaten der Zwischenkriegszeit handelt, ob es sich um die Verträge zum Bevölkerungsaustausch von Lausanne oder den zwischen der UdSSR und Nazi-Deutschland geschlossenen vom September 1939 handelt, ob es sich um das Problem des Staatsbürgerrechts oder Autonomieregelungen handelt – immer liegt auch ein juristisch-völkerrechtlicher Aspekt vor.

Umsiedlung und Vertreibung ist – dies viertens – verbunden mit kulturellen Verwüstungen und Verheerungen – aber auch Neubildungen. Die hochkomplexen gemischten Kulturen Ost- und Ostmitteleuropas sind getilgt worden, und es bedarf eines breiten kulturgeschichtlichen Registers, die Kultur der Misch- und Übergangszonen zu rekonstruieren, wie den Prozeß der Zerstörung und Auflösung bzw. den der Neubildung nachzuzeichnen. Dies kann auf der Ebene der schönen Literatur, der Baudenkmäler, des Schul- und Ausbildungswesens, der Arbeitskultur gezeigt werden. Insbesondere für die Kulturgeographie wartet hier ein weites, grenzüberschreitendes Feld.

Abschließend: die Praxis der gewaltsamen Bevölkerungsbewegung ist immerzu begleitet gewesen von einem Diskurs über Bevölkerungsbewegungen, gewissermaßen die wissenschaftliche und akademische Reflexion und Begleitmusik. Dazu gehören philosophische, soziologische, planerische Überlegungen. Nicht zuletzt geht es um die Rolle von Wissenschaften und Wissenschaftlern bei der Inswerksetzung von Umsiedlungs- und Vertreibungsprojekten, die bekanntlich nicht gering zu veranschlagen ist. In der Wissenschaftlichkeit und Planmäßigkeit der Säuberungsaktionen zeigt sich gerade, daß das »Jahrhundert der Flüchtlinge« nicht ein »Rückfall ins Mittelalter«, sondern ganz modern und auf der Höhe der Zeit war.

Studien zu »Unmixing/Remixing Populations«: Städte und historische Regionen

Unter den vielen Möglichkeiten, den Prozeß der Entmischung zu beschreiben, düften Feldstudien zu einzelnen Regionen und Städten am weitesten führen. Es ist kein Zufall, daß wann immer wir von der »Gemengelage« der alten Imperialordnung sprechen, wir von bestimmten historischen Landschaften sprechen: Galizien, Bukowina, Wolhynien, Baltikum, Transsylvanien, Dalmatien, Memelland, Krim. Und es ist kein Zufall, daß wir, wenn wir die Multiethnizität und Multikulturalität der alten Imperien demonstrieren wollen, dies mit Hinweis auf die Metropolen der Imperien tun: Wien, Lemberg, Triest, Smyrna, Krakau, Odessa, Riga, Sankt Petersburg, Lodz, Wilna und viele andere, besonders die Hauptstädte dieser Mischlandschaften. Wenn man das innere Getriebe, die endogenen und exogenen Kräfte, die die Kohäsion der städtischen Gesellschaften ausgemacht oder untergraben haben, untersucht, dann muß man sich an die *social fabric* dieser Metropolen der Imperien halten. Es werden sinnvollerweise Längsschnitte sein, deren Eckdaten nicht schwer zu bestimmen sind: es handelt sich fast überall um die Periode des Dreißigjährigen Krieges des 20. Jahrhunderts. Hier sind Studien von außerordentlicher Dichte möglich. Man kann an ihnen die Mechanismen, die Abläufe, die Resulate wie in einem Brennglas studieren. Hätten wir Studien zu den wichtigsten Metropolen der Region in diesem Zeitraum, wir würden Europa ein Stück seiner vergessenen und verbrannten Geschichte zurückgeben.

Über den Zusammenhang von Holocaust und Bevölkerungsverschiebungen

Es soll hier keine neue These zur Genese oder Bedeutung des Holocaust vorgebracht werden, schon gar keine Kurzversion, wohl aber soll auf den erstaunlichen Umstand verwiesen werden, daß die Forschungen zu Genese und Durchführung der »Endlösung« fast nichts zu tun haben mit den Forschungen zu ethnischen Säuberungen und »Redrawing nations«, obwohl der Zusammenhang auf der Hand liegt und empirisch ins Auge springt. Es kann nicht nur daran liegen, daß der Genozid an den Juden ein Vorgang anderer Ordnung ist und qualitativ einer anderen Stufe mörderischer Gewaltentfaltung angehört. Was immer die Gründe für diese wechselseitige Nicht-Zurkenntnisnahme oder Nicht-Kooperation sein mögen: die Furcht, man würde dadurch den Ausnahmestatus des Holocaust nivellieren und relativieren; die *déformation professionelle*, die der Verselbständigung der Forschungszweige geschuldet ist; die Angst, in eine Kette der Logiken und der kausalen Nexus zu geraten, aus der es kein Entrinnen mehr gibt, und was der Gründe noch mehr sein mögen. Meist wird ein Zusammenhang von Holocaust und Vertreibung in einem konsekutiven Sinne hergestellt: Vertreibung als Rache, als Strafe, als das »logische Resultat« für begangene Verbrechen. An dieser Stelle ist indes von einem anderen Zusammenhang die Rede. Die radikale Version des ethnisch homogenen Nationalstaates ist nicht nur ethnonationalistisch, sondern in der Regel auch rassistisch und antisemitisch; das kann man bereits bei einigen Vordenkern des modernen Nationalstaates sehen, man sieht es aber vor allem in der rassistischen Unterminierung oder Überwältigung des Nationalstaates durch die Nazi-Bewegung, die ja auf einen Staat der Herrenrasse alias »Volksgemeinschaft« hinauswill. Er schließt Verdrängung, Verschiebung, Homogenisierung, Vernichtung »lebensunwerten Lebens« ein. Der Prozeß der Vernichtung des Judentums in Europa ist ein Prozeß der Verdrängung, der »Säuberung«, des »Judenreinmachens« von Städten, Provinzen, Staaten, Gesellschaften, der Abschiebung und Deportation in Reservate und schließlich der systematischen Ermordung. Es wird »freigemacht« für andere. Im »Generalplan Ost« ist unentwegt die Rede von Einsiedeln und Aussiedeln, von der Auflösung von Siedlungsenklaven, dem Bau von Siedlungsbrücken, von der Verdichtung von Siedlungsräumen. Das Territorium des Nazistaates wird »blutsmäßig« gereinigt und homogenisiert. Der Prozeß der »Säuberung« und Entfernung ist eingebettet in den Prozeß der Verschiebungen und Neuzeichnung der ethnographischen Landkarte, die Hitler in seiner Rede vom 6. Oktober 1939 angekündigt hatte. Dieser Zusammenhang besteht auch logistisch, organisatorisch, räumlich und verkehrstechnisch; er ist rekonstruierbar und auch schon von einigen Historikern rekonstruiert worden.

Daraus ergäbe sich eigentlich, daß Erforschung von Holocaust, allgemeinen Bevölkerungsverschiebungen in Europa, Zwangsmigration, *ethnic cleansing* in einen Zusammenhang gerückt werden müßten und daß die auffällige Distanz und wechselseitige Separierung fragwürdig ist.

Der Toten gedenken

Die Diskussionen über Umsiedlung und Vertreibung hier und heute finden nicht in einem luftleeren Raum statt, sie stehen sogar unter einem gewissen Druck – wieder einmal –, sich verhalten zu müssen, Stellung nehmen zu müssen, reagieren zu müssen. Soll man sich für ein Denkmal, ein Mahnmal, ein Zentrum, das sich mit der Geschichte und Gegenwart der Umsiedlung und Vertreibung beschäftigt, aussprechen oder nicht, und wenn ja, wo und in welcher Form? Bevor man sich zu den vorgegebenen Vorschlägen äußert, darf man auch hier wiederum erst einmal ein paar Schritte zurücktreten.

Erstens: Eine Geschichte der Vertreibung, die als Trauma empfunden und verstanden wird, hat ihren Ort innerhalb der kollektiven oder nationalen Erinnerung. Wenn sie bisher dort nicht angesiedelt ist, dann stimmt etwas nicht. Eigentlich gehören solche Verluste oder Katastrophen, solche Schmerzerfahrungen oder auch Erfahrungen eines neuen Gelingens zu den zentralen Narrativen eines Volkes, einer Nation. Also: kein deutsches Nationalmuseum, kein Deutsches Historisches Museum ohne die Einarbeitung des Verlustes der alten Ostprovinzen des Reiches, ohne Darstellung dessen, was der Deutsche Osten war, ohne Darstellung von Flucht und Vertreibung. Eine Nationalgeschichte, die diese Erfahrungen eskamotierte, wäre so unwahr und nicht ernst zu nehmen wie eine, die den Holocaust verschwiege. Es gibt keinen Grund, den Verlust der deutschen Ostgebiete den Flüchtlingen aus dem deutschen Osten anzulasten, sowenig wie es angeht, ihnen die Erinnerung daran zu überlassen. Es ist in beiden Fällen nicht allein ihre Sache, sondern die des ganzen Volkes. Dies zu tun ist vielleicht schwieriger, als viele annehmen: Es gibt keine moderne Fassung dieses Problems, weil das Thema bei den Akten lag, verstaubt, antiquiert. Es muß neu gedacht werden. Eile, Forcieren, Druckmachen stört hier nur. Im übrigen ist dies wiederum nicht nur ein deutsches Problem. Das veränderte Europa induziert eine Welle des Neudenkens des Platzes der je eigenen Nation auf diesem Kontinent.

Zweitens: Ich weiß nicht, ob Aufklärung, Museum und Gedenken der Toten zusammengebracht werden können, ob dies überhaupt wünschenswert ist. Ja, es soll Orte geben, wo ihrer, die schuldlos umgekommen sind, gedacht werden soll. Es ist Zeit, jetzt, da aus Vertriebenen längst Einheimische geworden sind. Vielleicht gibt es Orte, an denen es sinnvoll ist, wo es einen Bezug gibt, einen Bezug, der außerhalb von Repräsentationspflichten und öffentlichen Ritualen liegt. Trauern und Gedenken sind individuelle und intime Angelegenheiten, keine Inszenierungen.

Drittens: Es wäre wünschenswert und dringend, daß Europa sich seiner Gewaltgeschichte erinnerte und sie sich vergegenwärtigte. Ethnische Säuberung, Umsiedlungen, Flucht und Vertreibung haben bei fast allen Völkern eine tiefe Spur hinterlassen. Es wäre längst an der Zeit gewesen, wenn sich eine der großen und kostspieligen Ausstellungen etwa des Europarates mit Themen wie diesem befaßt hätte. Und es müßte ein leichtes sein, so etwas zu initiieren. Sie würde dann, vielleicht sogar modifiziert, durch Europa wandern, ein buchstäblich dringendes Aufklärungsprojekt im sich neu konstituierenden Europa. Eine solche Ausstellung kann ihren Ausgang überall nehmen: in Brüssel, in Straßburg, in Lausanne, in Potsdam-Cecilienhof, in Smyrna, Salonika, Wrocław, Kaliningrad, Pinsk, auch in Berlin.

Viertens: Es ist ein Streit über den Sitz eines Zentrums gegen Vertreibungen ausgebrochen oder vom Zaun gebrochen worden. Fast alles daran ist parteipolitisch motiviert und hat mit der Sache nur wenig zu tun. Man muß die Ansprüche politischer Parteien, dieses Problem zu instrumentalisieren und zu besetzen, abweisen. Zur Sache: Es gibt keinen einzelnen Ort, der von Haus aus dazu privilegiert wäre, repräsentativ für das europäische Vertreibungsgeschehen *in toto* zu stehen.

Es ist daher ganz unernsthaft und lächerlich, sich um den besten Ort für die Vergegenwärtigung des Vertreibungsgeschehens zu streiten. Es wäre auch eine vollständige Überforderung, wenn ein einziges Zentrum es sich vornähme, eine angemessene und gerechte Darstellung zu geben, in der sich auch alle anderen wiedererkennen würden. Es kann hier keine Stellvertretung des einen durch einen anderen geben. Vertreibungen waren *ad nationem* gerichtet, und sie gingen von nationalen Gruppen oder Eliten mit konkreten Namen und Staatsangehörigkeiten aus, und sie richteten sich gegen Deutsche oder Polen oder Ungarn oder Juden, nicht gegen Europäer.

Fünftens: Die angemessenste Ebene ist im Grunde die des Ortes, die der Region, d.h. der Herkunfts- und der Ankunftsgebiete, der Vertreibungsregion und der Ankunftsregion, der Alten Heimat und der Neuen Heimat. Auf dieser Ebene fand der Prozeß des Unmixing, des Entwurzelns, der schmerzlichen Auflösung der Lebenswelten konkret statt, auf dieser Ebene fand auch der Prozeß des Seßhaftwerdens, der Heimatfindung, des Aufbaus einer neuen Lebenswelt statt. In Deutschland gibt es eine reiche, dezentrale, lokale Struktur der Aufbewahrung und Erinnerung an die verlorene Heimat. Sie befindet sich meist da, wo sich die Heimatvertriebenen von einst niedergelassen haben. So ist ein großes Netz von Museen, Veranstaltungsorten, Bibliotheken entstanden. Sie repräsentieren die Erinnerung an die Vergangenheit, an das Gewesene. Andererseits gibt es die Herkunftsorte, die selber wieder Ankunftsorte für andere geworden sind, die ihre eigenen Erinnerungen mitgebracht haben, die aber kaum Material haben, das die Geschichte des Landstrichs, des Orts »davor«, also vor 1945, dokumentiert. Eigentlich läge die Aufhebung des Gegensatzes von davor und danach, von alter Heimat und neuer Heimat, im Transfer und Austausch von Erinnerung und Wissen. Die Orte der Vertreibung und des Bruches könnten Orte der Überblendung, vielleicht auch Verschmelzung von Bildern und der Stiftung von Kontinuität werden.

Spontan geht es ja längst in diese Richtung. Viele der Heimatvertriebenen sind dorthin unterwegs, helfen bei der Restaurierung von Kirchen, Friedhöfen, Bibliotheken. All diese Museen, Bibliotheken können zu Relaisstationen in einem sich neu zusammenfügenden Europa werden, in dem der Bruch, der durch Umsiedlung und Vertreibung gerissen worden ist, überwunden wird. Es gibt im übrigen wunderbare Museen, in denen man sehr viel lernen kann – das donauschwäbische Museum in Ulm zum Beispiel. Sie könnten Anlaufstellen in ein weiteres, wieder erinnertes, wieder angeeignetes Europa werden.

EUROPA UND DER »DEUTSCHE OSTEN« – EINE NEUVERHANDLUNG

Das Neue Europa, das mit der Osterweiterung der EU auch formell Gestalt annimmt, ist etwas Gegenwärtiges, der Deutsche Osten ist von gestern, etwas Gestriges. Das neue Europa kann man mit Händen greifen, es pulsiert, der Deutsche Osten ist vergangen, Geschichte. Über das neue Europa erfahren wir im Zusammenhang mit der Osterweiterung der Europäischen Union jeden Tag etwas Neues. Da ist von lebendigen Städten die Rede, nicht von imaginären. Das neue Europa leuchtet in kräftigen Farben von Kodak und Fuji, das Europa, dem der »Deutsche Osten« angehört hat, ist schwarz-weiß, mit einem leichten Gelbstich. Wir stellen uns bewußt auf die neue Nachbarschaft ein. Wir prägen uns ein, wo die neuen Grenzen verlaufen, und haben schon Mühe, die alten Grenzverläufe zu erinnern. Für die ganz Jungen gibt es die Grenzen schon nicht mehr. Sie pendeln und surfen über die Grenzen hinweg und bewegen sich in Korridoren, in denen überall dieselbe Sprache gesprochen wird und die Begriffe sich wie von selbst verstehen: sie meinen überall dasselbe.

Die Rede vom Deutschen Osten wirkt da gänzlich unzeitgemäß und liegt wie ein erratischer Block in dieser neuen, wie rasend veränderten Landschaft. Ein neuer Horizont baut sich auf, in dem ein Deutscher Osten eigentlich keinen Platz hat. Deutscher Osten ist etwas für ältere Leute. Der Begriff ist wie ein Epitaph, mit dem ein Ende beglaubigt ist, das Ende einer Geschichte. So sieht es jedenfalls aus.

Aber wer in dieses neue Europa hineingeht, betritt einen Schauplatz, auf dem es zu überraschenden Begegnungen kommt: zu Begegnungen mit einer Geschichte, die die meisten schon vergessen hatten. Wer im neuen Europa unterwegs ist, bekommt es mit Hinterlassenschaften dieser Geschichte zu tun, bald als Trümmer, die man mit bloßem Auge erkennen kann, bald als Spurenelemente, die man nur mit einiger Vorbereitung und Schulung erkennen kann. Das sind dann Städte, die einen russischen oder polnischen oder litauischen Namen haben, von denen es aber auch einen deutschen Namen und einen deutschen Stadtplan gibt. Das sind Inschriften an Geschäftshäusern, Hafenspeichern, Pensionen oder Hotels, in denen man als Tourist unterwegs ist. Das sind Grundrisse von Häusern, die uns irgendwie vertraut vorkommen. Es sind die Städte, deren Namen keiner mehr nennt, und die bei ihrem alten Namen zu nennen, wir eben erst wieder anfangen. Touristen werden in diesem Gelände leicht zu Archäologen und Landschaften mit all ihrem Inventar leicht zu Palimpsesten, in denen man mit Neugier zu lesen beginnt. Es kann auch nicht anders sein. Wir sind mit dem Deutschen Osten und den Deutschen im Osten Europas verbunden, auch wenn wir keinen besonderen Wert darauf legen und darauf keine besondere Aufmerksamkeit verwenden. Wir brauchen nur einmal kurz um uns zu blicken; auf die Bücher, die gerade auf dem Tisch liegen: die soeben erschienenen Kant-Biographien, die nicht nur vom Ewigen Frieden oder dem kategorischen Imperativ handeln, sondern von der Stadt, in der Kant die Welt gedacht hat; eine Autobiographie – es ist die von Reinhard Baumgart –, die uns nach Breslau führt; ein Roman – »Landnahme« von Christoph Hein –, der uns mit der Erfahrung der »Übersiedler« der DDR bekanntmacht; die Vita eines Kandidaten für das Bundespräsidentenamt, dessen Lebensstationen von Bessarabien über Wolhynien und Leipzig in den deutschen Südwesten führen. Die Beispiele ließen sich beliebig vermehren. Sie zeigen, daß wir mit tausend Atomen verbunden sind mit der Welt, die man als »Deutschen Osten« bezeichnet hat. Und daß wir mit ihr zu tun haben selbst dann, wenn wir dieser Geschichte den Rücken zukehren. Es ist nicht nur wachsende zeitliche Distanz, nicht bloße Indifferenz und Gleichgültigkeit, wenn uns dieses Thema fremd geworden ist, sondern es hat etwas mit der Geschichte selbst zu tun, wenn es uns schwer fällt, davon zu sprechen: mit verbrannter Erde, Ostfront, Generalplan Ost, Einsatzkommandos, Deportationen ins Gas, schließlich Flucht und Vertreibung. Und doch: Es gibt eine Geschichte des Deutschen Ostens, die mehr und die älter ist als die Nazi-Geschichte. Es gibt eine große, nach Jahrhunderten bemessene Geschichte, beruhend auf der Arbeit von Generationen, verkörpert in einem unerhörten kulturellen Reichtum, Weltoffenheit und Weltläufigkeit, die durch die Katastrophe des 20. Jahrhunderts zugrunde gerichtet worden ist, die aber deswegen nicht ungeschehen gemacht werden kann. Es gibt eine Geschichte, die zu vergegenwärtigen uns angelegen sein muß, ja: ohne die wir ein angemessenes Bild vom mittleren und östlichen Europa kaum gewinnen können. Wie aber spricht man darüber, ohne in einen nostalgisch-verklärenden Ton zu verfallen? Wie spricht man vom Deutschen Osten ohne volkstumsmäßigen Mief und auf eine moderne Weise? Wie spricht man auf eine nicht revisionistische Weise von einer zweiten Aneignung? Und wie bringt man endlich das große Kapitel des Deutschen Ostens dorthin zurück, wo er seit jeher hingehört: in den europäischen Zusammenhang.

Was sich in Europa gegenwärtig tut, ist ja nur formell die »Osterweiterung der Europäischen Union«, in Wahrheit handelt es sich um seine Neubildung nach einem langen dreißigjährigen und einem halben Jahrhundert Kalten Krieg. Ein unvermeidliches Moment dieser Neukonstitution Europas nach einem Jahrhundert der Katastrophen ist die Tatsache, daß Europa ein neues Bild von sich selber gewinnt. Es ist eine Art Wiederaneignung eines geschichtlichen Schauplatzes und einer Geschichte, die bisher in rivalisierende, ja verfeindete Deutungen aufgespalten waren. Wir haben es zu tun mit einer Europäisierung des Wahrnehmungshorizonts und der Geschichtsschreibung. Ohne daß wir auf eine europäische Meistererzählung warten müssen, können wir sagen, daß viele vergessene Landschaften und Provinzen Europas auf den Schauplatz zurückkehren werden, und eine davon wird gewiß jene sein, die man den Deutschen Osten genannt hat.

Der Zauber des Deutschen Ostens und wie man von ihm spricht

Daß der Deutsche Osten etwas von großer, ja überwältigender Schönheit war, kann man bei Gräfin Dönhoff lernen. In ihren Beschreibungen und Erinnerungen schlägt sich die Erfahrung einer einzigartigen Natur- und Kulturlandschaft nieder. Sie sind – wie manch andere literarische Zeugnisse auch – Vergegenwärtigungen einer in Europa untergegangenen Landschaft und Lebensform. Es ist wichtig, sich dem Zauber der von ihr geschilderten Landschaften auszusetzen. Denn es wird darin sichtbar: Es gibt eine Art des Sprechens und Nachdenkens über die untergegangene Welt, die zwar erfüllt ist vom Zauber und von der Trauer, aber gänzlich frei von Ressentiment und Bitterkeit. Es gibt einen Zauber Ostpreußens noch vor aller politischen Erörterung und Reflexion. In ihrem Heinrich Graf von Lehndorff, der am 4. September 1944 als Verschwörer gegen Hitler in Plötzensee starb, gewidmeten Essay »Leben und Sterben eines ostpreußischen Edelmannes« gibt sie etwas vom Zauber dieses Landstriches wieder: »Kein Weg und kein Pfad im kilometerweiten Umkreis, den wir nicht kannten. Kein Stoppelacker im Herbst, kein sandiger Weg, der uns nicht als Rennstrecke diente. Noch ist mir der Ton der sich dehnenden Gurte und das Knirschen des Sattelzeugs im Ohr, spüre ich das Sausen des Windes und das Scheuern der Fingerrücken am nassen, schweißduftenden Pferdehals. Nie schien die Freiheit größer und das Glück gegenwärtiger.

Endlos erschien der Winter, die kurzen Tage und langen Nächte und auch die nie endenden Ansprüche der Hauslehrer an den Schüler. Bis dann eines Tages die Stürme, die durch die alten Alleen brausten, im Walde die Fichten kreuzweise übereinanderlegten. Kilometerweit traten dann die Flüsse über die Ufer, alle Wege wurden grundlos, und an den geheimnisvollen Abenden hörte man den Schrei der nordwärts ziehenden Wildgänse: Frühling. Ein Frühling, elementar und gigantisch, der nicht nur die Natur in mächtigen Unwettern schüttelte, sondern auch die Menschen, die monatelang in Abgeschiedenheit gelebt hatten, träumend, wartend, grübelnd.

So wurde Schicht auf Schicht gelegt, verging Jahr auf Jahr im Rhythmus der Natur, die alles bestimmte im souveränen Gleichmaß und die doch voller Abenteuer war mit unheimlichen Erscheinungen im nächtlichen Wald und seltsamen Geräuschen am Ufer des dunklen Sees. Generation auf Generation war so herangewachsen und hatte erlebt, daß fast unbemerkt aus Spiel Verantwortung wurde.«

Gräfin Dönhoff, sensibel, aber unsentimental, geschichtlich versiert, aber nicht nostalgisch, hat wohl verstanden, daß sich dieser Zauber nicht nur auf sie selbst erstreckte. Im Vorwort zu »Namen, die keiner mehr nennt«, nennt sie ihr Buch ein Buch des Abschieds von den Bildern ihrer Jugend. »Ein großer Himmel, der sich über weiten Feldern wölbt, bescheidene Dörfer, Kopfsteinpflaster, Sonnenblumen im Vorgarten, Gänse auf den Straßen und allenthalben jene herrlichen Alleen, die im Westen dem motorisierten Verkehr geopfert wurden. Abschied von einer versunkenen Welt, in der die Jahreszeiten den Rhythmus des Lebens noch ganz unmittelbar bestimmten: das weidende Vieh auf sommerlichen Wiesen, Regenwolken über leeren Stoppelfeldern, der Schrei der Wildgänse, die im Frühjahr gen Norden ziehen, der Ruf der Häher im herbstlichen Gehölz, die Fuchsspur im frisch verschneiten Wald.« Sie wußte, weshalb ihr Buch so erfolgeich war: weil es nicht nur Erinnerungen an ihre Heimat Ostpreußen festhielt, »sondern ungewollt zu einem ›in memoriam‹ für die alte Welt, für eine bestimmte europäische Lebensform geworden ist.« Der von Gräfin Dönhoff geschilderten Landschaft ließen sich andere hinzufügen, die für Jahrzehnte aus dem Blickfeld verschwunden und damit »untergegangen« waren – die Steilküste des Samlands, die Dünen der Nehrung und die Badeorte. Der Deutsche Osten besteht ja gleichsam aus einer Karte, auf der die *lieux de mémoire* eingetragen sind: Ordensburgen, Dome, Zisterzienserklöster, Herrensitze, Flußlandschaften, und immer wieder: Städte – Königsberg, Tilsit, Allenstein, Breslau, Stettin. Was geschieht mit einer Kultur, der diese Räume, diese *lieux de mémoire*, die Städte und Landschaften abhanden gekommen sind, die für Jahrhunderte Produktionsstätten der deutschen Sprache, Literatur und Kultur gewesen waren? In einer Ausstellung der frühen 1990er Jahre, die »Großen Deutschen aus dem Osten« gewidmet war, sehen wir die Porträts von Immanuel Kant und Arthur Schopenhauer, von Georg Dehio und Otto Hinz, von David Hilbert und Ernst von Baer, von Andreas Gryphius und Johann Gottfried Herder, von Erich Mendelsohn und Andreas Schlüter, von Jakob Böhme und Johann Georg Hamann. Das Verschwinden der Orte und Landschaften aus dem Horizont der Deutschen war ein großes Unglück, Widerschein der säkularen Katastrophe mit dem Namen »Zusammenbruch des Deutschen Ostens«. Er hat den Deutschen die Sprache verschlagen, daher ist er bis heute das bevorzugte Feld für Ressentiment, Aufrechnen, Abrechnen, Eifererturn. Zu den ganz wenigen, die eine Sprache gefunden und den Ton getroffen hatten, in dem der Trauer um einen unermeßlichen Verlust Ausdruck verliehen wurden, gehörte Gräfin Dönhoff. Sie zeigte, daß es schon sehr früh eine Sprache gab, in der man über die Katastrophe sprechen konnte, ohne in Rechthaberei und Gleichgültigkeit abzugleiten. Gräfin Dönhoff war auch deshalb so glaubwürdig, weil sie aus ihrem Schmerz und ihrer Trauer nie ein Hehl gemacht hatte. Sie, die entschieden für die Neue Ostpolitik gestritten hatte, vermochte es doch nicht, im November 1970 dabei zu sein, als der Deutsch-polnische Vertrag unterzeichnet wurde. »Zwar hatte ich mich damit abgefunden, daß meine Heimat Ostpreußen endgültig verlorengegangen ist, aber selber zu assistieren, während Brief und Siegel darunter gesetzt werden, und dann , wie es nun einmal unvermeidlich ist, ein Glas auf den Abschluß des Vertrages zu trinken, das erschien mir plötzlich mehr, als man ertragen kann.«

Der »Deutsche Osten« – ein erratischer Block, der deutsche Ostkomplex

Bisher war in einer fast sträflichen Weise ganz unbestimmt vom Deutschen Osten die Rede, fast so, daß man darüber erschreckt sein konnte. Ist es nicht geradezu fahrlässig, in einer so wichtigen Angelegenheit nicht präzise definiert zu haben. Hartmut Boockmann hat im ersten, Ostpreußen und Westpreußen gewidmeten Band der bei Siedler erschienenen »Deutschen Geschichte im Osten Europas« über die terminologischen Metamorphosen des Deutschen Ostens oder Ostdeutschlands gespottet und die semantische Schrumpfung von einem weiten Deutschen Osten auf die neuen Länder ironisiert. In der Tat ist es nicht ganz einfach, den Deutschen Osten genau zu definieren. Im vorher zitierten Katalog einer Ausstellung, die nach der Wiedervereinigung und der Anerkennung der Oder-Neiße-Grenze als der endgültigen deutsch-polnischen Grenze gezeigt wurde, heißt es etwa: »Der geographische Begriff Osten bezieht sich historisch auf diejenigen Reichsgebiete, die nicht zu den seit dem 3. Oktober 1990 zur Bundesrepublik zusammengeschlossenen Teilen Nachkriegsdeutschlands gehören, und auf die deutschen Siedlungsgebiete außerhalb des Deutschen Reiches im Osten und Südosten Europas. Insgesamt war dies ein Lebensraum von mehr als 16 Millionen Deutschen, davon nach dem Ersten Weltkrieg etwa 10 Millionen Inlandsdeutsche.« In einer älteren Definition bei Otto Hoetzsch, einem der Begründer des Fachs Osteuropäische Geschichte in Deutschland, wurde darunter »nicht nur das rein deutsch besiedelte Gebiet, sondern auch das Gebiet der nationalen ›Gemengelage‹ und dazu das Gebiet kultureller Ausströmung und Ausstrahlung der Deutschen in den Osten hinein« verstanden. In beiden Formulierungen ist jedenfalls nicht die Reichsgrenze maßgeblich, weil es Deutsche der Sprache und Kultur nach auch jenseits der Reichsgrenzen gab. Im Baltikum, in Kongreßpolen und dann in der Zweiten Republik, in der Donau-Monarchie und in den aus ihrem Zerfall hervorgegangenen Nachfolgestaaten, in historischen Landschaften, in denen sie und die deutsche Sprache und Kultur eine bedeutende Rolle spielten: in der Bukowina, in Bessarabien, in der Gottschee, in Siebenbürgen, in den Siedlungen der Donauschwaben, in Böhmen, nicht zuletzt bei den Schwarzmeerdeutschen und den Rußlanddeutschen an der Wolga.

Viele, die heute von Ostdeutschland sprechen, meinen die frühere DDR und denken nicht einmal im entferntesten, daß es einmal eine ganz andere Bedeutung gegeben hatte. Meine Generation ist im Westen Deutschlands mit der Diercke-Schulwandkarte aufgewachsen, auf der Deutschland in den Grenzen von 1937 eingetragen war, mit entsprechend schraffierten Gebieten »unter provisorischer polnischer« oder »sowjetischer Verwaltung«, deutschen Bezeichnungen für Provinzen und Städte, die längst polnische, russische oder tschechische Namen trugen (hier gibt es manifeste Unterschiede zwischen einer Jugend in der DDR und in der Bundesrepublik).

Der grenzüberschreitende Terminus von »Deutschem Osten« ist natürlich anfechtbar, weil hier zwei Begriffe zusammenkommen: ein politischer, staatsbürgerlicher Begriff und ein ethnischer oder volksmäßig, völkischer. Man könnte durch Beschluß sich auf die Ostprovinzen des Reiches beschränken und einfach einen Schnitt machen zwischen Ostprovinzen des Reiches und den Deutschen in den Staaten des östlichen Europa, zwischen Reichsdeutschen und Auslands- oder Volksdeutschen. Aber man ist damit das geschichtliche Problem nicht los, das darin bestand, daß staatliches Territorium, Ethnos oder Nationalität, Sprache und Kultur im östlichen Mitteleuropa, in das auch das Deutsche Reich hineinreichte, nicht identisch waren. Deutsche lebten auch außerhalb des Deutschen Reiches, was im Rahmen der Vielvölkerreiche auch kein Problem, sondern eher eine Selbstverständlichkeit war und erst im Zusammenhang des Nationalismus und der Volkstumskämpfe zu einem Problem wurde. Es ist daher wahrscheinlich angemessener, die Komplexität, das geradezu Flüssige und Unbestimmte des Deutschen Ostens aufzunehmen und die geschichtliche Evolution seiner Bedeutung zu untersuchen.

Der Deutsche Osten ist, wie man beim Studium der einschlägigen Literatur schnell feststellen kann, nicht nur vieldeutig, sondern geradezu ein vielgestaltiger, polymorpher, wuchernder Begriff. Osten und Deutscher Osten taucht in unendlich vielen Variationen und Kombinationen auf: Ostwunder, Ostarbeit, Ostraum, Ostnot, Ostsendung, der Wille zum Osten, Ostmark, Ostwendung, Ostwanderung, Ostprogramm, Oststudium, Stil des Deutschen Ostens, das »ostdeutsche Volk«, Ostuniversitäten, Ostsemester, die Ostfrage, »die Menschen des Ostens«, das Osterlebnis. Später kamen natürlich noch andere gravierende Erfahrungen hinzu, die »den Osten« semantisch aufluden, ja: so stark imprägnierten und kontaminierten, daß ein naiver Umgang mit »dem Osten« nicht mehr möglich erschien – das Ostfronterlebnis im Zweiten Weltkrieg, Generalplan Ost, die Erschließung des Ostraumes, »der Osten« als allgemeine Richtungsbezeichnung für Deportationen und Massenmord, Kriegsgefangenschaft im Osten und schließlich Flucht und Vertreibung aus dem Osten.

Wir tun uns schwer mit dem Deutschen Osten, weil dieser Terminus zu jenen Vokabeln und Kombinationen gehört, die kontaminiert und semantisch korrumpiert sind, für immer unbrauchbar geworden zu sein scheinen. Und da solche semantische Aufladung nicht einfach per Beschluß ungeschehen und ungehört gemacht werden kann, bleibt nichts anderes, als sie zu benennen und aufzulösen, zu dekonstruieren.

Es haben sich in diesem Terminus viele Elemente amalgamiert. Die Rede vom Deutschen Osten spiegelt fast einen Komplex wider, ein Syndrom, einen Mythos, und seine Analyse wäre nichts anderes als die Genese dieses Terminus zu rekonstruieren. Vor dem 19. Jahrhundert gab es selbstverständlich östliche Provinzen des Reiches, östliche Provinzen des Königreichs Preußen, aber keinen »Deutschen Osten«. Dies ist ein Terminus des späten 19. und vor allem des 20. Jahrhunderts. Er nimmt die Schwingungen des modernen Nationalismus auf, die Steigerungen im Pangermanismus und ist schließlich unauflöslich verknüpft mit der Volkstums- und völkischen Ideologie einer Mission des Deutschtums gegenüber den Völkern des östlichen Europa. Was immer man darunter in den verschiedenen Epochen verstanden haben mag: es handelt sich um keinen unschuldigen Begriff, er ist aufgeladen von der Energie der ideologischen Kämpfe des 19. und 20. Jahrhunderts. Man könnte vielleicht sogar zu dem Schluß kommen, daß der

Terminus gänzlich unbrauchbar war und geworden ist, um das zu bezeichnen, worum es geht.

Fahren wir aber erst einmal fort in der Beschreibung des Amalgams, des Syndroms, des Komplexes. Er hat zu tun mit der Vorstellung kultureller Superiorität und einer daraus abgeleiteten zivilisatorischen Mission; er ist gebunden an die Vorstellung von einem »deutschen Volkstum«. Er ist, wenn man es kurz sagen will: ein Kampfbegriff, entstanden in der Zeit des modernen Nationalismus und Imperialismus. Der Deutsche Osten trägt die Züge einer Konstruktion, einer Projektion, manchmal gemäßigt in Form eines liberalen Kulturträgertums, manchmal militant, militärisch, ja: mörderisch. Das Vokabular ist, wenn man die wissenschaftlichen und die populären Veröffentlichungen der Weimarer Zeit und dann des ›Dritten Reiches‹ liest, aufschlußreich: es geht immer um Verteidigung, Abwehr, Behauptung, Selbstbehauptung, Durchhalten, die Tugenden der Kolonisten und Kolonialisten, um eine Mission und um Pioniere, um eine Avantgarde, um Opfer, Heroismus, um einen Ausnahmezustand, wie er an vorgeschobenen Posten und Grenzländern gang und gäbe ist. Es erinnert immer ein wenig an Frederick Jackson Turners Rede von der Frontier im amerikanischen Westen. Eine Art Wilder Westen im Osten – auch Frankfurt an der Oder firmiert in den Zwanziger- und Dreißigerjahren prominent als Vorposten der deutschen Ostmark. Städte sind Ausfalltore, Brückenköpfe. Es ist das Feld einer permanenten Selbstüberforderung und Überanstrengung, die klassische Kolonialsituation und die Psychologie des Kolonisten/Kolonialisten.

Der amerikanische Historiker Gabriel Ljulevicius hat in seiner gründlichen Studie über das Land Oberost im Ersten Weltkrieg dazu folgendes geschrieben: »Das dauerhafteste und verhängnisvollste Ergebnis der Unternehmung Oberost war nicht eine bürokratische Institution oder ein Programm, sondern eine Vision: das in ihr geprägte Bild vom Osten... Das Ostfronterlebnis führte bei den Soldaten zu einer besonderen Sichtweise, ließ in ihrer Vorstellung eine imperialistische deutsche Landkarte des Ostens entstehen, die auch ihre Wahrnehmung des besetzten Territoriums mit seinen kennzeichnenden Merkmalen sowie die Strukturierung dieser Wahrnehmung beinhaltete. Diese »geistige Landkarte« war nicht nur eine neutrale Beschreibung, sondern bezeichnete auch die Einstellung, mit der man in das Land vordrang und mit ihm umging: wie man sich in ihm bewegte, es sich zu eigen machte und veränderte und wie man ihm eine Ordnung gab. Sie war auch ein Rezept für die Zukunft, eine Vision dessen, was man sich von diesem Land erwartete. Sie beschrieb und regelte die eigene Beziehung zum Land, die eigene Vorstellung von der Landschaft, wie sie war und wie sie sein sollte. Dieses Bild vom Osten sollte große Bedeutung erlangen, da mehrere Millionen Soldaten aller Ränge, die das Ostfronterlebnis teilten, es in sich aufnahmen und davon den Sinn ihrer Anwesenheit im Osten ableiteten.« Und über die Freicorps im Osten schrieb er wie schon zuvor Klaus Theweleit in seiner Studie über Männerkörper und weißen Terror: »In diesem Land ohne Grenzen fanden die Freikorpskämpfer auch ihre inneren Grenzen nicht mehr. Sie wüteten ziellos und verzweifelt in Landschaften, die von Vernichtung gekennzeichnet waren... Für die Freikorps war der Osten eine Welt ohne Grenzen, in der Gewalt das einzige Ordnungsprinzip darstellte. Das Unternehmen, von dem sie gehofft hatten, es würde ihnen eine stabile Identität, Ehre und Siedlungsmöglichkeiten für deutsche Soldaten bringen, trieb sie in Realitätsverlust und Wahn. Die so brutalisierten Baltikumer hegten nun noch größeren Haß auf diesen monolithischen, bedrohlichen Osten, der sie zuerst verändert und dann besiegt hatte.«

Deutscher Osten ist daher verwoben mit Land Oberost, mit Ostfront, mit Generalplan Ost, mit Kampf um Lebensraum, mit Volk ohne Raum, mit Krieg im Osten, später auch mit Kriegsgefangenschaft, mit Flucht und Vertreibung aus dem Osten, mit dem Zusammenbruch des Ostens. Kurzum, er ist beides: ein Mythos, ein Phantasma der Grenzenlosigkeit, der Entgrenzung, der Weite des Raumes, der unbegrenzten Möglichkeiten, aber auch die Rhetorik der Überanstrengung, des Heroischen, Missionarischen, Gewalttätigen, eine Geschichte von Schicksal und Opfer. Dieses Doppelte – Phantasma und Trauma – ist eingetragen in die *mental maps* der Deutschen. Ihre Analyse würde unschwer auf die Spur eines spezifischen deutschen Orientalismus führen, ein Amalgam aus phantastischem Ausgreifen und Angst, aus großmaßstäblichen Planungsphantasien und der Furcht, sich in der Grenzenlosigkeit zu verlieren. Man könnte vielleicht sagen, daß die Analyse des deutschen Orientalismus ein zentraler Beitrag zur Entschlüsselung der »deutschen Seele im 20. Jahrhundert« wäre, ein Schlüssel, der vielleicht eher im Osten als im Westen zu finden ist. Es gibt also zweierlei Reden vom Deutschen Osten, und vor allem: es gibt eine Geschichte, die weit älter ist als der völkische Diskurs des späten 19. und des 20. Jahrhunderts.

Nachdenken über Ostforschung: die Auflösung des Komplexes

Bei den oben genannten »Ost-Kombinationen« war eine ganz wesentliche ausgespart worden: die Ost-Forschung. Auch für sie gilt, daß sie semantisch komplex und vieldeutig ist. Sie ist Forschung zum Osten, aber in praktisch-politischer Absicht. In ihr sind alle Disziplinen, die sich mit dem Osten beschäftigen, zusammengeschlossen, und das bedeutet: sie ist zugleich mehr und etwas anderes als diese Disziplinen: Zu ihr gehörten Geschichte und Soziologie, Politik und Alltagskultur, Recht und Demographie, aber immer nur soweit sie auf den Osten bezogen sind. Sie ist an einen politischen Auftrag gebunden, und ihre Geschichte als Fach, als Tätigkeitsfeld beginnt in dem Augenblick, wo der Osten und der Deutsche Osten für das Reich relevant werden, also seit dem späten 19. Jahrhundert. Ostkunde und Ostforschung sind, wenn man es positiv sehen will: politikbezogene *area studies*, eine Art von *Intelligence.* Die deutsche Ostforschung hat den Blick auf den Osten generiert, präpariert, konditioniert. Sie ist das denkende Organ, das der deutschen Politik im europäischen Osten zur Seite steht, ihr zuweilen vorauseilt, und deren Zeit in der »Stunde der Experten« kommen wird. Konstitutiv für sie ist, wie Michael Fahlbusch gezeigt hat, die Verschmelzung von Deutschtumsfixierung, Volks- und Kulturbodentheorie sowie der Ostmitteleuropa-Bezug. Sie ist, dies eine Formulierung von Günther Stökl, »Konstituierung und Institutionalisierung einer akademischen Hilfswissenschaft der Außenpolitik«. Sie war, nach Theodor Schieder, der es wissen mußte, »Ganzheitsforschung im umfassendsten Sinne des Wortes und damit zum sichtbarsten Ausdruck des Strebens nach Ganzheit innerhalb der deutschen Landes- und Volksforschung« geworden. Sie hat ihre Geschichte, ihre Institutionen, personellen Netzwerke, die häufig auch die Brüche der politischen Systeme überdauert haben. Ein *mixtum compositum*: Auch hier kommt alles mögliche zusammen: Ostmarkenforschung, Grenzmarkenforschung, Grenzlandforschung, ostdeutsche Geschichtsforschung, ostdeutsche Volks- und Landesforschung, Nordostforschung,

Kommunismusforschung. Es ist kein Zufall, daß in der kritischen Aufarbeitung der Rolle der Wissenschaft für das Funktionieren des Nationalsozialismus Vertreter der Ostforschung nicht eine periphere, sondern eine zentrale Stellung eingenommen haben. Der institutionelle Ort für die Generierung der Bilder vom Osten und vom Deutschen Osten, hat die politischen Zäsuren überdauert, von ihren Anfängen nach dem Ersten Weltkrieg, nach Versailles bis zum Ende des Kalten Krieges und des Ostblocks in den 1980er Jahren. In Weimar war sie inspiriert vom staatlichen Interesse an der Revision von Versailles und einer Deutschtumspolitik, die die Volksdeutschen jenseits der Reichsgrenzen als fünfte Kolonnen für die Revision der Grenzen in Zwischenkriegseuropa instrumentalisierte. Im »Dritten Reich« war es der Übergang von einer deutschtumszentrierten, völkischen zu einer offen rassistischen Linie im Dienste nationalsozialistischer Aggression und Herrschaft. Nach 1945 war es der Übertritt ins westliche Lager des Kalten Krieges, diesmal im Namen des Abendlandes und des Kampfes gegen den Kommunismus. Ostforschung sagt nicht nur etwas aus über die Realität, die von ihr abgebildet und erforscht werden sollte, sondern über die innere Verfassung Deutschlands in seinen verschiedenen Aggregatszuständen.

Es hat lange gedauert, bis die Ostforschung in Deutschland einer selbstkritischen Überprüfung unterzogen wurde. Sie wurde weder von den Ostforschern selbst, noch von deren Schülern in Angriff genommen, sondern kam wie im Falle von Michael Burleighs Studie »Germany turns Eastwards« von 1987 »von außen«, dann von den »Enkeln«, die sich einen anderen Blick erlauben und sich eine größere Freiheit herausnehmen konnten – freilich gegen einen ziemlich massiven Widerstand des akademischen Establishments, zu deren Führungsgestalten auch einige Repräsentanten der Ostforschung gehört hatten. Hier sei nur erinnert an die Auseinandersetzungen auf dem Deutschen Historikertag 1996 und an die Arbeiten von Götz Aly, Michael Fahlbusch, Willy Oberkrome, Peter Schöttler, Kai-Arne Linnemann, Ingo Haar, Thomas Etzemüller (über Werner Conze), vor allem aber an die vergleichenden Studien, die das deutsch-polnische Team Jan M. Piskorksi, Jörg Hackmann und Rudolf Jaworski herausgegeben hat.

So wie der europäische Osten der zentrale Schauplatz deutscher Geschichte im 20. Jahrhundert geworden war, so ist auch die Ostforschung keine periphere akademische Angelegenheit gewesen. In ihrer

Geschichte spiegelt sich möglicherweise das Drama der Politisierung der Sozialwissenschaften im Nationalsozialismus am krassesten. Die Kritik an der deutschen Ostforschung arbeitete heraus, daß es in den Netzwerken der Königsberger, der Breslauer, der Posener, der Göttinger eine personelle Kontinuität über die Brüche der Systeme hinweg gab. Sie legte die Kontinuität institutioneller Strukturen – Dahlemer Publikationsstelle, Herder-Institut, Nordost-Forschung – offen. Und sie analysierte, was weitaus schwieriger war, die Kontinuität der Theorien und Methoden. Der Nachweis dieser Kontinuität bestand in der Herausarbeitung des volkstumsgeschichtlichen Paradigmas. Es ging hier beileibe nicht nur oder primär um eine moralische Abrechnung mit Leitfiguren des bundesrepublikanischen historischen Establishments, sondern um die Frage, wie sich in der volkstumsgeschichtlichen Wende der 20er Jahre möglicherweise die völkische, dann auch ethnoradikale und rassistische Wende der Nazi-Zeit vorbereitet hatte, aber auch um die Frage, ob nicht in der Wendung auf eine Volksgeschichte hin jene methodische Modernisierung angelegt war, die dann nach dem Krieg als moderne Sozialgeschichte Schule machen sollte. Es war kein Zufall, daß der Ort dieser »Modernisierung« in den Gemenge- und Grenzlagen des »Deutschen Ostens« und des östlichen Mitteleuropa lag, und es war sicher auch kein Zufall, daß die Laboratorien dieses Denkens die Ost- und Grenzlanduniversitäten geworden waren, vor allem Königsberg und Breslau. Die Inthronisation des Volkes oder Volkstums als Leitbegriff relativierte, ja brach die Fixierung auf die Haupt- und Staatsaktionen auf und eröffnete ein weites und neues Feld, auf das sich die in der Ostforschung kooperierenden Disziplinen stürzen konnten. Ostforschung war in vieler Hinsicht ein großes inter- und transdisziplinäres Projekt, in dem Demographie und Soziologie, historische Geographie und Kunstgeschichte, Anthropologie und Geschichte, Archäologie und Sprachforschung zusammenfanden. Die Konsequenzen der Wendung ins Völkische waren außerordentlich weitreichend: Wissenschaft hatte eine – politische – Mission, nämlich die Stärkung des Volkstums. Geschichte wurde retrospektiv in den Termini des Völkischen wahrgenommen und geschrieben – auch wenn es sich um Epochen handelte, in denen von deutscher Nation oder Deutschtum noch gar nicht die Rede sein konnte. Gesellschaftliche Prozesse, gefaßt in völkischen Termini, ließen sich nicht mehr angemessen beschreiben: Modernisierung oder Rückständigkeit waren nicht etwas, was geschichtlich oder sozialwissenschaftlich erfaßt werden konnte, sondern was sich aus einem »Wesen« oder »Charakter« eines Volkes ergab. Dies galt für wirtschaftliche Entwicklungen ebenso wie für Stilfragen und Kunstepochen. Die Implikationen einer volkstumszentrierten und dann auch völkischen Interpretation liefen nicht nur auf eine jener typischen Reduktionen von Komplexität hinaus, die Systembildungen zuweilen eigen ist, sondern auf die systematische Verfehlung der Gegenstände. Sie verfehlen die »Gemengelagen« des östlichen Europa, sie bekamen die Hybrid- und Mischkulturen, die für diesen Raum charakteristisch waren, nicht zu fassen, sie eliminierten die Übergangs- und Grenzzonen zugunsten des Eindeutigen und eindeutig Zuordenbaren. Es war viel von Haltung, Charakter, wenig aber von Institutionen und politischen Formen die Rede. Die Volkstumsgeschichte wurde so, obwohl angetreten gegen die in der Staatsgeschichte liegende Verkümmerung, eine Schule methodisch und theoretisch legitimierter Exklusion, Separation, Segregation, letztlich: der Säuberung: Das Homogene zählte mehr als das Heterogene. Das Deutschtum war gleichsam der archimedische Punkt, von dem aus die Welt der anderen kategorisiert und hierarchisiert wurde. Mischformen und Übergangssituationen galten als minderwertig und bedrohlich. Die Nicht-Deutschen, später radikalisiert: die Nicht-Germanen und Nicht-Arier wurden zu Adressaten nicht eines Dialogs, sondern Objekt von Missionierung und Unterwerfung.

Die Ostforschung fand unmittelbar nach 1945 nicht die Zeit und die Souveränität einer Selbstprüfung. Führende Köpfe wie Hermann Aubin, in der BRD Vorsitzender des Historikerverbandes, wollten explizit »kein Scherbengericht«. Der neue Kampf, diesmal gegen den Kommunismus, eröffnete neue Aufgabenfelder: Es ging jetzt gegen das »Vorrücken des Sowjetsystems an Elbe und Werra«. Obwohl Walter Schlesinger schon 1957 sich gegen den »pseudoabendländischen Überlegenheitsdünkel über den Osten« ausgesprochen hatte, sollte von der Ostforschung doch »gewissermaßen die Verteidigung dessen übernommen werden, was von außen her angegriffen wird: der Anspruch des Deutschtums auf seine östlichen Gebiete«; es ging nun darum, den »unverjährbaren Heimatanspruch auch mit historischen Rechtstiteln zu unterbauen«. Schlesinger meinte, daß »nach dem totalen Zusammenbruch des deutschen Ostens, der Vertreibung seiner Bewohner und der Verknechtung der Bevölkerung Mitteldeutschlands, die Zielsetzung der deutschen Ostforschung wie zwischen den beiden Weltkriegen auch heute politisch bestimmt ist, daß sie der Revision des gegenwärtigen Zustandes dienen möchte, der Wiedervereinigung und der Klärung des Heimatrechts der Ostvertriebenen«.

Aus heutiger Distanz ist unschwer zu erkennen, daß es sich bei der deutschtumszentrierten Geschichtsschreibung um eine Verengung gehandelt hat. Diese Betrachtungsweise ist heute weitgehend überwunden, und es ist ein Prozeß der Neubetrachtung und Neufassung des Problems des deutschen Ostens in Gang gekommen. An diese anknüpfend sollen ein paar abschließende Bemerkungen hinzugefügt werden.

Eine moderne Sprache für ein altes Problem. Die Reeuropäisierung des Deutschen Ostens

Im Grunde wäre es am schönsten, in der Geschichte Marion Gräfin Dönhoffs selbst den Versuch einer modernen Geschichte des Deutschen Ostens und seiner Europäisierung zu machen. Alle Elemente sind in der Geschichte dieser bedeutenden Familie vorhanden: von der Wanderung aus dem Westfälischen ins Ordensland bis zur Flucht im Januar 1945, mit der eine 600-jährige Geschichte zu Ende geht; die Verzweigung einer Familie, die über die Grenzen hinweg ganz verschiedenen Herrschaften diente; der Zusammenbruch dieser vornationalen und transnationalen europäischen Welt, der im 20. Jahrhundert nicht nur die Dönhoffs, sondern auch Angehörige der russischen oder polnischen Adelsfamilien traf. Statt einer solchen Geschichte, die es in den autobiographischen Aufzeichnungen und in den biographischen Skizzen zum Teil ja schon gibt, bleiben hier nur ein paar zusammenfassende Punkte.

Der größte Zugewinn des letzten Jahrzehnts ist das Heraustreten aus einer verengten nationalen Wahrnehmung. Man ist, so scheint es, der retrospektiven Rechtfertigungen müde und findet sich bereit zur Anerkennung auch der jeweils anderen. Man gesteht sich die Dummheit ein, die darin liegt, die Streitigkeiten und Leidenschaften der Volkstumskämpfe des späten 19. Jahrhunderts in die Epoche des Hochmittelalters und die Schrecken des Imperialismus in die Zeit der Städtegründungen und des Landesausbaus im 12. und 13. Jahrhundert zurückzuverlegen. Man ist sich über die Sinnlosigkeit von Wesenszuschreibungen und Kollektivseelen von Völkern einig – auch der Mythos vom »deutschen Drang nach Osten« ist ein solcher. Man gesteht sich ein, daß es nichts bringt, Kopernikus zu polonisieren oder zu germanisieren, hatte er doch einer Zeit angehört, in der man zwanglos beides sein konnte, da es zwar unterschiedliche *nationes*, aber keine Nationen im modernen Sinn gab. Ähnliches läßt sich für andere große Figuren – Veit Stoß zum Beispiel –, auf die sich einst irgendwelche Erstgeburtsrechte oder Überlegenheitsansprüche gründeten, sagen.

Das Heraustreten aus konkurrierenden nationalen Interpretationen hat enorme Konsequenzen. Zunächst handelt es sich um eine Wendung des Blicks. Es ist die Abdankung des Blicks von oben herab, das Ende der Missionierungsperspektive, die den ganzen Osten nur als weiße, unbeschriebene Fläche sieht, als *tabula rasa*, ein Gelände, in das Kultur »verpflanzt« werden muß. Die Pluralisierung der Perspektiven entspricht auch am ehesten den gemischten Gesellschaften und den Grenzländern der ostmitteleuropäischen Gemengelage. Das heißt: die Geschichten bekommen ihre Komplexheit zurück und damit ihren wirklichen Reichtum.

Der Osten und der Deutsche Osten auf den *mental maps* der Deutschen ist weithin *terra incognita*, weißer Fleck. Es gibt keine Geschichte dieses eigentümlichen deutschen Orientalismus, in dem, wie in jedem bedeutenden kulturellen und mentalen Komplex, viel zusammenkommt: Raum, Natur, die Situation der *frontier*, Grenzenlosigkeit, Selbstgesetzgebung und Autarkie, »Wilder Osten«, das Authentische, Feld der Bewährung, aber auch traumatische Erfahrungen. Der Osten und der Deutsche Osten im besonderen ist ein einzigartiger Projektions- und Erfahrungsraum, ohne dessen Ausleuchtung wir vermutlich nicht verstehen werden, was im 20. Jahrhundert geschehen ist. Er hat viel mit dem zu tun, was Sigmund Freud den »inneren Orient« genannt hat, nach außen projiziert.

Schließlich: Was geschieht, wenn Grenzraum und Gemengelage nicht als Defekt, sondern als eine Situation spezifischen Reichtums verstanden werden? Grenzräume, Grenzländer, die in einer ethnozentrierten Perspektive Abgrenzungs-, Selbstbehauptungs-, Selbstverteidigungs- und Ausfallräume werden, erscheinen in einer pluralen Perspektive, die der Gemengelage weit angemessener ist als offene Räume, als

Orte der Begegnung, der Vermischung, der Produktion von Reichtum. Es ist der Ort der Vielsprachigkeit, der Multikulturalität und der Ausprägung von »pluralen Identitäten« zu einem Zeitpunkt, da es das Wort dafür noch gar nicht gab. Es ist leicht auszumalen, was geschieht, wenn wir Autoren wie Johannes Bobrowski oder Hermann Sudermann, Franz Kafka oder Paul Celan unter solchen Gesichtspunkten lesen. *Borderland studies* tragen dem längst Rechnung, und man fragt sich, wie lange es eigentlich noch dauert, bis die Erfahrungen der modernen Anthropologie und Ethnologie endlich in das unendliche, reiche und komplexe Feld Europas vor seiner Säuberung und seiner Homogenisierung vordringen. Wir können die Ergebnisse einer neuen Beschäftigung mit den Vielvölkergesellschaften und vergessenen Grenzregionen des alten Europa schon ahnen, wenn wir neuere Arbeiten lesen: Norman Davies' Studie zu Breslau, Jeremy Kings Arbeit zu Budweis/České Budějovice, Andreas Kosserts Studie über Masuren. Solche Eröffnungen lesend, wird deutlich, daß der Deutsche Osten mit dem Mief der Volkstumsideologen wenig zu tun hatte und ein ziemlich weltoffener Raum war.

Zentral in der Auseinandersetzung um den Deutschen Osten war immer die Frage nach der Ostwanderung und sog. Ostkolonisation. Es handelt sich in der Tat um einen epochalen Vorgang, der einer neuen Vergegenwärtigung bedarf. Die deutschtumsmäßige Interpretation der Ostkolonisation, in der auch Städte wie Frankfurt an der Oder ihre heutige Struktur bekommen haben, litt unter den gewaltsamen nationalen retrospektiven Projektionen. Vom Korsett einer volkstumsgeschichtlichen Interpretation befreit, wird sie schlicht zur Geschichte eines grandiosen, säkularen Wanderungsvorgangs mit größten zivilisatorischen Wirkungen. Als Moment einer europäischen Wanderungs- und Migrationsgeschichte, die sich aus vielen Impulsen speiste und in mehreren Wellen ablief, ist sie eine gesamteuropäische Erscheinung wie die polnische Ostkolonisation oder die magyarische oder später die russische auch. Die Reformulierung der deutschen Ostkolonisation als Teil der europäischen Migrationen des Hochmittelalters und späterer Epochen dürfte profitieren von der heute aufs neue gemachten Erfahrung großer transnationaler Wanderungen. »Deutsche Ostkolonisation« ist dann vor allem eine epochale Modernisierungsbewegung, stimuliert von den Landesherren einerseits und den Antriebskräften in den Herkunftsregionen, also von *push-and-pull*-Faktoren, wie wir heute sagen würden.

Damit verbunden ist das große Kapitel von Städtebildung, die bis heute weiten Teilen des mittleren und östlichen Europa sein Gepräge verliehen hat. Es handelt sich dabei um Transfer entwickelter Rechts- und Organisationsformen und kulturellen know-hows. *Ius Theutonicum* war eben nicht so sehr eine ethnische Angelegenheit als vielmehr die Ausbreitung innovativer und moderner Rechts- und Verfassungsformen. Stadtgeschichten sind vielleicht der genaueste Indikator für das Ineinander und das Komplexe der Gemengelage im mittleren und östlichen Europa, die freilich unter den Schlägen gewaltsamer Bevölkerungsverschiebungen fast unkenntlich geworden sind und gezielte Anstrengungen historischer Rekonstruktion erfordern. Und hier schließlich wird vollends klar, daß der Rahmen einer rein nationalen Historiographie gesprengt wird.

Schluß

Die Geschichte dieses Raumes, zerrieben in den Kämpfen des 20. Jahrhunderts, wird neu zusammengesetzt. Die Bilder vom »davor« und von »danach« werden nebeneinander gelegt und zusammengesehen. So wird eine Verbindung, ja eine Kontinuität wieder hergestellt, die niemand im Moment des totalen Zusammenbruchs vor mehr als einem halben Jahrhundert sich hatte vorstellen können. Von zwei oder noch mehr Seiten wird an derselben Sache gearbeitet. Landschaften, die die einen als Heimat verloren hatten, sind zur Heimat der anderen geworden. Es gibt eine Fortsetzung der Geschichte nach dem Ende. Es gibt eine Gegenwart, die auf ein abgeschlossenes Kapitel folgte. Wovon wir einmal endgültig Abschied genommen haben, wird zum Ort einer Wiederbegegnung, ein Glück, auf das wir eigenlich nicht mehr hoffen konnten. Die Namen, die keiner mehr nennt, werden wieder genannt, zwanglos, ohne Eiferertum, eher der historischen Vollständigkeit und der Wahrheit wegen. Die Zeit des Desinteresses, ja sogar der Mißachtung und Geringschätzung für die verschwundenen Regionen müßte eigentlich vorüber sein. Ich glaube, daß die kommenden Jahre eine Zeit der Wiederbegegnung mit Orten und Geschichten werden wird, die man vergessen, ignoriert, verdrängt hatte. Diese Wiederbegegnung erfolgt auf dem Boden der Anerkennung der Tatsachen, im Heute, in einer Welt, in der – wie durch ein Wunder – die Geschichte weitergegangen ist. Gräfin Dönhoff hat uns nicht nur ein Buch voller Melancholie hinterlassen. Sie hat sich dem Abenteuer der Wiederbegegnung ausgesetzt und uns eingeladen, mit dabei zu sein, wo Europa wieder zu Kräften kommt und sich seiner so lange verschwundenen Provinzen erinnert. Der Deutsche Osten war eine solche Provinz, so wie die Kresy, Galizien, Transsylvanien es auch waren. Ihren Reichtum und ihre Schönheit herauszulösen aus den falschen Meistererzählungen des 20. Jahrhunderts, sie neu zu vergegenwärtigen und dem neuen Europa einzufügen, das ist eine schöne und faszinierende Arbeit.

LITERATURHINWEISE

ORTSBESCHREIBUNG ALS ZEITDIAGNOSE

Marjampole oder: die stille Verfertigung Europas

Überarbeiteter Text eines Vortrags im Schauspielhaus Dresden vom 29. Februar 2004, gedruckt in: Lettre International 64, März 2004, 6-10.

Für den Text wurden Ausgaben von *The City in your pocket*, das in unregelmäßiger Folge für zahlreiche mittel- und osteuropäische Städte erscheint, sowie Fahrpläne von internationalen Buslinien, Flugpläne von Fluggesellschaften und Kursbücher verwendet.

Newa-Expreß: die davonstürzende Zeit

Zuerst erschienen in: Lettre International 59, 2002, 46-49.

Die beste Anschauung für das Verständnis der Rolle der Eisenbahn im Russischen Reich und in der Sowjetunion liefern die zentralen und regionalen Eisenbahnmuseen von Sankt Petersburg, Moskau und anderen Orten. Wichtige Literatur zum Thema ist: Wolfgang Schivelbusch, Geschichte der Eisenbahnreise. Zur Industrialisierung von Raum und Zeit im 19. Jahrhundert, Frankfurt/Main 1979. Über Reisen in Rußland vor der Revolution: Fedor Stepun, Das Antlitz Rußlands und das Gesicht der Revolution. Aus meinem Leben, 1884-1922, München 1961. J. N. Westwood, Geschichte der Russischen Eisenbahnen, Zürich 1964. Magistral imeni Oktjabrja, Moskva 1990. A. B. Rodowski, A. N. Sawoskin, T. P. Gutin, Die großen Eisenbahnlinien Rußlands, Moskau-Leningrad, Disentis/Mustér 1985. Theodore H. von Laue, Sergei Witte and the Industrialization of Russia, New York 1969. Železnye dorogi Rossii. Istorija i sovremennost' v fotodokumentach, Sankt-Peterburg 1996. Istorija železnodorožnogo transporta Rossii i Sovetskogo Sojuza. 2 toma, Sankt-Peterburg, Moskva 1994, 1997. Roger Pethybridge, The Spread of the Russian Revolution. Essays on 1917, London 1972. John R. Stilgoe, Metropolitan Corridor. Railroads and the American Scene, New Haven, London 1983. Matthew

J. Payne, Stalin's Railroad. Turksib and the Building of Socialism, Pittsburgh 2001. Steven G. Marks, Road to Power. The Trans-Siberian Railroad and the Colonization of Asian Russia, 1850-1917, Ithaca, New York 1991. Matthias Heeke, Reisen zu den Sowjets. Der ausländische Tourismus in Rußland 1921-1941, Münster, Hamburg, London 2003.

Wiedersehen mit Czernowitz

Wiedersehen bezieht sich auf meinen ersten Besuch in Czernowitz im Jahre 1988 (vgl. Karl Schlögel, Czernowitz – City upon the hill, in: Karl Schlögel, Promenade in Jalta und andere Städtebilder, München 2001, 74-99) und wurde zuerst veröffentlicht in: Neue Zürcher Zeitung, 11./12. November 2000, Beilage.

Seither sind viele Bücher und Filme zum Thema erschienen. Vgl. Harald Heppner (Hg.), Czernowitz. Die Geschichte einer ungewöhnlichen Stadt, Köln 2000. Andrei Corbea-Hoisie, Czernowitzer Geschichten. Über eine städtische Kultur in Mittelost-Europa, Wien 2003.

Das neue Nishnij oder die Arbeit Rußlands an seinem Stil

Zuerst erschienen in: Neue Zürcher Zeitung, 2. Dezember 2002, 23.

Literatur zum Thema: Ol'ga V. Orel'skaja, Architektura v Nižnem Novgorode ėpochi moderna, Nižnij Novgorod 2000. Architectural Guide to Nižhni Novgorod, in: Project Russia 4 (1997), 17-94 (das Heft ist Nishnij Nowgorod gewidmet). L. Smirnova, Nižnij Novgorod do i posle, Nižnij Novgorod 1996. Elena A. Borisowa, Grigori J. Sternin, Jugendstil in Rußland. Architektur, Interieurs, bildende und angewandte Kunst. Fotografien von Igor Palmin, Stuttgart 1988. Commerce in Russian Urban Culture 1861-1914, ed. by William C. Brumfield, Boris Anan'ich, Yuri Petrov, Moskva 2002.

Archipel Europa

Originalbeitrag.

Oradea oder das Wunder der Gleichzeitigkeit – Jugendstil im östlichen Europa

Zuerst erschienen in: Lettre International 56, 2002, 66-71.

Zu Oradea: Péter I. Zoltán, Mesélö Képeslapok. Nagyvárad 1885-1915, Nagyvárad 2002. Zum europäischen Jugendstil generell: 1900. Galeries Nationales du Grand Palais, Paris 14 mars-26 juin 2000, Paris 2000 (Réunion des Musées Nationaux). Robert Rosenblum, Maryanne Stevens, Ann Dumas, 1900. La Belle Epoque de l'Art, Paris 2000. Art Nouveau 1890-1914, ed. by Paul Greenhalgh, London 2000, dort auch eine ausführliche Bibliographie, 441-454. Kai Buchholz, Rita Latocha, Hilke Peckmann, Klaus Wolbert (Hg.), Die Lebensreform. Entwürfe zur Neugestaltung von Leben und Kunst um 1900, 2 Bde., Darmstadt 2001, hier Bd. I, 20. Dort ebenfalls ausführliche Gesamtbibliographie Bd. I, 605-623. Gabriele Fahr-Becker, Jugendstil, Köln 1996. Dolf Sternberger, Über Jugendstil, Frankfurt/Main 1977. Italo Cremona, Die Zeit des Jugendstils, München, Wien 1966. Stefan Zweig, Die Welt von Gestern. Erinnerungen eines Europäers, Frankfurt/Main 1970. Leo Trotzkij, Zwei Wiener Ausstellungen im Jahre 1911, in: Literatur und Revolution. Keichi Tahara, Images of Fin-de-siècle. Architecture and Interior Decoration, London, New York 1988. Zu einzelnen Orten und Regionen: Renate Ulmer (Hg.), Art Nouveau. Symbolismus und Jugendstil in Frankreich, Darmstadt 1999. L'Ecole de Nancy, 1889-1909. Art nouveau et industries d'art, Nancy 1999. Eine frühe Arbeit, die Ostmitteleuropa berücksichtigt: Mieczyslaw Wallis, Jugendstil, Dresden, Warschau 1982 (Originalausgabe: Secesja).

Zu Rußland: E. A. Borisova, T. P. Každan, Russkaja architektura konca XIX-načala XX veka, Moskva 1971. Elena A. Borisowa, Grigori J. Sternin, Jugendstil in Rußland. Architektur, Interieurs, bildende und angewandte Kunst. Fotografien von Igor Palmin, Stuttgart 1988. Über das sog. »Dritte Element« und den »Bourgeoisie-Ersatz« am besten: Between Tsar and People. Educated Society and the Quest for Public Identity in Late Imperial Russia, ed. by Edith W. Clowes, Samuel D. Kassow, James L. West, Princeton N.J. 1991. Wsewolod Petrow, Art Nouveau in Rußland. Die Künstlervereinigung »Welt der Kunst« um Sergej Djagilew, Bournemouth 1997. Marija Naščokina, Sto architektorov moskovskogo moderna. Tvorčeskie portrety, Moskva 2000. Leo Trotzki, Ergebnisse und Perspektiven. Die treibenden Kräfte der Revolution, Frankfurt/Main 1967. Zu Petersburg: Boris Kirikov, Architektura peterburgskogo moderna. Osobnjaki i dochodnye doma, Sankt-Peterburg 2003. Vgl. die Bibliographie in: Karl Schlögel, Petersburg 1909-1921. Das Laboratorium der Moderne, München 2002. Zu Lodz vgl. Antoni Szram, Architektura Lodzi przemyslowej, Lódź 1975; ders., Uwagi o architekturze kapitalistycznej Lodz, in: Sztuka XIX wieku v Polsce. Naród-miasto, Warszawa 1979. Zu Odessa vgl. Patricia Herlihy, Odessa: A History 1794-1914, Cambridge/Mass. S. P. Zavarichin,

R. A. Faltinskij, Kapital i architektura. Istorija architektury i stroitel'stva bankovskich zdanij v Rossii, Sankt-Peterburg 1999; über eine Kiewer Variante des Jugendstils vgl. Dmitro Malakov, Architektor Gorodeckij. Archivni rozvidki, Kijv 1999. Donau-Monarchie: Ákos Moravánszky, Die Architektur der Donaumonarchie 1867-1918, Budapest 1988. Competing Visions. Aesthetic Invention and Social Imagination in Central European Architecture 1867-1918, Cambridge, Mass., London 1998. Zu Budapest vgl. Tamás K. Pinter, Budapest Architectura 1900, Budapest 1998. Judit Szabadi, A Magyar Szecesszió Müvészete. Festészet, Grafika, Szobrászat, Budapest 1979. Béla Lajta, Ornamento e modernità, Milano 1999. Ilona Sármány-Parsons, Hungarian Art and Architecture 1896-1914, in: A Golden Age. Art and Society in Hungary 1896-1914, ed. Gyöngyi Eri-Zsuzsa Jobbágyi, Budapest 1997. Gerle János, Lugosi Lugo László, A Szecesszió Budapesten, Budapest 1999. Studie zu Budapester Fassaden, Treppenhäusern, Portalen, Interieurs, Balkonen etc.: Budapest in Detail. Építészeti Részeletek, Budapest 1999. Krystyna Pawlowska, Witraze w kamienicach Krakowskich z przelomu wieków XIX i XX, Kraków 1994. Obecní dům v Praze, Historie a rekonstrukce, Praha 1997. Über Prag ausführlicher: Jan E. Svoboda, Zdeněk Lukes, Ester Havlová, Praha 1891-1918. Kapitoly o architekture velkomesta, Praha 1997. Petr Wittlich, Česká secese, Praha 1985. Über eine bedeutende Gestalt des nationalen Stils vgl. Peter Krecic, Plecnik. The Complete Works, New York 1993 (Whitney Library of Design). Zu Lemberg: Jurij Biriulow, Secesja we Lwowie, Warszawa o.J. Ostseeraum: Art Nouveau. Time and Space. The Baltic See countries at the turn of the 20th century, Riga 1999. Architecture 1900. Stockholm, Helsinki, Tallinn, Riga, St.Petersburg, ed. by Jeremy Howard, Tallinn 2003. Helsinki Jugendstil Architecture 1895-1915. Jonathan Moorhouse, Michael Carapetian, Leena Ahtola-Moorhouse, Helsinki 1987. Janis Krastins, Riga. Jugendstilmetropole, Riga 1998. Janis Lejnieks, Arhitektura, Riga 1989. 1895-1915. Zum italienischen Liberty-Stil vgl. Lara-Vinca Masini, Il Liberty. Art Nouveau, Firenze 1976. Osmanisches Reich: Diana Barillari, Enzio Godol, Istanbul 1900. Art Nouveau Architecture and Interiors, New York 1996. Deutschland: Darmstadt 1901-1976. Ein Dokument deutscher Kunst. Ausstellungskatalog, 5 Bde., Mathildenhöhe, Hessisches Landesmuseum, Kunsthalle, 22.10.1976-30.1.1977. Berlin um 1900. Ausstellung der Berlinischen Galerie in Verbindung mit der Akademie der Künste zu den Berliner Festwochen 1984, Berlin 1984.

Reise nach Brünn: eine Archäologie der Zwischenkriegsmoderne

Originalbeitrag.

Zdeněk Kudelka, Libor Teply, Villa Tugendhat, Brno 2001. The Architecture of Brno 1919-1939. Catalogue of the Permanent Exhibition of the Museum of the City of Brno, 2 vol., ed. Zdeněk Kudelka, Jindřich Chatrny, Brno 2000. Petr Pelcák, Ivan Wahla (ed.), Václav Dvořák. Vilem a Alois Kuba. Brno's Builders of

1930s, Brno 2002. Petr Pelcák, Jan Sapak, Ivan Wahla (ed.), Brno's Jewish Architects 1919-1939, Brno 2000. Petr Pelcák, Ivan Wahla (ed.), First Graduates from the Czech School of Architecture in Brno 1925-1940, Brno 2001. Central European Avant-gardes: Exchange and Transformation, 1910-1930, ed. by Timothy O. Benson, Cambridge, Mass. 2002. Between Worlds: A Sourcebook of Central European Avant-gardes 1910-1930, ed. by Timothy O. Benson, Eva Forgács, Cambridge, Mass. 2002. Mythos Großstadt. Architektur und Stadtbaukunst in Zentraleuropa 1890-1937. Hg. von Eve Blau und Monika Platzer, München, London, New York 1999. S. A. Mansbach, Modern Art in Eastern Europe. From the Baltic to the Balkans, ca. 1890-1939, Cambridge 1999. East European Modernism. Architecture in Czechoslovakia, Hungary and Poland between the Wars, ed. with Introduction and Essays by Wojciech Lesnikowski, London 1996. Krisztina Passuth, Avantgarde Kapcsolatok. Prágától Bukarestig 1907-1930, Budapest 1998. Krisztina Passuth, Les avant-gardes de l'Europe Centrale 1907-1927, Paris 1988. Rostislav Svácha, The Architecture of New Prague 1895-1945, Cambridge, Mass. 1995.

Bukarest, weiße Stadt

Originalbeitrag.

Rolf Peter Reimer, Bukarest. Wie alles anfing und nicht endete. Kultur-Historischer Stadt-Führer, Bukarest 2000. Luminita Machedon, Ernie Scoffham, Romanian Modernism. The Architecture of Bucharest. 1920-1940, Cambridge, Mass. 1999. Gheorghe Leahu, Bucureşti. Portretul unui oras, Bucureşti 1999. Dana Harhoiu, Bucarest, une ville entre orient et occident, Bucarest 1997. Stadt-Bauwelt 131, 27. September 1996. Sonderheft Bukarest. Aristide Streja, Lucian Schwarz, Sinagogi din Romania, Bucureşti 1996. Povestea Caselor, Bucureşti – Orasul pierdut. Bucureşti 2000. Celia Ghyka, Calea Victoriei, Studiu evolutiu/Interpetare, in: Octogon. Arhitectura & Design, o. J.

Sankt Petersburg – Stadt am Meer, Stadt am Belomor-Kanal

Überarbeitete Fassung des Vortrags »Petersburg, Petrograd, Leningrad – Stadt am Ostsee-Weißmeer-Kanal« auf dem Symposium »Sankt Petersburg. Stadt am Wasser« im Literaturhaus zu Berlin am 11. Juli 2003.

Es gibt bis heute keine komplette Geschichte Sankt Petersburgs/Leningrads im 20. Jahrhundert. Nützlich ist: Blair A. Ruble, Leningrad. Shaping a Soviet City, Berkeley et al. 1990. E.V. Dmitrieva, Sankt-Peterburg. Vek XX, Sankt-Peterburg 2003. St. Petersburg-Leningrad-St. Petersburg, hg. von Stefan Creuzberger, Maria Kaiser, Ingo Mannteufel, Jutta Unser, Stuttgart 2000. A.V. Darinskij, V. I. Starcev, Istorija Sankt-Peterburga XX. vek, Sankt-Peterburg 1997. Am umfassendsten noch immer: Očerki istorii Leningrada, t. IV, 1917-1941, Moskva, Leningrad 1964. Ewa Bérard, Saint-Pétersbourg: une fenêtre sur la Russie 1900-1935, Paris 2000. Ein alltagsgeschichtlich interessierter Zugang ist D. Granin, Leningradskij katalog, Leningrad 1986. Zum Zusammenhang von Leningrad und Weißmeer-Ostsee-Kanal vgl. Nikolaj P. Anciferov, Iz dum o bylom. Vospominanija, Moskva 1992. Belomorsko-Baltijskij Kanal imeni Stalina, istorija stroitel'stva 1931-1943 goda, pod redakciej M. Gor'kogo, L. Averbacha, S. Firina, Moskva 1934. Zum »Petersburger Text« vgl. Nikolai P. Anziferow, Die Seele Petersburgs, München 2003. Vgl. auch V. N. Toporov, Peterburgskij tekst russkoj literatury. Izbrannye trudy, Sankt-Peterburg 2003. Zur Geschichte des Weißmeer-Ostsee-Kanals vgl. Alexander Solschenizyn, Der Archipel GULAG, Reinbek bei Hamburg 1978, Bd. 2 (Arbeit und Ausrottung. Seele und Stacheldraht). Cynthia A. Ruder, Making History for Stalin: The Story of the Belomor Canal, Gainesville/Florida 1998. Sistema ispravitel'no-trudovych lagerej v SSSR 1923-1960. Spravočnik, Moskva 1998, 162-165 (Belbaltlag). D. Dallin, B. Nicolaevski, Forced Labor in Soviet Russia, New Haven 1947. J. Arch Getty, Roberta T. Manning, Stalinist Terror. New Perspectives, New York 1993. Anne Applebaum, Gulag. A History, New York 2003, 58-72. Die Angaben zum Kanalbau sind zusammengestellt nach dem Enzyklopädie-Eintrag »Kanaly« in: Bol'šaja Sovetskaja Ėnciklopedija, t. 31, Moskva 1937, 217ff. Die Geographie und Hydrographie Petersburgs ist beschrieben in: G. A. Isačenko, »Okno v Evropu«: Istorija i landšafty, S.-Peterburg 1998. Der Nordpol-Eroberungs-Mythos in der Stalinzeit ist behandelt in: John McCannon, Red Arctic: Polar Exploration and the Myth of the North in the Soviet Union 1932-1939, New York, Oxford 1998. Zur Bedeutung der Wasserwege in der russischen Geschichte: W. Kljutschewski, Geschichte Rußlands, 4 Bde., Berlin 1925-1926. Die Mitteilung über Alexander Rodtschenko verdanke ich der amerikanischen Historikerin Erica Wolff, die unsere Exkursion im Jahre 2000 nach Solovki begleitete: Rodtschenko hatte auf den drei Reisen, die er 1933 unternahm, rund 4 000 Negative produziert. Im Dezember 1933 erschien die dem Belomor-Kanal gewidmete Ausgabe von »SSSR na strojke«, aber in der Rodtschenko-Literatur und den Ausstellungskatalogen findet sich darüber nichts. Zahlreiche Photos in dem Belomor-Band von 1934 stammen ebenfalls von Rodtschenko. Über die Produktion des Neuen Menschen liegt inzwischen eine umfangreiche Literatur vor. Vgl. z. B. Derek Müller, Der Topos des Neuen Menschen in der russischen und sowjetrussischen Geistesgeschichte, Bern 1998. Über Ingenieure in der Stalinzeit vgl. Susanne Schattenberg, Stalins Ingenieure. Lebenswelten zwischen Technik und Terror in den 1930er Jahren, München 2002. Über die geistige Situation Ende der 20er Jahre informiert neben Anciferov auch D. S. Lichačev, Vospominanija, Sankt-Peterburg 1995. Die Lebensläufe der Ingenieure und Manager von BelbaltLag können neuerdings verglichen oder kontrolliert werden durch die Angaben in: N. V. Petrov, K. V. Skorkin, Kto rukovodil NKVD 1934-1941. Spravočnik, Moskva 1999. Über die Leningrader Topographie des Terrors vgl. Venjamin Ioffe, Granicy smysla. Stat'i, vystuplenija, ėsse, Sankt-Peterburg 2002, 77ff. (Problema levašovskogo mogil'nika). Zur Blockade: Immer noch großartig: Harrison E. Salisbury, 900 Tage.

Die Belagerung von Leningrad, Frankfurt/M. 1989. Blockade Leningrad 1941-1945. Dokumente und Essays von Russen und Deutschen, Reinbek bei Hamburg 1992. Einen neuen Einblick in die belagerte Stadt gestattet der Bildband: Neizvestnaja blokada: Leningrad 1941-1944, sost. Vladimir Nikitin, S.-Peterburg 2002.

Berlin, Moskau: zwei Stadtschicksale im 20. Jahrhundert

Zuerst erschienen in: Osteuropa. Zeitschrift für Gegenwartsfragen des Ostens. 53. Jahrgang, Heft 9-10, September-Oktober 2003, 1417-1433.

Neben den Katalogen zu den beiden großen Ausstellungen Berlin/Moskau 1900-1950 und Berlin/Moskau 1950/2000 in den Jahren 1996 und 2003 vgl. Timothy J. Colton, Moscow. Governing the Socialist Metropolis, Cambridge, Mass. 1995. Vgl. die Publikationen zum 850jährigen Stadtjubiläum: Moskva 850 let, 2 toma, Moskva 1996; Gradostroitel'stvo Moskvy: 90-e gody XX veka, Moskva 2001. Beginn einer großangelegten Stadtgeschichte im 20. Jahrhundert: Stroiteli Rossii. XX vek. Moskva načala veka, Moskva 2001. Die beste Übersicht über die Bauentwicklung nach dem Ende der Sowjetunion erhält man in den Jahrgängen der Architekturzeitschrift Project Russia, Proekt Klassika u. a. sowie einer Reihe von Ausstellungskatalogen. Zur Berliner Stadtgeschichte im 20. Jahrhundert vgl. David Clay Large, Berlin. Biographie einer Stadt, München 2001. Alexandra Ritchie, Faust's Metropolis. A History of Berlin, London 1998.

Urbizid: Europäische Städte im Krieg

Überarbeitete Fassung eines am 8. Januar 2003 an der Bauhaus-Universität in Weimar gehaltenen Vortrags.

Europa in Ruinen. Augenzeugenberichte aus den Jahren 1944-1948. Gesammelt von Hans Magnus Enzensberger, Frankfurt/Main 1990. Karel C. Berkhoff, Harvest of Despair. Life and Death in Ukraine Under Nazi Rule, Cambridge, Mass. 2004. Christian Gerlach, Kalkulierte Morde. Die deutsche Wirtschafts- und Vernichtungspolitik in Weißrußland 1941 bis 1944, Hamburg 1999. Aleš Adamovič, Daniil Granin, Blokadnaja kniga, S.-Peterburg 2003. Jörg Friedrich, Der Brand. Deutschland im Bombenkrieg 1940-1945, Berlin 2002. Wichtig das Bildmaterial zu deutschen Städten: Hartwig Beseler, Niels Gutschow, Kriegsschicksale deutscher Architektur. Verluste-Schäden-Wiederaufbau, Neumünster o. J. Zu Warschau: Deutsche Bauakademie (Hg.), Boleslaw Bierut. Der Sechsjahresplan des Wiederaufbaus von Warschau, Leipzig o. J. Zu Kiew: Kiiv 1941-1943. Fotoal'bom, Kiiv 2000.

Neue Urbanität im neuen Europa

Überarbeitete Fassung eines Vortrags an der Eidgenössischen Technischen Hochschule in Zürich im März 2004.

Zur Diskussion über das Comeback der Städte vgl. Karl Schlögel, Das Wunder von Nishnij oder die Rückkehr der Städte. Berichte und Essays, Frankfurt/Main 1990. Kursbuch Stadt. Stadtleben und Stadtkultur an der Jahrtausendwende. Redaktion Stefan Bollmann, Stuttgart 1999. Wichtig für den Zusammenhang von Mitteleuropa-Diskurs, Civil Society und Urbanität: György Konrad, Antipolitik. Mitteleuropäische Meditationen, Frankfurt/Main 1984. Zur These von der Ruralisierung der sowjetischen Städte: David L. Hofmann, Peasant Metropolis. Social Identities in Moscow, 1929-1941, Ithaca, London 1994. Moshe Lewin, The Making of the Soviet System: Essays in the Social History of Interwar Russia, New York 1985.

LEBENSWEGE, DENKRÄUME

Das Jahrhundertprotokoll
Harry Graf Kesslers Tagebuch 1880-1937

Text eines Vortrags am 5. Mai 2004 anläßlich der Vorstellung des Gesamtprojektes der Edition der Kessler-Tagebücher durch den Verlag Klett-Cotta: Harry Graf Kessler. Das Tagebuch 1880-1937, hg. von Roland S. Kamzelak, Ulrich Ott, zuerst gedruckt in: Merkur. Deutsche Zeitschrift für europäisches Denken, Heft 663, Juli 2004, 557-568. Nach wie vor eindrucksvoll die »Kurzfassung« des Tagebuches: Harry Graf Kessler, Tagebücher 1918-1937. Hg. von Wolfgang Pfeiffer-Belli, Frankfurt/Main 1961. Ferner: Harry Graf Kessler, Tagebuch eines Weltmannes. Eine Ausstellung des Deutschen Literaturarchivs im Schiller-Nationalmuseum Marbach am Neckar, hg. von Ulrich Ott, Gerhard Schuster, Margot Pehle, Marbach 1988. Zur Biographie vgl. Burkhard Stenzel, Harry Graf Kessler. Ein Leben zwischen Kultur und Politik, Weimar, Köln 1995. Peter Grupp, Harry Graf Kessler 1868-1937. Eine Biographie, München 1995. Laird McLeod Easton, The Red Count. The Life and Times of Harry Kessler, Berkeley, Los Angeles, London 2003.

Sibirien, eine deutsche Seelenlandschaft und das Handy in der Taiga

Zuerst erschienen in: Frankfurter Allgemeine Zeitung, 7. Mai 1998, 44.

Zu Dwinger: Viktoria Hertling, Quer durch: Von Dwinger bis Kisch. Berichte und Reportagen über die Sowjetunion aus der Epoche der Weimarer Republik, Königstein/Ts. 1982. Bis heute gibt es keine Biographie. Aufschlußreich für die Selbsteinschätzung Dwingers ist insbesondere: Edwin Erich Dwinger, Die 12 Gespräche, Velbert und Kettwig, 1966. Zu den Auflagen der Dwinger-Bücher vgl. Donald Ray Richards, The German Bestseller in the 20th Century. A Complete Bibliography and Analysis 1915–1940, Bern 1968. Dwinger ist hier mit folgenden Titeln vertreten: Die letzten Reiter, 1935, Platz 94: 230 000 Exemplare; Zwischen Weiß und Rot, 1930, 97. Platz: 225 000 Exemplare; Armee hinter Stacheldraht, 1929, 114. Platz: 200 000 Exemplare; Der Tod in Polen, 1940, 176. Platz: 150 000 Exemplare; Auf halbem Wege, 1939, 286. Platz: 110 000 Exemplare; Wir rufen Deutschland, 1932, 287. Platz: 110 000 Exemplare; Zug nach Sibirien (aus: Zwischen Weiß und Rot, 1933), 330. Platz: 100 000 Exemplare; Das namenlose Heer (aus: Armee hinter Stacheldraht, 1940), 548. Platz: 70 000 Exemplare; Spanische Silhouetten, 1937, 821. Platz: 50 000 Exemplare. Im Vergleich dazu: Jüngers Hauptwerk »In Stahlgewittern. Ein Kriegstagebuch« kam bereits 1920 heraus und erreichte bis 1940 lediglich eine Auflage von 60 000 Exemplaren.

Košice/Kassa/Kaschau: Sándor Márais Welt

Originalbeitrag.

Éltem egyszer én, Márai Sándor. Fotók, emlékek, dokumentumok az író életéből, Budapest o.J. Sándor Márai, Bekenntnisse eines Bürgers. Erinnerungen, München, Zürich 2000. Ders., Memoir of Hungary 1944-1948, Budapest 2000. Ders., Himmel und Erde. Betrachtungen, München, Zürich 2000. Ders., Die Glut, München, Zürich 2001.

Auf Lukács' Balkon: Der Weltgeist, die Geschichte und die Stadt

Originalbeitrag.

Zu Lukács: Georg Lukács, Gelebtes Denken. Eine Autobiographie im Dialog. Red. István Eörsi. Aus dem Ungarischen von Hans-Henning Paetzke, Frankfurt/Main 1981. György Lukács. Sa vie en images et en documents. Publié et présenté par Eva Fekete et Eva Karadi, Budapest 1980. István Hermann, Georg Lukács. Sein Leben und Wirken, Wien, Köln, Graz 1986. Georg Lukács in Selbstzeugnissen und Bilddokumenten. Dargestellt von Fritz J. Raddatz, Reinbek bei Hamburg 1972.

Zu Budapest: John Lukacs, Ungarn in Europa. Budapest um die Jahrhundertwende, Berlin 1990. András Török, Budapest. Ein kritischer Reiseführer, Budapest 1999. Gerle János, Lugosi Lugo László, A Szecesszió Budapesten, Budapest 1999. K. Pintér Tamás, Századeleji házak Budapesten, Budapest 1987. Szabadi Judit, A Magyar Szecesszió müvészete. Festészet, grafika, szobrászat, Budapest 1979. Jewish Budapest. Monuments, Rites, History by Kinga Frojimovics, Géza Komoróczy, Viktória Pusztai, Andrea Strbik, ed. by Géza Komoróczy, Budapest 1999. Gyöngyi Eri, Zsuzsanna Jobbágyi, Das Goldene Zeitalter. Kunst und Gesellschaft in Ungarn 1896-1914, Budapest 1993. Pasarét and its Surroundings. Architectural walks, Budapest 2000. Béla Lajta, Ornamento e modernità, Milano 1999.

DER LANGE WEG NACH OSTEN

Nach der Rechthaberei: der europäische Vertreibungskomplex

Dies ist die geringfügig bearbeitete Fassung eines Vortrags, der im Zusammenhang des internationalen wissenschaftlichen Kolloquiums des Deutschen Polen-Instituts »Ein europäisches Zentrum gegen Vertreibungen. Historische Erfahrungen – Erinnerungspolitik – Zukunftsperspektiven« am 5. Dezember 2002 in Darmstadt gehalten wurde (gedruckt in: Vertreibungen europäisch erinnern? Historische Erfahrungen. Vergangenheitspolitik – Zukunftskonzeptionen, hg. von Dieter Bingen, Wlodzimierz Borodziej, Stefan Troebst, Veröffentlichungen des Deutschen Polen-Instituts Darmstadt, Bd. 18, Wiesbaden 2003, 11-43).

Die hier niedergelegten Gedanken basieren in starkem Maße auf einem zusammen mit Götz Aly im Jahre 1996 ausgearbeiteten Projekt »Staatliche Gewalt und Bevölkerungsbewegungen in Ost- und Ostmitteleuropa im 20. Jahrhundert«, das auf die Einrichtung einer Forschungsstelle zum Thema an der Europa-Universität Viadrina in Frankfurt/Oder abzielte. In Auszügen ist der Antrag abgedruckt worden in der Süddeutschen Zeitung vom 23./24. März 2002, 17. Der Antrag war seinerzeit von der Deutschen Forschungsgemeinschaft (DFG) wie auch von anderen für Wissenschaftsförderung zuständigen Institutionen abgelehnt worden. Zum selben Thema habe ich mich geäußert in: Promenade in Jalta und andere Städtebilder, München 2002, 272-296, sowie in: Die Mitte liegt ostwärts. Europa im Übergang, München 2002, 14-123. Die vergessenen Klassiker zu diesem Thema sind: Eugene M. Kulischer, Europe on the Move. War and Population Changes, 1917-1947, New York 1948, vor allem aber: Joseph B. Schechtman, The Refugee in the World, Displacement and Integration, New York 1963; ders., European Population Transfers 1939-1945, New York 1946; ders., Postwar Population Transfers in Europe 1945-1955, Philadelphia 1962. Entscheidend für die Wiederaufnahme des

Themas war m. E. Hans Lemberg, »Ethnische Säuberung«: Ein Mittel zur Lösung von Nationalitätenproblemen? in: Aus Politik und Zeitgeschehen. Beilage zur Wochenzeitung »Das Parlament«, B 42/1992, 27-38. Neueren Datums und in vergleichender Absicht die Studien von Norman M. Naimark, Fires of Hatred. Ethnic Cleansing in Twentieth Century Europe, Cambridge, Mass. 2001. Eine Zusammenschau wie bei Mark Mazower, Der dunkle Kontinent. Europa im 20. Jahrhundert, Berlin 2000, ist die Ausnahme. Vergleichend ebenfalls: Dittmar Dahlmann, Gerhard Hirschfeld (Hg.), Lager, Zwangsarbeit, Vertreibung und Deportation. Dimensionen der Massenverbrechen in der Sowjetunion und in Deutschland 1933 bis 1945, Essen 1999. Zur Vertreibung der Deutschen vgl. Theodor Schieder (Hg.), Dokumentation der Vertreibung der Deutschen aus Ost-Mitteleuropa, in Verbindung mit Werner Conze, Adolf Diestelkamp, Rudolf Laun, Peter Rassow, Hans Rothfels, bearbeitet von Theodor Schieder, hg. vom Bundesministerium für Vertriebene, Flüchtlinge und Kriegsgeschädigte, 5 Bde. und 3 Beihefte, Bonn 1953-1962 (Reprint 1984). Auf neuer Quellengrundlage gearbeitet: Wlodzimierz Borodziej, Hans Lemberg (Hg.), »Unsere Heimat ist uns ein fremdes Land geworden ...«: Die Deutschen östlich von Oder und Neiße 1945-1950. Dokumente aus polnischen Archiven, 4 Bde., Marburg 2000-2004. Detlef Brandes, Der Weg zur Vertreibung 1938-1945. Pläne und Entscheidungen zum »Transfer« der Deutschen aus der Tschechoslowakei und aus Polen, München 2001. Odsun. Die Vertreibung der Sudetendeutschen, Begleitband zur Ausstellung, München 1995. Zu gewaltsamen Bevölkerungsbewegungen in Osteuropa: Peter Gatrell, A Whole Empire Walking: Refugees in Russia during World War I, Bloomington 1999. Nikolai Bougai, The Deportation of Peoples in the Soviet Union, Commack, N. Y. 1996. Terry Martin, The Affirmative Action Empire. Nations and Nationalism in the Soviet Union, 1923-1939, Ithaca, London 2001. Ronald Grigor Suny, Terry Martin, A State of Nations. Empire and Nation-Making in the Age of Lenin and Stalin, Oxford 2001. Pavel Poljan, Ne po svoej vole. Istorija i geografija prinuditel'nych migracii v SSSR, Moskva 2001. Aviel Roshwald, Ethnic Nationalism and the Fall of Empires. Central Europe, Russia and the Middle East, 1914-1923, London, New York 2001. Philipp Ther, Ana Siljak (Ed.), Redrawing Nations. Ethnic Cleansing in East-Central Europe 1944-1948, Lanham 2001. Über Generalplan Ost und Bevölkerungspolitik: Robert L. Koehl, RKFDV: German Resettlement and Population Policy 1939-1945. A History of the Reich Commission for the Strengthening of Germandom, Cambridge 1957. Bruno Wasser, Himmlers Raumplanung im Osten. Der Generalplan Ost in Polen 1940-1944, Basel, Berlin, Boston 1993. Über den Zusammenhang von »Endlösung« und gewaltsamen Bevölkerungsverschiebungen vgl. Götz Aly, »Endlösung«. Völkerverschiebung und der Mord an den europäischen Juden, Frankfurt/Main 1995.

Vortrag anläßlich der Umbenennung des Hörsaal-Mensa-Gebäudes der Europa-Universität Viadrina in Frankfurt/Oder in »Gräfin-Dönhoff-Gebäude« am 19. April 2004.

Die Schilderung ist Marion Gräfin Dönhoff, Namen, die keiner mehr nennt. Ostpreußen – Menschen und Geschichte, Düsseldorf 1962, und Haug von Kuenheim, Marion Dönhoff, Reinbek bei Hamburg 1999, entnommen. Zur Geschichte und Kritik von Ostforschung und Ostideologie liegt eine umfangreiche Literatur vor. Michael Burleigh, Germany turns Eastwards. A Study of Ostforschung in the Third Reich, Cambridge 1988. Wolfgang Wippermann, Der »deutsche Drang nach Osten«. Ideologie und Wirklichkeit eines politischen Schlagwortes, Darmstadt 1981. Eduard Mühle, »Ostforschung«. Beobachtungen zu Aufstieg und Niedergang eines geschichtswissenschaftlichen Paradigmas, in: Zeitschrift für Ostmitteleuropaforschung 46 (1997), 317-350. Vgl. die Beiträge von Carsten Klingemann und Michael Fahlbusch in: Jan M. Piskorski in Verbindung mit Jörg Hackmann, Rudolf Jaworski (Hg.), Deutsche Ostforschung und polnische Westforschung im Spannungsfeld von Wissenschaft und Politik. Disziplinen im Vergleich. Mit einem Nachwort von Michael Burleigh, Osnabrück-Poznań 2002, und die Beiträge von Ingo Haar, Willi Oberkrome, Karl Heinz Roth in: Peter Schöttler (Hg.), Geschichtsschreibung als Legitimationswissenschaft 1918-1945, Frankfurt/Main 1999. Zur Gestalt Hermann Aubins: Eduard Mühle, Hermann Aubin, der »Deutsche Osten« und der Nationalsozialismus. Deutungen eines akademischen Wirkens im Dritten Reich, in: Nationalsozialismus in den Kulturwissenschaften. Bd 1. Fächer – Milieus – Karrieren, hg. von Hartmut Lehmann, Otto Gerhard Oexle, Göttingen 2004, 531-591. Zu den geschichtlichen Beziehungen der Deutschen zum östlichen Europa und zum Deutschen Osten vgl. Otto Hoetzsch, Osteuropa und der Deutsche Osten. Kleine Schriften zu ihrer Geschiche, Königsberg, Berlin 1934. Günther Stökl, Osteuropa und die Deutschen. Geschichte und Gegenwart einer spannungsreichen Nachbarschaft, Stuttgart, 2. Aufl. 1982. Tausend Jahre Nachbarschaft. Deutsche in Südosteuropa, hg. von der Stiftung Ostdeutscher Kulturrat, Bonn. Zusammengestellt und eingeführt von Gotthold Rhode, München 1981. Lothar Dralle, Die Deutschen in Ostmittel- und Osteuropa, Darmstadt 1991. Exemplarisch für eine übergreifende Geschichte: Deutsche Geschichte im Osten Europas, begründet von Werner Conze, hg. von Hartmut Boockmann. 10 Bde, Berlin 1992 ff. Große Deutsche aus dem Osten: Einblicke und Überblicke zu einer Ausstellung der Stiftung Ostdeutscher Kulturrat, hg. von Eberhard Günter Schulz, Würzburg 1994.

Zur »Gemengelage« Ostmitteleuropas vgl. Oskar Halecki, Grenzsaum des Abendlandes. Eine Geschichte Ostmitteleuropas, Salzburg 1956. Werner Conze, Ostmitteleuropa. Von der Spätantike bis zum 18. Jahrhundert, hg. und mit einem Nachwort von Klaus Zernack, München 1992. Zur umfangreichen älteren Literatur zur Ostsiedlung vgl. Deutsche und europäische Ostsiedlungsbewegung. Bericht über die wissenschaftliche Jahrestagung des J. G. Herder-Forschungsrates vom 7.-9. März 1963, Marburg 1964. Walter Schlesinger (Hg.), Die deutsche Ostsiedlung des Mittelalters als Problem der europäischen Geschichte, Sigmaringen 1975. František Graus, Die Problematik der deutschen Ostsiedlung aus tschechischer Sicht, in: Die deutsche Ostsiedlung des Mittelalters als Problem der europäischen Geschichte, hg. von Walter Schlesinger, Sigmaringen 1975, 31-75. Charles Higounet, Die deutsche Ostsiedlung im Mittelalter, Berlin 1986. Gotthold Rhode, Die Ostbewegungen des deutschen, polnischen und russischen Volkes im Mittelalter – Versuch eines Vergleichs, in: Europa Slavica – Europa Orientalis, Festschrift Herbert Ludat, hg. K. D. Grothusen, K. Zernack, Berlin 1980, 178-204. Jan M. Piskorski, Die deutsche Ostsiedlung des Mittelalters in der Entwicklung des östlichen Mitteleuropa, in: Jahrbuch für die Geschichte Mittel- und Ostdeutschlands 40, 1991. Klaus Zernack, Der hochmittelalterliche Landesausbau als Problem der Entwicklung Ostmitteleuropas, in: ders., Preußen-Deutschland-Polen. Aufsätze zur Geschichte der deutsch-polnischen Beziehungen, Berlin 1991, 185-202. Über Städte und Regionen als Mikrokosmen gemischter und hybrider Kulturen vgl. Norman Davies, Roger Moorhouse, Die Blume Europas. Wroclaw, Vratislavia: Die Geschichte einer mitteleuropäischen Stadt, München 2002. Gregor Thum, Die fremde Stadt. Breslau 1945, München 2003. Jeremy King, Budweisers into Czechs and Germans. A Local History of Bohemian Politics, 1848-1948, Princeton, N.J. 2002. Andreas Kossert, Masuren. Ostpreußens vergessener Süden, Berlin 2001.